Margret Dörr · Heide von Felden · Regina Klein
Hildegard Macha · Winfried Marotzki (Hrsg.)

Erinnerung – Reflexion – Geschichte

Margret Dörr · Heide von Felden
Regina Klein · Hildegard Macha
Winfried Marotzki (Hrsg.)

Erinnerung – Reflexion – Geschichte

Erinnerung aus psychoanalytischer und biographietheoretischer Perspektive

VS VERLAG FÜR SOZIALWISSENSCHAFTEN

Bibliografische Information Der Deutschen Nationalbibliothek
Die Deutsche Nationalbibliothek verzeichnet diese Publikation in der
Deutschen Nationalbibliografie; detaillierte bibliografische Daten sind im Internet über
<http://dnb.d-nb.de> abrufbar.

1. Auflage 2008

Lektorat: Monika Mülhausen / Marianne Schultheis

Der VS Verlag für Sozialwissenschaften ist ein Unternehmen von Springer Science+Business Media.
www.vs-verlag.de

Umschlaggestaltung: KünkelLopka Medienentwicklung, Heidelberg
Umschlagbild: Andreas Loher
Druck und buchbinderische Verarbeitung: Krips b.v., Meppel
Gedruckt auf säurefreiem und chlorfrei gebleichtem Papier
Printed in the Netherlands

ISBN 978-3-531-15345-2

Inhaltsverzeichnis

Einleitung

Margret Dörr, Heide von Felden, Regina Klein, Hildegard Macha, Winfried Marotzki

Die beschleunigte Veränderungsdynamik der modernen Gesellschaften hat dazu geführt, dass Menschen sich in neuer Weise der eigenen Selbstbilder und Identitäten durch Rückgriff auf die Vergangenheit und die Archivierung von Erinnerungen zu versichern suchen. Derzeit haben Konzepte wie „Erinnerungskultur", „kommunikatives Gedächtnis", „kulturelles Gedächtnis", „globales Gedächtnis" wissenschaftlich und in der öffentlichen Debatte Konjunktur. Die Biographieforschung wie die Psychoanalyse resp. die Psychoanalytische Pädagogik sind durch diese Entwicklungen in unterschiedlicher Weise herausgefordert, zum wissenschaftlichen Austausch beizutragen, aber auch ihre eigenen Vorstellungen, Begrifflichkeiten und Theorien zu reflektieren. Dazu fordern z. B. die neueren Ergebnisse der Neurowissenschaften auf (vgl. Koukkou/Leuzinger-Bohleber/Mertens 1998; Roth 2001), als auch die zur Zeit in der Biographieforschung aktuelle Frage zum Verhältnis von Trauma, Erinnerung und transgenerationeller Weitergabe (vgl. Rosenthal 1995) sowie zum Problem „falscher" Erinnerungen (vgl. Loftus 2003).

Dass das menschliche Subjekt seine Welt, seine Beziehungen zu sich selbst und zu anderen, seine Gefühle und seine Empfindungen durch seine Narrationen konstituiert, ist wohl für beide Forschungsrichtungen gleichermaßen gültig. Durch die Form der Narration transformiert der Mensch natürliche Zeit in menschliche Zeitlichkeit und entdeckt so, wer und was er zwangsläufig gewesen sein muss, um zu demjenigen geworden zu sein, der er nun ist und eines Tages vielleicht sein wird. Hierbei spielt der Rückgriff auf die Vergangenheit und die Archivierung von Erinnerungen eine wesentliche Rolle. So schreibt der Sozialpsychologe Harald Welzer (2002) in seinem Buch über das kommunikative Gedächtnis:

> „Dem autobiographischen Gedächtnis kommt (...) die Aufgabe zu, all unsere Vergangenheiten so umzuschreiben und anzuordnen, daß sie dem Aktualzustand des sich erinnernden Ichs paßgenau entsprechen. Diese Paßgenauigkeit wird durch all unsere sozialen Kommunikationen beglaubigt, die uns praktisch versichern, daß wir uns selbst gleichgeblieben sind. Auf diese Weise gelingt es uns, zugleich ein individuelles Selbst zu haben und Teil einer historischen Konfiguration und sozialen Praxis zu sein" (ebd., S. 222).

Aber bei aller Zustimmung, die diese Aussagen von Welzer bei den VertreterInnen beider Disziplinen finden können, so schaut vor allem die Psychoanalytische Pädagogik skeptisch auf seine Behauptung, bei Erinnerungen handle es sich um eine „passgenaue Umschreibung von Vergangenheiten". Denn das Wissen um das Unbewusste und seine Abkömmlinge, um Prozesse von Verdrängung, Spaltung und projektiver Identifizierung sowie von Traumatisierungen stehen dieser Vorstellung eher entgegen (vgl. Bohleber 2005, S. 3). Und, im lebensgeschichtlichen Erinnern betreten wir – über die verlassenen Stufen der Kindheit hinweg – nicht nur jene Räume, in denen wir Lust und Schmerz, Erfüllung und Nichtbefriedigung, Freude und Leid, Glückseligkeit und Melancholie erfahren haben. Sondern wir geraten auch in jene Räume, die einst den frühen Generationen, den Eltern und Verwandten gehörten, in denen wir uns oftmals unbemerkt zu verlieren drohen, auch weil wir um diese Räume, trotz ihrer nachhaltigen Wirkmächtigkeit, nicht einmal wissen. Dabei ist die Frage zum Verhältnis von Trauma, Erinnerung und transgenerationeller Weitergabe keineswegs nur für die einzelne Person relevant, sondern ebenso bedeutsam für vergangene, gegenwärtige und zukünftige Entwürfe von Gesellschaften, Kulturen und Nationen.

Erinnerung ist also ein Thema, das in vielfältiger Weise Theorie und Praxis des derzeitigen pädagogischen Nachdenkens durchzieht. Sie ist konstitutiv für Lebensgeschichten, für Identitätsentwicklung und für Bildungsprozesse Einzelner. Sie formt vergangene, gegenwärtige und zukünftige Entwürfe von Gesellschaften, Kulturen und Nationen. Erinnerung repräsentiert jedoch weder ein objektives, allgemeingültiges, vollständiges und/oder statisches Wissen über die vergangenen Ereignisse der Weltzeit noch über *die* vergangene individuelle Lebensgeschichte. Sie ist leibbezogen subjektiv, gruppengebunden, bruchstückhaft und befindet sich in einem beweglichen Kontinuum zwischen Wahrnehmung und Interpretation, zwischen sinnlichem Eindruck und symbolischem Ausdruck, zwischen Tradition und Transformation. In unterschiedlichen Kulturen werden unterschiedliche psychische Strukturen ausgebildet, offensichtlich auch, weil Angehörige dieser Kulturen in ihrer Biographie je spezifische und somit unterschiedliche Erfahrungen sammeln.

In seinen autobiographischen Schriften hat uns Benjamin – im Kontext seiner Erfahrungen im Exil – auf einen wesentlichen Aspekt des Erinnerns aufmerksam gemacht. Die Erinnerung an die Vergangenheit galt ihm nicht nur als eine notwendige, sondern – sofern sie hinreichend gelingt – als eine schützende und somit stärkende Art und Weise, sich von der Vergangenheit zu verabschieden und sich neuen Anforderungen in der Gegenwart für die Zukunft zu widmen. So beschreibt er seine Erinnerungsprozesse als eine Art „Impfung", die auf sein „inneres Leben" einen heilsamen Effekt haben (vgl. Benjamin 2006, S. 9). Aber diese heilende Wirkung stellt sich nur dann ein, wenn die Erinnerung in einem bestimmten Maß abläuft. *„Das Gefühl der Sehnsucht durfte dabei über dem Geist ebenso wenig Herr werden wie der Impfstoff über den gesunden Körper"* (ebd.). Seine Ausführungen erinnern an die diätetische Tradition, bei der es darum geht zu üben, mit bestimmen Kräften so umzugehen, dass man nicht durch sie bestimmt wird. Sein Anspruch ist nicht die Veränderung des Außen, sondern die Einsicht in die ‚gesellschaftliche Unwiederbringlichkeit'. D.h., die Gefahr, vor der er sich schützen will, ist nicht etwas, das im Außen, im Exil, liegt, sondern sie ist in ihm selbst zu suchen und zwar in einem nicht sorgfältigen Umgang mit seinen Erinnerungen. Entsprechend weist er auf die Aufgabe hin, die Erfahrungen im Hier und Jetzt nicht an dem (Schutz)Raum der Kindheit zu messen, ihn zu idealisieren und dadurch im Jetzt ständig frustriert zu werden. Erinnerungen stellen nämlich kein Zurück in die ehemalige Geborgenheit der Kindheit dar, sondern notwendig wird etwas, was Freud (1917) in seinem Nachdenken über psychodynamische Prozesse als „Trauerarbeit" bezeichnet hat.

Folglich sind wir in unserem Nachdenken immer wieder auch auf die Fragen verwiesen: Welche Rolle spielen Emotionen für unser autobiographisches Gedächtnis? Und, in welchem Zusammenhang stehen Sprache und soziale Interaktionen mit der Gedächtnisentwicklung? Oder auch, wie wirken Erfahrungen auf die neuronale Verschaltungsarchitektur ein? Diese Fragen sollen zugleich verdeutlichen, dass erziehungswissenschaftliche Biographieforschung wie auch psychoanalytische Pädagogik über die in diesem Band vertretenen Disziplinen hinaus auf weitere interdisziplinäre Zusammenarbeit z.B. mit den Neuro- und Kulturwissenschaften angewiesen bleiben (vgl. Markowitsch/Welzer 2005).

Der vorliegende Band versammelt Perspektiven auf Erinnerung aus psychoanalytischer und biographietheoretischer Sicht. Dabei geht es um ein Ausloten der Gemeinsamkeiten und Unterschiede der Zugänge und um ein genaueres Erfassen der jeweiligen Spezifika der theoretischen Grundlegungen und methodischen Umsetzungen. Unser Interesse ist es, Potentiale und Grenzen anhand einer auch historisch und kulturell orientierten gemeinsamen Erinnerungsarbeit auszuleuchten, um auf diesem Weg neue Forschungsperspektiven zu entwickeln. Die Beiträge des Bandes bewegen sich auf den Linien Erinnerung, Reflexion und Geschichte.

Erinnerung: Zum Verhältnis von Psychoanalyse und Biographieforschung

Sowohl die Psychoanalyse als auch die Biographieforschung rekurrieren auf die Lebensgeschichte und ihre vergangenen Dimensionen, die sich in Erinnerungen zeigen. Um Forschungsergebnisse zutage zu fördern, bedienen sich beide Richtungen rekonstruktiver und hermeneutischer Verfahren. Die Frage ist, welche

Perspektiven und Erkenntnisse die beiden Disziplinen aus ihren Traditionen, Konzepten und Kernkategorien der wissenschaftlichen Auseinandersetzung mit Erinnerung gewinnen und welche Anstöße sie zur Vertiefung unseres Wissens und unserer Theorien über Erziehungs- und Bildungsprozesse und deren Folgen geben können.

Es geht um eine Neubesinnung des Nachdenkens über gemeinsame Gegenstände. Bereits in den 1960er und 1970er Jahren hat die Psychoanalyse innerhalb der Geschichte Qualitativer Sozialforschung durchaus eine wichtige Rolle gespielt. Als sozialwissenschaftliches Verfahren der Textinterpretation, wie beispielsweise bei Leithäuser und Volmerg (1979) oder bei Ullrich Oevermann (1976) als Verfahren der Konzeptionalisierung der latenten Sinnstruktur sozialisatorischer Prozesse, hatte sie durchaus die Bedeutung einer Leitdisziplin. Diese Bedeutung ist in den letzten Jahrzehnten immer mehr in den Hintergrund gerückt, so dass (neu) gefragt werden kann, auf welcher Ebene Verbindungen zwischen Psychoanalyse und Qualitativer Sozialforschung liegen, die für den weiteren Forschungsprozess fruchtbar sind. Die folgenden Beiträge nehmen sich dieses Verhältnisses an und verweisen entlang unterschiedlicher Perspektiven auf ein Feld wechselseitig gewinnbringender theoretischer und methodischer Anregungen.

Jörg Frommer diskutiert in seiner Arbeit „Psychoanalyse und qualitative Sozialforschung: Zur Zukunft des Verhältnisses beider Disziplinen“ in produktiver Weise das Verhältnis von Psychoanalyse und Qualitativer Sozialforschung, die aus seiner Sicht eine Reihe von Gemeinsamkeiten aufweisen. Beide Disziplinen könnten voneinander lernen und die eigenen, jeweils ungelösten Probleme durch eine Bezugnahme auf die jeweils andere Disziplin bearbeiten. Psychoanalyse könne von Qualitativer Sozialforschung Unterstützung erhalten bei der Formulierung einer klarer fassbaren, interdisziplinär anschlussfähigen und empirischer Forschung zugänglichen Konzeptionalisierung des Unbewussten. Qualitative Sozialforschung könne von der Psychoanalyse lernen, unbewusste aber wirkmächtige Gehalte in der Interviewsituation und im empirischen Material aufzuspüren. Beiden gemeinsam sei das Anliegen, den Strukturzusammenhang der Lebensgeschichte des Informanten unter Einbeziehung der vergessenen, verdrängten und leidvollen Momente in Vergangenheit und Gegenwart zu rekonstruieren.

„Methodische Probleme der Psychoanalytischen Biographik“ erörtert *Volker Kraft* in seinem Beitrag. Ausgehend von der spezifischen Transformationsgrammatik, die eine Berücksichtigung der Differenz von „bewusst/unbewusst“ sowohl in der Analyse klinischer als auch kultureller Phänomene erfordert, umreißt er die oft unbeachtete Ambivalenz des biographischen Interesses, die diese Art von Forschung maßgeblich mitbestimmt. Indem er vier Typen der psychoanalytischen Biographik differenziert, kann er zum einen auf die methodisch relevanten Ausgangspunkte psychoanalytisch orientierter Interpretationen hinweisen, durch die das Material Struktur gewinnt. Zum anderen vermag er auf das zentrale methodische Problem aufmerksam machen, nämlich die Forschenden selbst, und auf damit verbundene typische Fehlerquellen.

Unter der Perspektive Kultur als übergeordnetem diskursüberspannendem Dach und anhand einer Fallstudie aus der Migrationsforschung zieht *Regina Klein* in ihrem Beitrag „Kultur erinnernd verstehen" Verbindungslinien dreier Forschungsrichtungen, beginnend mit den Cultural Studies über die Biographieforschung zur Psychoanalyse. Am Ende des vorgenommenen cultural turns öffnet sich ein differenztheoretisch begründeter Raum, dessen entscheidendes Merkmal das „darüber hinausgehende" als Moment der Grenzüberschreitung der dominanten, vorfindlichen kulturellen Codes und Identitätsentwürfe ist. In ihm findet das potentiell entwurzelte und entortete postmoderne Subjekt einen vorläufigen, flexiblen und fluiden Identitätsstandpunkt. Klein macht explizit deutlich, dass Differenzerfahrung und Differenzbearbeitung konstitutive Bausteine für Identitäts- wie Kulturbildung, für Biographieforschung wie Kulturforschung sind – so die Essenz ihrer programmatischen Ausführungen.

Mit dem Titel „Erinnern oder Zurückphantasieren. Über „Nachträglichkeit" in der Psychoanalyse" thematisiert *Jürgen Körner* das für Theorie und Praxis der Psychoanalyse zentrale Konzept der Nachträglichkeit. In seiner kurzen Replik durch die Entstehungsgeschichte dieses Freudschen Konzeptes begründet er das Phänomen der Nachträglichkeit als ein wesentlicher Markstein zur Entwicklung der Psychoanalyse als Wissenschaft und erläutert sodann entlang zweier Fallbeispiele die derzeitige theoretische und praktische Bedeutung dieses Konzeptes. Indem er insbesondere die interaktionelle Wirksamkeit dieses psychischen Mechanismus hervorhebt, kann er anschaulich machen, dass Erinnerungsarbeit nicht allein als Rekonstruktion des Vergangenen, sondern als ein Versuch von uns Menschen zu lesen ist, die soziale Welt hier und jetzt zu verstehen.

Im Zuge ihres Nachdenkens über die Frage, ob sich die Psychoanalyse von der „Erinnerungsarbeit" verabschiedet hat, erläutern *Margit Datler* und *Wilfried Datler* wesentliche „Akzentverschiebungen in der psychoanalytischen Theoriebildung, Technik und Forschungspraxis und deren Relevanz für Biographieforschung". Neben der Skizzierung der nachhaltigen Bedeutung der psychoanalytischen Theorietradition für die Rekonstruktion von Biographischem in Psychoanalysen, die Licht auf das Verhältnis zwischen Psychoanalyse und Biographieforschung respektive von Psychoanalyse und Pädagogik wirft, beleuchten sie entlang einer Fallvignette die Bedeutung unbewusster, im hier und jetzt aktualisierter, Erlebnisinhalte der Patienten für die analytische Beziehung und damit für

Verstehensprozesse. So können sie begründet für eine multiperspektivische psychoanalytische Biographieforschung plädieren.

Reflexion: Zum Verhältnis von Erinnern und Vergessen

Die erziehungswissenschaftliche Biographieforschung geht davon aus, dass die subjektive Perspektive von Menschen auf ihr eigenes Leben Aufschluss gibt über die Art der Wirklichkeitskonstruktionen und die Art der Reproduktionen oder Variationen von gesellschaftlichen Regeln und Strukturen. Die Menschen erzählen über ihr eigenes Leben oder schreiben ihre Autobiographie und erinnern Ereignisse, Erlebnisse und Erfahrungen. Dabei erinnern sie selektiv, sie verleihen Ereignissen bestimmte Bedeutungen und konstruieren damit ihre Biographie. Automatisch – gleichwohl nicht ohne Sinn – „vergessen" sie einiges, weil Erinnerung immer Schwerpunkte setzt und einen eigenen Zusammenhang bildet. Diese Fähigkeit zur Zusammenhangsbildung oder auch zur Biographisierung unter Bedeutungszuweisung verbindet Dilthey mit der Kategorie der Erinnerung:

> „Die Kategorie der Bedeutung bezeichnet das Verhältnis von Teilen des Lebens zu einem Ganzen, das im Wesen des Lebens begründet ist. Wir haben diesen Zusammenhang nur vermittels der Erinnerung, in welcher wir den vergangenen Lebenslauf überblicken können" (Dilthey 1968, S. 233).

In der Erinnerung wird der gesamte Lebenslauf überblickt, er wird reflektiert oder „zurückgeholt". In der Reflexion wird Bedeutung zugeschrieben, so dass Erinnern mit Vergessen einhergeht. Die Frage, was wird erinnert und was wird vergessen, gibt Aufschluss über die subjektive Biographiearbeit. „Man muss vergessen, um erinnern zu können und sich erinnern, um vergessen zu können" (Jörissen/Marotzki in diesem Band). Vergessen ist konstitutiv für die Zusammenhangsbildung des Erinnerns, und Erinnern wiederum ist Voraussetzung dafür, Vergangenheit bearbeiten und abschließen zu können, um offen für Neues zu sein. Die folgenden Beiträge befassen sich unter verschiedenen Perspektiven mit dem Verhältnis von Erinnern und Vergessen als Erinnerungs- bzw. Biographiearbeit, die anhand der Art der Bedeutungszuschreibungen auf die Wirklichkeitskonstruktionen der Menschen hinweist.

Benjamin Jörissen und *Winfried Marotzki* untersuchen in ihrem Beitrag „Mediale Inszenierungen des Erinnerns und Vergessens" Filmbeispiele, die in unterschiedlicher Weise Erinnerung zum Gegenstand haben. Eingangs legen sie ihre Gedanken zur Verschränkung von Erinnern und Vergessen und zur Erinnerungsarbeit als Verfertigung von Vergangenheit im Sinne Ricœurs dar. Dabei heben sie vor allem auf das Bewusstsein einer zeitlichen Distanz ab, durch das

Erinnerung einen vollendeten Vergangenheitscharakter bekomme und damit Erkenntnispotential erhalte als Ziel von Erinnerungsarbeit. Diese Ausführungen verdeutlichen sie an den Filmbeispielen, wobei sie insbesondere an dem Film „Memento" die Problematik einer nicht abzuschließenden Vergangenheit erläutern, so dass der Protagonist in einer „verewigten" Gegenwart lebt und Erlebnisse nicht verarbeiten kann.

In ihrem Beitrag „Verfehlte und mögliche Begegnungen mit Harry Young – zwei Interpretationen einer Lebensgeschichte" präsentiert *Birgit Schreiber* einen Fall, in dem die Problematik des Erinnerns im Rahmen der Thematik „Versteckte Kinder im Nazi-Deutschland" eine Beziehungsverstrickung zwischen der Forscherin und dem möglichen Interviewpartner mit sich brachte. In ihrem Bemühen, ein Treffen für ein Interview zu vereinbaren, entwickelte sich ein 2 ½ Jahre währender Kontakt bis es zu einem Telefoninterview kam, dem Dokument der Lebensgeschichte. Birgit Schreiber zeigt anhand der Interpretation der Beziehungsstruktur zwischen ihr und dem Protagonisten – in analytischer Distanz – und der Interpretation der Lebensgeschichte, auf welche Weise das traumatische Erleben des Als-Kind-Versteckseins im Nazi-Deutschland auf die gesamte Lebensgeschichte und auf aktuelle Beziehungsstrukturen einwirkt.

Sylke Bartmann und *Sandra Tiefel* bieten in ihrem Beitrag „'Biographische Ressource' und ‚Biographische Reflexion': Zwei sich ergänzende Heuristiken zur erziehungswissenschaftlich orientierten Analyse individueller Erinnerungs- bzw. Biographiearbeit" zwei Vorschläge, um biographische Stabilisierungsprozesse, aber auch biographische Veränderungsprozesse methodisch kontrolliert identifizieren und damit Erinnerungsarbeit differenzierter aufschließen zu können. Bartmann/Tiefel zeigen ihre Ansätze anhand der Autobiographie von Friedrich Reuß, der während der Nazi-Herrschaft aus Deutschland emigrierte. So erläutern sie, wie Reuß aufgrund seiner biographischen Ressourcen trotz Anfeindungen zunächst in Deutschland blieb und zeigen dann auf, dass Reuß auf der Ebene biographischer Reflexion einen Veränderungs- und Bildungsprozess erfuhr und schließlich die Emigration wählte.

„Sozialisationserfahrungen und innere Dialoge als Dimensionen der Selbstkonstituierung" ist der Titel des Beitrages von *Nicole Welter*. Sie interpretiert die Autobiographie eines Mannes, der darin vor allem seinen Beitritt in die NSDAP vor dem Jahr 1933 erklärt. Welter legt in ihrer Analyse Bachtins Theorie der Dialogizität zugrunde, mit deren Hilfe sie Sozialisationserfahrungen und innere Dialoge in der Auseinandersetzung mit Weltanschauungen in der Autobiographie identifiziert. Bachtins Theorie liefert hier Ansätze für eine Rekonstruktion, in der Erinnerung als kognitiv-reflektierende Dimension des Individuums gefasst wird, das sich in diesem biographischen Prozess durch Selbstpositionierung konstituiert.

Friederike Fetting geht der „schöpferischen Rekonstruktion von Erinnerungen in der Theaterarbeit" nach. Ausschnitthaft legt sie zunächst anhand einer kurzen Spielszene den performativen Prozess der ästhetischen Bearbeitung eines Rollenskripts dar. Sie zeigt, dass der Darstellerin erst durch die Stimulierung ihres impliziten Leibgedächtnisses eine schöpferische Umformung gelingt, welche über die reine Reproduktion des Erinnerten hinausgeht. In einem weiteren Schritt rekapituliert Fetting durch ein nachträgliches Interview mit der Schauspielerin die Bildungspotentiale dieser Form der ästhetischen Erinnerungsarbeit und deren Niederschlag in biographischer Reflexion.

Ästhetische Verfahren in der Lehrerfortbildung thematisiert *Fritz Seydel* in seinem Beitrag „Biografische Verwirrungen. Ästhetische Verfahren in der Arbeit zum beruflichen Selbstbild von Lehrkräften" . Er berichtet von den anfänglichen Irritationen bei den Lehrkräften, wenn in der biographischen Arbeit die „Musterkoffer" des beruflichen Handelns aufgebrochen und erweitert werden. Auch Studierende profitieren von den ästhetischen Zugängen durch Bezugnahmen auf die bildende Kunst, um den Übergang von Studium und Beruf zu meistern. In Kunstprojekten werden so alte und neue Erfahrungen verdichtet und dem Erinnern zugänglich gemacht. Dadurch wird wiederum ein neuer Weg zur Definition eines Selbstbildes als Lehrkraft geebnet, der kreative, emotionale und kognitive Bereiche des Ichs einschließt.

Petra Grell rekonstruiert in ihrem Aufsatz „,Im Bild erinnert – aus der Sprache gefallen?' Bild-Text-Collagen als Forschungs- und Reflexionsinstrument" Lernwiderstände von Teilnehmerinnen und Teilnehmern der Erwachsenenbildung anhand von „Forschenden Lernwerkstätten". „Forschende Lernwerkstätten" sind ganztätige Workshops und folgen einer doppelten Programmatik: Sie ermöglichen sowohl die Beforschung der Teilnehmenden in erlebten Lernsituationen als auch die didaktisch angeleitete Reflexion der Einzelnen wie der Gruppe. Als Medium dienen Bild-Text-Collagen zum Thema: „Erfolgreiches Lernen wie ich es mir wünsche". Grell zeigt überzeugend auf, dass im Rahmen der symbolisch-bildlichen Darstellung Reflexionsräume für Sinnpräsentationen eröffnet werden, die ansonsten aus der Sprache und damit unter den Tisch von Forschungsergebnis wie Bildungspraxis fallen.

Geschichte: Zum Verhältnis von individueller und kollektiver Erinnerung

Geschichte ist ein Geschehnis, ein Ereignis, eine Begebenheit, ein Erlebnis, eine Erfahrung oder eine Schicksalsfügung, welche mindestens *einem* Menschen an mindestens *einem* bestimmten Ort widerfährt. Geschichte vergegenwärtigt Vergangenes und verbindet dadurch Zeit, Raum und Menschen. Sie wird gemacht –

konstruiert und rekonstruiert. Durch Erzählung, Überlieferung, Dokumentation, Archivierung und Institutionalisierung werden temporäre und vereinzelte Ereignisse der Vergangenheit zu einem gegenwärtigen Kanon verwebt, der die Zukunft einer ganzen Lebensgruppe Weichen stellend mitbestimmt.

Der Stoff aus dem Geschichte gemacht wird ist die Erinnerung – aber auch ihr Gegenpart: das Vergessen. Es komme auf ein ausgewogenes Verhältnis zwischen den beiden Kontrapunkten an, wie schon Nietzsche treffend konstatierte: Zu viel erinnerte Geschichte behindere zukünftige Gegenentwürfe und zu wenig erinnerte Geschichte mache unfähig, sich in der Gegenwart zu behaupten – für das Individuum, wie für das Kollektiv (vgl. Nietzsche 1972, S. 248f.) Dieser prekären Verhältnisbestimmung zwischen den antagonistischen Polen Individualität/Kollektivität und Erinnern/Vergessen gehen die folgenden Beiträge nach.

Ausgehend von einer Psychoanalyse, die sich als kritische Sozialwissenschaft versteht, legt *Rolf Haubl* in seinem Beitrag den Prozess der „allmähliche(n) Verfertigung von Lebensgeschichten im soziokulturellen Erinnerungsprozess" dar. Sein Ausgangspunkt ist die „mythopoetische Erinnerungsarbeit", ein Konstrukt, mit der die vielfach belegten Verzerrungseffekte autobiographischer Erinnerungen verstehbar gemacht werden können. Entlang einer beispielhaften Betrachtung der Entwicklung einer ko-memorierenden Gemeinschaft, zeigt der Autor nicht nur die besondere Dynamik und Bedeutungsstruktur von Mustererzählungen für lebensgeschichtliche Narrationen auf, sondern fragt zudem nach den Indikatoren, mit denen es hinreichend möglich werden kann, den Wahrheitsgehalt einer Erinnerungserzählung zu prüfen.

Theodor Schulze entschlüsselt in seinem Aufsatz „Kriegsende 1945 – Erinnerungsarbeit in einer Schreibwerkstatt" das Verhältnis von individueller Erinnerung und kollektivem Gedenken anhand von Schreibprodukten anlässlich des 60. Jahrestages der Kapitulation Deutschlands. Seiner scharfsinnigen Analyse zweier unterschiedlicher Erinnerungsprodukte von damals 10 bzw. 15jährigen Jungen aus ihrer heutigen Sicht stellt er eine vorläufige Kategorisierung von Erinnerungsarbeit voran und unterscheidet fünf Typen: die unbewusste individuelle, die bewusste individuelle, die psychoanalytische, die traditionelle kollektive und die kritische kollektive Erinnerungsarbeit. Letztlich zieht er das Fazit, dass sich bewusste individuelle, sprich: rekonstruktive und biographisierende Erinnerungsarbeit nicht unbedingt mit kritisch kollektiver, sprich: emanzipatorischer und aufklärender Erinnerungsarbeit decken muss, sondern als affirmative Erinnerungsklumpen in begrenzten Klischees verhaftet bleiben kann.

Am Beispiel einer Befragung von Angehörigen der Opfer der SED-Diktatur befasst sich *Kerstin Dietzel* in ihrem Beitrag „Erinnerung und biographischer Wandel. Diskutiert am Beispiel einer Befragung von Angehörigen der Opfer der SED-Diktatur" mit der Frage, welche Bedeutung die Erinnerung für die Entfaltung des biographischen Wandels hat. Ausgehend von der Annahme, dass die Inhaftierung eines nahe stehenden Verwandten durch die Stasi auch auf weite Teile der Familie repressiv zurückwirke, verfolgt sie die Fragestellung, ob und welche Bildungsprozesse in Form biographischen Wandels bei den Angehörigen in Folge des politisch motivierten Haftereignisses erinnert und dargestellt werden. Es geht Dietzel also um das Beschreiben von Erinnerungsmustern auf der Grundlage der Transformation der Selbst- und Weltverhältnisse der Angehörigen der Opfer. In theoretischer Hinsicht greift sie auf die Arbeiten von Paul Ricœur zurück, um auf diese Weise innerhalb des Rahmens einer erziehungswissenschaftlichen Biographie- und Bildungsforschung erinnerungstheoretische Aspekte stärker zur Geltung zu bringen, als das bisher der Fall war.

Hildegard Macha und *Monika Witzke* untersuchen in ihrem Aufsatz „Familiennarrationen und individuelle Biographien der Familienmitglieder" Ko-Konstruktionen von Familien hinsichtlich der Annahme einer Kohärenz in der Familienbiographie, die sich durch eine gemeinsame Schnittmenge von Erfahrungen, Werten und Verhaltensweisen der einzelnen Familienmitglieder ergeben und in ihrer besonderen Dynamik die individuelle und gemeinsame Entwicklung der Familienmitglieder beeinflussen. Auf der Basis einer knappen Darstellung des Forschungsstandes bezüglich Familienbiographien präsentieren sie erste Ergebnisse ihrer empirischen Studie, in der sie Konsens und Dissens in Bezug auf Fragen der Werte und Regeln in Familien erforschen. In Fotodokumentationen mit anschließenden Interviews werden Übereinstimmungen und Unterschiede in den Werten und Regeln zwischen der älteren und der jüngeren Generation belegt und konkrete Gestaltungen und Regeln des Alltags erfasst.

In seinem Beitrag „Erinnerungen an den Umbruch – Weihnachten 1989 in Transsilvanien" beschäftigt sich *Reinhold Stipsits* mit den Auswirkungen der kollektiven Umbruchsituation in Transsilvanien auf die individuelle biographische Erinnerungsarbeit und Identitätsbildung. Hintergrundfolie ist der gewaltsame Sturz des rumänischen Diktators Ceausescu um Weihnachten 1989. Was erinnern heute deutschsprachige Studierende der Publizistik- und Kommunikationswissenschaft in Klausenburg von damals, als sie zwischen 5 und 16 Jahre alt waren? Stipsits geht den Spuren nach, welche die bis dahin in diesem Ausmaß unbekannte Form der medialen Darstellung in den Köpfen der Befragten hinterließ. Mediale Bilder verknüpfen sich in den Erinnerungen mit generativen, oral tradierten Elementen, die durch die Zugehörigkeit zu einer sich über Sprache definierenden Volksgruppe konstituieren.

Wir danken den Autorinnen und Autoren für ihre Beiträge und hoffen, mit diesem Band die Diskussion zum Verhältnis von Psychoanalyse und Biographieforschung als qualitativer Sozialforschung wieder zu intensivieren.

Literatur

Benjamin, W. (2006) Berliner Kindheit um neunzehnhundert. Frankfurt/M.

Bohleber, W. (2005): Einführung in das Thema der PSYCHE-Tagung 2004: Vergangenes im Hier-und-Jetzt oder: Wozu noch lebensgeschichtliche Erinnerung im psychoanalytischen Prozeß? In: Psyche – Z Psychoanal 59 (Beiheft 2005), S. 2-10.

Dilthey, W. (1968): Der Aufbau der geschichtlichen Welt in den Geisteswissenschaften. In: Gesammelte Schriften, Band VII, 5. Auflage. Stuttgart und Göttingen.

Freud, S. (1917): Trauer und Melancholie. In: Ders.: GW X.

Koukkou, M./Leuzinger-Bohleber, M./Mertens, W. (Hrsg.) (1998): Erinnerung von Wirklichkeiten. 2 Bände, Stuttgart.

Loftus, E. (2003): Falsche Erinnerungen. In: Spektrum der Wissenschaft. Heft 1, S. 12-17.

Leithäuser, Th./Volmerg, B. (1979): Anleitung zur Empirischen Hermeneutik. Psychoanalytische Textinterpretation als sozialwissenschaftliches Verfahren. Frankfurt/M.

Markowitsch, H.J./Welzer, H. (2005): Das autobiographische Gedächtnis. Hirnorganische Grundlagen und biosoziale Entwicklung. Stuttgart.

Nietzsche, F. (1972): Vom Nutzen und Nachteil der Historie für das Leben (zweite Unzeitgemäße Betrachtung). In: Nietzsche Werke, Kritische Gesamtausgabe. Hrsg. von Colli, G./Montinari, M. 1. Bd. Berlin/New York, S. 239-330.

Oevermann, U. u.a. (1976): Beobachtungen zur Struktur der sozialisatorischen Interaktion. Theoretische und methodologische Fragen der Sozialisationsforschung. In: Auwärter, M. u.a. (Hrsg.) Seminar: Kommunikation, Interaktion, Identität. Frankfurt/M., S. 371-403.

Rosenthal, G. (1995): Erlebte und erzählte Lebensgeschichte. Gestalt und Struktur biographischer Selbstbeschreibungen. Frankfurt/M.

Roth, G. (2001): Die neurobiologischen Grundlagen von Geist und Bewusstsein. In: Pauen, M./Roth, G. (Hrsg.): Neurowissenschaften und Philosophie. München.

Welzer, H. (2002): Das kommunikative Gedächtnis. Eine Theorie der Erinnerung. München.

Erinnerung: Zum Verhältnis von Psychoanalyse und Biographieforschung

Psychoanalyse und qualitative Sozialforschung: Zur Zukunft des Verhältnisses beider Disziplinen

Jörg Frommer

Psychoanalytische und qualitative Sozialforschung als „doppelte Hermeneutik"

Manchmal scheint es in der gegenwärtigen Debatte so, als habe sich der Beitrag der Psychoanalyse zur Weiterentwicklung der Sozialwissenschaften erschöpft. Ein Niedergang ihrer intellektuellen Potenz wird nicht nur bei den notorischen Feinden der Psychoanalyse diskutiert (z.B. Schachter 2006). Es ist also zu fragen, ob noch Innovatives zu erwarten ist von der Psychoanalyse angesichts ihrer Tendenzen zur pragmatischen Entintellektualisierung, Medizinalisierung und Bürokratisierung. Der nachfolgende Versuch einer positiven Antwort auf diese Frage geht von einem Verständnis von Forschung aus, das an einem – wenn auch schwachen – Konzept wissenschaftlichen Fortschritts in den Humanwissenschaften festhält. Fortschritt wird in diesem Sinne verstanden als ein Entwicklungsprozess, in dem unsystematisch zusammengetragenes Erfahrungswissen zunehmend transformiert wird in empirisch belegbare Faktenkenntnis. Das bedeutet für die Sozialwissenschaften, dass der Anspruch umfassender abstrakter Theorien mit weitreichenden Erklärungsansprüchen aber geringer empirischer Basis relativiert wird durch Theorien niedrigen und mittleren Abstraktionsniveaus, die ihren Mangel an theoretischer Geschlossenheit kompensieren durch eine gute Verbindung zu empirischen Forschungsstrategien, durch die sie revidiert, gestützt und weiterentwickelt werden können (Merton 1957). Gute Wissenschaft und Forschung erhöht ihren Geltungsanspruch paradoxerweise dabei dadurch, dass sie sich mitlaufend reflexiv ihrer Perspektiven- und Interessenabhängigkeit und somit ihrer Grenzen vergewissert.

Es wird selten herausgestellt, dass die beiden großen Wissenschaftstheorien der zweiten Hälfte des 20. Jahrhunderts, Logischer Empirismus (Popper 1966) und Hermeneutik (Gadamer 1960), nicht nur gravierende Unterschiede aufweisen, sondern auch eine zentrale Gemeinsamkeit. Beide machen kompromisslos und definitiv Schluss mit einem naiven Gegenstandsverständnis in der Wissenschaft; beide stellen die kantische Erkenntnis in den Mittelpunkt, dass das beforschte Objekt nicht an sich, sondern immer nur in Abhängigkeit von der jeweils angewandten Form des methodischen Zugriffs erforscht werden kann. Dies impliziert notwendig, dass unterschiedliche methodische Herangehensweisen zu unterschiedlichen Verständnissen und theoretischen Einordnungen ein und desselben Gegenstands führen. Wahlverwandtschaftlich assoziiert sich dem Logischen Empirismus die *quantitative Forschung* ebenso wie die Hermeneutik die *qualitative Forschung* hervorgebracht hat. Allerdings ist nur ein solches Verständnis qualitativer Forschung aus der Hermeneutik abzuleiten, das sie nicht als vorläufige, ungenaue, hypothesengenerierende Vorstufe „richtiger", d.h. quantitativer Forschung versteht, sondern als Forschung im emphatischen und vollen Sinn. Es geht damit um ein eigenständiges qualitatives Verständnis von Methode und Gegenstand, wobei beide, Methode und Gegenstand, unauflöslich aufeinander bezogen sind. Es gibt zahlreiche Datenerhebungs- und Datenauswertungsverfahren, die dem Spektrum der qualitativen Verfahren zugerechnet werden, wie bspw. Empirische Phänomenologie, *Grounded Theory, ethnographische Methoden, Qualitative Inhaltsanalyse, Objektive Hermeneutik* und *Narratives Interview,* um nur einige zu nennen (z.B. Denzin/Lincoln 1994; Flick 2002; Frommer/Langenbach 2001; Frommer/Rennie 2001, 2006; Frommer et al. 2004; Glaser/Strauss 1967; Strauss/Corbin 1990; Rennie 2004). Die Grenzen sind unscharf.

Aus diesem Grund erscheint es mir wichtig, über wesentliche Definitionskriterien nachzudenken. Die meisten der „qualitativ" genannten sozialwissenschaftlichen Methoden zeichnen sich dadurch aus, dass ihr Gegenstandsverständnis *erstens* nicht physikalisch zähl- und messbare Dinge, sondern subjektiv gemeinten Sinn impliziert, *zweitens* auf interpersonelle symbolisch vermittelte Interaktion und Kommunikation fokussiert und *drittens* kulturelle Deutungsmuster und Wertsysteme berücksichtigt. Damit gewinnt sowohl in den beforschten Prozessen als auch im Forschungsprozess selbst methodisch das Phänomen der *doppelten Hermeneutik* (Giddens 1976) an zentraler Stelle Bedeutung: Das reflexive – biographische Arbeit einschließende – Sich-Selbst-Verstehen der beforschten Individuen wird zum Gegenstand einer verstehenden Bemühung. Diese zielt auf den Versuch, Interpretationen zu finden und zu formulieren, die *einerseits* an die Selbstinterpretation der Beforschten anschlussfähig sind, die *andererseits* aber auch aufgrund der anders gelagerten Perspektive auf die zu interpretierenden Sachverhalte über die Selbstinterpretation der Beforschten hinausweisen.

Diese Konzeptualisierung von Methode im Spannungsfeld von subjektiver und objektiver Erkenntnis trifft sich mit dem methodischen Selbstverständnis namhafter Psychoanalytiker. Wurmser etwa reklamiert für die Psychoanalyse eine Form von Wissenschaftlichkeit, die weder der Naturwissenschaft noch der Geisteswissenschaft unterworfen sei und die der spezifischen Logik innerer Konflikte folge, Qualitäten jenseits mathematischer Relationen erfasse und die Natur des Menschen gesellschaftlich und historisch zu verstehen versuche (1989, S.

28f). Ähnlich argumentieren Modell (1984), Schafer (1990), Spence (1982), Leuzinger-Bohleber (1994), Warsitz (1996) und Stuhr (1997). Von verschiedenen psychoanalytischen Autoren ist in diesem Zusammenhang gezielt darauf hingewiesen worden, dass die Denkfigur des hermeneutischen Zirkels auch den psychoanalytischen Erfahrungs- und Erkenntnisprozess beschreibt (Gill 1997; Lang 2000; Körner 1985). Damit ist einer Parallelführung von Psychoanalyse und qualitativer Forschung die Tür geöffnet, die am weitestgehenden von dem in Aarhus lehrenden norwegischen Psychologen Steinar Kvale ausformuliert wurde. Kvale zählt eine ganze Reihe von Eigenschaften auf, die diesen Disziplinen gemeinsam sind:

- In beiden Methoden fällt der *individuellen Fallstudie* eine zentrale Rolle zu;
- in beiden Methoden besteht die wichtigste Form der Datenerhebung in einer *offenen Form des Interviews*, die es dem Beforschten ermöglicht, sich im Gespräch frei und assoziativ zu entfalten;
- in beiden Methoden wird eine *Interpretation der Bedeutung* der Äußerungen und Handlungen des zu Untersuchenden angestrebt, die offen ist für Ambiguitäten, Widersprüche und Weiterentwicklungen;
- in beiden Methoden spielt die zeitliche Dimension insofern eine entscheidende Rolle, als der *Genesis*, der historischen Entwicklung und Entstehung der zu untersuchenden Phänomene zentrale Bedeutung zukommt;
- in beiden Methoden besteht der Fokus nicht nur in der Person des Beforschten oder Patienten, sondern in der *Interaktion* zwischen Forscher und Beforschtem bzw. Patient und Therapeut, einschließlich der Einfälle und emotionalen Reaktionen des Forschers bzw. des Therapeuten;
- in beiden Methoden sind *abnorme, abweichende und pathologische individuelle und soziale Phänomene* von besonderem Interesse; sie dienen – so Kvale – quasi als Vergrößerungsglas, indem sie Mikrophänomene, die im Normalen maskiert und verborgen bleiben, klar und deutlich zum Ausdruck bringen und haben insofern allgemeine Bedeutung;
- und schließlich: Psychoanalyse und qualitative Forschung zielen auf *Prozesse*, beide sind weniger an statischen Phänomenen interessiert; Konstanz, Trägheit und Widerstand gegen Veränderung erscheinen in der Perspektive dieser Disziplinen eher als problematische Phänomene, die Entwicklung und Entfaltung behindern.

Kvale macht deutlich, dass die psychoanalytische Forschung mit diesen Prämissen in einer dramatischen Inkompatibilität mit dem Wissenschaftskonzept des Logischen Empirismus steht. Ähnlich geht es der qualitativen Forschung. Beide Disziplinen stehen damit vor der Aufgabe, einen eigenen Methodenkanon zu entwickeln. Als Hauptforderung erhebt sich in diesem Zusammenhang vor dem Hintergrund des bereits skizzierten allgemeinen Wissenschaftsverständnisses die Notwendigkeit der konkreten Nachvollziehbarkeit ihrer Interpretationen und Schlüsse aus dem zugrunde liegenden Datenmaterial (vgl. Kvale 2001).

„Methodische Hermeneutik" als verbindendes Konzept von psychoanalytischer und sozialwissenschaftlicher Erkenntnis

Nimmt man die Kritik am letztlich methodenfeindlichen Universalitätsanspruch einer konstruktivistisch gedachten philosophischen Hermeneutik, die Wahrheit letztlich mit Überzeugungskraft gleichsetzt, ernst (Habermas 1971) und versteht den qualitativen wie den psychoanalytischen Erkenntnisprozess als – einen Begriff von David Rennie benutzend – *methodische Hermeneutik* (Rennie 2001), so besteht ein unzweifelhaft großer Vorteil qualitativer Forschung gegenüber den meisten quantitativen Verfahren in der Möglichkeit der Konzentration auf *Primärdaten* subjektiven Erlebens, sozialen Handelns und interpersoneller Kommunikation. Ich beziehe mich dabei auf das Grundpostulat jeglicher Forschung, dass sie – wo immer möglich – nicht Surrogatparameter untersucht, sondern den Gegenstand selbst.

Ein Beispiel aus der psychoonkologischen Forschung soll das verdeutlichen: Wenn sich Forscher für die Lebensqualität von Hirntumorpatienten im Endstadium ihrer Erkrankung interessieren, so reicht es nicht aus, sich auf Fragebogendaten zur Lebensqualität zu beschränken, die bei den Patienten erhoben wurden, die erstens noch in der Lage waren, die Ambulanz des Universitätsklinikums aufzusuchen und die zweitens trotz ihrer cerebralen Beeinträchtigung den Fragebogen noch ausfüllen konnten (Dögel et al. 2004). Bei dieser Subgruppe kann nur ein Ergebnis resultieren, das als *Zufriedenheitsparadox* bezeichnet wurde (Herschbach 2002): am Anfang zeigt das Sample eine gewisse, aber erstaunlich niedrige Beeinträchtigung, verglichen mit leichter Kranken und einer Normalbevölkerungsstichprobe. Im Verlauf geht es den objektiv immer mehr Beeinträchtigten im Spiegel dieses methodischen Zugangs dann paradoxerweise nicht schlechter, sondern besser. Ein anderes Ergebnis – und hier setzt die Argumentation für die Notwendigkeit qualitativer Forschung an – wäre entstanden, wenn die Forscher Interviews geführt hätten, in denen die Patienten sich frei hätten äußern können, und wenn auch diejenigen in die *follow up*-Studie einbezogen worden wären, die nicht mehr in die Ambulanz kommen konnten, sondern zuhause im Bett lagen; und wenn schließlich bspw. mit einem ethnographischen Ansatz, auch die Angehörigen beobachtet und interviewt worden wären. Das Ergebnis wäre dann mit Sicherheit ein anderes gewesen: Die Forscher hätten sich konfrontiert gesehen mit schwer erträglichem grausamen menschlichen Leid, mit Hilflosigkeit und Enttäuschung über das Versagen der High-Tech-Medizin angesichts der letztlich unbeeinflussbaren Tumorprogredienz, verbunden mit Auflehnung gegen das Schicksal, Wut, Resignation und Trauer. Das sterile Bild von Daten und Tabellen hätte sich verwandelt in eine menschliche Tragödie. Die Beschäftigung mit den Primärdaten des Gegenstandbereichs, d. h. mit ungeschönt erfasstem subjektivem Erleben und authentisch beschriebener sozialer Interaktion, birgt also auch Risiken, darunter an erster Stelle das Risiko, als Forscher im eigenen, Sicherheit gebenden Selbst- und Weltverhältnis durch die Konfrontation mit den Abgründen menschlicher Existenz verunsichert und erschüttert zu werden.

Psychoanalyse und qualitative Forschung weisen als erfahrungswissenschaftliche Methoden also gemeinsame Strukturmerkmale auf. Es gibt aber auch Differenzen. Es macht daher Sinn, auszuloten und der Frage nachzugehen, ob beide Disziplinen in der Weise voneinander lernen können, dass Mängel und jeweils ungelöste methodische Probleme durch Orientierung an der jeweils anderen Disziplin einer befriedigenderen Lösung zugeführt werden können.

Die Fundierung der psychoanalytischen Erkenntnis des Unbewussten in empirischen Primärdaten zwischenmenschlicher Interaktion

Richten wir den Blick zuerst auf die Psychoanalyse. Eines ihrer Hauptprobleme – das wurde bereits früh angemahnt (z.B. Hellpach 1908) – ist ihr unklares Konzept des Unbewussten. Mit dem Changieren zwischen einem biologischen und einem psychosozial-linguistischen Konzept dieser zentralen Kategorie hält sie sich zwar von Anfang an die Anschlussfähigkeit sowohl zu den Naturwissenschaften als auch zu den Geisteswissenschaften offen, dies aber um den Preis der Vernachlässigung konzeptueller Stringenz und methodologischer Klarheit. Die Ursache dieser Unklarheit liegt meines Erachtens darin, dass zur Zeit Freuds akademischer Ausbildung die Trennung der Wissenschaften in nomothetische und idiographische Disziplinen noch nicht geläufig war und er sich in späteren Jahren eher wenig für neue philosophische und wissenschaftstheoretische Erkenntnisse interessiert hat. Vielmehr gibt es Belege genug für die Annahme, dass er bis an sein Lebensende die Hoffnung hegte, die Psychoanalyse als Teil einer naturwissenschaftlich fundierten Medizin begründen zu können (vgl. Freud 1938). Recht hat er damit bis heute insofern, als sowohl die psychoanalytische Methode als auch manche qualitativen Ansätze an die Grenze des sprachlich einholbaren Bewussten vordringen. Problematisch ist seine Auffassung andererseits aber insofern, als auch die Erforschung der vorprädikativen, vorreflexivkonkreten – gestisch vermittelten – Vor- und Randformen bewussten Erlebens von ihren Sinn- und Symbolbezügen her erforscht werden. In seiner Auseinandersetzung mit der Position Lacans widerspricht deshalb beispielsweise Lorenzer zwar der These, dass auch das *Es* als Instanz des Unbewussten sprachlich verfasst sei. Dies hindert ihn aber nicht daran, zu postulieren, dass das Es „aus einem Niederschlag von Interaktionsformen" bestehe, „die als Synthesis von Körperprozessen des Kindes und der durch die Mutter vermittelten praktischen Antwort ‚gesellschaftlich bestimmt' sind" (Lorenzer 1973, S. 31). Um nicht missverstanden zu werden, fährt Lorenzer fort, das Es sei demnach „natürlich", aber nicht animalisch. Es sei vorsprachlich, aber nicht außersprachlich. Bei den ihm entsprechenden Interaktionsformen handele es sich nicht um Symbolsysteme, sondern um vorsprachliche Systeme der Praxisregulation. Nimmt man an dieser Stelle die Zeichentheorie von Charles S. Peirce konzeptuell zu Hilfe, so könnte man den Objektbezug des Unbewussten als angesiedelt betrachten im Übergang zwischen *indexikalischen* und *ikonischen* Vorstufen von Repräsentation, im Gegensatz zum *symbolischen* Objektbezug bewussten Erlebens (Küchenhoff 1992).

Entsprechend dem bereits skizzierten Verständnis von Wissenschaftsfortschritt als Zusammenführung von Theorie und empirischer Forschung wäre nun zu fragen, wie sich unbewusste Phänomene im Sinne der hier vorgeschlagenen sozialwissenschaftlichen Konzeptualisierung empirisch erforschen lassen. Zwei Ansätze bieten sich hierfür an:

Erstens kann zu Recht mit Ulrich Streeck eine „Mikroenthnographie von Psychotherapie" (2004, S. 83) gefordert werden, die auch die nonverbalen Handlungsdialoge und *Enactments* zwischen Therapeut und Patient anhand von detaillierten Beschreibungen und Videoanalysen empirischer Forschung zugänglich macht. Verhalten in sozialer Interaktion wird in diesem Zusammenhang als semiotisches Feld verstanden, und therapeutische Kompetenz zeichnet sich Streeck zufolge dadurch aus, dass „der Psychotherapeut das Verhalten des Patienten in einen anderen Kontext stellt, als der Patient das bis dahin selber getan hat" (ebd., S. 65). Das empirische Handwerkszeug zur Ermittlung der Bedeutungsinhalte scheinbar unbedeutender gestischer und szenischer Dialoge entnimmt Streeck in seinen eigenen Studien der Ethnomethodologie und Konversationsanalyse. Er weist eindrucksvoll nach, dass sich bspw. in diagnostischen Interviews bereits nach kurzer Zeit eher kooperative von eher konflikthaften Interaktionen unterscheiden lassen, und dass das frühe Erkennen und Thematisieren inszenierten Konfliktmaterials erhebliche klinische Konsequenzen hat. Auch Begrüßungen und Verabschiedungen oder Sprecherwechsel können in dieser Perspektive den Charakter von Szenen haben, die bei genauem Hinsehen verdrängte, abgewehrte und ausgeblendete Regungen bei allen Beteiligten erkennen lassen.

Zweitens kann das Unbewusste nicht nur über formale Aspekte symbolischer und vorsymbolischer Interaktion erfahren und beschrieben werden, sondern auch über *Sprachinhalte*, die unter bestimmten situativen Bedingungen generiert werden. Gemeint sind Situationen, in denen die offene, zurückhaltende und vorschnelle Wertungen vermeidende Präsenz eines interessierten Zuhörers Stegreiferzählungen eluzidiert, die die eigene Biographie und das eigene Selbst- und Weltverhältnis zum Thema haben. Aufgrund der Homologie von erzählter und erlebter Welt entwerfen die Informanten in derartigen Gesprächssituationen Schilderungen, die weit mehr enthalten als in den abstrakteren Formen des bewussten Selbst- und Weltverhältnisses der betreffenden Personen repräsentiert ist. Die Eigengesetzlichkeit des Erzählens zwingt geradezu zur Versprachlichung bisher nicht sprachlich gefassten Erlebens und Erinnerns. Verantwortlich hierfür sind die sog. „narrativen Zugzwänge", die der Tatsache geschuldet sind, dass Texte grundsätzlich so verfasst werden, dass sie für einen aktuellen oder potentiellen Zuhörer verstehbar sind. Die Verstehbarkeit des Textes setzt voraus, dass der Sprecher seine Erfahrungsaufschichtungen in einer bestimmten Weise darbietet.

Folgt man der im Anschluss an Anselm Strauss von Fritz Schütze (1984), Gerhard Riemann (1987) und anderen ausgearbeiteten Theorie des narrativen Interviews, so sind diesbezüglich Zwänge zur Gestaltschließung, Zwänge zur Detaillierung und Zwänge zur Kondensierung am Werk. Insbesondere der Gestaltschließungs- und der Detaillierungszwang führt dazu, dass begonnene Ereignisketten oder Interaktionsfiguren vervollständigt werden müssen, auch wenn dadurch mit negativen Affekten wie Ärger, Wut, Scham und Schuld besetzte ausgeblendete Inhalte einbezogen werden müssen. Der Kondensierungszwang ermöglicht es darüber hinaus, Maskierungen für besonders stark ausgeblendete Inhalte einzuführen, die formal Ähnlichkeiten haben mit den in der psychoanalytischen Ichpsychologie beschriebenen Abwehrmechanismen (Verschiebung, Projektion etc.).

Die Versprachlichung autobiographischer Erlebnisinhalte in der Stegreiferzählung bedeutet allerdings nicht zwangsläufig, dass die formulierten Inhalte auch Eingang finden in das abstrakter gefasste Selbst- und Weltbild der betreffenden Person. In unstrukturierten Interviews machen wir vielmehr immer wieder die Erfahrung, dass Informanten bei der Lektüre des Transkripts erstaunt sind über das, was sie gesagt haben. In narrativen Interviews teilen wir also tatsächlich mehr über uns mit, als uns bewusst ist (vgl. Nisbett/Wilson 1977). Methodisch bedeutet das, dass die Beschäftigung mit den *Inhalten* von Interviews nicht banal ist und durchaus den Zugang zu dem eröffnen kann, was nicht nur deskriptiv, sondern auch dynamisch unbewusst ist.

Folgt man diesen Überlegungen, so kann die Psychoanalyse von der qualitativen Sozialforschung Unterstützung erhalten bei der Formulierung einer klarer fassbaren, interdisziplinär anschlussfähigen und empirischer Forschung zugänglichen Konzeptualisierung des Unbewussten – oder zumindest von Teilen des Unbewussten.

Die Fundierung sozialforscherischer Dateninterpretation in den basalen Formen des Welt- und Selbsterlebens

Abschließend soll der Frage nachgegangen werden, ob umgekehrt der Rekurs auf psychoanalytische Erkenntnis die qualitative Sozialforschung bereichern kann. Auch diese Frage soll nicht theoretisch, sondern vielmehr methodologisch und methodisch gestellt werden. Ein großes Problem der qualitativen Sozialforschung ist der Übergang vom Beschreiben zum Interpretieren. Natürlich wissen wir, dass auch schon das Beschreiben Interpretieren ist. Die Beschreibung erfolgt aus einer bestimmten Perspektive, unter bestimmten historischen, situativen, theoretischen und interessengeleiteten Gesichtspunkten. Allerdings besteht gute qualitative Forschung in der genau dokumentierten stufenweisen Abstraktion, die zunehmend komplexere Begriffe und Zusammenhangsannahmen zum untersuchten Phänomenbereich einführt. Auch dann, wenn theoriegeleitete deduktiv entwickelte Fragestellungen bewusst ausgeklammert werden, wie dies in manchen Ansätzen der qualitativen Soziaforschung gefordert wird, ist im qualitativen Forschungsprozess eine innere Logik der Induktion am Werk, die man mit Peirce als „Abduktion“ bezeichnen kann (Küchenhoff 1992). Das heißt konkret, dass bereits in frühen Phasen der Datenerhebung und Datensichtung Codes und Kategorien auftauchen, die als erste Leitlinien für die Reduktion der Materialkomplexität dienen.

Für das Emergieren von Kategorien gibt es kein Regelwerk, und jeder qualitative Forscher weiß, wie frustrierend es ist, wenn in monatelangen aufwändigen Auswertungsprozessen viele deskriptive Codes und Kategorien textnah und vollkommen nachvollziehbar konzeptualisiert wurden und dennoch kein zündender Funke entstanden ist. Wenn dann nach langem „Tappen im Dunkeln“ (Roth 2004) eine zentrale metaphorisch formulierte Kategorie vorgeschlagen wird, deren Entstehung nicht sehr gut auf einzelne Textpassagen bezogen werden kann, die aber urplötzlich das ganze Datenmaterial faszinierend in einem neuen Licht erscheinen lässt, beschleicht die Forschergruppe Ambivalenz: Einerseits entsteht das befriedigende Gefühl, am Ende eines Prozesses angelangt zu sein, andererseits entsteht Unsicherheit bezüglich der Frage, ob der Anspruch der Nachvollziehbarkeit und Rationalität, der über jeder Forschung steht, ausreichend berücksichtigt wurde.

Auf Rationalität kann am ehesten rekurriert werden bei Kategorien, die eher formalen Charakter haben. Rennie und Fergus (im Druck) schlagen in diesem Zusammenhang den Rekurs auf Lakoff und Johnson (1980) vor, die in ihren feinsinnigen linguistischen Analysen gezeigt haben, dass unser Weltverständnis durch kognitive Schemata geprägt ist, die unserer Körpererfahrung entstammen. Welche Objekte uns auch immer begegnen, wir greifen bereits unbewusst stets zurück auf Körpermetaphern, bspw. auf die Vorstellung von einem Container (Körper), der Dinge (Organe) enthält, von der Orientierung dieses Körpers im Raum (vertikal, horizontal, dazwischen), von der räumlichen Beziehung zu anderen Körpern (bevor, hinter, neben, über, unter), von der Beziehung zwischen einzelnen Teilen eines Ganzen (hinzugefügt, abgetrennt, absorbiert), von dem Einfluss der Umgebung auf dieses Objekt und dem Einfluss des Objekts auf die Umwelt (Widerstand, Kraft, Bewegung) etc.. Rennie und Fergus beschreiben das kognitive Modell von Lakoff und Johnson als hilfreich für das Verständnis für die Entstehung von Codes und Kategorien im Rahmen einer als methodische Hermeneutik verstandenen Grounded Theory.

Sie kritisieren in diesem Modell aber, dass es dazu tendiert, emotionale und situative Einflüsse zu ignorieren und wenig darüber aussagt, wann eine Kategorie passt. Unter Verweis auf Gendlins Phänomenologie der Erfahrung (Experiential Phenomenology) und Freuds Übertragungskonzept fordern Rennie und Fergus eine Theorie der Kategorienbildung in der qualitativen Forschung, die nicht auf die kognitive Gegenstandswahrnehmung des Forschers eingeengt ist, sondern die emotionale und körperliche Selbstwahrnehmung des Forschers in der Beschäftigung mit dem beforschten Gegenstand einschließt. Im psychoanalytischen Sinne ist damit die Zurverfügungstellung der eigenen Person als Projektionsfläche und „Behälter" für abgespaltene, verdrängte und verworfene emotionale Erfahrungen des Gegenübers gemeint (Bion 1992).

Die Hilfestellung der Psychoanalyse bei der Dechiffrierung scheinbar irrationalen und unverständlichen Handelns in sozialwissenschaftlichen Analysen beschränkt sich also nicht auf formale Aspekte von Verhalten und Interaktion. Vielmehr spielt auch der inhaltliche Aspekt eine Rolle: Für dessen Wahrnehmung, Beschreibung und Interpretation ist *erstens* die Kenntnis der primitiven kognitiven Schemata unserer Welt- und Selbsterfahrung notwendig und *zweitens* die Zurverfügungstellung der eigenen Person als Resonanzboden oder Container für unverarbeitete Erfahrungen des Gegenübers. In Ergänzung zu Rennie und Fergus ist *drittens* schließlich auf die Bedeutung allgemeiner Prozessstrukturen von Lebensabläufen hinzuweisen.

Der Rekurs auf die Grundfiguren der in der autobiographischen Erinnerung übereinandergeschichteten, zum Teil ausgeblendeten und durch Stellvertreter oder Auslassungen maskierten Bedeutungszusammenhänge aus früheren Stadien der Lebensgeschichte stellt nicht nur in der klinischen Psychoanalyse, sondern auch in sozialwissenschaftlichen Studien eine bedeutsame Quelle für die Entwicklung von Interpretationsfolien dar. Die intra- und intersubjektive Stabilität und Ubiquität dieser Grundfiguren resultiert aus der anthropologischen Zwitterstellung des Menschen als *animal rationale*, d. h. als einerseits sprach- und kulturfähiges Subjekt, andererseits biologischen Zwängen unterworfenes Lebewesen. Zu diesen paradoxal und konflikthaft verfassten anthropologischen Grundfiguren biographischer Arbeit zählt bspw. die Sehnsucht nach Innigkeit und passiver Verschmelzung mit der *einen* nährenden geliebten Person und das gleichzeitige Bewusstsein der Unmöglichkeit der Wiederherstellung der Ureinheit, das Streben nach aggressiver Durchsetzung, Autonomie und Macht und der gleichzeitige Wunsch nach Anerkennung, Anschluss und Einbindung sowie die Unhintergehbarkeit des biologischen Geschlechtsunterschiedes und des sexuellen Begehrens und die gleichzeitigen Wünsche nach Überwindung der Festlegungen und Begrenzungen, die dieser Unterschied in unser Leben einschreibt. Auf diese Grundfiguren bezieht sich nicht nur die identitätssichernde biographische Arbeit, die in unterschiedlichen Modi erfolgen kann, bspw. aktiv als spontane Wandlung und als intentionaler Handlungsablauf, oder passiv als institutionell geprägtes Ablaufmuster und als eigengesetzliche Verlaufskurve (vgl. Schütze 1981, 1999). Vielmehr ist die Kenntnis dieser Grundfiguren aus der eigenen Biographie und aus fremden Lebensläufen und ihre reflexive Durchdringung auch das Reservoir, aus dem die Interpretation und Kategorienbildung schöpft. Versteht man mit Dilthey (1957) den Lebenslauf als das Ganze, ohne dessen Berücksichtigung einzelne Erlebnisse in ihrer Bedeutungsgestalt gar nicht erkannt werden können, so erweitert die Berücksichtigung der latent auch im Gegenwartserleben erwachsener Personen vorhandenen Bezüge zu biographisch früheren, stärker durch emotionale, phantastische und irrationale Momente geprägten Bedeutungszusammenhängen die Erklärungspotenz nicht nur klinisch-psychoanalytischer, sondern auch biographiewissenschaftlicher Kategorienbildungen und Interpretationen.

Der Grad der Aktualisierung dieser Tiefendimension der Lebensgeschichte in sozialwissenschaftlichen Analysen kann unterschiedlich sein. Stark strukturierte oder gar suggestiv angelegte Befragungen lassen eine Aktivierung dieser Aspekte kaum zu. Das Standardsetting der psychoanalytischen Situation kann hingegen als optimale Voraussetzung ihrer Präsenz gelten. Der taktvolle Zuhörer, der einen diskreten, in jeder Hinsicht geschützten Raum zur Verfügung stellt, genügend Zeit mitbringt, seine eigenen Wertungen des Gesagten hintanhält und sich ganz auf den erzählten Zusammenhang einlässt, generiert auf diese nicht passive, sondern haltende Weise die Geschichte des Erzählers mit, weil diese Geschichte dann unabhängig vom Ausgangsthema immer zur Lebensgeschichte im emphathischen Sinne wird, nämlich zur gemeinsam verstandenen Lebensgeschichte. Das gemeinsame Verstehen lässt Sinn entstehen, der zuvor – in der rein innerlichen Reflexion – nicht bestanden hat, weil das Reflektierte nicht eingebunden war in das Verstandenwerden durch den Anderen (vgl. Ogden 1994). Der Sinnzusammenhang, der nicht nur auf der Ebene der zu verstehenden Inhalte, sondern auch im Prozess des Verstehens selbst die Perspektive des Anderen einschließt, entfaltet in der klinischen Psychoanalyse heilsame Kraft.

In der qualitativen Sozialforschung garantiert die Einhaltung der beschriebenen Grundregeln des verstehenden Zuhörens, dass - wenn auch teilweise kondensiert – die in der Geschichte des Informanten mitschwingende biographische Tiefendimension durch Detaillierungs- und Gestaltschließungszwänge deutlich wird. Bei ihrer Entschlüsselung und ihrem Verständnis können allein schon Audioaufzeichnung und Transkription Kondensierungen entzerren und beim Zuhören entgangene Querverbindungen deutlich werden lassen. Das Lesen des Transkripts und der Austausch über die unterschiedlichen Lesarten in der Forschergruppe lassen dann in einem Dekonstruktionsprozess aus dem einen Oberflächentext eine Fülle von in ihm enthaltenen Texte und Textfragmente entstehen, die jeweils unterschiedlichen Tiefenschichten der Autobiographie des Informanten entsprechen, und die in seinen abstrakteren autobiographischen Theorien nur zum Teil berücksichtigt sind.

Ausblick: Die gemeinsame Aufgabe von Psychoanalyse und qualitativer Sozialforschung

Für den Import der skizzierten psychoanalytischen Bereicherungen in die qualitative Sozialforschung reicht die Kenntnis der psychoanalytischen Theorie nicht aus. Zu den Hauptaufgaben sowohl der qualitativen Forschung als auch der klinischen Psychoanalyse zählt die Rekonstruktion des Strukturzusammenhangs der Lebensgeschichte des Informanten unter Einbeziehung der vergessenen, verdrängten und verpönten, der schmerzhaften und leidvollen, der sexuellen und aggressiven, affektiv negativ beladenen und moralisch und sittlich verwerflichen triebhaften, emotionalen und irrationalen Momente in Vergangenheit und Gegenwart. Der Kliniker wie der Forscher kann sich diesen Aspekten nur öffnen, wenn er sich weder in steriler Distanz, noch in idealisierender Identifikation dem Beforschten zuwendet. Nur wenn er die Abgründe seiner eigenen Biographie auf der inneren Bühne auftreten lassen kann, wird er sich dem primärprozesshafte Momente einschließenden Übergangsraum öffnen, in dem sein Sinnhorizont mit dem des Textes verschmelzen kann. Er wird dann nicht Sinn in den Text des Informanten hineindeuten, sondern er wird sensibel die Sinngehalte des Textes Schicht für Schicht herauspräparieren. Dabei wird er oszillieren zwischen Identifikation und Distanzierung und differenzieren zwischen seinen eigenen Begierden, seinem Leiden, seinen Interessen und seinen Werten einerseits und den im untersuchten Textmaterial enthaltenen andererseits. Er wird sich den Verführungen zur gemeinsamen Ausblendung unangenehmer Wahrheiten zu erwehren haben, die der Patient bzw. der Beforschte ihm anbietet, und er wird sich eigene emotionale Reaktionen auf das untersuchte Material einzugestehen haben, die quer liegen zu den sozialen Normen seiner Bezugsgruppe und seinen bewussten Werthaltungen. So wird das eigene Mitschwingen im Forschungsprozess unverzichtbarer Bestandteil desselben und doch zugleich auch auszuklammernde eigene Zutat.

Literatur

Bion, W.R. (1992): Lernen durch Erfahrung. Frankfurt/M.

Denzin, N.K/Lincoln, Y.S. (Eds.) (1994): Handbook of qualitative research. Thousand Oaks.

Dilthey, W. (1957): Die Entstehung der Hermeneutik. Gesammelte Schriften, Bd. 5. Stuttgart, (2. Aufl.), S. 317-338.

Dögel, D./Diete, S./Wallesch, C.W. (2004): Lebensqualität bei Patienten mit malignen Gliomen und ihren Angehörigen. In: Psychother Psych Med, 54, S. 358-366.

Flick, U. (2002): Qualitative Sozialforschung. Reinbek, (6. Aufl.).

Freud, S. (1938): Some elementary lessons in psychoanalysis. In: Ders.: GW XVII, S. 139-147.

Frommer, J./Langenbach, M. (2001): The psychoanalytic case study as a source of epistemic knowledge. In: Frommer, J./Rennie, D.L. (Eds.): Qualitative psychotherapy research: Methods and Methodology. Lengerich, S. 50-68.

Frommer, J./Langenbach, M./Streeck, U. (2004): Qualitative Psychotherapy Research in German-speaking countries. In: Psychother Res, 14, S. 57-75.

Frommer, J./Rennie, D.L. (Eds.) (2001): Qualitative psychotherapy research: methods and methodology. Lengerich.

Frommer, J./Rennie, D.L. (2006): Methodologie, Methodik und Qualität qualitativer Forschung. In: Psychother Psych Med, 60, S. 210-217.

Gadamer, H.-G. (1960): Wahrheit und Methode. Tübingen.

Giddens, A (1976): New rules for sociological method. New York.

Gill, M.M. (1997): Psychoanalyse im Übergang. Stuttgart.

Glaser, B.G./Strauss, A.L. (1967): Grounded Theory. Strategien qualitativer Forschung. Bern (1998).

Habermas, J. (1971): Hermeneutik und Ideologiekritik. Frankfurt/M.

Hellpach, W. (1908): Unbewusstes und Wechselwirkung. In: Zeitschrift für Psychologie und Physiologie der Sinnesorgane, 48, S. 238-384.
Herschbach, P. (2002): Das „Zufriedenheitsparadox" in der Lebensqualitätsforschung. Wovon hängt unser Wohlbefinden ab? In: Psychother Psych Med, 52, S. 141-150.
Körner, J. (1985):Vom Erklären zum Verstehen in der Psychoanalyse. Göttingen.
Küchenhoff, J. (1992): Zur kommunikativen Funktion psychogener Körperstörungen. In: Z Psychom Med Psychoanal, 38, S. 240-250.
Kvale, S. (2001): The psychoanalytic interview as qualitative research. In: Frommer, J./Rennie, D.L. (Eds.): Qualitative psychotherapy research: Methods and Methodology. Lengerich, S. 9-31.
Lakoff, G./Johnson, M. (1980): Metaphors we live by. Chicago.
Lang, H. (2000): Hermeneutik und psychoanalytische Therapie. In: Lang, H. Das Gespräch als Therapie. Frankfurt/M., S. 100-110.
Leuzinger-Bohleber, M. (1994): Veränderung kognitiv-affektiver Prozesse in Psychoanalysen. Versuch einer Kombination von (qualitativer) On-line- und (quantitativer) Off-line-Forschung bei der Untersuchung psychoanalytischer Prozesse. In: Faller, H./Frommer, J. (Hrsg.): Qualitative Psychotherapieforschung. Grundlagen und Methoden. Heidelberg, S. 195-227.
Lorenzer, A. (1973): Sprachzerstörung und Rekonstruktion. Frankfurt/M.
Merton, R.K. (1957): Social theory and social structure. New York.
Modell, A.H. (1984): Gibt es die Metapsychologie noch? In: Psyche – Z Psychoanal, 38, S. 214-235.
Nisbett, R.E./Wilson, T.D. (1977): Telling more than we do know: Verbal reports on mental processes. In: Psychol Rev, 84, S. 231-259.
Ogden, T. (1994): The analytic third: Working with intersubjective clinical facts. In: Int J Psycho-Anal, 75, S. 3-19.
Popper, K.R. (1966): Logik der Forschung. Tübingen, (2. Aufl.).
Rennie, D.L (2001): Grounded theory methodology as methodical hermeneutics: reconciling realism and relativism. In: Frommer, J./Rennie, D.L. (Eds.): Qualitative psychotherapy research: Methods and Methodology. Lengerich, S. 32-49.
Rennie, D.L. (2004): Anglo-North American qualitative counselling and psychotherapy research. In: Psychother Res, 14, S. 37-56.
Rennie, D.L./Fergus, K. (im Druck): Embodied categorizing in grounded theory method: methodical hermeneutics in action. Theory & Psychology.
Riemann, G. (1987): Das Fremdwerden der eigenen Biographie. Narrative Interviews mit psychiatrischen Patienten. München.
Roth, W.-M. (2004): „Tappen im Dunkeln". Der Umgang mit Unsicherheiten und Unwägbarkeiten während des Forschungsprozesses. In: Zeitschrift für qualitative Bildungs-, Beratungs- und Sozialforschung, 5 (2004), S. 155-178.
Schachter, J. (2006): Ist die zeitgenössische Psychoanalyse in den USA noch eine Profession? Ein Plädoyer für mehr psychoanalytische Forschung. In: Psyche – Z Psychoanal, 80, S. 455-485.
Schafer, R. (1990): The search for a common ground. In: Int J Psychoanal, 71, S. 49-52.

Schütze, F. (1981): Prozeßstrukturen des Lebensablaufs. In: Matthes, J./Pfeifenberger, A./ Stosberg, M. (Hrsg.), Biographie in handlungswissenschaftlicher Perspektive. Nürnberg, S. 67-156.

Schütze, F. (1984): Kognitive Figuren des autobiographischen Stegreiferzählens. In: Kohli, M./Robert, G. (Hrsg.): Biographische und soziale Wirklichkeit. Stuttgart, S. 78-117.

Schütze, F. (1999): Verlaufskurven des Erleidens als Forschungsgegenstand der interpretativen Soziologie. In: Krüger, H.-H./Marotzki, W. (Hrsg.): Handbuch erziehungswissenschaftliche Biographieforschung. Opladen, S. 191-223.

Spence, D.P. (1982): Narrative truth and historical truth. Meaning and interpretation in psychoanalysis. New York.

Strauss, A./Corbin, J. (1990): Grundlagen qualitativer Sozialforschung. Weinheim, 1996.

Streeck, U. (2004): Auf den ersten Blick. Psychotherapeutische Beziehungen unter dem Mikroskop. Stuttgart.

Stuhr, U. (1997): Psychoanalyse und qualitative Forschung. In: Leuzinger-Bohleber, M./ Stuhr, U. (Hrsg.): Psychoanalysen im Rückblick. Giessen, S. 164-181.

Warsitz, R.-P. (1996): Die widerspenstige Erfahrung der Psychoanalyse zwischen den Methodologien der Wissenschaften. In: Psyche – Z Psychoanal, 50, S. 101-142.

Wurmser, L. (1989): Die zerbrochene Wirklichkeit. Berlin.

Methodische Probleme der Psychoanalytischen Biographik

Volker Kraft

Für Biographische Forschung braucht man nicht notwendig die Psychoanalyse. Wenn sich ihrer allerdings bei der Aufklärung curricularer Konstellationen bedient wird, lässt sich der Auflösungsgrad biographischer Untersuchungen in zumindest einer Hinsicht entscheidend erhöhen. Geistesgeschichtlich gesehen kann man, um dies näher zu bestimmen, auf Schleiermacher zurückgehen. In „Hermeneutik und Kritik" heißt es:

> „Die Aufgabe (des Verstehens, V.K.) ist auch so auszudrücken, ‚die Rede zuerst ebensogut und dann besser zu verstehen als ihr Urheber.' Denn weil wir keine unmittelbare Kenntnis dessen haben, was in ihm ist, so müssen wir vieles zum Bewußtsein zu bringen suchen, was ihm *unbewußt* bleiben kann" (Schleiermacher 1977, S. 94).

‚Unbewusst' ist der Grenzbegriff, der die klassische, horizontale Hermeneutik von einer vertikal ausgerichteten, auch als Tiefenhermeneutik zu bezeichnenden Verstehenslehre trennt. Die Produktivität der Psychoanalyse verdankt sich mithin der Differenz von ‚bewusst/unbewusst', das ist ihre hypothesengenerierende Leitunterscheidung. Die Lehre Freuds und aller seiner Nachfolger kreist um die Explikation der beide Bereiche verbindenden Mechanismen, um die Frage also, wie und wodurch Bewusstes ‚unbewusst' wird und wie, andersherum, ‚unbewusstes' wieder dem Bewusstsein zugänglich gemacht werden kann. Sie ist, anders ausgedrückt, eine Art von Transformationsgrammatik, deren Regeln gleichermaßen für die Analyse klinischer wie kultureller Phänomene nutzbringend angewendet werden können.

Im folgenden sollen fünf Gesichtspunkte skizziert werden: Zunächst werden die Motive umrissen, die diese Art von Forschung aus psychoanalytischer Sicht maßgeblich mitbestimmen (1). Dann wird der Blick zurückgehen auf die Anfänge der Psychoanalytischen Biographik, weil von dorther manche der sich mehr oder weniger hartnäckig haltenden Einwände und Vorurteile verständlicher werden dürften (2). Drittens geht es um die Unterscheidung von vier Typen eines solchen Untersuchungsansatzes (3). In einem vierten Schritt wird in methodischer Hinsicht auf die Ausgangspunkte hingewiesen, an denen psychoanalytische

Überlegungen ansetzen und durch die das Material Struktur gewinnt (4). Abschließend steht dann das zentrale methodische Problem im Mittelpunkt, nämlich die Forschenden selbst, wobei auf damit verbundene typische Fehlerquellen aufmerksam gemacht und gezeigt wird, wie diesen zu begegnen ist (5).

1 Die Ambivalenz des biographischen Interesses

Jeder, der sich intensiv mit der Biographie eines anderen Menschen zu beschäftigen beginnt, verwickelt sich damit auch in seine eigene Lebensgeschichte. In dem fünften Abschnitt seiner Studie „Über eine Kindheitserinnerung des Leonardo da Vinci" gibt Freud selbst einen ersten Hinweis darauf, wie die Eingangsfrage beantwortet werden könnte. Man muß nämlich in Erwägung ziehen, so Freud,

> „daß Biographen in ganz eigentümlicher Weise an ihren Helden fixiert sind. Sie haben ihn häufig zum Objekt ihrer Studien gewählt, weil sie ihm aus Gründen ihres persönlichen Gefühlslebens von vorneherein eine besondere Affektion entgegenbrachten. Sie geben sich dann einer Idealisierungsarbeit hin, die bestrebt ist, den großen Mann in die Reihe ihrer infantilen Vorbilder einzutragen, etwa die kindliche Vorstellung des Vaters in ihm neu zu beleben. Sie löschen diesem Wunsche zuliebe die individuellen Züge in seiner Physiognomie aus, glätten die Spuren seines Lebenskampfes mit inneren und äußeren Widerständen, dulden an ihm keinen Rest von menschlicher Schwäche oder Unvollkommenheit und geben uns dann wirklich eine kalte, fremde Idealgestalt anstatt des Menschen, dem wir uns entfernt verwandt fühlen könnten. (...) Sie opfern damit die Wahrheit einer Illusion und verzichten zugunsten ihrer infantilen Phantasien auf die Gelegenheit, in die reizvollsten Geheimnisse der menschlichen Natur einzudringen" (Freud 1913/1973^{6}, S. 202f.).

Der Biograph wird also durch seine Arbeit gewissermaßen zu einem Teil der fremden Biographie. Schon flüchtige Blicke in die Vorworte großer Biographien bestätigen dies: Größe, Ruhm und Macht faszinieren. Durch die intensive Aneignung der fremden Lebensgeschichte wird auch die eigene zwangsläufig von deren Glanz überstrahlt und damit nach dem selbstpsychologischen Muster „Du bist groß, aber ich bin ein Teil von Dir" aufgewertet. Auch wenn man keine große Biographie zu schreiben beabsichtigt, kann jeder diesen Zusammenhang in abgeschwächter Form an sich entdecken, zum Beispiel dann, wenn den Gefühlen nachgespürt wird, die dazu veranlassen, einem bestimmten Menschen eine bestimmte Biographie zu schenken: warum gerade diese Lebensgeschichte, und warum gerade diese diesem oder dieser? Das Gesagte gilt natürlich auch für

Freud selbst. Wir wissen, dass er Italien über alles liebte, und es so oft er konnte besuchte – und Leonardo war dafür ein gewichtiger Grund.

Positive Identifikation und idealisierende Verschmelzung markieren jedoch nur die eine Seite des biographischen Interesses; sie verdecken damit geradezu ein anderes, ebenso wichtiges, wenn auch ungleich weniger akzeptiertes Motiv. Denn jede Idealisierung ist bei genauerer Betrachtung zumeist mit negativen Gefühlen durchmischt. Deswegen finden sich auf der Rückseite idealisierender Heldenverehrungen häufig alltagspsychologische Relativierungen, durch die die großen Figuren der Zeitgeschichte uns auf eigentümliche Weise wiederum „gleich" erscheinen, menschlich eben. Georg Christoph Lichtenberg hat diesen Sachverhalt einmal in einem seiner Aphorismen folgendermaßen ausgedrückt: „Die Schwachheiten großer Leute bekannt zu machen, ist eine Art von Pflicht; man richtet damit Tausende auf, ohne jenen zu schaden" (Lichtenberg 1992).

Dass biographisches Interesse, wie zu sehen ist, unbewusst auch von negativen und feindseligen, entwertenden Gefühlen bestimmt sein kann, ist aus heutiger Sicht eine klassisch zu nennende Entdeckung Freuds, die dem nüchternen Realitätssinn und der Wahrheitsliebe seiner Bemühungen ein gutes Zeugnis ausstellt. In der Ansprache anläßlich der Verleihung des Goethe-Preises der Stadt Frankfurt hatte er es folgendermaßen formuliert:

> „Die Rechtfertigung des Biographen enthält auch ein Bekenntnis. Nicht herabsetzen zwar will der Biograph den Heros, sondern ihn uns näherbringen. Aber das heißt doch die Distanz, die uns von ihm trennt, verringern, wirkt doch in der Richtung einer Erniedrigung. Und es ist unvermeidlich, wenn wir vom Leben eines Großen mehr erfahren, werden wir auch von Gelegenheiten hören, in denen er es wirklich nicht besser gemacht hat als wir, uns menschlich wirklich nahe gekommen ist. (...) Unsere Einstellung zu Vätern und Lehrern ist nun einmal eine ambivalente, denn unsere Verehrung für sie deckt regelmäßig eine Komponente von feindseliger Auflehnung. Das ist ein psychologisches Verhängnis und läßt sich ohne gewaltsame Unterdrückung der Wahrheit nicht ändern" (Freud 1936/1972[5], S. 550).

2 Die Anfänge psychoanalytischer Biographieforschung

Dergestalt davor gewarnt, den bewussten Motiven allzuviel Glauben zu schenken, soll es nun darum gehen, kurz auf die Anfänge psychoanalytischer Biographieforschung zurückzublicken. Das kann hier zwar nur mit groben Strichen geschehen, erscheint aber gleichwohl angebracht, da es gerade Arbeiten aus der Frühzeit der Psychoanalyse sind, die vielfach massive Kritik gefunden haben und gelegentlich immer noch finden. In der Regel wird nämlich selten zwischen den Arbeiten Freuds und denen seiner Schüler und Adepten unterschieden, wenn es darum geht, die Unzulänglichkeiten tiefenpsychologischer Forschung zu betonen.

Der Blick zurück offenbart, dass die psychoanalytische Biographik gleichsam als Gelenkstück zwischen Klinik und Kultur verstanden werden kann. Die Beschäftigung mit den Großen aus Kunst- und Geistesgeschichte war nicht nur eine der „Dividenden, die die mühsame psychoanalytische Arbeit für Freud abwarf", sondern bot auch die Möglichkeit, die engen Grenzen der zähen Kleinarbeit therapeutischer Praxis zu überwinden und eine Vielzahl kultureller Themen mit Aufklärungsanspruch zu besetzen (vgl. Gay 1989[2], S. 304). In einem Brief vom November 1909 forderte Freud Ferenczi gutgelaunt auf, über seinen „neuen erlauchten Analysanden zu staunen"; und an C.G. Jung schrieb er wenige Wochen vorher: „Auch die Biographik muß unser werden (...). Das Charakterrätsel Leonardo da Vincis ist mir plötzlich durchsichtig geworden. Das gäbe also einen ersten Schritt in die Biographik" (ebd.).

Da Freud theoriegeleitet wusste, wonach er zu suchen hatte, fand er es auch. Der manifeste Ausgangspunkt der Analyse war Leonardos Arbeit am Portrait der Mona Lisa. Und in dem großen Sammelsurium der Notizbücher fand Freud schließlich den Schlüssel zum Verständnis des verborgenen Textes dieser Lebensgeschichte, nämlich eine Begebenheit, die Leonardo aus seiner frühesten Kindheit berichtete: die berühmte „Geier-Phantasie". Diese frühe Erinnerung wird gedeutet und mit Daten der äußeren Lebensgeschichte verbunden. Und dann zeigt sich: Leonardo war ein uneheliches Kind, hatte früh die leidenschaftliche Liebe seiner verlassenen Mutter genossen und wuchs dann, nachdem sein Vater kurz nach seiner Geburt geheiratet hatte und ihn drei Jahre später adoptierte, gleichsam mit zwei Müttern auf. Die enge Bindung an diese beiden Frauen und das Zurücktreten des Vaters begründeten nach Freud eine homosexuelle Disposition, die sich nicht nur in einer für damalige Verhältnisse ungewöhnlichen Ablehnung allem Sexuellen gegenüber zeigte, sondern auch in den zahlreichen und zum Teil sehr merkwürdigen anatomischen Zeichnungen Leonardos zum Ausdruck kommt.

So überzeugend Freuds Darstellung auch erscheinen mag (und viele Kunsthistoriker haben sich später seiner Einsichten bedient), die Analyse beruhte auf einem gravierenden, die abgründigen Fallstricke biographischer Forschung eindrucksvoll dokumentierenden Fehler (der allerdings weder von ihm selbst noch von irgendeinem seiner Schüler je korrigiert wurde): Freud hatte nämlich, eine sträfliche philologische Unterlassung, eine deutsche Übersetzung von Leonardos Notizbüchern benutzt, in denen „nibbio" fälschlich mit „Geier" wiedergegeben wird, anstatt korrekterweise mit „Milan". Der Geier war ein in den Mythen sehr beliebtes Geschöpf, worauf Freud große Teile seiner Interpretation gründete. Der Milan hingegen war nur ein Vogel (vgl. Gay 1989[2], S. 307ff.).

Unabhängig von diesem Mangel sieht man in der Rückschau die Arbeitsweise sehr genau: geleitet von klinischer Praxis und seinen hierauf gründenden Annahmen über die infantile Sexualität, nimmt die Arbeit ihren Ausgangspunkt von einer Begebenheit in der Erwachsenenwelt, vom manifesten Text also, sucht dann nach Spuren früher Erinnerungen, deutet diese, setzt sie sodann zu Daten der äußeren Realität in Beziehung und gelangt auf diese Weise dazu, zumindest ein wenig Licht in das Dunkel dieser von so vielen bewunderten Person und den verborgenen Sinnzusammenhang seiner Kunstwerke zu bringen.

Während Freud die Ergebnisse seiner biographischen Spurensuche eher zurückhaltend und mit Vorsicht beurteilt, ist dies bei vielen seiner Schüler gänzlich anders. Die Einsicht des Meisters „Wenn ein biographischer Versuch wirklich zum Verständnis des Seelenlebens seines Helden durchdringen will, darf er nicht, wie dies in den meisten Biographien aus Diskretion oder aus Prüderie geschieht, die sexuelle Betätigung, die geschlechtliche Eigenart des Untersuchten mit Stillschweigen übergehen" (Freud 1913, S. 135) – diese Einsicht haben viele seiner Schüler gleichsam als Aufforderung zu einer von „unfreien" Assoziationen bestimmten „Entlarvungsdiagnostik" (v. Ungern-Sternberg 1982) missverstanden, vor der kein Kunstwerk und keine Lebensgeschichte sicher sein konnte. Liest man Arbeiten aus der stürmischen Jugendzeit der Psychoanalyse oder auch die Protokolle der berühmten Mittwochs-Gesellschaft, bekommt man eine Ahnung von der Lust, die daraus resultiert, andere im Gefühl der eigenen Überlegenheit vor den Kopf zu stoßen und nach dem Motto „Warum verließ Goethe Friederike" das genüsslich zu sezieren, was bis dahin vielfach vielen unbestritten und gültig erschien. In einem Aufsatz der Zeitschrift „Imago" fasst zum Beispiel Bergler den in der Gruppe um Freud herrschenden Fortschrittsoptimismus so zusammen: „Die heutige Biographik läßt sich in fünf Gruppen einteilen: Die psychoanalytische, die halb- und viertelanalytische, die unabhängige, die mißverstehende und die naive" (v. Ungern-Sternberg 1982, S. 204). Vor allem die Pathographien, die Isidor Sadger sozusagen am analytischen Fließband produzierte, sind eindrucksvolle Beispiele dafür, wie schwierig es sein kann, Geister, die man rief, auch wieder loszuwerden. Freud empfiehlt Jung einmal, „sich gegen die voraussichtliche, unendliche Breite des Sadger'schen Quatsches zur Biographie unbedeutender Männer zu sträuben" und schreibt an Abraham: „Bei Sadger bestehen Sie auf der Ausmerzung von allem Ausschweifenden und Gehässigen, er ist selten ohne Zensur zu ertragen" (zit. n. Rutschky 1981, S. 70 u. S. 186).

So verdienstvoll es auch im Sinne des wissenschaftlichen Fortschritts war, die Tradition der Biographik mit lauten Tönen (und den Regeln eines Zitierkartells entsprechend) herauszufordern, so sehr haben gleichwohl viele dieser frühen Arbeiten die spätere Rezeption psychoanalytischen Denkens in anderen wissenschaftlichen Disziplinen auch erschwert. So heißt es zum Beispiel bei Adorno in seiner Kritik der psychoanalytischen Kunsttheorie:

> „Ihr (der Psychoanalyse, V.K.) gelten die Kunstwerke wesentlich als Projektionen des Unbewußten derer, die sie hervorgebracht haben, und sie vergißt die Formkategorien über die Hermeneutik der Stoffe, überträgt gleichsam die Banausie feinsinniger Ärzte auf das untauglichste Objekt, auf Leonardo oder Baudelaire. Das trotz aller Betonung des Sexus Spießbürgerliche ist daran zu demaskieren, daß durch die einschlägigen Arbeiten, vielfach Ableger der biographischen Mode, Künstler, deren oeuvre die Negativität des Daseienden ohne Zensur objektiviert, als Neurotiker abgekanzelt werden. Das Buch von Laforgue rechnet Baudelaire allen Ernstes vor, daß er an einem Mutterkomplex litt. Nicht einmal am Horizont regt sich die Frage, ob er als Gesunder die Fleurs du mal hätte schreiben können, geschweige denn, ob durch die Neurose die Gedichte schlechter wurden" (Adorno 1998, S. 19f.).

Der Wechsel vom biographischen Prototyp zum tiefenpsychologischen Serienmodell ging also nicht ohne Brüche und Qualitätsverluste vonstatten. Das muß man wissen, sollte es nicht verschweigen und sich einem differenzierten Urteil über die sehr unterschiedliche Dignität der biographischen Arbeiten des Freud-Kreises verpflichtet fühlen, denkt man etwa an die hervorragenden Studien von Otto Rank, Theodor Reik oder Ernst Kris.

Im Laufe der Zeit haben sich die Gemüter beruhigt, die Werkstätten wurden im Sinne der community of science vielfach zusammengelegt, und an die Stelle spöttisch-lustvoller „Entlarvungsdiagnostik" ist das mühsame Geschäft der „Tiefenhermeneutik" getreten, die andere Perspektiven ergänzt und auf verschiedenen Gebieten immer wieder zu Entdeckungen führen kann, die das, was wir zu wissen meinten, in einem anderen Licht erscheinen läßt.

3 Typen Psychoanalytischer Biographik

Im Folgenden werden vier Typen der psychoanalytischen Biographik unterschieden:

Den ersten Typus kann man *Werk-orientiert* nennen. Hier soll die psychoanalytische Betrachtungsweise lebensgeschichtlicher Konstellationen für ein tieferes Verständnis eines Kunstwerkes – sei es ein Bild, eine Skulptur, ein Roman oder ein Gedicht – nutzbar gemacht werden. Der Prototyp dieser Forschungen, Freuds Leonardo-Studie, ist bereits erwähnt worden. Im Mittelpunkt des Interesses steht das spannungsvolle Verhältnis zwischen kreativen Prozessen und biographisch fundierten psychodynamischen Zusammenhängen. Beispielhaft zu nennen ist nicht nur die Arbeit von Theodor Lidz über Strindberg, die Studie

Millers über den Roman „Père Goriot“ von Balzac oder Niederlands Darstellung Heinrich Schliemanns, sondern auch Heinz Kohuts Betrachtung über Thomas Manns „Tod in Venedig“ (Mitscherlich 1972), Pietzkers „Einführung in die Psychoanalyse des literarischen Kunstwerks am Beispiel von Jean Pauls ‚Rede des toten Christus'“ (1985) oder die literaturpsychologischen Bemühungen von Johannes Cremerius (z.B. 1981). Dass sich auch die Musik ins Licht der Psychoanalyse rücken läßt, zeigt die Arbeit von Sebastian Leikert über Bachs „Wohltemperiertes Klavier“. Hier kann man nachvollziehen, wie es dem großen Komponisten gelingt, der Trauer über den plötzlichen Tod seiner zärtlich geliebten Frau Maria Barbara nicht nur Ausdruck zu verschaffen, sondern wie er sich zugleich gegen das allen auferlegte Gesetz von Sterben und Tod auflehnt, indem er – die bislang geltenden Konventionen radikal brechend – sein Werk durch alle Tonarten führt und sich dabei, wie die präzise Analyse der Partituren offenbart, seines Namens als Motiv, also b.a.c.h. (zwei aufeinander folgende und durch eine Terz getrennte Halbtonschritte) auf bisher unbekannte Weise bedient (vgl. Leikert 1996).

Der zweite Typus soll als *Personen-orientiert* bezeichnet werden. Während es im Vorhergehenden darum ging, biographische Perspektiven für das Verständnis eines künstlerischen Produktes nutzbar zu machen, ist es hier umgekehrt: Das Werk wird benutzt, um der Eigenart der Person auf die Spur zu kommen. Diesem Typus sind zahlreiche kleinere Arbeiten zuzurechnen. Als in mehrfacher Hinsicht mustergültiges Exemplar einer großen Studie muß Eisslers 1963 zuerst in Detroit erschienenes, gut 1800 Seiten umfassendes zweibändiges Werk über Johann Wolfgang Goethe gelten (Eissler 1987). Wer sich da hinein verwickeln läßt, wird erleben können, dass Lesen nie nur Last, sondern auch Lust bereiten kann, und wird einem Forscher bei der Arbeit zusehen, der – dem klassischen Theoriemodell verpflichtet – ebenso liebevoll und behutsam wie kenntnisreich auf dem vermeintlich genauestens vermessenen Gelände der Goethe-Biographik noch ungeahnte Entdeckungen zu machen vermag.

Der dritte Typus wird *Geschichts-orientiert* genannt. Er bedient sich eines anderen Referenzrahmens. Im Mittelpunkt der Aufmerksamkeit steht hierbei das Verhältnis von Einzelfall und historischem Ereignis. Es geht, anders gesagt, um die psychohistorischen und psychosozialen Dimensionen einer Biographie. Warum wird gerade Martin Luther im Sinne Kierkegaards zu einem „für die Christenheit äußerst wichtigen Patienten“, und wieso entwickelt Gandhi im Streik der Textilarbeiter von Ahmedabad kurz nach seiner Rückkehr aus Südafrika im Indien der zwanziger Jahre das Muster des „gewaltlosen Widerstands“, das bis in unsere Gegenwart hinein nichts von seiner paradigmatischen Bedeutung, seiner Faszination und Wirksamkeit verloren hat? Das sind Fragen, die Erik H. Erikson in Studien über den „jungen Mann Luther“ (1975) und über „Gandhis Wahrheit“

(1978) auf der Basis seiner eigenen Forschungen zum Jugendalter mit psychoanalytischen Mitteln zu beantworten versucht hat. Und warum Adolf Hitler noch 1940 persönlich dafür sorgt, daß ein jüdischer Arzt ungehindert nach Amerika auswandern kann, dürfte verständlicher werden, wenn man mit Helm Stierlin (1975) Einblicke in die Dynamik der Herkunftsfamilie Hitlers gewinnt und auf diese Weise einen kleinen, aber wichtigen Mosaikstein zum Verständnis des mehrfach gebrochenen Bildes deutscher Vergangenheit erhält.

Den vierten und letzten Typus schließlich bezeichne ich als *Theorie-orientiert*. Hier geht es nicht primär um das Werk, nicht in erster Linie um die Geschichte und um die Person nur insofern, als gefragt wird, in welcher Weise biographische Konstellation und theoretische Konstruktion psychoanalytisch in Zusammenhang gebracht werden können. Das muß natürlich zuallererst für die Psychoanalyse selber gelten, wie zum Beispiel die Arbeit von Marianne Krüll über „die Entstehung der Psychoanalyse und Freuds ungelöste Vaterbindung" zu zeigen versucht (Krüll 1979). Dass theoretische Rationalität nicht zu denken ist ohne das „Andere der Vernunft" verdeutlicht, um ein Beispiel aus der Philosophie zu wählen, die Studie des dänischen Forschers Jörgen Kjaer über „Nietzsche oder die Zerstörung der Humanität durch Mutterliebe" (1990) ebenso wie die Arbeit der Gebrüder Böhme zur Entwicklung von Rationalitätsstrukturen am Beispiel Kants (Böhme/Böhme 1985). Zu diesem Typus rechne ich schließlich auch meine eigenen Bemühungen zum Verhältnis von Biographie und Theorie in der Erziehungswissenschaft (vgl. Kraft 1996, 2001).

Zusammengefasst ergibt sich: Werk, Person, Geschichte und Theorie markieren den Bezugsrahmen der modernen psychoanalytischen Biographik, die auf diese Weise – stets der Gegenstimme des Unbewussten verpflichtet – im Konzert der Wissenschaften einen festen Platz gefunden hat und diesen sicherlich auch zu Recht behaupten darf.

4 Der Ausgangspunkt psychoanalytisch orientierter Interpretationen

Die tiefenpsychologische Bearbeitung sucht, ihrem Ansatz gemäß, vordringlich nach *verborgenen* Sinnzusammenhängen, sie richtet ihr Interesse demnach vornehmlich auf den *latenten* Text einer Biographie. Wie und an welcher Stelle aber beginnt diese Spurensuche? Die Antwort lautet: Der Zugang hierzu eröffnet sich über die sorgsame Beachtung und Analyse von Unstimmigkeiten oder Widersprüchen, die der explizite oder manifeste Text enthält. Einige Beispiele mögen veranschaulichen, was hiermit gemeint ist:

In der Autobiographie Hartmut von Hentigs heißt es:

> „Zu dem, was mich zum Pädagogen gemacht hat, zählt die Tatsache, daß ich wenige Monate nach meiner Geburt von meiner Mutter getrennt wurde und seitdem bei meinem die Mutter absichtsvoll ersetzenden Vater aufgewachsen bin. Über mein frühkindliches Triebschicksal will ich hier nicht spekulieren. Ich muß mich an Tatbestände halten, die weniger Aufschluß versprechen, aber faßbar sind" (Hentig 1985, S. 71).

Das klingt doch merkwürdig: eine Analyse des frühkindlichen Triebschicksals erscheint dem Autor selbst als äußerst aufschlußreich – warum aber geht er dieser Spur dann nicht nach? Insofern erscheint das „ich muß mich an Tatbestände halten, die weniger Aufschluß versprechen" durchaus doppeldeutig, etwa in dem Sinne: ich kann mich (vielleicht: leider) nur an Dingen orientieren, die mir faßbar erscheinen, mein frühkindliches Triebschicksal ist mir verborgen, nicht zugänglich, gleichsam „inneres Ausland". Und zudem findet sich, theoretisch gesprochen, ein Abwehrmechanismus in Form einer Rationalisierung, denn: die Analyse des frühkindlichen Triebschicksals wäre „spekulativ", taugte also nicht für wissenschaftliche Zwecke. Wieso soll aber dann das Spekulative mehr Aufschluß versprechen als die angeblich so sicheren Tatbestände?

In der Autobiographie von Christian Caselmann, ein anderes Beispiel, ist zu lesen:

> „In meiner Selbstdarstellung spreche ich verhältnismäßig viel von meiner Jugend, weil sie für meine geistig-seelische Entwicklung, besonders aber für meinen pädagogischen Beruf von prägender Bedeutung war. Der Beginn meines Lebens war sehr traurig. Ich wurde am 23.März 1889 in Kloster Sulz als zehntes Kind des ev.-lutherischen Pfarrers Adolf Caselmann geboren. In der Woche meiner Geburt starben drei meiner Geschwister an Diphterie. Meine Eltern hatten bereits vorher drei Kinder, die sich schon über das Säuglingsalter hinaus zu geliebten kleinen Individualitäten entwickelt hatten, durch den Tod verloren. Mein Vater starb ein halbes Jahr nach meiner Geburt. Meine Mutter starb, als ich noch nicht drei Jahre alt war. Trotzdem habe ich eine glückliche Jugend voller Liebe und Geborgenheit erlebt und die beste häusliche Erziehung genossen, die sich denken läßt" (Pongratz 1975, S. 146).

Wie und wodurch verwandelt sich im Sinne einer Reaktionsbildung die unermeßliche Trauer am Lebensbeginn zu der „besten häuslichen Erziehung, die sich denken läßt", also offensichtlich besser noch, als wäre der Autor mit seinen leiblichen Eltern aufgewachsen? Wie haben die Eltern diese Todesfälle verarbeitet, und was bedeutete dies für ihre Einstellung und ihr Verhalten dem kleinen Christian gegenüber? Mit Hilfe welcher innerpsychischen Mechanismen ist es ihm gelungen, diesen dunklen Start ins Leben, kompensatorisch oder defensiv, zu bewältigen?

Auch Wilhelm Flitner hatte übrigens, wie Caselmann, schon früh die Mutter verloren, wenn auch in etwas späterem Alter. Und auch hier ein vergleichbares Muster, nämlich ein „schreckliches Ereignis" in früher Kindheit und später dann eine „glückliche Jugend". Er schreibt dazu: „Sie (meine Mutter, V.K.) starb in Weimar, als ich neun Jahre alt war, nachdem sie den dritten Buben geboren hatte. Trotz dieses schrecklichen Ereignisses, das ein Kind in der Tiefe verstört, habe ich eine glückliche Jugend und Schulzeit durchlebt" (Pongratz 1976, S. 146).

Hierzu fügt sich vielleicht ein weiterer biographischer Mosaikstein, denn an einer anderen – und eigentlich gar nicht so geheimnisvollen – Stelle weist Flitner in seinen Erinnerungen selbst überraschend auf einen psychoanalytischen Aufklärungsbedarf hin: „Warum wir durchaus nicht wollten, daß Erwachsene an unserem Spiel teilnahmen oder überhaupt von ihm wußten, mögen Psychoanalytiker erforschen; mir ist es unbegreiflich" (Flitner 1986, S. 71).

Es sind diese Art von Daten, die das psychoanalytische Interesse auf sich ziehen und an denen es sich dann festzumachen versucht. Wenn also der Spalt zwischen der bewußten Darstellung, dem manifesten Text, und dem verborgenen, latenten Sinnzusammenhang durch derlei Widersprüche oder Unklarheiten sich ein wenig geöffnet hat, wird man versuchen, ihn sukzessive zu erweitern. Dies geschieht dadurch, daß psychoanalytische Theorien in hermeneutische Hypothesen verwandelt werden, die dann – sozusagen als theoretische Bindeglieder oder Konjekturen – mit autobiographischen Zeugnissen, werkgenealogischen Betrachtungen und zeitgenössischen Berichten und Beobachtungen so verbunden werden, dass am Ende, wenn alles gut geht, der manifeste Text um seine latenten, bisher verborgenen Anteile zumindest in zentralen Hinsichten ergänzt und damit die autobiographische Darstellung auch psychoanalytisch begreifbar werden kann.

5 Forschende als Fehlerquellen

Die größte Gefahr, die diesem Ansatz droht, Ausbildungs- und Materialfragen einmal als geklärt vorausgesetzt, liegt in den Forschenden selbst. Diesem Problem soll nun abschließend die Aufmerksamkeit gelten. Welche Schwierigkeiten, so lautet die Frage, muß eine psychoanalytisch orientierte biographische Forschung bewältigen?

Es ist kein großer Aufwand zu treiben, um festzustellen, wie stark sich klinische Situation und tiefenhermeneutische Forschung unterscheiden: Hier sind zwei Personen am Werk, dort allermeist nur eine; hier motiviert Leiden, dort Neugier, Interesse oder Ehrgeiz; hier belastet ein Symptom, das nach Heilung verlangt, dort stehen Fragen im Raum, die zu beantworten sind; hier wird, eingebettet in eine leibhaftige Interaktion, vor allem (und mit allen Sinnen) gesprochen, dort wird gelesen und geschrieben; hier stehen Gefühle und Einsichten im Vordergrund, dort Rationalität und Erkenntnisse; hier geht es um die Beziehung zweier Menschen, dort um das Verhältnis eines Menschen zu Texten; hier geht es um erzählte Geschichte, dort um deren auf vielfältige Weise dokumentierte Derivate; die therapeutische Wahrheit konstituiert sich dialogisch, die biographisch-forschende monologisch.

Man sieht: Eine im klinischen Kontext erarbeitete Theorie kann nicht unabhängig von den konstitutiven Merkmalen dieses Verfahrens zur Grundlage der psychoanalytischen Bearbeitung lebensgeschichtlich relevanter Texte gemacht werden. Wer zum Beispiel seine Autobiographie schreibt und damit wichtiges Material für eine biographische Analyse liefert, ist noch lange kein Patient, wie auch die Gleichsetzung von interpretierendem Forscher und Analytiker als ein schwerer Kunstfehler anzusehen wäre. Während sich in der therapeutischen Analyse, wenn sie denn gelingt, der Patient im Sinne wachsender Autonomie verändert, findet sich die für den analytischen Prozess so entscheidende Funktion der Veränderung ausschließlich in der Interaktion zwischen Forscher und Texten. Natürlich provozieren auch Texte Einfälle, Phantasien, Ideen und Assoziationen, denen man Aufmerksamkeit schenken kann. Dennoch gilt: nicht der Text phantasiert, sondern derjenige, der ihn liest. Denn die Texte bleiben ja dieselben, und Leonardo kann Freud nicht widersprechen oder neues Material erinnern, das einer Interpretation den Boden entzieht. Was sich verändert – sieht man einmal von überraschenden Funden in Nachlässen oder Archiven ab, die eine neue Sicht eines Sachverhaltes erfordern – verändert sich also in aller Regel im biographischen Forscher selbst. Denn er muß sich ja mit den verschiedenen Mitspielern einer Lebensgeschichte, also mit den signifikanten Anderen einer biographischen Konstellation (vgl. Loch 1988), gleichsam experimentell identifizieren und es dennoch fertig bringen, im Sinne Anna Freuds einen Standpunkt einzunehmen und durchzuhalten, der „von Es, Ich und Über-Ich gleichmäßig distanziert ist" (A. Freud 1984). Es ist ja nicht Identifikation, sondern eine auf der Unterscheidung von „bewusst und unbewusst" gründende besondere Form der Empathie, die eine Biographie zu einer psychoanalytischen werden läßt.

Es sind vor allem drei Fehler, denen die psychoanalytische Biographik – und zwar von Beginn an – immer wieder zu erliegen droht:

Den ersten nenne ich in Anlehnung an Erikson *„originologisch"*. Damit ist eine Denkmethode gemeint, „die jede menschliche Situation auf eine ähnliche, frühere und schließlich auf die einfachste, im frühesten Kindesalter entstandene zurückführt, die als ihr Ursprung (origo) anzunehmen ist" (Erikson 1975, S. 19).

Der zweite Fehler ist mit den Verlockungen fortgesetzter *Überdeutung* verbunden. Was das Material nur lückenhaft hergibt, was die Theorie jedoch verlangt, muss gefunden werden. Überdeutungen führen in der Regel dazu, dass der Datenkörper zu früh geschlossen und zum Widerspruch reizendes Material nicht beachtet, vergessen oder auch verleugnet wird.

Den dritten Fehler nenne ich *dogmatisch*. Nur von außen betrachtet gibt es „die" Psychoanalyse als homogenes Theoriegebäude, von innen sieht das, wie man weiß, gänzlich anders aus. Denn je nachdem, welcher theoretischen Schule der Psychoanalyse Forschende angehören, sammeln sich die Daten, die „gefunden" und benutzt werden. Damit sind zwangsläufig Einengungen, Entstellungen und Verzerrungen verbunden, denen nur zu begegnen ist, indem (gleichsam in Form einer hermeneutischen Kreuzvalidierung) verschiedene Perspektiven verwendet werden. Im Sinne des konstruktivistischen Prinzips der Viabilität sollten daher stets diejenigen Theoriebegriffe zur Anwendung kommen, die ein biographisches Material am besten zu strukturieren vermögen.

Gleichwohl bietet das methodische Inventar der Psychoanalyse Möglichkeiten, diesem Problem Rechnung zu tragen und die Aussagekraft biographischer Forschungen dadurch zu erhöhen, dass in therapeutischer Praxis erprobte Verfahren auch für den Forschungsprozess nutzbar gemacht werden. So wie die klinische Arbeit sich durch Supervision selbst zu kontrollieren gewohnt ist, kann auch der Prozess biographischer Forschung durch Supervision kontrolliert und auf diese bewährte Weise kommunikativ validiert werden. Hierdurch wird erreicht, dass die Lebensgeschichte des Forschenden zumindest nicht unbemerkt auf die Lebensgeschichte seiner Untersuchung projiziert wird und so die Befunde durch Rationalitätsdefekte verfälscht. Eine biographische Forschung wäre demnach, so könnte die These lauten, um so „psychoanalytischer", je mehr es gelingt, im Prozess der Forschung selbst konstitutive Elemente der klinischen Praxis (Erzählen, Erinnern, Zuhören, Mitfühlen, Einfühlen, Spiegeln und Deuten) so weit wie möglich zu verwirklichen. Das ist bislang allerdings, soweit zu sehen ist, eher als methodisches Desiderat anzusehen.

Zum Abschluss sei auf eine wichtige Bemerkung hingewiesen, die sich einem Brief Freuds an Arnold Zweig entnehmen läßt: „Die biographische Wahrheit", schrieb Freud, „ist nicht zu haben, und wenn man sie hätte, wäre sie nicht zu gebrauchen" (E.L. Freud 1980, S. 137). Daraus folgt jedoch keineswegs, dass die Suche danach sinnlos oder vergeblich wäre. Im Gegenteil! Denn bei strenger Befolgung ihrer eigenen Regeln ist eine psychoanalytisch fundierte Biographische Forschung durchaus in der Lage, Interpretationen hervorzubringen, die zwar nicht stets notwendig wahr, zumindest aber wahrscheinlich sind. Und gelegentlich auch wahrscheinlicher als andere. „Freudvoll" allerdings sind sie in jedem Fall.

Literatur

Adorno, Th.W. (1970): Ästhetische Theorie. In: Ders.: Gesammelte Schriften VII. Darmstadt, 1998.
Böhme, H./Böhme, G. (1985): Das Andere der Vernunft. Zur Entwicklung von Rationalitätsstrukturen am Beispiel Kants. Frankfurt/M.
Cremerius, J. (1981): Die Rekonstruktion der biographischen Wahrheit im analytischen Prozeß. In: Freiburger Literaturpsychologische Gespräche. Band 1. Frankfurt/M.
Eissler, E.H. (1987): Goethe. Eine psychoanalytische Studie. 1775-1786. Zwei Bände. München.
Erikson, E.H. (1975): Der junge Mann Luther. Eine psychoanalytische Studie. Frankfurt/M.
Erikson, E.H. (1978): Gandhis Wahrheit. Über die Ursprünge der militanten Gewalt. Frankfurt/M.
Flitner, W. (1986): Erinnerungen 1889-1945. Paderborn.
Freud, A. (1936): Das Ich und die Abwehrmechanismen. Frankfurt/M., 1984.
Freud, E.L. (1980): Sigmund Freud. Arnold Zweig. Briefwechsel. Zürich.
Freud, S. (1913): Gesammelte Werke aus den Jahren 1909-1913. Band VIII. Frankfurt/M., 1973[6].
Freud, S. (1931): Gesammelte Werke aus den Jahren 1925-1931. Band XIV. Frankfurt/M., 1972[5].
Gay, P (1989[2]): Freud. Eine Biographie für unsere Zeit. Frankfurt/M.
Hentig, H. v. (1985): Aufgeräumte Erfahrung. Texte zur eigenen Person. Frankfurt/M., Berlin, Wien.
Kjaer, J. (1990): Nietzsche. Die Zerstörung der Humanität durch Mutterliebe. Opladen.
Kraft, V. (1996): Pestalozzi oder Das pädagogische Selbst. Eine Studie zur Psychoanalyse pädagogischen Denkens. Bad Heilbrunn.
Kraft, V. (2001): Möglichkeiten und Grenzen der Psychoanalyse für eine qualitative Wissenschaftsforschung der Pädagogik. In: Keiner, E./Pollak, G. (Hrsg.): Erziehungswissenschaft: Wissenschaftstheorie und Wissenschaftspolitik. Weinheim, Basel, S. 87-100.
Krüll, M. (1979): Freud und sein Vater. Die Entstehung der Psychoanalyse und Freuds ungelöste Vaterbindung. München.
Leikert, S. (1996): Diskurs der Musik und Einschreibung des Vaternamens im Wohltemperierten Klavier von Johann Sebastian Bach. In: Psyche 50 (1996), S. 218-243.
Lichtenberg, G.Chr. (1992): Aphorismen. Zürich
Loch, W. (1988): Die Konstellation der bedeutungsvollen Anderen im lebensgeschichtlichen Gespräch des Individuums. In: Bildung und Erziehung 41 (1998), S. 245-257.
Mitscherlich, A. (1972): Psychopathographien des Alltags. Schriftsteller und Psychoanalyse. Frankfurt/M.
Pietzker, C. (1985): Einführung in die Psychoanalyse des literarischen Kunstwerks am Beispiel von Jean Pauls ‚Rede des toten Christus'. Würzburg.
Pongratz, L.J. (1975): Pädagogik in Selbstdarstellungen. Band I. Hamburg, S. 145-189.
Pongratz, L.J. (1976): Pädagogik in Selbstdarstellungen. Band II. Hamburg, S. 146-197.

Rutschky, M. (1981): Lektüre der Seele. Eine historische Studie über die Psychoanalyse der Literatur. Frankfurt/M., Berlin, Wien.
Schleiermacher, F.D.E. (1977): Hermeneutik und Kritik. Frankfurt/M.
Stierlin, H. (1975): Adolf Hitler. Familienperspektiven. Frankfurt/M.
Ungern-Sternberg, W. v. (1982): Zum Verhältnis von Literaturwissenschaft und Psychoanalyse. Dichterbiographik des Freud-Kreises und Otto Ranks Versuch eines „Paradigmenwechsels" von Dilthey zu Freud. In: Krauß, H./Wolff, R. (Hrsg.): Psychoanalytische Literaturwissenschaft und Literatursoziologie. Frankfurt/M.

Kultur erinnernd verstehen – Versuch einer reflexiven Begegnung zwischen Cultural Studies, Biographieforschung und Psychoanalyse

Regina Klein

Erinnerungsarbeit ist Kulturarbeit, in der Traditionen wie Lebensentwürfe geformt und transformiert werden, so die Ausgangsthese. Der Philosoph Odo Marquardt nennt es: „Zukunft braucht Herkunft" (Marquard 2003, S. 234). Unter der Perspektive *Kultur* als diskursüberspannendem Dach werden nachfolgend Verbindungslinien dreier Theorierichtungen, beginnend mit den *Cultural Studies* über die *Biographieforschung* zur *Psychoanalyse* gezogen. Anhand einer Fallstudie aus der Migrationsforschung wird ein *cultural turn* in der Biographieforschung und ein *cultural return* in der Psychoanalyse vorgenommen. Sein vorläufiger Zwischenhalt mündet in einem „dritten kulturellen Raum", dessen entscheidendes Merkmal die (De)Platzierung von Differenz ist. Differenzerfahrung und Differenzbearbeitung werden als konstitutiv für Identitäts- wie Kulturbildung, für Biographieforschung wie Kulturforschung herausgearbeitet, so die Essenz der programmatischen Ausführungen.

Kultur – eine erste Annäherung

Übergreifend steht der seit der Antike diskutierte Gegensatz von *Natur* und *Kultur* – einer Natur, die von Menschenhand kultiviert wird. Durch von außen eingreifende Pflege soll die Saat der Äcker aufgehen und Früchte tragen. Ausgehend davon wird der Begriff Kultur (kultivieren) im metaphorischen Sinne auf die Pflege des Geistes und der Seele übertragen. Dazu gehören normative Erziehungskonzepte zu einem vermeintlich Besseren, die zivilisatorische Verfeinerung der Sitten und die moralische Bildung des Subjekts mit dem Ziel einer potentiellen Teilhabe an der *Hochkultur.*

Etymologisch stammt Kultur von lat. colere ab mit vier Bedeutungsfeldern: *bebauen* – Ackerbau treiben; *(be)wohnen* – ansässig sein; *pflegen* – veredeln; *ehren* – anbeten (Mittelstraß 2004, Bd. 2, S. 508). All diese vier Bedeutungsfelder finden wir in deutschsprachigen Wortverbindungen von der Bakterienkultur über die Kulturtasche zur Kulturrevolution und dem Starkult wieder. Dementsprechend wird wissenschaftstheoretisch zwischen einem *engen* und einem *weiten* Kulturbegriff differenziert. Bei einem engen Kulturbegriff wird Kultur als Repräsentant des Schönen, Wahren, Guten, *Veredelten* verstanden (Kunst-, Geistes und Hochkultur). Im Gegensatz dazu bezieht sich der weite Kulturbegriff eher auf jene Bedeutung, die auf „bewohnen" und „ansässig sein" bezogen ist. Gemeint ist damit die Lebenswelt: der Alltag, wie auch der Bedeutungs- und Verweisungshorizont, der unserem Alltagserleben und -handeln zugrunde- und vorausliegt (Schütz/Luckmann 1975, S. 23f.).

Cultural Studies – Kultur als gelebte Praxis

Dieser weite Kulturbegriff wurde vornehmlich von den Cultural Studies analytisch genutzt, einem interdisziplinären Theorie- und Forschungsprojekt, das in England Mitte der 60er Jahre des 19. Jahrhunderts mit der Gründung des *Birmingham Centre for Contemporary Cultural Studies* begann. Die Cultural Studies gingen aus der englischen Bewegung der Neuen Linken, New Left, hervor, die sich mit dem Zusammenbruch der Stalin-Ära Ende der 50er Jahre formierte. Ihre Anfänge sind als postmarxistische Antwort auf fehlende Theorielinien zwischen Basis und Überbau zu verstehen. Die gesellschaftlichen Veränderungen nach dem 2. Weltkrieg verlangten danach, das Feld sozialer Auseinandersetzungen neu zu bestimmen. Die Vertreter der Cultural Studies wählten dafür die Kategorie „Kultur", die für sie mehr war als ein bloßer Reflex ökonomischer Beziehungen und führten „Kulturanalysen" durch.

Deren Basis legte Raymond Williams, ein Literaturwissenschaftler und Mitbegründer des Zentrums, mit seiner 1958 veröffentlichten historischen Studie „Culture and Society 1780-1850" (dt.: Gesellschaftstheorie als Begriffsgeschichte), in der er die Bedeutungsgeschichte des Wortes „Kultur" rekonstruierte und eine neue allgemeine Kulturtheorie entwickelte. Sein für die Cultural Studies handlungsleitende Definition fasste Kultur als „whole way of life", als „ganze Lebensweise" und öffnete den Blick über vorhandene kulturelle Objektivationen zu dem subjektiven Umgang des Einzelnen damit. Culture is ordinary (durchschnittlich, normal und gewöhnlich) legte Williams (1958/1997) kategorisch fest und lenkte den Fokus weg von der hegemonialen Hochkultur auf bis dahin minoritäre, marginalisierte oder aufgrund der ihr eigenen Privatheit ausgeschlossenen subkulturellen Praktiken des kleinen Mannes auf der Strasse.

Mit dieser programmatischen Definition begann die Suchbewegung der Cultural Studies nach kulturellen Prozessen in ihrer kontextuellen Einbindung in gesellschaftliche Machtverhältnisse (vgl. Winter 2001, S. 46).

Die Cultural Studies liegen – wie der verwendete *weite* Kulturbegriff – quer zu universitären Standarddisziplinen wie Soziologie, Ethnologie, Geschichts-, Politik-, Kunst- oder Literaturwissenschaft und entziehen sich dadurch einer einheitlichen, stringenten Definition. Sie greifen auf unterschiedliche, der Besonderheit des Untersuchungsgegenstandes geschuldete Theorien und Methoden zurück, so dass der Forschungs- wie Erkenntnisprozess zu einer „Bricolage" (vgl. Nelson/Treichler/Grossberg 1992) wird.

Im Zentrum ihrer Forschungsarbeiten steht der *Mensch als „deutendes und handelndes (Kultur)Wesen* – als Akteur/-in. Dabei liegt ihr Erkenntnisinteresse auf dem Verhältnis von vorgegebener Struktur und individueller sozialer Handlungsfähigkeit – *agency*: *Wie* erfahren, begreifen und produzieren Menschen in unterschiedlichen Kontexten Kultur *mit*? heißt ihre forschungsleitende Fragestellung.

Mit den Arbeiten über jugendliche Subkulturen – vor allem von Paul Willis, Dick Hebdidge und John Clarke in den 1970er und 1980er Jahren – verstärkte sich die auf Alltagskreativität der Subjekte ausgerichtete Perspektive der Cultural Studies. Jugendkultur und deren ritualisierte, symbolische Formen und Stilmittel wurden als Versuche interpretiert, der dominanten Kultur Raum abzugewinnen und den persönlichen und gruppengebundenen Handlungsspielraum zu vergrößern – als Widerstand (Willis 1977, Clarke 1979).

Kultur wird in dieser Ära *als ein mit symbolischen Formen gefüllter Werkzeugkasten* (vgl. Hannerz 1969; Swidler 1986) definiert. Um in konkreten Lebenszusammenhängen eine Handlungsstrategie zu entwerfen, werden aus diesem Rohmaterial (Ressourcen – wie Einstellungen, Werte, Geschichten, Rituale der Herkunftskultur; Waren des Marktes wie Musik, Drogen, Kleider und andere Gebrauchsgüter) einzelne Elemente ausgewählt, deren konventionelle Bedeutung verändert und zu einem besonderen Merkmal der jeweiligen Subkultur stilisiert (vgl. Clarke 1979b, S. 41f.). Ihre subkulturellen Strategien lösen die sozialen Probleme nicht strukturell, sondern nur imaginär in Form von kreativ-profaner Gruppen- und Lebensstilbildung, so die damalige Typologisierung (vgl. Willis 1981). Kultur ist, folgen wir John Clarke, die Art, in der Gruppen das Rohmaterial ihrer sozialen und materiellen Existenz bearbeiten und ihre sozialen Beziehungen untereinander strukturieren. Sie wird zur *Landkarte der Bedeutungen* (vgl. Hebdige 1979) – für die jeweiligen Mitglieder der Gruppe ein Orientierungs- und Hilfsmittel, sich selbst in der Welt zurechtzufinden und zu verorten.

Der Schwerpunkt der Cultural Studies verlagerte sich in den folgenden Jahren immer mehr auf die Perspektive der produktiven Aneignung und der „Kunst des Eigensinns" (Winter 2001), der sich gegen den Gemeinsinn stellt und sukzessive vorhandene Kulturmuster von unten subversiv verändert. Folgerichtig wird Kultur nun *als eine Arena umkämpfter Bedeutungen* verstanden, in welcher der Kampf um Macht entscheidend über soziale Alltagspraxis ausgetragen wird. Mit dieser paradigmatischen Wendung läuteten die Cultural Studies den *cultural turn* in den Humanwissenschaften mit ein (vgl. Chaney 1994). Kultur wird nicht mehr, wie mit dem *linguistic turn* eingeführt, „als Text" verstanden, dessen spezifische Logik danach verlangt, gelesen und entziffert zu werden (Geertz 1987), sondern als „gelebte Praxis". Dieser erweiterte Fokus eröffnet eine Total- und nicht Partialperspektive auf Kultur, definiert als *ganze Lebensform* (vgl. Reckwitz 2004, S. 1f.).

Stewart Hall, der langjährige Leiter des Zentrums und Vordenker der Cultural Studies verortet in dieser *Arena umkämpfter Bedeutungen* die prekäre Position des postmodernen Subjekts, das sich im Rück- und Zugriff auf vorhandene kulturelle Rahmungen seine Lebensform interpretativ-aktiv erschließt. Auf der Suche nach einer Konzeption von „kultureller Identität" (nicht: soziale oder einfach *nur*: Identität), welche die durch globale Transformationen bedingte dezentrierte und entwurzelte Lebenslage treffend wieder gibt, entwirft er eine topographische Dimension (Hall 1994, 1999b). Folgen wir ihm, ist Identität kein fixes und statisches Wesen an sich, sondern eine fragile Positionierung und eine dialogische Beziehung zwischen zwei gleichzeitig wirksamen Achsen oder Vektoren, einem der Ähnlichkeit und Kontinuität und einem des Bruches und der Differenz. Sie ist demgemäß eine Produktion, die niemals vollendet ist und sich lebenslang in einem immerwährendem Kampf um Identifikationen befindet (vgl. Hall 1994, S. 26-31).

Mit dieser flüchtigen, fluiden, beweglichen, temporären, unabgeschlossenen kulturellen Identitätskonzeption antworten die Cultural Studies auf die neuen globalräumlichen Bedingungen der Nachachtziger Jahre, die nicht mehr ausschließlich Klassen-, Alters- oder Genderfragen implizieren, sondern Fragen nach Rasse, Multikulturalismus und Hybridität.

Einer der führenden Theoretiker der sich zeitgleich formierenden postkolonialen Kulturdebatte, Homi K. Bhabha, entwickelt für genau dieses Feld umkämpfter Bedeutungen, in denen sich das postmoderne Subjekt identitätsversichernd zu verorten sucht, die Metapher des *dritten kulturellen Raums* – eine zwischenräumliche, liminale (De)Platzierung translokaler, transhistorischer und transindividueller Ambivalenzen (vgl. Bhabha 2000, S. 2f., 74f., 325f.).

Beide, Hall wie Bhabha, beziehen sich aufeinander und bei ihren Überlegungen zur „Verortung der kulturellen Identität" auf den zentralen Begriff des französischen Strukturalisten Jacques Derrídas – den Begriff der *différance*, der dem konstruktivistischen Denken einen Standort gibt. *Différance* bedeutet sowohl „sich unterscheiden" als auch „aufschieben" und bezeichnet eine unhintergehbar bleibende Spaltung (vgl. Derrida 1986, S. 65f., Hall 2000, S. 224).

In Bhabhas Sprache symbolisiert der *dritte kulturelle Raum* den *Äußerungsraum der Differenz*, in dem die Verhandlung inkommensurabler Differenzen eine Spannung schafft, wie sie für Existenz(weis)en an der Grenze typisch ist (vgl. Bhabha 1997b, S. 124, 2000, S. 53f.). Kulturelle Bedeutungen werden hier im beständigen Spiel der Differenzen – der Überlagerungen, Überbrückungen, Vernetzungen – ausgehandelt, symbolisch artikuliert und performativ dargestellt. Identitäts- und Kulturarbeit, geprägt durch Dezentrierung, Diskontinuität und Entortung, ist nicht mehr und nicht weniger als eine flüchtige Fixierung in diesem exzentrischen Raum der Differenz (vgl. Bhabha 2000, S. 335). In dem Schutz solcher „Zwischenzonen", sozusagen halböffentlichen, sozialen Begegnungs-, Denk- und Erfahrungsräumen (Nadig 2000, S. 89) bilden sich neue „kulturelle Identitäten", exemplarisch im Migrationsprozess. Hier trifft Mehrheits- und Minderheitskultur aufeinander, vermischt sich Fremdes mit Eigenem zu neuen Kulturformen.

Ein Beispiel dafür ist die räumliche Positionierung von Ali Khan, die sich in einem von meiner befreundeten Kollegin Beate Schnabel geführten und gemeinsam interpretierten biographischen Interview herauskristallisiert:

Ali Khan ist 30 Jahre alt und als kleines Kind mit seinen türkischen Eltern nach Deutschland gekommen. Der Rest der großen Familie (auch seine älteren Geschwister) ist im Heimatland geblieben. Er beschreibt, wie er von klein auf „zwischen den Welten" lebte und in seinen eigenen Worten, immer „hin- und herswitchte", nicht nur *zwischen* den Sprachen („Bereite du dich mal als türkische Familie auf ein deutsches Deutschdiktat vor!"), sondern quasi überall, *zwischen* allem und jedem: („Wenn ich einen Schritt aus der Schule raus getan hab, dann war ich wieder in einer ganz anderen Welt"), sagt er und zählt „Diskrepanzen" auf, wie er es nennt:

- zwischen ihm und seinen Mitschülern (er Arbeiterkind aus einer 50 qm Wohnung – sie aus besseren Verhältnissen)
- zwischen ihm und seinen Lehrern (er begabt in kreativen Fächern, aber nicht gefördert: „Was will denn ein Türke mit Abitur?")
- zwischen ihm und seiner großen Verwandtschaft („so Ursprungskultur, die da noch ausgelebt wird und gewisse Erwartungen, die an einen gestellt wird und die man so nicht immer erfüllen kann und erfüllen will, ja, weil man ja schon seinen eigenen Weg gehen will").

Ali Khan geht seinen eigenen Weg, er grenzt sich ab – überall und von allem und jedem: Entgegen dem Wunsch seiner Familie Arzt oder Jurist zu werden, entscheidet er sich für ein Pädagogikstudium, das er aber seit einigen Semester ruhen lässt und sich als Rapper engagiert. In dieser Musik findet er seine Ausdrucksform und benutzt sie um sich eine aussagekräftige Stimme im vielstimmigen Chor der multikulturellen Welt zu verschaffen. Damit hat er Teil an einem *dritten kulturellen Raum,* der mit der binären Logik: switchend zwischen Türkisch oder Deutsch, Anpassung oder Ausgrenzung bricht und vorhandene Versatzstücke zu einer neuen Musikbewegung oder -kultur vermischt.

Ali Khan textet und singt in verschiedenen Sprachen:

- Englisch – die Ursprungssprache des Rap („kein dumpfes Slanggelaber, nicht sauber und clean, sondern auch Fäkalsprache, hinter der was steht!")
- Deutsch – für ihn aktuell in der Musikszene zu inflationär gebraucht („also, wenn ich die Wahrheit sage, Deutsch ist für mich keine schöne Sprache – zu kalt") und
- Türkisch – die im Gegensatz zum Deutschen poetischer und emotionaler ist („es gibt ja Klagelieder, die über 100, 200 Jahre alt sind").

Dabei erfindet er auf kreative Weise im Sinne der *Cultural Studies* alternative symbolische kulturelle Formen: „Das finde ich auch am Rap so gut, man kann ganz neue Wörter zusammenwürfeln, machen und tun – das ist schon faszinierend". Damit hat er auf einer übergeordneten Ebene Teil an der sich neu entwickelten Kultur: *Kanak Attak*, eine Ende der neunziger Jahre entstandene Kunst- und Kulturbewegung.

Hier zeigt sich das entscheidende Merkmal des *dritten kulturellen Raumes*, nämlich das „darüber hinausgehende" (beyond) als Moment der Grenzüberschreitung der dominanten, vorfindlichen kulturellen Definitionen (Bhabha 1997b, S. 123 f., 2000, S. 1f.). Diese Praxis kultureller Neuschöpfungen wird als „Hybridisierung" bezeichnet (Bhabha 2000, S. 5f.) Es entstehen hybride Identitäten und hybride Kulturen (Hall 1999b, S. 425f.). Der Begriff wird laut Hall oft missverstanden, denn *Hybridität* bezieht sich nicht auf biologisch determinierte, gemischte „rassische" Zusammensetzung von Bevölkerungen, sondern auf die kulturelle Logik der *Übersetzung* als Querschnitt zwischen differenten Bedeutungen – darauf, Worte für den eigenen fragilen, fragmentierten, auseinander gerissenen Zustand zu finden (vgl. Hall 2004, S. 208f.). Übersetzung – es geht nicht einfach um Übernahme oder Anpassung, sondern um die Transformation von Außen kommender Eindrücke im Innen – ist ein qualvoller Prozess, so Hall, weil er nie abgeschlossen ist, sondern immer unentscheidbar bleibt und ein angstbesetzter Augenblick, so Bhabha, weil jedes Aushandeln der Differenzen die radikale Unzulänglichkeit des eigenen Bedeutungs- und Zeichensystems enthüllt.

Ein weiteres Merkmal und die vorherrschende Zustandsbeschreibung im *dritten kulturellen Raum* ist daher *Desorientierung* und *Störung des Richtungs-*

sinns, aber sie wird nicht ausschließlich als Konfliktfall, sondern als produktive Chance gesehen (Bhabha 1997b).

Auch dies wird an Ali Khans Lebensentwurf deutlich: Noch etwas richtungslos hängt Ali Khan zwischen der Vielfalt der Möglichkeiten und Ambivalenzen: Wird er das Studium beenden oder seine Musikkarriere kommerzialisieren, dass er davon leben kann? Er wägt ab in einem beständigen Spiel des Hin und Her: „Das zeitkritische am Musiktexten ist ja schon fast so, wenn man irgendwie 'ne Diplomarbeit schreibt", sagt er.

Kulturelle Identitätsbildung ist eben eine vorläufige, flüchtige, jedoch produktive Relation in diesem *Raum der Differenz*. Sie ist nicht statisch sondern befindet sich bis zuletzt in einem Prozess der Herausbildung. Kultur „zeigt die sinnliche menschliche Praxis, mittels deren Männer und Frauen ihre Geschichte gestalten" (Hall 1999a, S. 24). Was macht die Biographieforschung mit diesen Geschichten?

Biographieforschung – das gelebte Soziale

Die Anfänge der Biographieforschung sind ebenso wie die der Cultural Studies mit gesellschaftlichen Bewegungen verbunden, die im Bereich der Sozialforschung nach einer Änderung der Erkenntnisinstrumente und vorhandenen Erkenntniskategorien verlangte. Den Cultural Studies ähnlich integrierte die Biographieforschung in ihrer Weiterentwicklung und Etablierung als eigenständige Forschungsdisziplin innerhalb der Qualitativen Sozialforschung verschiedene Theorien und Methoden. Dadurch entziehen sie sich ebenfalls einer einheitlichen Definition und sowie einer stringenten methodischen Basis, aber bieten desgleichen Ansatzpunkte für eine mehrperspektivische und konstruktive Reflexion ihres Selbstverständnisses.

Im Blickpunkt der Biographieforschung steht gleichermaßen der „*Mensch als deutendes und handelndes Wesen*". Was fehlt ist das Beiwort „Kultur" und damit der *explizit* ausgesprochene Anspruch neben, mit und unter dem Label Biographieforschung Kulturforschung zu betreiben. Aber Kulturforschung schwingt *implizit* mit. *Bios* stammt aus dem griech. und bedeutet „Leben", sogar „Lebensform"; *grafe* kommt von *graphein* „beschreiben". Biographieforschung ist demnach als Entzifferung der Beschreibung eines Lebens oder einer Lebensform zu verstehen (vgl. Marotzki 2003). Als Konzept liegt *Biographie* ähnlich wie *Kultur* strukturell auf der Schnittstelle zwischen subjektiver und objektiver Struktur. *Lebensform* ist eine tragende Begriffsbestimmung, welche sich wie angedeutet ebenso in der praxistheoretischen Kulturwissenschaft wieder findet.

Forschungsleitend sind die Fragen: *Wie* sieht die subjektive Auslegung und Verarbeitung der gesellschaftlichen Realität aus? *Welche* spezifischen Logiken, *welche* überindividuellen Sinnmuster sind in den individuellen Konstruktionsprozessen zu finden?

Bei den Antworten, die aus biografischen Erzählungen herauskristallisiert werden, mischen sich individuelle und kollektive Erfahrungsverarbeitungsräume, Wandlungsprozesse und Verlaufskurven, persönliche und soziale Wissensformen. Solche Formulierungen spielen – in der Lesart der Cultural Studies – auf kulturtheoretische Aspekte an. „Culture is ordinary" – Kultur wird in einem beständigen Wechselspiel zwischen objektiver und subjektiver Struktur mitproduziert und verdichtet sich in einer Lebensgeschichte zur gelebten Kultur.

Die biographische Erzählung in der Forschungssituation selbst ist eine von außen angestoßene Auseinandersetzung zur narrativen Selbstvergewisserung. Im Angesicht des Forschenden und eines Aufnahmegeräts versucht das Forschungssubjekt einen Sinnzusammenhang in sein Leben zu bringen. Markante Lebensereignisse werden ausgewählt, aneinandergereiht und so interpretiert, dass sie einem Anderen das eigene Gewordensein erklären.

Ali Khan bietet eine schlüssige Erklärung für seinen aktuellen, etwas prekären Lebenszustand als langzeitstudierender Rapper: Über mehrere Lebensstationen hinweg und in ständiger selbstreflexiver Deutungssuche präsentiert er sich als sein Leben lang (von Eltern, der Familie, der Mitschüler, der Lehrer, jetzt: der Musikszene) unterschätzte Ausnahmegestalt, der es um mehr geht als um Status und Geld: „Deshalb wollte ich auch nie irgendwas mit Wirtschaft, ich wollte auch nie im Büro sitzen, ich bin auch nicht der Typ der körperliche Arbeiten macht, kein guter Handwerker und so. Ja, ich wollt kreativ sein. Musik machen, das war's".

Wie hier steht im Mittelpunkt jeder Biographie die *Differenz* zwischen dem was war, damit die einst mögliche Auswahl an Lebensoptionen und dem Bild eines nun, heute in bestimmter Weise so und nicht anders gewordenen Ichs. *Sich-Erinnern* ist kein Aufrufen abgespeicherter, archivierter Daten aus der Festplatte namens Gedächtnis, sondern eine konstruktive und kreative Interaktion. Das Erinnerte lebt von der Differenz zwischen Vergangenheit und Zukunft. Aber dies ist nicht die einzige Differenz. Ihr zugesellt ist:

- die Differenz zwischen Innen/Außen, denn Erinnern bedeutet etymologisch so viel, wie „einer Sache von außen inne werden" (Grimm 2004),
- die Differenz zwischen Selbst/Welt, als reflexiver Modus des Sich-in-der-Welt positionierens (vgl. Marotzki 1999, S. 59)

- die Differenz zwischen Ich/Anderen als identitätsvergewissernde Spiegelung in den Augen der Anderen zwischen Selbst- und Fremdbild (vgl. Klein 2005, S. 126f.)
- die Differenz zwischen Forschungssubjekt/Forschungsobjekt als intersubjektive Aushandlung des biographischen Interviews, an dem beide Seiten beteiligt sind, um nicht Komplize der „biograpfischen Illusion" zu werden (Bourdieu 1990:75).

Die biographische Erzählung in der Forschungssituation ist der *Raum*, in dem dieses Geflecht von Differenzen miteinander zu einem (mehr oder weniger) stimmigen Entwurf verwoben wird, der ausreichend Spielraum für Interpretationen lässt und widerstreitende Deutungsmuster miteinander verschränkt.

Die Diskontinuität in der Erinnerungsarbeit, die Unverfügbarkeit von Lebensszenen, Vergessen, Verdrängen und Unbewusstmachen – kurz die Kehrseite der Erinnerung, die sich gegen das Bewusstsein sträubt, ist Thema der Psychoanalyse.

Psychoanalyse – das Nichterinner-, Nicht(üb)ersetz- und doch (Üb)erlebbare

Die Psychoanalyse begreift den Menschen als *ein vom Scheitern bedrohtes Kulturwesen*, dem das Unbewusste in Form Freudscher Versprecher und noch schlimmerer Missgeschicke einen Streich und übel mitspielen kann, bis er durch die Gesprächskur seinen Lebensweg nun bewusst reflektierend weiterhin fortsetzen kann. Ihr Erkenntnisgegenstand und -ziel sind *Erforschung* und *Bewusstmachung des bisher Unbewussten*, und zwar an und für sich über das Individuum als Patient hinausgehend sämtliche Bereiche der Gesellschaft betreffend. Freud selbst hatte den Anspruch, nicht nur das Individuum sondern auch die Kultur besser zu verstehen (vgl. Freud 1929/1974). Die therapeutische Anwendung stellt so gesehen nur eine spezielle Anwendung eines sehr viel umfassenderen Programms dar.

Ihre grundlegende Fragestellung lautet: *Was* wird *wie warum* erinnert, *was* wird *wie warum* nicht erinnert, abgespalten, marginalisiert, verdrängt und unbewusst gemacht – auf einer individuellen *und* kollektiven Ebene.

Nachfolgend werde ich auf *einen* beeindruckenden Versuch innerhalb der Weiterentwicklung der psychoanalytischen Grundgedanken Freuds eingehen, der sowohl die pathologisierende Diagnostik der Erkenntnisinstrumente überwindet als auch Individualität und Soziokulturalität zusammen denkt. Damit komme ich zu Alfred Lorenzer und der Tiefenhermeneutischen Kulturanalyse. Mit seiner symboltheoretisch und interaktionistisch begründeten Metatheorie ging es ihm um eine sozialwissenschaftliche *Übersetzung* psychoanalytischen Denkens und der Entwicklung eines kulturanalytischen Ansatzes, der weit über eine einfache Übertragung von psychoanalytisch-klinischen Wissensformen in den nichttherapeutisch – gesellschaftlichen Bereich hinausgeht. Freuds kulturanalytische Position erinnernd stellen Lorenzers Arbeiten so gesehen einen *cultural return* dar.

Lorenzer begreift Kultur und Identität als Symbolbildung. Symbole sind für ihn *Interaktionsformen* eines grundlegend dialektischen Wechselspiels zwischen Selbst und Welt, individueller Lebenspraxis und gesellschaftlicher Realität. Sie sind *Interaktionsformen*, in denen die *Differenz* zwischen Selbst/Welt als unhintergehbare Verhältnisbestimmung und lebenslang dauernde Überbrückungsarbeit aufgefangen bleibt. Uns stehen drei Formen zur Verfügung:

1. Unbestimmte Interaktionsformen – oder genauer gesagt „leibsymbolische Interaktionsformen" (Klein 2004, S. 625).
   Sie treten im Handeln, Machen, Inszenieren, in der Performanz, im Tun ohne Worte auf. Sie stehen für das Unbewusste, den Trieb – trennen sich jedoch von Freuds biologistischer, quasinatürlicher, vorsozialer Auffassung. Denn Menschwerdung ist, folgen wir Lorenzer, Differenzerfahrung und -bearbeitung vom ersten Augenblick des intrauterinen Lebens an. Aus der organismischen Einheit von befruchteter Eizelle und Uterus beginnt ein Wechselspiel zwischen zwei sich Schritt für Schritt abgrenzenden Organismen: Mutter und Kind. Die sich wiederholenden tiefen Eindrücke durch Gerüche, Geräusche, rhythmische Bewegungen und durch Geschmackserlebnisse festigen sich im Laufe der weiteren Entwicklung zu konkreten „Erinnerungsspuren", die der embryonale Organismus unmittelbar in seinem Körpergedächtnis speichert. (Lorenzer 2002, S. 158f.).

2. Sinnlich-symbolische Interaktionsformen
   Diese stehen für einen Erfahrungsbereich, der im schöpferischen kindlichen Spiel mit Übergangsobjekten beginnt, aber permanenter Teil des Lebens bleibt – als *intermediärer Raum* in den Erfahrungen im Bereich der Kunst, der Religion, der Imagination und auch der schöpferischen wissenschaftlichen Arbeit. In ihnen wird die Beziehung zur Welt teilbewusst hergestellt. Ähnlich wie der kleine Neffe Freuds das Verschwinden seiner Mutter durch das Fort/ Da-Spiel mit der Garnrolle bewältigt, wird das Weggehen und Wiederkommen vom Erwachsenen überbrückt, indem er ein „Erinnerungsstück" des Weggegangenen in die Hand nimmt oder „Erinnerungsbilder" an ihn wachruft (Lorenzer 1984, S. 161). Nach Lorenzer machen die *sinnlich-symbolischen Interaktionsformen* die Schaltstelle der Persönlichkeitsent-

wicklung und das Gelenkstück zwischen Individualität und Sozialität aus (vgl. Lorenzer 1984, S. 163).
„Ja und da habe ich in der Musik doch was gefunden, was mein Leben entscheidend geändert hat", sagt Ali.
Ihr Potential ist die größtmögliche Unabhängigkeit von Wahrnehmungsvorgaben des bestehenden normsetzenden Diskurses. Sie beinhalten noch nicht in lineare Sprache gefasste neue kulturelle Entwürfe in präsentativer Symbolform, die vom Kollektiv abgelehnt oder angenommen werden können.
Ali Khan geht es darum, „Bilder zu erzeugen", die von seinem Publikum selbsttätig gefüllt werden.

3. Sprachsymbolischen Interaktionsformen
Die letztgenannten nun ermöglichen Benennung, Bewusstseinsbildung und Reflexion der Lebensszenen. Erfahrungen werden in Worte gefasst. Der Preis für diesen Zugewinn ist die Beschränkung: Wir lernen die Sprache unserer Lebensgruppe und zugleich die Regeln unserer Kultur – „ein System von Praxisanweisungen und Praxisdeutungen" (Lorenzer 1984, S. 92). Gesprochene Sprache, Kommunikation in einer Diskursgemeinschaft ist das Resultat der geglückten oder missglückten Vermittlung zwischen der objektiven Sprache und den subjektiven, lebensgeschichtlich relevanten Interaktionsformen (vgl. Lorenzer 2002, S. 178).
Alis Produktivität liegt „zwischen den Zeilen", wie er sagt, weniger auf einer sprachsymbolischen Ebene: „Ich mein, ich bin doch kein Prof. an der Uni oder so was. Soll ich den Leuten meine Lösungsvorschläge vorbereiten oder was? Ich hab selber keine Lösung für mein Leben, ja."

Mit Lorenzers durchdachter Konzeption lässt sich jedoch nicht nur der Symbolbildungsprozess von Identität und Kultur beschreiben, sondern auch dessen Umkehrung: der rückläufige Prozess der Sprachzerstörung, von ihm als *Desymbolisierung* bezeichnet (1984, S. 109f., 167f.). Symbole sind Interaktionsformen, in dem sich der stets individuell lebensgeschichtlich erworbener Bedeutungshof und die gesellschaftlich geregelte, historisch gewachsene Kodierung treffen. Wenn das nicht (mehr) zusammenpasst, kommt es zu einem Verfall der differenten Einheit. Das Sprachspiel ist zerstört: das Bezeichnete/Signifikat (Szene) und das Bezeichnende/Signifikant (Wort) werden auseinander gerissenen. Die nicht (zueinander) passenden Inhalte werden zwar verdrängt, sind jedoch nicht verschwunden – bloß Vergessen. In Inszenierungen treten sie wiederholt an die Oberfläche, während die Sprache fehlt oder stereotyp und zeichenhaft wird.

In einer Durchmischung der verschiedenen Symbolebenen oder Interaktionsfunktionen präsentiert das Subjekt uns in der Forschungssituation seinen in der Erinnerung nachträglich konstruierten „Lebensentwurf", wie Lorenzer (1978) die biographische Erzählung nennt. Die drei dargestellten Interaktionsebenen und ihre desymbolisierten Varianten finden wir in biographischen Erinnerungstexten wieder. Das System der Sprache steht für den gesellschaftlichen Kode der nachträglichen Selbstinterpretation und diese wird nach Leerstellen, Ausgrenzungen und Brüchen untersucht.

Mit der von Lorenzer parallel entwickelten Methode des „Szenischen Verstehens" (1970, 1986) gehen wir den Erinnerungsspuren nach – in einem zweifachen Sinne: Als Interpretierende versuchen wir den *RE*-Konstruktionsmodus der Erinnerungsarbeit abzuschreiten, d.h. der Symbolbildung, nämlich wie das damals im heute Bedeutung gewinnt und quasi *übersetzt* wird. Uns interessiert der Prozess, die Mikropraktiken dieses Vorgangs der Herausbildung. Darüber hinaus geht es darum, den rückläufigen Prozess der *DE*-Konstruktion freizulegen, d.h. der Symbolzerstörung – wie das damals im heute verfälscht, tabuiert oder ausgelöscht wird: *Was* wird *wie warum* ausgesprochen, also benannt, sprachlich symbolisiert und erinnert? *Was* erscheint verhüllt, umschrieben, verfremdet und damit auf der sinnlich-symbolischen Ebene? *Was* bleibt unbenannt, eine Lücke, in Lorenzers Terminologie: desymbolisiert und damit vergessen?

Die kulturkritische, emanzipatorische Aufgabe der Tiefenhermeneutik liegt darin, die sprachlose Seite in den öffentlichen Diskurs zu überführen. Erkenntnisleitend ist im gesamten Interpretationsgang, ähnlich dem ethnographischen Vorgehen, die selbstreflexive Positionierung der Forschenden: *Was* macht das Forschungsmaterial mit mir als Forschender? Wegweisend sind die *sinnlich-symbolischen Interaktionsformen* in Form von Metaphern, Wortbildern, Witz und verdichteter Rede. Ähnlich den Traumbildern in der Therapie bilden sie die „via regia" zum unbewussten Sinnzusammenhang. Hier liegen Bewusstes und Unbewusstes, Unreflektiertes und Reflektiertes, Unentschiedenes und Entschiedenes, Primär- und Sekundärprozess noch nahe bei einander (Freud 1919/1970, S. 577f.).

> „Also ich hat eben kein Bock gehabt auf dieses Fremdlandhelf, dieses immer melancholische, immer defensive und traurige, sondern schon offensiv. Wir stehen hier, mit beiden Beinen auf den Füßen, ach, mit beiden Beinen auf dem Boden natürlich. Die Beine sind auch an den Füßen, klar – und einfach so dieses nach vorne gehen. Und klar, das ist erschreckend im ersten Moment, weil es so irgendwie aggressiv rüberkommt, so eben, ungefähr, aber das veranlasst mich so zu sein".

Das Auftauchen dieses vieldeutigen Bildes, in der sich Alis biographische Konstruktion verdichtet, ist mit Erschrecken begleitet. Sie fasst die von Homi K. Bhabha diagnostizierte angstbesetzte Lage im *dritten kulturellen Raum,* einem „Ort der verborgenen Gleichgewichtsstörung" (Bhabha 2000, S. 53) konkret in

Worte. Sie ist vor allem deshalb angstbesetzt, weil sich das Subjekt mit seiner *eigenen* internen Differenz, dem Fremden in sich selbst – nämlich dem Vergessen, Verdrängten, Desymbolisierten – auseinandersetzen muss. Und weil es beim *hybriden*, symbolbildenden Übersetzungsakt um das schiere Überleben geht – „als den Akt, sein Leben auf der Grenze zu legen" (Bhabha 2000, S. 349). Bezugnehmend auf Freud wählt Bhabha (2000, S. 13f.) zur Definition der paradigmatischen Szenerie im *dritten kulturellen Raum* den Ausdruck „unheimlich", mit dem Freud die Auseinandersetzung mit dem bedrohlichen Unbewussten in uns selbst charakterisiert. Nur scheinbar, sagt Freud (1919/1970, S. 249f.) weist der Ausdruck „unheimlich" auf etwas Fremdes, von Außen kommendes hin. Es ist eher irgendwie eine Art von „heimlich", das sich fremden Augen entzieht und ein Geheimnis bleiben muss: „Das Unheimliche ist das ehemals Heimische, Altvertraute. Die Vorsilbe „un" an diesem Worte ist die Marke der Verdrängung", so Freud. In seinem Werk „Zukunft der Illusion" (1927/1974) wird der Begriff *unheimlich* zu einem „psychischen Gesetz, welches erlaubt, das Unbekannte anzugehen und es im Prozess der Kulturarbeit zu bearbeiten" (Kristeva 1990, S. 206). Das Unheimliche, als das, was außerhalb unserer rationalen Kontrolle liegt, wird zum Anlass für die Konstruktion der *dritten kulturellen Räume.*

Begegnung im Äußerungsraum der Differenz

Damit sind wir nun aus verschiedenen theoretischen Richtungen kommend wieder beim *Äußerungsraum der Differenz* angelangt.

Ich fasse zusammen: Differenzerfahrung und Differenzbearbeitung ist konstitutiv für Identitäts- wie Kulturbildung, für Biographieforschung wie Kulturforschung. Differenzerfahrung und Differenzbearbeitung braucht Raum. Hier endet unsere kleine Kulturreise und in diesem prekären, flüchtigen *Raum*, der auf „unheimliche Art *abseits* liegt" (Bhabha 2000, S. 365), treffen nun die Vertreter/-innen und die Perspektiven der drei dargestellten Ansätze mit ihren Werkzeugkästen voller Methoden und Theorien aufeinander. Was in der Begegnung passieren wird, lasse ich an dieser Stelle offen.

Nur so viel: In der *Begegnung*, in der sich das Selbst erst im Zusammentreffen mit dem Anderen konstituiert, ist die raumzeitlich vermessene, prinzipielle Differenzerfahrung zwischen Ich und Du aufgehoben. In jeder *Begegnung* wird immer wieder aufs Neue entschieden, wie sie abläuft – ob Freund oder Feind, Annahme oder Verweigerung des Spiegelblickes und der Widerworte des Anderen. Im Wort Be*gegn*ung schwingt die Gegnerschaft implizit mit. Eine gemeinsame Sache „eint" die Sich-Begegnenden, nämlich „Kultur erinnernd verstehen zu wollen". Das handlungsleitende Verb *verstehen* wird etymologisch wie das

Stammwort *„stehen"* von althochdeutsch *„sta"* = *„zurückgehen"* abgeleitet. Seine Bedeutung entwickelte sich aus der sinnlichen Anschauung des Stehens und wurde auf den geistigen Vorgang übertragen – in einem Gegenstand stehen, zu Hause sein und Fuß fassen (vgl. Grimm 2004).

Mit letzterem erhält Ali Khans Körperbild „von den Beinen bis zum Boden über die Füße" eine etwas andere Konnotation – ein vieldeutiges, Sinnbild der Verortung von Identität und Kultur sowie der diskursiven Verhandlung differenter *Standpunkte* bricht auf. Wie kann es uns bloß gelingen, fest auf dem Boden der Tatsachen zu stehen, wenn die Übersetzung von Empirie in Theorie Arbeit und Angst macht?

Literatur

Bhabha, H.K. (1997a): Die Frage der Identität. In: Bronfen, E./Benjamin, M./Steffen, Th. (Hrsg.): Hybride Kulturen. Tübingen, S. 97-122.

Bhabha, H.K. (1997b): Verortungen der Kultur. In: Bronfen, E./Benjamin, M./Steffen, Th. (Hrsg.): Hybride Kulturen. Tübingen. S. 123-148.

Bhabha, H.K. (2000): Die Verortung der Kultur. Tübingen.

Bourdieu, P. (1990): Die biographische Illusion. In: BIOS Jg. 3 (1990), S. 75-81.

Chaney, D. (1994): Cultural Turn: Scene-Setting Essays on Contemprorary cultural History. London.

Clarke, J. (1979a) Stil. In: Clarke, J. u.a.: Jugendkultur als Widerstand. Milieus, Rituale, Provokationen. (Hrsg. von Honneth, A./Lindner, R./Maas, U./Paech, J./Paris, R.). Frankfurt/M., S. 133-157.

Clarke, J./Hall, St./Jefferson, T./Roberts, B. (1979b): Subkulturen, Kulturen und Klassen. In: ebd., S. 39-131.

Derrida, J. (1986): Positionen. Frankfurt/M.

Freud, S. (1919/1970): Das Unheimliche. In: Studienausgabe Bd. IV. Frankfurt/M., S. 241-274.

Freud, S. (1927/1974): Zukunft einer Illusion. In: Studienausgabe Bd. IX. Frankfurt/M., S.135-189.

Freud, S. (1929/1974): Das Unbehagen in der Kultur. In: Studienausgabe Bd. IX. Frankfurt/M., S.191-271.

Grimm, J./Grimm, W. (2004): Deutsches Wörterbuch. Elektronische Ausgabe der Erstbearbeitung von 1854. Frankfurt/M.

Geertz, C.(1987): Dichte Beschreibung. Beiträge zum Verstehen kultureller Systeme. Frankfurt/M.

Hall, St. (1994): Rassismus und kulturelle Identität. Ausgewählte Schriften 2. Hamburg.

Hall, St. (1999a): Die zwei Paradigmen der Cultural Studies. In. Hörning, K.H./Winter, R. (Hrsg.): Widerspenstige Kulturen: Cultural Studies als Herausforderung. Frankfurt/M., S. 13-42.

Hall, St. (1999b): Kulturelle Identität und Globalisierung. In: ebd., S. 393-441.

Hall, St. (2004): Ideologie Identität Repräsentation. Ausgewählte Schriften 4. Hamburg.
Hannerz, U. (1969): Soulside. Inquieries into Ghetto. Culture an Community. New York, London.
Hebdige, D. (1979): Subculture. The Meaning of Style. London, New York.
Klein, R. (2004): "Tiefenhermeneutische Zugänge". In: Glaser, E./Klika, D./Prengel, A. (Hrsg.): Gender und Erziehungswissenschaft. Ein Handbuch. Bad Heilbrunn.
Klein, R. (2005): Lebensbildung, Identitätsbildung und reflexive Praxen. In: Fröhlich, V./ Göppel, R. (Hrsg.): Bildung als Reflexion über die Lebenszeit. Gießen, S. 111-132.
Kristeva, J. (1990): Fremd sind wir uns selbst. Frankfurt/M.
Lorenzer, A. (1970): Sprachzerstörung und Rekonstruktion. Frankfurt/M.
Lorenzer, A. (1978): Die Analyse der subjektiven Struktur von Lebensläufen und das gesellschaftlich Objektive. In: Einundzwanzig. Randgänge der Erziehungswissenschaft. Marburg, Heft 6, S. 33-49.
Lorenzer, A. (1984): Das Konzil der Buchhalter. Frankfurt/M.
Lorenzer, A. (1986): Tiefenhermeneutische Kulturanalyse. In: Ders. (Hrsg.): Kultur-Analysen. Frankfurt/M., S. 11-98.
Lorenzer, A. (2002): Die Sprache, der Sinn, das Unbewusste. Psychoanalytisches Grundverständnis und Neurowissenschaften. (Hrsg. U. Prokop). Stuttgart.
Marquard, O. (2003): Zukunft braucht Herkunft. Philosophische Essays. Stuttgart.
Marotzki, W. (2003): Biographie. In: Bohnsack, R./Marotzki, W./Meuser, M. (Hrsg.): Hauptbegriffe Qualitative Sozialforschung. Ein Wörterbuch. Opladen, S. 22-24.
Mittelstraß, J. (2004: (Hrsg): Philosophie und Wissenschaftstheorie. Bd. 2. Stuttgart, Weimar.
Nadig, M. (2000): Interkulturalität im Prozeß. Ethnopsychoanalyse und Feldforschung als methodischer und theoretischer Übergangsraum. In: Lahme-Gronostaj, H./Leuzinger-Bohleber, M. (Hrsg.): Identität und Differenz. Zur Psychoanalyse des Geschlechterverhältnisses in der Spätmoderne. Opladen, S. 87-101.
Nelson, C./Treichler, P.A./Grossberg, L. (1992): Cultural Studies: An Introduction. In: Grossberg, L./Nelson, C./Treichler, P.A. (eds.): Cultural Studies. New York, London, S. 1-16.
Reckwitz, A. (2004): Die Kontingenzperspektive der ‚Kultur'. Kulturbegriffe, Kulturtheorien und das kulturwissenschaftliche Forschungsprogramm. In: Jaeger, F./Rüsen, J. (Hrsg): Handbuch der Kulturwissenschaften, Bd. 3: Themen und Tendenzen. Stuttgart, Weimar, S. 1-20.
Schütz, A./Luckmann, Th. (1975): Strukturen der Lebenswelt. Neuwied.
Swidler, A. (1986): Culture in Action: Symbols and Strategies. In: American Sociological Review 51, 1986 (2), S. 273-286.
Williams, R. (1972): Gesellschaftstheorie als Begriffsgeschichte. Studien zur historischen Semnatik von ‚Kultur'. München.
Williams, R. (1958/1997): Culture is Ordinary. In: Gray, A./McGuignan, J. (eds.): Studies in Culture. An Introductory Reader. London.
Willis, P. (1977): Spaß am Widerstand. Gegenkultur in der Arbeiterschule. Frankfurt/M.

Willis, P. (1981): Profane Culture. Rocker, Hippies: Subversive Stile der Jugendkultur. Frankfurt/M.

Winter, R. (2001): Die Kunst des Eigensinns. Cultural Studies als Kritik der Macht. Weilersvist.

Erinnern oder „Zurückphantasieren“? Über „Nachträglichkeit“ in der Psychoanalyse

Jürgen Körner

Die Geschichte der „Nachträglichkeit“

Zu Beginn soll daran erinnert werden, dass nicht Sigmund Freud, sonder streng genommen seine ersten Patientinnen – und die seines Freundes Breuer – die Methode der freien Assoziation und damit die Psychoanalyse überhaupt erfunden haben. Freud arbeitete in den ersten Jahren seiner Niederlassung als Arzt mit der Methode der Hypnose, die ihm helfen sollte, nicht bewusste Phantasien und Erlebnisse seiner Patienten in Erfahrung zu bringen, um mit ihnen dann im Zustand des wachen Bewusstseins über das Preisgegebene sprechen zu können. Schon eine seiner ersten Patientinnen aber bestand, ähnlich wie zuvor schon die berühmte Anna O. seines Freundes Breuer darauf, er möge sie „nicht immer fragen, (sondern) erzählen lassen“ wie Freud in einem Rückblick sehr viel später schildert (1914).

Dieser Wunsch, das „Erzählen lassen“, war im Rahmen einer damaligen ärztlichen Behandlungssituation vollkommen unüblich, aber Freud folgte seiner Patientin, und er musste erleben, dass diese Patientin wie auch andere, denen er die „Redekur“ gestattete, in ihrem Erzählen in ihre Vergangenheit zurück wanderten und dabei sexuelle Phantasien und auch Erlebnisse beschrieben, die sie schon in früher Kindheit gehabt hatten. Nicht wenige seiner Patientinnen berichteten von sexuellen Verführungen/sexuellem Missbrauch, und es erschien offenkundig, dass derartige frühe traumatische Erfahrungen die Ursache sein mochten für sehr viel später einsetzende psychische und psychosomatische Erkrankungen mit lärmender Symptombildung und dem Wunsch nach Heilung.

Dieser Zusammenhang machte den Kern der frühen „Trauma-Theorie“ zur Entstehung der Neurosen aus: eine überwältigend ängstigende Erfahrung wird vom Kind oder dem Jugendlichen verdrängt, diese Verdrängung macht Angst und führt verspätet zur Erkrankung. In dieser Verspätung, in dem oft sehr großen zeitlichen Abstand zwischen traumatischer Erfahrung und späterer Erkrankung liegt der Grundgedanke der „Nachträglichkeit“. Mit „Nachträglichkeit“ war also die Spätwirkung pathogener Erfahrungen gemeint, ein in damaliger Zeit unerhörter Gedanke, der dadurch noch anstößiger wurde, dass sich die Spätwirkung auf

Ereignisse bezog, in denen Erwachsene missbräuchlich gehandelt hatten und in denen Kinder sich auch als sexuell phantasievolle Persönlichkeiten entpuppt hatten.

Es dauerte aber nur wenige Jahre, bis Freud bemerkte, dass seine sehr einfache „Trauma-Theorie" in dieser Form nicht zu halten war. Ihm fiel nämlich auf, wie er in einem Brief an seinen Freund Wilhelm Fließ im Jahr 1897 (Freud 1950) schrieb, dass seine Patientinnen in einigen Fällen über Verführungsszenen gesprochen hatten, die sich in dieser Form nicht wirklich zugetragen haben konnten. Damit schien die Theorie von der Ursache seelischer Erkrankungen hinfällig geworden zu sein und Freud schreibt in dem schon erwähnten Brief: „ich glaube an meine Neurotica nicht mehr" (ebd., S. 187) und fügt hinzu, dass er sich wohl bereit finden müsse, dass große neue Projekt der Psycho-Analyse aufzugeben.

Zu unserem Glück gab er sein Psychoanalyse-Projekt aber nicht auf, sondern entschied sich, seine Theorie den soeben gemachten Erfahrungen anzupassen. Wenn es denn so war, dass auch eine „nur" phantasierte (sexuelle) Erfahrung traumatisierend wirken konnte, dann sollte die Lösung wohl darin liegen, statt der „praktischen" nun die psychische Realität zum Gegenstand der Analyse zu machen, wie er in seinem Rückblick von 1914 etwas lapidar schreibt. Tatsächlich wurde dies eine sehr folgenreiche Entscheidung; mit ihr konstituierte sich die Psychoanalyse nämlich als eine Wissenschaft, die nicht die tatsächliche, sondern die psychische Realität, also die vom Patienten gedeutete Wirklichkeit zu ihrem Gegenstand machte.

Diese Wendung rief später energische Kritiker hervor, die Freud vorwarfen, er habe die Schuld der Täter von damals verleugnet und stattdessen sogar die missbrauchten Kinder beschuldigt, an ihrem Unglücke selbst aktiv mitgewirkt zu haben. Es fehlte auch nicht an Deutungen, die Freud z.B. unterstellten, seinen eigenen Vater in Schutz nehmen zu wollen. Tatsächlich hat Freud aber die Häufigkeit sexueller Übergriffe durchaus nicht geleugnet, aber er hat doch auch beschrieben, wie das Kind mit seinen bewussten und unbewussten Phantasien die schweren Konflikte, die später zur Erkrankung führen können, mitgestaltet. Diese Vorstellung von der Mitgestaltung wurde von seinen Kritikern als Schuldvorwurf missverstanden.

Es wäre reizvoll, der Schuldfrage nachzugehen, die wohl den Kern dieser Diskussion ausmacht, doch reicht der Platz hier nur für eine kurze Andeutung: Wenn man einen eng gefassten Schuldbegriff bevorzugt, und schuldhaftes Handeln nur im Falle *bewusst* absichtsvollen Handelns erkennen will, dann kann von einem Schuldvorwurf in der Konflikttheorie der Psychoanalyse gewiss nicht die Rede sein. Wenn man aber den Schuldbegriff erweitert und ihn auch dann anwendet, wenn ein Mensch *unbewusst* absichtsvoll handelt, dann ist ein Mensch wohl niemals frei von Schuld, denn seine Ziele und Absichten sind doch immer auch von unbewusst gewordenen, durchaus antisozialen Strebungen wie Neid, Missgunst und Vernichtungswünschen geprägt. Niemals entgeht er dieser Verstricktheit, denn er wird geboren mit jenen unverträglichen Neigungen und lernt doch nur, sie ein Leben lang mehr oder weniger geschickt (wie in den Fällen der Sublimierung oder der Reaktionsbildung) in Schach zu halten. Die tragische Verstrickung des Ödipus lässt beide Urteile zu: Er ist schuldig, wenn wir ihm vorhalten, dass er es hätte wissen können (aber nicht wissen wollte), dass es seine Mutter war, die er begehrte. Er muss als unschuldig gelten, wenn wir ihm einräumen, dass er den Inzest vielleicht unbewusst, aber nicht bewusst wollte. Es gehört zu den Zumutungen, welche die Psychoanalyse dem modernen Menschen aufgab, dass er einsehen muss, nicht wirklich Herr im eigenen Hause zu sein, und dass er der Schuldfrage nicht dadurch entkommt, dass er sich in die Schutzbehauptung flüchtet, das Böse nicht gewollt zu haben. Es mag wohl sein, dass die erregte Debatte um Freuds Konzentration auf die unbewusste Phantasie auch daher rührt, dass es immer noch schwer fällt, diese Zumutung der Psychoanalyse zu ertragen.

Freuds Geschichte vom „Kleinen Hans“ von 1909 illustriert seine Auffassung von der „Mitwirkung“ unbewusster Phantasien: Der kleine Junge hatte eine Pferdephobie entwickelt, die sich als Verschiebung seiner Angst vor dem Vater herausstellte. Dieser hatte ihm tatsächlich mit Kastration gedroht, dass geben die Protokolle der Gespräche eindeutig wieder, aber die übergroße und nicht beherrschbare Angst des Kleinen Hans rührte doch auch daher, dass er seine Mutter begehrt und seinen Vater zu beseitigen gewünscht hatte. Hier liegt seine Mitwirkung: Sein Beseitigungswunsch gegen den Vater ließ ihm dessen Aggressivität aufs äußerste bedrohlich erscheinen, und darum wurde es dem kleinen Patienten notwendig, diese unbeherrschbare Angst auf andere Objekte, nämlich Pferde zu verschieben.

Das Konzept von der „Nachträglichkeit“ erfuhr in der Geschichte der Psychoanalyse nach Freud gravierende Veränderungen. Freud selbst blieb im Wesentlichen bei seiner Auffassung von Nachträglichkeit als einer Spätwirkung, vielleicht hätte er zustimmen können, wenn mit „Nachträglichkeit“ auch eine Umarbeitung der frühen Erfahrungen gemeint sein sollte (Kerz-Rühling 2000). Er teilte jedoch nie die Auffassung von einer rückwärts in die Geschichte gerichteten Sinnprojektion und Bedeutungszuschreibung, wie sie schon zu seinen Lebzeiten aufkam. Hierin hätte er wohl eine Art rückwirkender Kausalität erkannt, die für ihn so nicht vorstellbar war. Tatsächlich ist es aber das, was wir heute unter Nachträglichkeit im Sinne eines „Zurückphantasierens“ verstehen: eine Rückprojektion, eine Uminterpretation infantiler Erfahrungen, möglicherweise auch mit der Funktion einer „Deckerinnerung“.

Ein Fallbeispiel

Eine Patientin zeigte sich in den ersten Monaten unserer gemeinsamen Arbeit sehr distanziert, sie schien um ihre Unabhängigkeit besorgt zu sein, und sie war sehr bemüht, unsere Beziehung als eine rein zweckmäßige Arbeitsbegegnung aufzufassen und auch so zu gestalten. Ich habe sie erst allmählich gewinnen können, diese Form der Beziehungsgestaltung selbst zu betrachten und auch in Frage zu stellen. Dann erzählte sie mir, dass sie als Säugling in den ersten 8 Lebenswochen auf einer Isolierstation gelegen habe, auf der sie von ihren Eltern nicht besucht werden konnte. Sie erinnerte sich, so sagte sie, an die schrecklichen Zustände der Verlassenheit und der Angewiesenheit auf unbekannte Andere und der nicht beherrschbaren Angst, eines Tages vergessen zu werden, was sie nicht überlebt hätte.

Dieses Beispiel erscheint auf den ersten Blick recht übersichtlich, denn wir könnten es ganz im Sinne des frühen Freudschen Begriffes von der Nachträglichkeit als einer Spätwirkung interpretieren. Die Patientin hatte auf Grund ihrer traumatischen Erfahrung in den ersten Lebensmonaten gelernt, dass es wohl riskant wäre, sich auf menschliche Beziehungen einzulassen, denn man müsse wohl damit rechnen, jederzeit verlassen zu werden, und das könnte tödlich ausgehen. Ihre Zurückhaltung mir gegenüber war demnach die Spätwirkung ihrer frühen realen Erfahrungen.

Nun müssen wir aber bedenken, dass die Patientin in den ersten Lebensmonaten noch nicht die Fähigkeit besaß, belastende Erfahrungen – die sie zweifellos gemacht hat – sprachlich codiert, also „digital" zu speichern. Derart frühe Erfahrungen bilden ihre Spuren im prozeduralen Gedächtnis, von wo sie zwar auf diffuse Weise wirksam sind, jedoch nicht in dem Sinne vorgestellt werden können, wie dies die Patientin zu erinnern glaubte. Vermutlich verhielt es sich aber so: die Patientin brachte zweifellos eine tiefe Unsicherheit über die Verlässlichkeit menschlicher Beziehungen mit in die analytische Situation. Der Rahmen dieser Situation erschwerte ihre innere Lage ganz erheblich, denn die Abstinenz des Analytikers machte ihn unkenntlich, und es fehlten ihr die im Alltag so wirksamen Mittel, sich von der Zuwendung und der emotionalen Präsenz des Anderen doch überzeugen zu lassen. Es war ihr unklar, „was hier eigentlich los ist", wie der Soziologe Goffman sagt, und die Patientin geriet – wie jeder Patient in der analytischen Situation – in einen Deutungsnotstand, das heißt, sie wusste nicht, wie sie die Beziehung zum Analytiker verstehen sollte. In solch einer heiklen Lage greifen Patienten auf die bewussten und vor allem unbewusst wirksamen Arbeitsmodelle über menschliche Beziehungen zurück, die ihnen immer schon zur Verfügung standen und die sich in der Vergangenheit bewährt haben. Im Falle dieser Patientin ist es nur allzu verständlich, dass sie zurückgriff auf ihre Erfahrungen, die sie als Säugling gemacht zu haben glaubte, und sie berichtete, wie es ihr damals wohl ergangen sei. Ziel dieser Rückprojektion war es, die unsichere und ängstigende Situation hier und jetzt zu bewältigen, was ihr denn auch gelang.

So betrachtet, könnten wir im Falle dieser Patientin von einem Ineinander von Rückprojektion und Spätwirkung sprechen: die Spätwirkung liegt in der unspezifischen Ängstlichkeit gegenüber bedeutungsvollen, aber emotional unklaren Beziehungssituationen, und die Rückprojektion liegt in dem Versuch, im Rückgriff auf diffus gespeicherte Erfahrungen eine Erklärung zur Bewältigung ihrer Lage hier und jetzt zu finden.

Mit dieser Auffassung verlassen wir allerdings die patientenzentrierte Sichtweise der frühen Psychoanalyse, in der die inneren Prozesse eines Menschen wie ein „Ein-Personen-Stück“ (Balint) aufgefasst wurden. Tatsächlich aber gewinnt das Konzept von der Nachträglichkeit erst in sozialen Zusammenhängen seine Bedeutung. Diese soziale Funktion sollte im Beispiel illustriert werden, dann die Patientin hatte ja versucht, im Zurückphantasieren ein Problem mit mir hier und jetzt zu bewältigen. Um diesen interaktionellen Aspekt des Begriffs von der Nachträglichkeit weiter zu beleuchten, soll noch ein zweites Fallbeispiel erzählt werden.

Zweites Fallbeispiel

Vor vielen Jahren war eine Patientin zu einem Erstgespräch zu mir in die Klinik einbestellt worden. Sie klopfte etwa fünf Minuten vor der vereinbarten Zeit an meine Tür, steckte ihren Kopf herein und schaute mich fragend an. Ich saß noch am Schreibtisch, wollte die noch verbleibende Zeit bis zum Termin nutzen und sagte ihr, dass sie sich bitte bis zur verabredeten Zeit gedulden und im Vorzimmer warten möge. Die Patientin sagte: „Ich warte gern“ und verschwand.

Ich wandte mich wieder meiner Arbeit zu, doch gingen mir diese drei Worte nicht aus dem Kopf: Klang dieses „ich warte gern“ nicht etwas vorwurfsvoll? Hätte ich nicht flexibler reagieren können und die Patientin einfach herein bitten sollen? Wieso musste ich an meiner Arbeit festhalten, die ich genauso gut auch später erledigen konnte? Erneut sinnierte ich über den Tonfall jenes „ich warte gern“: Hatte das nicht etwas höhnisch geklungen? War nicht gar die Spur eines Triumphes hörbar gewesen? Nun wurde ich ärgerlich auf die Patientin und dachte, sie hätte ja eigentlich auch wirklich pünktlich kommen können. Es war recht bequem im Wartebereich vor meinem Sprechzimmer. Warum also klopfte sie 5 Minuten vor der Zeit an meine Türe? Ist sie, so gesehen, nicht selbst Schuld, wenn ich sie wieder wegschicke?

Mit diesen Überlegungen waren die 5 Minuten bis zur verabredeten Zeit vergangen. In den dann folgenden Wochen meiner stationären Arbeit mit dieser Patientin erfuhr ich, dass sie wegen fortgesetzter sadomasochistischer Verstrickungen mit ihren Beziehungspartnern therapeutische Hilfe gesucht hatte. Immer wieder war sie an Männer geraten, die mit ihr sadistisch umgingen, sie zuweilen auch körperlich misshandelten. Sie hatte sich schon frühzeitig eine Haltung angewöhnt, gegen diesen Sadismus nicht zu protestieren, sondern das ihr zugefügte psychische und physische Leid hinzunehmen, aber neben dieser masochistischen Hingabe auch einen heimlichen Triumph zum Ausdruck zu bringen. In dieser Hingabe steckte – wie so häufig – ein Versuch der Patientin, eine, wenn auch sadistische Beziehungsperson an sich zu binden, ein Ringen um die unerreichbare Empathie des inneren, aber im Äußeren (wieder)gefundenen sadistischen Objektes.

Dies alles hatte ich in der ersten kurzen Begegnung natürlich noch nicht verstanden. Aber mir war immerhin aufgefallen, wie sehr mich diese Patientin mit ihrem scheinbar banalen Satz „ich warte gern" emotional angesprochen und bewegt hatte. Ich hatte zunächst mit Schuldgefühlen reagiert und dann meine Schuldgefühle verwandelt in eine ärgerliche Anklage, sie sei ja schließlich selber Schuld. Ich vermute, dass die Patientin mit meiner „Hilfe" in dieser kleinen Szene ihren sadomasochistischen Beziehungsentwurf schon inszeniert und dass ich als der Angesprochene sehr bereitwillig mitgespielt hatte.

Mit diesem Beispiel sollte die interaktionelle Wirksamkeit der Nachträglichkeit deutlich werden. In dem Text der Patientin, in diesem „ich warte gern" war der Wahrheitsgehalt bedeutungslos, aber die Pragmatik, also die Wirkabsicht dieses Textes erwies sich als umso eindrucksvoller. Und erst in dieser interaktionellen Wirkung erscheint die Wahrheit jener Nachträglichkeit, also in dem Versuch, die Gegenwart nicht bloß im Lichte der Vergangenheit zu betrachten, sondern diese soziale Gegenwart auch so (um)zugestalten, dass sie der (unbewussten) Erwartung auch entspricht. Der Andere, der Angesprochene, spielt mehr oder weniger bereitwillig mit und hilft wie in meinem Falle, die Erwartung der Patientin zu verwirklichen. Denn tatsächlich hatte ich sie ja zunächst zurückgewiesen, und es hätte im Alltag leicht geschehen können, dass ich sie, nachdem ich sie endlich hereingeholt hatte, mürrisch gefragt hätte, was denn jenes „ich warte gern" zu bedeuten gehabt hätte und warum dies möglicherweise etwas höhnisch geklungen habe.

In der psychoanalytischen Therapie nehmen wir an, dass die Übertragung des Patienten auf den Analytiker durchsetzt ist von nachträglich wirksamen frühen Erfahrungen, aber andersherum glauben wir auch, dass der Patient – wie schon im ersten Beispiel gezeigt – auf bereitliegende „working models" zurückgreift, um schwierige soziale Situationen hier und jetzt zu verstehen und zu meistern. Darüber hinaus rechnen wir damit, dass der Patient im pragmatischen Aspekt seiner Redeweise eine Inszenierung seiner teils unbewussten Arbeitsmodelle über soziale Beziehungen versucht. Für die Methode der psychoanalytischen Behandlung entsteht dadurch eine verwirrende Situation, denn es ist schwer auszumachen, ob der Patient in der Nachträglichkeit eine schwierige Erfahrung mit dem Analytiker hier und jetzt zu bewältigen sucht, oder ob er umgekehrt in der Nachträglichkeit eine Situation hier und jetzt herstellt, die mehr der Vergangenheit denn der Gegenwart geschuldet ist. Eine derartige Unterscheidung, die nicht sicher zu treffen ist, muss aber folgenreich sein, und an ihr trennen sich durchaus die unterschiedlichen psychoanalytischen Schulen. Vertreter der psychoanalytischen Selbstpsychologie z.B. neigen dazu, im Beispiel des „ich warte gern“ eine Re-Traumatisierung zu erkennen. Ein Freudianischer Analytiker hingegen wäre der Auffassung, dass die Patientin ihre kleine sadomasochistische Szene an der Türe (mit Hilfe des Therapeuten) selbst inszeniert hatte, um das zu wiederholen, was sie in sozialen Beziehungen gewohnt war und – liegt hier ein Schuldvorwurf? – was sie immer wieder herzustellen wünschte.

Außerhalb der psychoanalytischen Behandlungsmethodik lässt sich das Konzept von der Nachträglichkeit als ein Zueinander von Spätwirkung und Zurückphantasieren vielleicht auf folgende Weise gebrauchen: Nachträglichkeit legt uns Erinnerungsarbeit nahe. Aber diese Erinnerungsarbeit bleibt oberflächlich, wenn wir sie nur betreiben, um der Vergangenheit, wie sie (vermeintlich) war, ansichtig zu werden. Aus der Psychoanalyse lernen wir, das Nachträglichkeit doch auch ein Versuch ist, die soziale Welt hier und jetzt zu verstehen, und sie vielleicht auch zu wiederholen. Ausgangspunkt ist aber in jedem Falle die Bewältigung einer nicht-kohärenten Gegenwart. Somit wäre die Beschäftigung mit der nachträglichen Wirkung zuallererst ein Versuch, die Gegenwart zu verstehen.

Literatur

Freud, S. (1909): Analyse der Phobie eines fünfjährigen Knaben. GW: Bd. 7, S. 241-377.

Freud, S. (1914): Zur Geschichte der psychoanalytischen Bewegung. GW: Bd. 10, S. 43-113.

Freud, S. (1950): Aus den Anfängen der Psychoanalyse. London.

Kerz-Rühling, I. (2000): Nachträglichkeit. In: Mertens, W./Waldvogel, B. (Hrsg.): Handbuch psychoanalytischer Grundbegriffe. Stuttgart, Berlin, Köln, S. 470-473.

Hat sich die Psychoanalyse von der „Erinnerungsarbeit" verabschiedet? Akzentverschiebungen in der psychoanalytischen Theoriebildung, Technik und Forschungspraxis und deren Relevanz für Biographieforschung

Margit Datler, Wilfried Datler

1 Die Rekonstruktion von Biographischem in Analysen – der psychoanalytische Beitrag zur Biographieforschung schlechthin?

Innerhalb der letzten einhundert Jahre hat kaum eine Theorietradition das pädagogische Nachdenken über die Bedeutung biographischer Lebenszusammenhänge so umfassend und nachhaltig beeinflusst wie die Theorietradition der Psychoanalyse. Diese Behauptung mag gewagt wirken, gewinnt aber an Plausibilität, wenn man sich vor Augen hält, dass nur wenige ausgewiesene Theorietraditionen existieren,

- in denen in vergleichbar reichhaltiger Weise komplexe persönlichkeitstheoretische Konzepte mit empirisch abgestützten Theorien in Verbindung gebracht werden, die von den Besonderheiten des Erlebens, Denkens, Wahrnehmens und Verhaltens von Menschen in einzelnen Entwicklungsphasen handeln;
- in denen ähnlich differenzierte Aussagen darüber gemacht werden, in welcher Weise bestimmte Erfahrungen sowie deren innerpsychische Verarbeitung in speziellen Lebensabschnitten die Entwicklung von Menschen beeinflussen;
- und in denen die eben angesprochenen Zusammenhänge nicht bloß unter Bezugnahme auf einige Entwicklungsphasen, sondern unter Bezugnahme auf den gesamten menschlichen Lebenszyklus untersucht und diskutiert werden.

Es verwundert daher auch nicht, dass in zahlreichen Büchern zur Einführung in die Pädagogik und ihre Teilbereiche kaum ein anderer entwicklungstheoretischer Zugang so prominent vorgestellt wird wie jener der Psychoanalyse (vgl. Gudjons

1995; Fried u.a. 2003). Und ebenso wenig überrascht die Vielfalt der Themen, die in pädagogischen Veröffentlichungen aus psychoanalytischer Perspektive diskutiert werden und von biographietheoretischer Relevanz sind:

Die Frage nach der Bedeutung von frühen Lebenserfahrungen findet man in pädagogischen Publikationen unter Bezugnahme auf psychoanalytische Theorien ebenso behandelt wie die Untersuchung von biographisch markanten und zugleich belastenden Lebensereignissen für die weitere Persönlichkeitsentwicklung von Menschen (vgl. Figdor 1991; Finger-Trescher/Krebs 2000). Und die Auseinandersetzung mit der besonderen Stellung von einzelnen Lebens- und Altersabschnitten im Lebenszyklus kann man in der pädagogischen Literatur unter Berücksichtigung von psychoanalytischen Ansätzen ebenso nachlesen wie die Untersuchung der Frage, was man in pädagogischer Hinsicht aus schriftlich verfassten Biographien und Autobiographien lernen kann (vgl. Bittner/Fröhlich 1997).

Die Reihe solcher Themengebiete könnte mühelos fortgesetzt werden. Im Kontext dieses Artikels ist allerdings von größerer Bedeutung, dass die meisten Autorinnen und Autoren, die im Schnittfeld von Biographieforschung, Psychoanalyse und Pädagogik publizieren, primär auf ältere psychoanalytische Positionen Bezug nehmen. Die Berücksichtigung von jüngeren psychoanalytischen Theorieansätzen findet man im Regelfall nur dann, wenn die bildungswissenschaftlich arbeitenden Autorinnen und Autoren dem Bereich der Psychoanalytischen Pädagogik zuzuzählen sind.

Von daher ist es verständlich, dass unter Bezugnahme auf Psychoanalyse methodische und methodologische Fragen des Erforschens von biographischen Zusammenhängen in breiteren pädagogischen Diskussionszusammenhängen kaum ausgemacht werden können, während Fragen dieser Art innerhalb des Mainstreams der Psychoanalyse seit geraumer Zeit intensiv diskutiert werden (vgl. Koukkou u.a. 1998; Leuzinger-Bohleber u.a. 1998; Bohleber 2003, 2005; Bittner 2006).

Vor dem Hintergrund dieser Auseinandersetzungen möchten wir uns im Folgenden in kritischer Absicht der weithin verbreiteten Annahme zuwenden, dass in der Rekonstruktion von lebensgeschichtlichen Zusammenhängen, die in der psychoanalytisch-therapeutischen Arbeit mit Erwachsenen gewonnen werden, der wesentliche Beitrag der Psychoanalyse zur Biographieforschung zu sehen ist. Die kritische Auseinandersetzung mit dieser Auffassung wird uns die Gelegenheit geben, einige differenziertere Anmerkungen zum Verhältnis von Psychoanalyse und Biographieforschung, aber auch zum Verhältnis von Psychoanalyse und Pädagogik zu machen.

2 Ein Rückblick auf Freud und eine erste Bestimmung des Verhältnisses zwischen Psychoanalyse und Biographieforschung

Die Vorstellung, dass die Rekonstruktion von Biographischem einen bedeutsamen Aspekt des psychoanalytisch-therapeutischen Arbeitens darstellt, entspricht nicht nur gängigen Klischeevorstellungen. Denn die Rekonstruktion von Biographischem zählte insbesondere in den Anfängen der Psychoanalyse zu den zentralen Aufgaben, denen sich Analytiker und Analysanden zu widmen hatten. Dies hing auf das Engste mit der Annahme zusammen, dass die unbewussten Abwehrprozesse, die zur Ausbildung von krankheitswertigen Symptomen führen, in infantilen Konflikten gründen und in Verbindung damit eine deutliche Einschränkung der Fähigkeit mit sich bringen, sich in bewusster Weise an emotional belastende Ereignisse oder Gegebenheiten der biographischen Vergangenheit zu erinnern. In diesem Sinn hielt Freud denn auch fest:

> „Man kann sagen: Aufgabe der Kur sei, die Amnesien aufzuheben. Wenn alle Erinnerungslücken ausgefüllt, alle rätselhafte Effekte des psychischen Lebens aufgeklärt sind, ist der Fortbestand, ja eine Neubildung des Leidens unmöglich gemacht. Man kann die Bedingung anders fassen: es seien alle Verdrängungen rückgängig zu machen; der psychische Zustand ist dann derselbe, in dem alle Amnesien ausgefüllt sind.“ (Freud 1904, S. 105)

Da Freud den Prozess des „Analysierens von Unbewusstem“ als Forschungsprozess verstand und da er die Aufhebung von Amnesien als unverzichtbaren Teil dieses Prozesses begriff, war es nahe liegend,

- die Durchführung von hochfrequenten Langzeittherapien sowie deren wissenschaftliche Weiterbearbeitung als eine besondere Form von Biographieforschung zu begreifen,
- die im Unterschied zu anderen forschungsmethodischen Ansätzen in der Lage ist, die biographische Bedeutung von vergangenen, auch der Verdrängung anheim gefallenen Erfahrungen sowie deren Bedeutung für die weitere Persönlichkeitsentwicklung von Menschen zu untersuchen.

In diesem Sinn kann man auch bei Freud selbst mehrere Äußerungen finden, die diese Sicht unterstreichen und zum Ausdruck bringen, dass die Erkenntnisse, die aus der rekonstruierenden Arbeit mit Analysandinnen und Analysanden gewonnen werden, die wesentliche Quelle für die Ausarbeitung von psychoanalytischen Entwicklungstheorien darstellt. Von der wissenschaftlichen Bearbeitung der Materialien, die aus der unmittelbaren Beobachtung oder Behandlung von Kindern stammen, schien Freud nämlich keine unmittelbar neuen Einsichten in die Dynamik biographischer Lebenszusammenhänge zu erwarten; denn die Bearbeitung solcher Quellen begriff er primär als eine Möglichkeit der Überprüfung und vor allem Stützung der vielen Einsichten, die er aus der rekonstruierenden Arbeit mit Erwachsenen zu gewinnen versuchte.

In diesem Sinn brachte Freud in der Diskussion eines Vortrags, den Friedjung (1909) in der berühmten „Mittwochgesellschaft" hielt, denn auch zum Ausdruck, dass sich „die Psychoanalyse vom Kinderarzt" die „Begründung und Verifizierung" der psychoanalytischen Ansichten erwarte, die von der Bedeutung der frühen Kindheit handeln (Freud 1909b, S. 291). Und dementsprechend zufrieden resümiert Freud in der Epikrise seiner Schrift über die „Analyse der Phobie eines fünfjährigen Knaben": „Ich habe aus dieser Analyse, streng genommen, nichts Neues erfahren, nichts, was ich nicht schon, oft in weniger deutlicher und oft vermittelter Weise, bei anderen im reifen Alter behandelte Patienten hatte erraten können" (Freud 1909a, S. 122).

Dieser von Freud vorgegebenen Linie folgen dann etwas später auch die meisten Darstellungen jener „Kinderbeobachtungen", die in der „Zeitschrift für psychoanalytische Pädagogik" in den späten 1920er und frühen 1930er Jahren publiziert wurden; denn auch sie dienten vornehmlich der Illustration und Bestätigung der Theorien, die aus der Auseinandersetzung mit jenen Materialien hervorgegangen waren, die der rekonstruierenden analytischen Arbeit mir Erwachsenen entstammten (vgl. Abraham 1928/29).

2.1 Exemplarisches zu Freuds rekonstruierendem Arbeiten

In welcher Weise Freud in rekonstruierender Absicht mit Erwachsenen arbeitete, kann bereits seiner ersten großen Krankengeschichte entnommen werden, die er nach 1900 publizierte und in derem Zentrum jene junge Frau steht, die unter dem Pseudonym „Dora" in die Geschichte der Psychoanalyse eingegangen ist.

Freuds Bericht können wir entnehmen, dass Dora zumindest seit ihrem achten Lebensjahr immer wieder mit Symptomen zu kämpfen hatte, die psychisch begründet gewesen sein dürften. Als sie im Jugendalter in eine komplizierte Beziehungsdynamik gerät, die sich zwischen ihren Eltern und dem befreundeten Ehepaar K. so weit entwickelt, dass Dora von Herrn K. sexuell bedrängt und umworben wird, machen sich besorgniserregende Stimmungsschwankungen und Charakterveränderungen breit. Als Dora Selbstmordabsichten andeutet und in einem anschließenden Gespräch mit dem Vater in Ohnmacht fällt, beginnt sie daraufhin auf Drängen des Vaters eine Analyse bei Freud (vgl. Freud 1905a, S. 101).

In der Absicht, Zusammenhänge zwischen seiner Theorie des Traums und der Theorie der Genese und Dynamik hysterischer Symptombildungen aufzuzeigen, rückt Freud die Analyse zweier Träume ins Zentrum der Veröffentlichung dieser Analyse. Wir lassen es bei dem knappen Hinweis darauf, dass sich Dora im zweiten Traum in einer fremden Stadt befindet, vom Tod des (real freilich noch lebenden) Vaters erfährt und es nur mit Mühe schafft, den Weg nach Hause zu finden (vgl. Freud 1905a, S. 162). Unsere Aufmerksamkeit möchten wir auf einen schmalen Ausschnitt aus der Analyse des Traumes richten, um dazu fünf Bemerkungen zu machen:

a. Doras Assoziationen führen zu einer Erinnerung an eine Szene, in der Herr K. um die damals 16 Jahre alte Dora warb und ihr seine Liebe erklärte. Weitere Assoziationen und Doras Verwendung von Worten, die in Lexikonartikeln über Sexualität und Anatomie zu finden sind, veranlassen Freud zur Annahme, dass im ersten Teil des Traumes in unbewusster Weise Doras Beschäftigung mit dem Thema Entjungferung und somit die Phantasie zum Ausdruck kommt, dass „ein Mann sich bemüht, ins weibliche Genitale einzudringen" (Freud 1905a, S. 167).
b. Als Freud diesen Gedanken ausspricht, erinnert sich Dora an ein weiteres Traumelement. Überdies erzählt sie, dass ein Vetter vor geraumer Zeit eine Blinddarmentzündung hatte und dass sich Dora damals in einem Lexikon über die charakteristischen Symptome einer Blinddarmentzündung informierte. Freud erinnert daran, dass ja auch Dora etwas später im Alter von 17 Jahren an einer „angebliche(n) Blinddarmentzündung" litt. Und Dora ergänzt, dass sie damals „denselben Schmerz im Unterleib verspürt (hat), von dem sie im Lexikon gelesen" (Freud 1905a, S. 168) hat. Dora ergänzt, dass „am zweiten Tage (…) unter heftigen Schmerzen die seit ihrem Kranksein sehr unregelmäßige Periode eingetreten" war. Dann erinnert sich Dora, dass sie sich im Traum „besonders deutlich" eine Treppe hinaufgehen sah, und sie fügt hinzu: „Nach der Blinddarmentzündung habe sie schlecht gehen können, weil sie den rechten Fuß nachgezogen. Das sei lange so geblieben, und sie hätte darum besonders Treppen gerne vermieden. Noch jetzt bleibe der Fuß manchmal zurück" (Freud 1905a, S. 168).
c. Trotz mehrfacher Untersuchungen gelang es bislang keinem Arzt, zu erklären, worin die Ursache dieses „Nachziehen eines Beines" bestand. Als Freud jedoch nun erfährt, dass sich Doras angebliche Blinddarmentzündung genau neun Monate nach jener Szene eingestellt hatte, in der Dora von Herrn K. umworben worden war, und als sich Freud vergewissert, dass Dora in dem nämlichen Lexikon auch Einiges über Geburt nachgelesen hatte, ist er davon überzeugt, die unbewusste Determiniertheit dieser Symptom-

bildungen zu verstehen: Er geht davon aus, dass Dora sexuelle Wünsche verspürte, als sie erfuhr, dass Herr K. sie begehrte. Diese Wünsche mussten allerdings unbewusst gehalten werden und konnten nur in verkehrter Gestalt – nämlich in Gestalt der Zurückweisung von Herrn K. – zum Ausdruck kommen. Unbewusst existierte in Dora aber die Wunschphantasie, Geschlechtsverkehr zu haben und ein Kind zu empfangen. Und genau dazu passend realisierte sie exakt neun Monate später „die Phantasie einer Entbindung (…) mit den bescheidenen Mitteln, die der Patientin zu Gebote standen, den Schmerzen" im unteren Bauchbereich „und der Periodenblutung" (Freud 1905a, S. 169f.).

d. Wie ist in diesem Zusammenhang aber das Symptom des Nachziehens des Beines zu begreifen? Freud kommt zu einer Antwort, indem er sich zunächst vor Augen hält, dass Dora ihr Bein seit jener vermeintlichen Blinddarmentzündung nachzieht, die Freud als Realisierung von Doras Phantasie sieht, ein Kind geboren zu haben, das sie mit Herrn K. gezeugt hat. Freud nimmt nun an, dass Dora solch einen sexuellen Kontakt unbewusst als lustvoll, zugleich aber auch als einen „Fehltritt" erlebt: Dieser „Fehltritt" zeitigte Folgen – und diese bringt Dora symbolisch im „Nachziehen eines Beines" zum Ausdruck (ebd., S. 169).
Diese Deutung stützt Freud zum *Einen* darauf, dass Dora zunächst von jenem Traumbild erzählt hat, das vom Treppensteigen handelte, bei dem sich besonders leicht ein „Fehltritt" einstellen kann, und dass Dora *genau dann* vom Nachziehen ihres Beines zu sprechen begonnen hat. Zum *Zweiten* betont er, dass Doras zeitweiliges Nachziehen eines Beines optisch so wirke, als hätte Dora realiter einen unglücklichen Tritt gemacht und „sich den Fuß übertreten" (ebd.). Und zum *Dritten* erinnert sich Dora – offensichtlich im Anschluss an eine Nachfrage Freuds – auch daran, dass sie als Kind „beim Heruntergehen auf der Treppe" tatsächlich einmal „über eine Stufe gerutscht" war, und dass sie sich damals genau jenen Fuß, den sie nun immer wieder nachziehen muss, so schwer „übertreten" hatte, dass dieser bandagiert werden und Dora einige Wochen lang ruhig liegen musste: Diesen Vorfall aus der Kindheit begreift Freud als eine Art „infantiles Vorbild", an dem sich das Unbewusste im Fall einer hysterischen Symptombildung orientiert und auf welches das Unbewusste zurückgegriffen hat, als es galt, einen unbewusst phantasierten „Fehltritt" symbolisch darzustellen (ebd., S. 170).

e. Für Freud ist nun bestätigt, dass in Doras Symptomen jene unbewussten und zugleich konflikthaften Wunschphantasien zum Ausdruck kommen, die von sexuellen Kontakten mit Herrn K. handeln. Und Freud versucht, den „Nachweis dieser Phantasie" therapeutisch „zu verwerten". Er wendet sich mit folgenden Worten an Dora:

> „Wenn Sie neun Monate nach der Szene am See eine Entbindung durchmachen und dann mit den Folgen des Fehltrittes bis zum heutigen Tage herumgehen, so beweist dies, dass Sie im Unbewussten den Ausgang der Szene bedauert haben. Sie haben ihn also in ihrem unbewussten Denken korrigiert. Die Voraussetzung Ihrer Entbindungsphantasie ist ja, dass damals etwas vorgegangen ist, dass Sie damals all das erlebt und erfahren haben, was Sie später aus dem Lexikon entnehmen mussten. Sie sehen, dass Ihre Liebe zu Herrn K. mit jener Szene nicht beendet war, dass sie sich, wie ich behauptet habe, bis auf den heutigen Tag – allerdings Ihnen unbewusst – fortsetzt" (ebd., S. 170).

Darauf anspielend, dass Dora solche Deutungen bislang wiederholt zurückgewiesen hat, fügt Freud hinzu: „Sie widersprach dem auch nicht mehr" (ebd.).

2.2 Wiedererinnern oder Konstruktion von Vergangenem?

Freud beendet mit dem eben zitierten Satz die Darstellung einer längeren Sequenz aus den „Bruchstücken einer Hysterieanalyse" und bringt mit der von ihm gewählten Formulierung zugleich zum Ausdruck, dass der überwiegende Teil der analytischen Arbeit und somit auch ein Gutteil der Rekonstruktionsarbeit von Freud selbst geleistet wurde: Freud hörte Dora zu, entwickelte auf der Basis des Materials, das Dora „lieferte", Sinnzusammenhänge und versuchte Dora so lange dafür zu gewinnen, diese Sinnzusammenhänge für überzeugend oder gar evident zu erachten, bis Dora „nicht mehr widersprach".

Dieser Blick auf Freuds Arbeitsweise relativiert die Vorstellung, dass in einer Analyse wie jener von Dora Unbewusstes bloß „aufgedeckt" und Analysandinnen sowie Analysanden primär im Prozess des Sich-Erinnerns unterstützt würden. In solchen Prozessen wird „Wahrheit" – und zwar auch „Wahrheit" über biographische Zusammenhänge – keineswegs in schlichten Suchprozessen gefunden, sondern vielmehr innerhalb eines komplexen Zusammenspiels zwischen Analytiker und Analysand gemeinsam „konstruiert", wobei das Ausmaß der Evidenz, die das Konstruierte für den Analysanden respektive für den Analytiker hat, von Fall zu Fall sehr unterschiedlich sein kann. In Abhängigkeit von der spezifischen psychoanalytisch-psychotherapeutischen Technik des Analytikers kann dabei das Ausmaß stark variieren, in dem Analysanden unterstützt werden, das Ausloten von Unbewusstem selbst voranzutreiben. Dennoch war bereits Freud klar, dass dem Moment des Konstruierens nicht zu entkommen ist (vgl. Freud 1937), und auch jüngere methodologische Untersuchungen, die aktuellen analytischen Konzepten wie etwa jenem des „szenischen Verstehens" gewidmet sind, zeigen, dass es problematisch ist zu meinen, dass in Analysen Amnesien schlicht aufgehoben und die eine oder andere Wahrheit über Biographisches unmittelbar „gefunden“ wird (Datler 1995, S. 155ff.; Leuzinger-Bohleber u.a. 1998; Koukou u.a. 1998; Bittner 2006).

All dies stellt nicht nur die programmatische Auffassung in Frage, dass die Methode des psychoanalytisch-therapeutischen Arbeitens mit Erwachsenen einen privilegierten Zugang zur Erforschung der bewussten und vor allem unbewussten Dimensionen von biographischen Lebenszusammenhängen eröffnet, sondern wirft die Grundsatzfrage auf, welche biographiewissenschaftliche Potenz dem psychoanalytisch-therapeutischen Arbeiten mit Erwachsenen überhaupt beizumessen ist; wobei diese Frage nochmals an Gewicht gewinnt, wenn man sich vor Augen hält, dass die Rekonstruktion von Biographischem in aktuellen psychoanalytisch-psychotherapeutischen Prozessen eine deutlich schwächere Bedeutung hat, als dies in Freuds Schriften vorgesehen war.

2.3 Ein Blick in die zeitgenössische psychoanalytisch-psychotherapeutische Praxis

Um dies zu illustrieren und zu erläutern, möchten wir einen kurzen Blick in einen zeitgenössischen Therapieausschnitt werfen. Er stammt aus der Dokumentation der Arbeit, die von der Erstautorin dieses Artikels mit Frau B. geleistet wurde.

Frau B. war mit einer drei Jahre jüngeren Schwester in einer vollständigen Familie aufgewachsen. Sie hatte eine akademische Ausbildung, einen sicheren Arbeitsplatz und war verheiratet. Sie hatte auch den Eindruck, ihr Leben gut gemeistert zu haben – bis sie mit der Geburt ihres ersten Kindes in Karenz gegangen war und ein Jahr später in ihren Beruf wiederum zurückkehren wollte: Kurz nach Arbeitsantritt kam der „psychische Absturz“. Sie litt an häufig einsetzenden Panikattacken und schweren depressiven Zuständen, die sie in ihrer Lebensgestaltung so stark beeinträchtigten, dass die inzwischen 33 Jahre alte Frau B. unfähig war, ihrer Arbeit nachzukommen. Dies war der ausschlaggebende Grund dafür, dass sie psychotherapeutische Hilfe suchte.

Nachdem wir mehrere Vorgespräche geführt hatten, begannen wir mit einer dreistündigen psychoanalytischen Psychotherapie im Sessel-Sessel-Setting, in der wir immer wieder einem Problembereich begegneten, den Frau B. bereits in den Vorgesprächen zum Thema gemacht hatte: In ihrer Herkunftsfamilie wäre es kaum möglich gewesen, über Probleme zu reden. Und in verallgemeinernder Weise hatte sie ergänzt: „Man zeigt keine Gefühle, vor allem solche nicht, die auf eine Schwäche hindeuten.“ In vielen der späteren Therapiestunden musste ich an diesen Satz denken – so auch in der folgenden Stunde aus dem zweiten Jahr der psychotherapeutischen Arbeit.

Diese Stunde beginnt Frau B. mit der Bemerkung: „Ich weiß gar nicht mehr, wer oder was ich bin.“ Frau B. erzählt, wie sehr sie damit kämpft, dass ihre „alte Ordnung“ vollkommen durcheinander gebracht worden sei und dass jetzt furchtbares „Chaos“ herrsche. Nicht und nicht wolle es ihr gelingen, ihre „alte Ordnung“ wiederherzustellen. Dabei schwärmt sie geradezu von dieser „alten Ordnung“ und meint damit jene Lebenssituation vor dem Einsetzen ihrer Symptome (und vermutlich auch vor der Geburt ihres Kindes), die ihr den Eindruck vermittelte, ihr Leben und ihre Gefühle kontrollieren zu können.

In ihren Augen bemüht sie sich redlich um „Ordnung“, doch bin ich es immer wieder, die mit ihren Bemerkungen in den Therapiestunden „immer wieder alles auf den Kopf stellt“. Sie spricht darüber, dann wandern ihre Gedanken weiter und sie erzählt davon, wie sehr sie sich bemüht, Beziehungen möglichst harmonisch zu gestalten. Dazu assoziiert sie:

> „Ich hab’ mir auch überlegt, warum ich so bin, warum ich das tu’. Da ist eine mögliche Erklärung: Das hängt mit meiner Mutter zusammen. Die wollte immer ein lustiges Kind. Mäderl sind *lustig*! [Frau B. betont das Wort ‚lustig’ besonders.] So bin ich lustig, fröhlich gewesen, damit ich meiner Mutter gefalle. Ich will auch keine grantelnden [mürrischen] Leute um mich, die so herum hängen. Ich bin schon fröhlich. Ich wollt’ gemocht werden und dass die andern sagen: ‚*Die* ist lieb!’
> Meine Mutter war so ein Extrem. Der Vater hat gegrantelt, war frustriert und meine Mutter war extrem heiter, extrem fröhlich, als wollte sie nicht, dass wir den Vater so sehen. Vielleicht so: ‚Wir sind eine heile Familie, die fröhlich ist, der’s gut geht.’ Ich hab als Pubertierende ‚Vom Winde verweht’ gelesen. Ich weiß nicht, ob Sie das kennen. Die Scarlett hat mich sehr beeindruckt. Die hat immer gesagt, wenn’s ein Problem gab, das ihr zu groß war: ‚Das verschieb ich auf morgen.’ Ich hab mir das auch gesagt: ‚Das verschieb ich auf morgen.’ Ich hab gewartet, dass sich das Problem mit der Zeit von alleine löst.“

In solch einer Situation könnte man sich eingehender dafür interessieren, wie Frau B. ihre Lebenssituation als Kind oder Jugendliche seinerzeit erlebt haben mag. In diesem Sinn könnte man genauer der Frage nachgehen, was Frau B. seinerzeit veranlasste, gewichtige Probleme unangetastet zu lassen und sich dabei der Hoffnung hinzugeben, diese würden sich in nächster Zukunft von alleine lösen. Man könnte auch genauer zu rekonstruieren versuchen, ob ihre damalige Phantasie, mit dieser Art von Problemverschiebung einer weltberühmten Romanfigur ähnlich zu sein, im Dienst der Abwehr von Gefühlen der Ohnmacht und Hilflosigkeit gestanden war, und man könnte der Vermutung nachgehen, dass ihr diese Form von Identifikation mit „Scarlett“ half, vordergründig das Gefühl zu haben, Orientierung und somit „Ordnung“ in ihrem Leben zu haben. Noch nahe liegender könnte es sein, sich gemeinsam mit Frau B. dafür zu interessieren, wie sich Frau B. als Kind zweier so unterschiedlicher Eltern seinerzeit erlebt haben mochte und wie schwierig es für Frau B. damals wohl war, den Wünschen der Mutter zu genügen und auch in schwierigen Situationen als „liebes Mädchen" in Erscheinung zu treten.

Ich entscheide mich in der Stunde aber anders: Während ich Frau B. zuhöre, frage ich mich, wie Frau B. die therapeutische Situation im „Hier und Jetzt" mit mir wohl erlebt und welche bewussten und vor allem unbewussten Aspekte ihres Erlebens in ihren manifesten Einfällen und Äußerungen wohl zum Ausdruck kommen. Glaube ich, in dieser Hinsicht etwas besser zu verstehen als Frau B., spreche ich meine Gedanken in Gestalt einer Deutung aus. Diese Konzentration auf das „Hier und Jetzt" hängt ganz allgemein mit jüngeren Entwicklungen zusammen, die in der psychoanalytischen Theorie des therapeutischen Prozesses auszumachen sind, und gründen speziell in der Annahme, dass die entscheidenden Schwierigkeiten von Patientinnen und Patienten in ebenso intensiven wie bedrohlichen unbewussten Gefühlen wurzeln, die von Patientinnen und Patienten im „Hier und Jetzt" der verschiedensten Lebenssituationen verspürt, in diesen Situationen innerpsychisch aber kaum modifiziert („verdaut") und folglich nur unter dem Einsatz von bloß bedingt hilfreichen Abwehraktivitäten reguliert werden können. Mit Autoren wie Bion (1962) oder Fonagy/Target (2003) ist davon auszugehen, dass sich Patientinnen und Patienten aus solchen Zuständen primär dann lösen können, wenn sie im therapeutischen Prozess ein Gegenüber finden,

- das in der Lage ist, über das, was in Patientinnen und Patienten innerpsychisch (und dabei vor allem unbewusst) vor sich geht, besser nachzudenken, als dies den Patientinnen und Patienten selbst möglich ist,
- und das dieses Nachdenken in die therapeutische Beziehung so einbringen kann, dass es den Patientinnen und Patienten Schritt für Schritt möglich wird, zumindest einen Teil jener Art von psychischen Funktionen und Strukturen auszubilden, die ihnen helfen, archaische Gefühle künftig in einer Weise bearbeiten und regulieren zu können, die in geringerem Ausmaß als bisher mit der Ausbildung von krankheitswertigen Symptombildungen einhergeht.

Da in diesem Zusammenhang insbesondere jenen unbewussten Erlebnisinhalten große Bedeutung beizumessen ist, die auf anwesende Personen bezogen sind, frage ich mich im Sinne eines zeitgenössischen Verständnisses von „Übertragung" nach Möglichkeit kontinuierlich, wie in den jeweiligen Äußerungen von Patientinnen und Patienten die Art und Weise zum Ausdruck kommt, in der sie mich und ihre Beziehung zu mir in der jeweils gegebenen Situation unbewusst erleben. Vor diesem Hintergrund begreife ich die Äußerungen, in denen Frau B. von ihrer Kindheit spricht, auch als Äußerungen darüber, wie sie die Situation mit mir erlebt, und nehme an, dass sie den Drang verspürt, auch mir gegenüber als „liebes Mädchen“ in Erscheinung zu treten, um auf diese Weise harmonische Situationen zu schaffen und die Kontrolle darüber zu haben, dass das Aufkommen von Unzufriedenheit (etwa in Gestalt von „Grant“) ausgeschlossen bleibt. Im Wissen darum, dass ich mich diesen Kontrollversuchen immer wieder entziehe und davon spreche, dass Frau B. Gefühle wie Wut oder Neid in sich trägt, die so gar nicht zum Bild eines durch und durch „lieben Mädchens“ passen, sage ich zu Frau B.: „Da ist es nun für Sie schwierig mit mir, wenn ich gegen Ihren Wunsch Konflikte anspreche und Ihnen damit zumute, dass Sie es jetzt mit mir nicht angenehm haben.“

Im Nachhinein denke ich, dass es günstiger gewesen wäre, wenn ich noch konkreter hätte thematisieren können, wie sehr sich Frau B. offenbar wünscht, dass es zwischen uns nur ja keine Diskrepanzen geben soll, und wie stark sie sich danach sehnt, dass ich alles genau so wie sie sehen möge. Sie neigt dazu, so wie der Mutter auch mir gefallen zu wollen, und verspürt großen Druck, sich mir gegenüber bloß als „lustig“ und unbeschwert fröhlich zeigen zu sollen. Um diesem Anspruch gerecht werden zu können, versucht sie das Aufkommen von Problemen, die sie ernsthaft belasten, zu vermeiden. All das Bedrückende und Ängstigende soll sich von allein in Luft auflösen, ohne dass Frau B. in unangenehmer oder gar schmerzlicher Weise davon berührt wird.

Im weiteren Stundenverlauf gehe ich dem Gedanken nach, dass Frau B. zu mir auch darüber spricht, welche Hoffnungen und Erwartungen sie mir gegenüber hat, welche Erwartungen ich wohl ihr entgegenbringe und wie angestrengt sie versucht, all den Erwartungen nachzukommen, die sie mir zuschreibt. Ich versuche aufzunehmen, nach welcher Art von Beziehung sie sich sehnt und mit welchen Befürchtungen sie sich konfrontiert sieht, und spreche davon, dass sich Frau B. wünscht, sich möglichst schnell wieder gut und lebenstüchtig zu fühlen und deshalb versucht, mit mir in einer heilen Welt zu leben, befreit von allen unangenehmen Spannungen. In den Analysestunden mit mir sollen deshalb keine weiteren Gefühle der Angst, der Wut, des Neides, der Trauer, des Schmerzes aufkommen und ich soll daher alles tun, damit der Zustand, den sie anstrebt, nicht gefährdet wird.

Frau B. gelingt es im Weiteren, ihrem aktuellen Erleben und ihrem seinerzeitigen Erleben nachzugehen und darüber zu sprechen, wie ohnmächtig sie sich ihren Problemen gegenüber gefühlt hat – und noch immer fühlt. Dabei kommt ihr auch der Gedanke, dass sie mit dem Verbergen ihrer ängstlich-aggressiven Seiten seinerzeit die Phantasie speisen konnte, für die Herstellung von innerfamiliärer Harmonie noch mehr als ihre Mutter zu leisten, und dass ihr dies das Gefühl gab, sie würde ihre Mutter auf diese Weise – auch in den Augen ihres Vaters – überflügeln. Dies führt uns dazu, uns mit dem Gedanken zu beschäftigen, dass Frau B. meine Deutungen in den letzten Stunden und vielleicht auch in dieser Stunde als Harmonie zerstörende, „miesmacherische Grantelei“ wahrnimmt, und dass ihr dies erlaubt, auch mir gegenüber das Gefühl der Überlegenheit zu verspüren und meine Bemerkungen eher als Störung denn als etwas – zumindest potentiell – Hilfreiches anzusehen, mit dem eingehender zu befassen sich lohnt.

3 Ist Erinnerungsarbeit in biographietheoretischer Absicht obsolet geworden?

Diese Hinweise auf das zeitgenössische Verständnis von psychoanalytischer Therapie legen zwar die Gedanken nahe,

- dass die „psychoanalytic community“ davon Abstand genommen hat, in der psychoanalytisch-therapeutischen Arbeit mit Erwachsenen biographische Lebenszusammenhänge herauszuarbeiten,
- und dass man sich deshalb auch von der Vorstellung verabschieden muss, in psychoanalytischen Therapien würde eine Form von „Erinnerungsarbeit“ geleistet werden, die zu biographietheoretisch relevanten Erkenntnissen führt, denn:
- Wenn in psychoanalytisch-therapeutischen Prozessen Erinnerungen an Früheres zur Sprache kommen, so interessiert heute „nicht mehr die möglichst exakte Rekonstruktion der Lebensgeschichte oder des ‚Originalvorfalls‘, ja, nicht einmal die Bedeutung, die er für das Kind hatte oder gewann, sondern nur noch die Bedeutung, die der Erwachsene ihm jetzt verleiht“ (Dornes 2000, S. 151).

Eine solche Position zu beziehen wäre allerdings vorschnell. Denn insbesondere in jüngerer Zeit sind einige Veröffentlichungen zur Theorie des psychoanalytisch-psychotherapeutischen Prozesses erschienen, in denen es zu einer Neubestimmung der Bedeutung der analytischen Beschäftigung mit dem biographisch Vergangenen kommt.

3.1 Ein Beispiel für die Neubestimmung der Bedeutung von Erinnerungsarbeit

Ein Beispiel dafür gibt der Artikel über „Die Bedeutung der biographischen Vergangenheit für die Gegenwart“ von Martin Dornes (2000) ab, der unter anderem folgende Punkte hervorhebt:

1. Wenngleich es von Bedeutung sei, zwischen „wirklicher und erinnerter Vergangenheit bzw. wirklicher und erinnerter (Lebens-)Geschichte“ zu unterscheiden, so gilt es doch auch jene Befunde der Gedächtnisforschung zur Kenntnis zu nehmen, die darauf hinweisen, dass Erinnerungen im Allgemeinen zuverlässiger sind, als mitunter angenommen wird: Irrtumsanfällig wären vor allem Erinnerungen an Details, nur in geringem Maße aber Erinnerungen an die „allgemeinen Umrisse“ von vergangenen Geschehnissen (Dornes 2000, S. 150, 164f.).
2. Vor allem aus Untersuchungen zur therapeutischen Bearbeitung von traumatischen Erfahrungen wisse man, wie wichtig es für den Therapiefortschritt sei, dass der Analytiker die Erinnerungen des Patienten an die traumatischen Erfahrungen als zutreffend anerkennt und Raum dafür schafft, dass es im analytischen Prozess zu einer intensiven Beschäftigung mit diesen Erinnerungen kommt (ebd., S. 156f.). Sich bloß „auf das Hier und Jetzt der Übertragung“ zu konzentrieren, wäre dem Therapieforschritt hingegen hinderlich.
3. Schließlich würde die Konzentration auf das Hier und Jetzt unter Vernachlässigung der lebensgeschichtlichen Dimension dazu führen, dass es dem Patienten verwehrt bleibe, ein „neues Verständnis seiner Biographie“ zu gewinnen (ebd., S. 155). Dies, so könnte man ergänzen, wäre bedauerlich, da die Ausbildung eines differenzierteren Verständnisses vom Gewordensein der eigenen Persönlichkeit dazu anregt, „Wünsche und Vorstellungen über mögliche künftige Veränderungen auszubilden und zu verfolgen“ (Datler 1995, S. 164): Wenn klar ist, dass und in welcher Weise die aktuell gegebenen Persönlichkeitsstrukturen in Abhängigkeit von vergangenen Erfahrungen „entstanden“ sind, dann ist dies ein günstiger Nährboden für die Vorstellung, dass der Psyche auch in die Zukunft hinein ein gewisses Maß an Plastizität und somit Veränderbarkeit eigen ist.

Diesen Hinweisen muss freilich entgegengehalten werden, dass in biographietheoretischer Hinsicht nicht nur „allgemeine Umrisse“ von erinnerten Erfahrungen von Relevanz sind, sondern auch Details. Und Erinnerungen an Details verändern sich in therapeutischen Prozessen immer wieder, was auf zweierlei hinweist (vgl. Datler 1995, S. 158): (a) Was im Einzelnen erinnert wird, ist stets von den aktuellen Persönlichkeitsstrukturen (und somit auch Abwehrstrukturen) der sich erinnernden Person mitbestimmt. (b) Was im Einzelnen erinnert wird, ist stets von den Beziehungserfahrungen beeinflusst, die eine Person in der aktuellen Situation des Sich-Erinnerns macht. In diesem Sinn haben beispielsweise Buchheim/Kächele (2002) gezeigt, dass die Erinnerungen an wichtige Bezugspersonen, die Patienten in analytischen Therapien „produzieren“, anders gefärbt sind als die Erinnerungen, von denen sie erzählen, wenn mit ihnen das Adult-Attachment-Interview (AAI) durchgeführt wird, das der Eruierung von Bindungsrepräsentanzen dient.

3.2 Ein Plädoyer für multiperspektivische psychoanalytische Biographieforschung

Bemerkenswerter Weise gehen Buchheim/Kächele (2002) nun aber nicht der Frage nach, welche der erzählten Erinnerungen an die Beziehungen, welche die Patienten zu wichtigen Bezugspersonen hatten, denn nun als die „richtigen" und „wahren" anzusehen sind. Sie versuchen vielmehr herauszuarbeiten, in welcher Weise die unterschiedlichen methodischen Zugänge – psychoanalytische Psychotherapie versus AAI – dazu beitragen, dass die Erinnerungen von Patienten unterschiedlich ausfallen. Und genau damit streichen sie nicht nur Differenzen hervor, sondern gehen auch daran, Verknüpfungen zwischen den unterschiedlich gefärbten Erinnerungen der Patienten herzustellen.

Noch deutlicher und komplexer ist dieser Zugang in der Katamnesestudie von Leuzinger-Bohleber u.a. (2002) entfaltet und verfolgt worden: In der Absicht, den Erfolg bzw. Misserfolg von psychotherapeutischen Behandlungen genauer zu untersuchen, wurden Patientinnen und Patienten vier Jahre nach ihrem Therapieabschluss befragt. Angaben über ihre aktuelle Befindlichkeit sowie über ihre Beschwerden, die sie vor Therapiebeginn hatten, wurden mit Erzählungen über den zurückliegenden therapeutischen Prozess in Verbindung gebracht. Allerdings stützte sich das Forscherteam in der Rekonstruktion der therapeutischen Prozesse keineswegs darauf, frei erzählte Erinnerungen von ehemaligen Patientinnen und Patienten zu sammeln: Die Erinnerungen an die Therapie und die Zeit danach wurden vielmehr im Rahmen von sorgfältig vorbereiteten katamnestischen Interviews durchgeführt, die von erfahrenen Psychoanalytikerinnen und Psychoanalytikern durchgeführt wurden. Außerdem wurden die seinerzeit behandelnden Analytikerinnen und Analytiker befragt und es wurden mit Einverständnis der ehemaligen Patientinnen und Patienten auch ehemalige Befunde so wie weitere Daten erhoben, die bei Krankenkassen gespeichert waren (vgl. Leuzinger-Bohleber u.a. 2002, S. 58ff.). All diese Informationen und Materialen wurden dann in einem mehrstufigen Prozess zusammengetragen, um auf diese Weise zu rekonstruieren, welche therapeutischen Beziehungserfahrungen ein jeder Patient und eine jede Patientin gemacht hatten, in welcher Weise diese Erfahrungen innerpsychisch verarbeitet wurden und welche weiteren Veränderungen dies nach sich gezogen haben.

Forschungsmethodische Zugänge dieser Art, die in katamnestischen Studien innerhalb des weiten Feldes der Psychotherapieforschung seit etwa eineinhalb Jahrzehnten verfolgt werden (vgl. Leuzinger-Bohleber/Stuhr 1997), sind auch für die erziehungswissenschaftliche Biographieforschung von großer Relevanz. Denn zum Einen spricht einiges dafür, psychoanalytisch-psychotherapeutische Prozesse als Bildungsprozesse zu begreifen (vgl. Datler 1995, 2006) und somit auch die Untersuchung von psychoanalytisch-psychotherapeutischen Prozessen innerhalb des weit verzweigten Bereichs der pädagogischen Biographieforschung anzusiedeln. Zum Anderen zeigen die erwähnten katamnestischen Studien, in welcher Weise Erinnerungen in Forschungsprozesse gezielt miteinbezogen und die oben umrissenen Schwächen des biographischen Rekonstruierens zugleich abgefedert oder gar kompensiert werden können.

Aus dieser Perspektive ist dafür zu plädieren, dass Einblicke in lebensgeschichtliche Zusammenhänge, die in der psychoanalytisch-psychotherapeutischen Arbeit mit Erwachsenen gefunden werden, dokumentiert und mit Forschungsergebnissen verknüpft werden, die aus anderen Quellen stammen und unter Zuhilfenahme von anderen forschungsmethodischen Zugängen gewonnen wurden. Dieses Forschungsvorhaben gelte es einerseits im Rahmen von fundierten Einzelfallstudien zu realisieren, doch müsste darüber hinaus daran gearbeitet werden, dass Ergebnisse unterschiedlichster psychoanalytischer Studien zusammengetragen und in biographietheoretischer Absicht miteinander verschränkt werden. Wir denken dabei an die Miteinbeziehung von Studien über Kinder- und Jugendlichentherapien, über Beratungsprozesse, über Entwicklungen von Kindern, Jugendlichen und Erwachsenen in nicht-therapeutischen Feldern und Ähnliches. Besonderes Augenmerk ist in diesem Zusammenhang der Durchführung von Beobachtungsstudien zu schenken, die Zugänge zu frühesten Entwicklungsprozessen eröffnen, die für die Ausbildung von basalen psychischen Strukturen äußerst bedeutsam sind, sprachlich aber kaum repräsentiert werden und somit nur bedingt zum Gegenstand von Erinnerungsarbeit gemacht werden können.

Nun könnte man einwenden, dass im Kontext von Psychoanalyse einem solchen Forschungsprogramm immer schon gefolgt wurde: Psychoanalytische Entwicklungstheorien jüngeren Datums stützen sich beispielsweise auf solch unterschiedliche Materialien und Forschungsergebnisse – man denke in diesem Zusammenhang etwa an René Spitz, Margret Mahler oder Daniel Stern, die in ihren Studien zur Entwicklung kleiner Kinder selbst „multiperspektivisch“ gearbeitet und darüber hinaus dem psychoanalytischen Denken über biographische Lebenszusammenhänge insgesamt wesentliche Anstöße gegebenen haben. Dessen ungeachtet ist aber festzuhalten, dass innerhalb der „psychoanalytic community“ diese „mehrperspektivische psychoanalytische Erforschung von biographischen Lebenszusammenhängen“ in methodischer und methodologischer Hinsicht erst in Ansätzen diskutiert und analysiert wurde. Anstöße dazu gehen gegenwärtig zumindest von der modernen Gedächtnisforschung, der Diskussion um die Bedeutung des „Hier und Jetzt" im therapeutischen Prozess und der Begegnung der Psychoanalyse mit der Biographieforschung aus.

Wird der hier angedeutete Forschungsstrang weiter verfolgt, könnte dies zudem auch dazu führen, dass in der Geschichte der Diskussion um das Verhältnis von Psychoanalyse und Pädagogik ein neues Kapitel aufgeschlagen wird; denn wenn sich Psychoanalytikerinnen und Psychoanalytiker verstärkt darum bemühen, Ergebnisse der Erinnerungsarbeit, die in psychotherapeutischen Prozessen mit Erwachsenen gewonnen werden, mit der Erforschung von biographischen Lebenszusammenhängen zu verknüpfen, die in anderen Lebenskontexten auszumachen sind, so ist zu erwarten, dass die Untersuchung von nichttherapeutischen pädagogischen Arbeitsbereichen wie Kindergarten, Schule, berufliche Bildung oder Erziehungsberatung innerhalb der „psychoanalytic community" wiederum an Gewicht gewinnt.

Literatur

Abraham, K. (1928/29): Beobachtungen aus den ersten fünf Lebensjahren. In: Zeitschrift für psychoanalytische Pädagogik 3, S. 50-51.

Bion, W.R. (1962): Lernen durch Erfahrung. Frankfurt/M., 1990.

Bittner, G. (Hrsg.) (2006): Ich bin mein Erinnern. Über autobiographisches und kollektives Gedächtnis. Würzburg.

Bittner, G./Fröhlich, V. (1997): Lebens-Geschichten. Über das Autobiographische im pädagogischen Denken. Bonn.

Bohleber, W. (Hrsg.) (2003): Vergangenheit in der Gegenwart. Zeit – Narration – Geschichte. In: Psyche – Z Psychoanal 57 (2003) (Sonderheft September/Oktober).

Bohleber, W. (Hrsg.) (2005): Vergangenes im Hier-und-Jetzt. Lebensgeschichtliche Erinnerung im psychoanalytischen Prozess. In: Z Psychoanal 59 (Beiheft 2005).

Buchheim, A./Kächele, H. (2002): Das Adult Attachment Interview und psychoanalytisches Verstehen. In: Psyche – Z Psychoanal 56, S. 946-973.

Datler, W. (1995): Bilden und Heilen. Auf dem Weg zu einer pädagogischen Theorie psychoanalytischer Praxis. Zugleich ein Beitrag zur Diskussion um das Verhältnis zwischen Psychotherapie und Pädagogik. Wien (3. Aufl. 2006).

Datler, W. (2006): Die psychoanalytische Behandlung – ein Bildungsprozess? Pädagogische Bemerkungen zur Reflexion von Lebensvollzügen in der psychoanalytischen Kur. In: Fröhlich, V./Göppel, R. (Hrsg.): Bildung als Reflexion über die Lebenszeit. Gießen, S. 90-110.

Dornes, M. (2000): Die Bedeutung der biographischen Vergangenheit für die Gegenwart. In: Dornes, M.: Die emotionale Welt des Kindes. Frankfurt/M., S. 133-174.

Figdor, H. (1991): Kinder aus geschiedenen Ehen: Zwischen Trauma und Hoffnung. Mainz.

Finger-Trescher, U./Krebs, H. (Hrsg.) (2000): Misshandlung, Vernachlässigung und sexuelle Gewalt in Erziehungsverhältnissen. Gießen.

Fonagy, P./Target, M. (2003): Frühe Bindung und psychische Entwicklung. Gießen.

Freud, S. (1904a): Die Freudsche psychoanalytische Methode. In: S. Freud Studienausgabe, Ergänzungsband: Schriften zur Behandlungstechnik. Frankfurt/M., 1975, S. 99-106.

Freud, S. (1905a): Bruchstück einer Hysterie-Analyse. In: S. Freud Studienausgabe, Bd. VI. Frankfurt/M., 1971, S. 83-186.

Freud, S. (1909a): Analyse der Phobie eines fünfjährigen Knaben. [„Der kleine Hans"]. In: S. Freud Studienausgabe, Bd. VIII: Zwei Kinderneurosen. Frankfurt/M., 1969, S. 9-122.

Freud, S. (1909b): Diskussionsbemerkung zum Vortrag von Josef Friedjung („Was kann die Kinderheilkunde von der psychoanalytischen Forschung erwarten?") In: Nunberg, H./Federn, E. (Hrsg.): Protokolle der Wiener Psychoanalytischen Vereinigung, Bd. 2: 1908-1910. Frankfurt/M., 1977, S. 291-294.

Freud, S. (1937): Konstruktionen in der Analyse. In: S. Freud Studienausgabe, Ergänzungsband: Schriften zur Behandlungstechnik. Frankfurt/M., 1975, S. 393-406.

Fried, L./Dippelhofer-Stiem, B./Honig, M.S./Liegle, L. (2003): Pädagogik der frühen Kindheit. Weinheim u.a.

Friedjung, J. (1909): Was kann die Kinderheilkunde von der psychoanalytischen Forschung erwarten? In: Nunberg, H./Federn, E. (Hrsg.): Protokolle der Wiener Psychoanalytischen Vereinigung, Bd. 2: 1908-1910. Frankfurt/M., 1977, S. 285-288.

Fröhlich, V. (2006): Bildung als (Er-)Leben oder als Reflexion? Anfragen an die pädagogische Biographieforschung. In: Fröhlich, V./Göppel, R. (Hrsg.): Bildung als Reflexion über die Lebenszeit. Gießen, S. 50-61.

Gudjons, H. (1995): Pädagogisches Grundwissen. Bad Heilbrunn (4. Aufl.).

Koukkou, M./Leuzinger-Bohleber, M./Mertens, W. (1998): Erinnerung von Wirklichkeiten. Psychoanalyse und Neurowissenschaften im Dialog, Bd. 1: Bestandsaufnahme. Stuttgart.

Leuzinger-Bohleber, M./Mertens, W./Koukkou, M. (Hrsg.) (1998): Erinnerung von Wirklichkeiten. Psychoanalyse und Neurowissenschaften im Dialog, Bd. 2: Folgerungen für die psychoanalytische Praxis. Stuttgart.

Leuzinger-Bohleber, M./Rüger, B./Stuhr, U./Beutel, M. (2002): „Forschen und Heilen" in der Psychoanalyse. Ergebnisse und Berichte aus Forschung und Praxis. Stuttgart.

Leuzinger-Bohleber, M./Stuhr, U. (Hrsg.) (1997): Psychoanalysen im Rückblick. Methoden, Ergebnisse und Perspektiven der neuen Katamneseforschung. Gießen.

Reflexion:
Zum Verhältnis von Erinnern und Vergessen

Mediale Inszenierungen des Erinnerns und Vergessens

Benjamin Jörissen, Winfried Marotzki

Das Medium Film ist mit dem Thema Erinnerungsarbeit eng verbunden. Deutlich wird dieser Zusammenhang im gegenwärtigen Diskurs um den Begriff des „kollektiven Gedächtnisses“: Filme haben die Fähigkeit, kollektive Erinnerungen aufzubewahren, sie zu präsentieren oder auch zu inszenieren; sie schreiben sich ein in öffentliche Diskurse, sie formen das kulturelle (Assmann 1992), kollektive (Halbwachs 1991) und soziale (Welzer 2001) Gedächtnis. Auf ihrer narrativen Ebene weisen Filme aber noch einen direkteren Zusammenhang mit Erinnerungsarbeit auf, nämlich bezogen auf die Thematisierung und Problematisierung des *individuellen* Gedächtnisses im Film selbst. Hierbei geht es also weniger um den Film in seiner Eigenschaft *als* Erinnerungsmedium, sondern um die bildhaft-szenische Aufführung von Erinnerung *im* Medium Film.

Versteht man das Phänomen Film als spezifische Kommunikationsform, die zumindest implizit immer auch auf die kulturellen Thematiken und sozialen Problemlagen ihrer Zeit bezogen ist, so wird erkennbar, dass die Inszenierung und Problematisierung von Erinnerung im Film wie ein Spiegel den gesellschaftlichen Wandel von Identitätsverständnissen, von Individualisierungs- und Biographisierungsprozessen zu reflektieren vermag. Filme reagieren aber nicht nur auf diese Prozesse, sondern sie wirken auf sie zurück, indem sie ihren Rezipienten mögliche Modelle und Schemata von Erinnerungsarbeit anbieten – sie thematisieren ihre existentielle Notwendigkeit, führen aber bspw. auch Varianten des Scheiterns und des Umgangs damit auf. In unserer Sichtung von ca. 40 Spielfilmen, die einen impliziten oder expliziten Bezug zur Erinnerungsthematik aufweisen, haben wir vielfältige Inszenierungsformen von Erinnerungsproblematiken vorgefunden, die teilweise durchaus auch im Mainstream-Bereich größerer Produktionen sowohl auf kompositorischer als auch auf inhaltlicher Ebene ein hohes implizites Reflexionspotential aufweisen. Unter biographie- und bildungstheoretischen Gesichtspunkten sind diese Thematisierungsformate aus unserer Sicht daher von besonderer Bedeutung, weil sie als kulturelle Konstruktionen von Erinnerung und Erinnerungsarbeit sowohl Muster als auch Reflexions- und Distanzierungspotentiale für individuelle Erinnerungspraxen bieten.

Mediale Inszenierungen von Erinnerung

Ein Blick in die Geistes- und Mediengeschichte zeigt, dass die Thematisierung von Erinnerung immer schon – also nicht erst im Medium Film – einen in diesem Sinne performativen Charakter innehatte. Inszenierungen von Erinnerung sind nicht erst Merkmal einer reflexiven Moderne; sie entfalteten ihre Wirkungen kulturgeschichtlich bereits sehr früh. Als kulturelle Narrationen stehen Erinnerungsinszenierungen im Film mithin in einer historischen Kontinuität. Die Simonides-Legende etwa ist eines der frühesten Beispiele für die Inszenierung von Erinnerung. Diese in Ciceros *De oratore* dokumentierte Erzählung, nach welcher der Dichter Simonides (ca. 557-468 v. Chr.) die Leichen in einem eingestürzten Haus anhand der von ihm erinnerten Sitzordnung identifizieren und dadurch deren Bestattung durch ihre Verwandten ermöglichen konnte, führt ein bestimmtes mnemotechnisches Verfahren szenisch auf. Es ist sozusagen eine prototypische Demonstration der Strukturmerkmale einer bestimmten, in der Antike verbreiteten Erinnerungstechnik, die in der Verknüpfung von Orten innerhalb eines imaginierten Raumes und Namen oder Wörtern besteht. Ein wichtiger Aspekt daran ist, dass die Geschichte diese *techné* nicht nur als ein Verfahren anschaulich vorstellt, sondern ihr zugleich eine ethische Dimension verleiht, indem sie ihr die Kraft zuschreibt, das Vergessen der Toten verhindern bzw. den unterbrochenen mythisch-rituellen Zyklus des Einzugs der Toten in den Hades wieder herstellen zu können. Durch die mythische Narration erhalten die Mnemotechnik und das mit ihr verbundene Erinnerungskonzept, noch ganz jenseits von Subjektivierungsprozessen, eine normative Kraft. Sie definiert Erinnerung in ganz bestimmter Weise (nämlich als Memoria) und macht sie als Technik verfügbar (Mnemotechnik, *ars memoriae*). Zusätzlich wird dem Erinnern ein Verständnis von *Vergessen* gegenübergestellt, das deutlich negativ konnotiert ist, und das den Gebrauch der Gedächtniskunst auf diese Weise zur Forderung erhebt.

Dieses frühe Beispiel mag als Beleg dafür ausreichen, dass mediale – in diesem Fall mythische bzw. literarische – Inszenierungen von Erinnerung bzw. Erinnerungsarbeit *Muster* für Erinnerungspraxen in die Welt setzen und diesen zugleich eine normative Kraft verleihen können (andere einschlägige Beispiele dafür wären etwa Platons Anamnesis-Konzept und Augustinus' Verinnerlichung und Biographisierung von Erinnerung). Es ist wichtig zu sehen, dass solche Mythen und Schriften nicht eine isolierte narrative oder literarische Funktion innehaben. Sie stehen vielmehr zu den kulturellen Praxen ihrer Zeit in Bezug (zur Gedächtniskunst der Sänger, zu vernunftgeleiteten Lebensregeln antiker Diätetik, zur Wendung auf das Individuum im frühen Christentum etc.) und stellen einflussreiche Reflexionsfiguren bereit, die wiederum als Modelle für individuelle Handlungs- und Erinnerungspraxen fungieren. Dabei konstruieren sie das Feld der Erinnerung und der Erinnerungsarbeit jeweils auf verschiedene Weise – als *ars memoriae*, als Anamnesis, als nach Innen gewandte Selbstreflexion, als *recollection* (Assmann 2003, S. 89ff.) etc. – und implizieren damit auch, wie man aus heutiger Sicht sagen kann, unterschiedliche Subjektivierungs- und Bildungsmodelle.

Erinnerungsarbeit als Verschränkung von Erinnern und Vergessen

Bei aller Unterschiedlichkeit weisen die erwähnten kulturellen Narrationen auch Berührungspunkte auf, die ebenso die heutigen Inszenierungen von Erinnerung noch charakterisieren: Das *Vergessen* wird sehr häufig als ein unter ethischen Aspekten problematischer Vorgang dargestellt, gegen dessen schädliche Folgen die Arbeit des Erinnerns aufgewandt werden müsse. Was muss man erinnern, was darf man vergessen? Ein Blick die die Kulturgeschichte des Vergessens (vgl. Weinrich 2005) lehrt, dass neben den Diskursen des Erinnerns immer auch jene des Vergessens existierten, wenn diese auch eher Abseits des Mainstreams geführt wurden. In der Neuzeit sind es Autoren wie Montaigne, Nietzsche und Freud, bei denen sich eine „Rehabilitierung des Vergessens als produktive Kraft" (Krämer 2000) finden lässt. Die Produktivität des Vergessens umfasst dabei verschiedene Aspekte. Zunächst ist das Vergessen eine konstitutive Bedingung für das Erinnern: „Indem ich in einem bestimmten Augenblick an X, bzw. mich selbst daran erinnere, kann ich nicht gleichzeitig Y mit Aufmerksamkeit bedenken" (Hahn 2000, S. 33). Wer alles immer erinnerte, kann letztendlich nichts mehr ausblenden: die totale Erinnerung käme einem Weltverlust gleich, wie Renate Lachmann anhand Luis Borges' surrealer Erzählung *Das unerbittliche Gedächtnis* aufzeigt, deren Protagonist des Vergessens unfähig ist (Lachmann 1993). Sybille Krämer (2000, S. 257ff.) führt zwei weitere wichtige Funktionen des Vergessens auf: Mit Nietzsches Kritik der Historie wird das Vergessen als eine Kraft sichtbar, die den Bann der Historie im Sinne einer Orientierung auf eine offene, gestaltbare Zukunft zu brechen vermag. Ein solches *geschichtskritisches* Vergessen ist keine Leugnung der Vergangenheit, sondern es stellt den historischen Blick in den Dienst der Gegenwart und der Zukunft. Die Freudsche Psychoanalyse schließlich macht das Vergessen als eine heilende Kraft erkennbar, die dem Verdrängten als dem, was nicht erinnert, aber auch nicht vergessen werden kann, dem „Un-Vergessenen" also (Krämer 2000, S. 259), gegenübersteht: Vergessen wird aus dieser Sicht als etwas sichtbar, das durch Erinnerungsarbeit (nur) überwunden werden muss: Vergessen-*Können* ist auch *Ergebnis* von Erinnerungsarbeit.

Damit wird das Verhältnis von Erinnern und Vergessen als zweiseitiger Prozess sichtbar. Man muss vergessen, um erinnern zu können, und (sich) erinnern, um vergessen zu können – diese ineinander verschränkte Form bildet gleichsam die operative Matrix von Erinnerungsprozessen. Der Hinweis auf die Produktivität des Vergessens sollte dabei nicht etwa als „post-modernistische" Empfehlung missverstanden werden, das Erinnern nunmehr zu vergessen, weil das Vergessen ohnehin der Grund des Erinnerns und Erinnerung folglich ein individueller Konstruktionsakt sei. Erinnern und Vergessen müssen vielmehr in ihrer Verwobenheit als integrale Momente des Phänomens Erinnerung verstanden werden: Im Erinnern ist das Vergessen, im Vergessen das Erinnern aufgehoben. Wird die Bewegung auf der Seite des Vergessens oder der des Erinnerns stillgestellt, beginnt eine Pathogenese, die entweder den Weg einer Geschichtsblindheit oder den einer regressiven Fixierung auf Vergangenes nimmt.

Erinnerungsarbeit als Verfertigung von Vergangenheit

Es gibt, wie daraus bereits ersichtlich wird, verschiedene Qualitäten des Erinnerns und des Vergessens. Paul Ricœur hat in seinen späten Arbeiten die Frage nach einer „Kultur des gerechten Gedächtnisses" entfaltet (Ricœur 2004a und 2004b). Ricœur geht dabei von der Frage aus, wie sich überhaupt ein Verhältnis zur „Vergangenheit" denken lässt – denn Vergangenheit zeichnet sich ja ontologisch betrachtet gerade dadurch aus, dass sie *nicht* mehr existiert. Wir erreichen das Vergangene immer nur als Bestandteil einer (unserer jeweiligen) Gegenwart. Worauf bezieht man sich also, wozu setzt man sich ins Verhältnis, wenn man mit Vergangenem umgeht? Ricœurs Antwort lautet, dass Vergangenheit nicht einfach „immer schon" vorhanden ist, sondern dass sie in einem bestimmten Sinn immer erst *hergestellt* werden muss. Erinnerungsarbeit ist der Schlüssel dazu.

Erinnerungsarbeit ist in diesem Sinne als ein Prozess zu betrachten, der Vergangenheit zugleich herstellt und sich an ihr abarbeitet. Dieser Vorgang des Aufsuchens, Selektierens, (Um-) Deutens, des sich Auslieferns an die prinzipielle Unberechenbarkeit dessen, was uns in der Rückwendung an vergangenen Ereignissen widerfahren mag, geschieht nicht grundlos. Erinnerungsarbeit ist Bestandteil einer Gegenwart, die gewissermaßen „ein Problem mit der Zukunft" hat. In der Rückwendung auf Vergangenes wird der Fluss der alltäglichen Handlungen und Verrichtungen unterbrochen: Wer an oder mit Erinnerung arbeitet, tauscht für eine bestimmte Zeitdauer (Moratorium) das Zukünftige (Pläne, Entwürfe) für das Vergangene ein. Das Vergangene wird dabei *selbst* zum Zukünftigen, nämlich zu dem, was als Erinnerung sich – unkontrollierbarer Weise – einstellen wird. Das Vergangene wird in diesem Sinne „vor-gestellt", wird damit aber zugleich auch disponibel. Erinnerungsarbeit stellt die Sicherheit einer bekannten und identitätsstiftenden Lebensgeschichte grundsätzlich in Frage (Zirfas/ Jörissen 2007, S. 166ff.).

Erinnerungsarbeit kann insofern als Strategie aufgefasst werden, ein Verhältnis zur eigenen Zukunft, zur zukünftigen Handlungsfähigkeit zu erlangen, wiederzuerlangen oder zu verändern. Jeder Vergangenheitsbezug tritt, wie Ricœur betont, immer in einem bestimmten (zukunftsgerichteten) *Erwartungshorizont* auf. Erst im Licht einer gegenwärtigen Situation oder eines gegenwärtigen Problems erhält das Vergangene seinen jeweils spezifischen Sinn. Ricœur hebt in diesem Zusammenhang vor allem auf eine aktive Herstellung einer zeitlichen Distanz ab, die in der *Anerkennung der Vergangenheit* als verstrichener, „gerade inmitten ihrer Vergegenwärtigung" (Ricœur 2004b, S. 95), liegt. Erst das *Bewusstsein* einer zeitlichen Distanz verleihe einer Erinnerung einen vollendeten Vergangenheitscharakter – und gerade in dieser Erkenntnismöglichkeit sieht Ricœur das spezifische Potential des Erinnerungsprozesses. Solange eine solche Loslösung nicht erfolgt, das ist die dahinter liegende Annahme, bleiben Erinnerungen ein zumindest latenter Teil der Gegenwart, als eine Form der Vergangenheit, die nicht vergehen will, die „wie ein Gespenst" (Ricœur 2004b, S. 114) ohne Distanz in der Gegenwart spukt.

Um überhaupt in ein Verhältnis zu einer Vergangenheit zu treten, muss man sie also zuvor als solche anerkennen. Die Idee einer *anerkannten Vergangenheit* zielt auf die „Eroberung einer zeitlichen Distanz" als zentrale Aufgabe von Erinnerungsarbeit. Unter Bezug auf Freuds Aufsätze *Erinnern, Wiederholen und Durcharbeiten* sowie *Trauer und Melancholie* (Freud 1914, 1917) bestimmt Ricœur Erinnerungsarbeit im Kern als Trauerarbeit. Denn man kann Vergangenes *als* solches nur begreifen, wenn man zugleich versteht, dass es unwiederholbar, also unwiederbringlich verloren ist. Trauerarbeit ist die emotional „teuer erkaufte Befreiung" von einer an der Gegenwart haftenden Vergangenheit, die dadurch zur „vergangenen Vergangenheit" werden kann. „Die Trauerarbeit", so Ricœur, „ist der Preis der Erinnerungsarbeit, und die Erinnerungsarbeit ist der Gewinn der Trauerarbeit" (Ricœur 2004b, S. 106).

Wenn Vergangenheit nur um den Preis solcher Erinnerungsarbeit überhaupt zu haben ist, so ist sie mit einer grundlegenden ethischen Problematik behaftet. Denn auch wenn das Gedächtnis selbst grundsätzlich als „treu" zu betrachten ist – wenn man irrt, so Ricœur, dann gerade deswegen, „weil man auf die Wahrheit abgezielt hat, auf die Genauigkeit, die Treue" (ebd., S. 97) –, ermöglicht der notwendig selektive Charakter der Erinnerung zugleich ihre Instrumentalisierung im Rahmen der Erinnerungsarbeit, also ihren *Missbrauch*. Für Ricœur wird somit die Frage nach einer „Kultur eines gerechten Gedächtnisses" zentral (ebd., S. 113) – nach einer ethischen Fundierung des unvermeidlichen Vergessens, welches jeder Erinnerung innewohnt und mit jeder Erinnerungsarbeit mitproduziert wird.

Erinnerungsarbeit im Film

Das in diesem Sinne spannungsvolle Verhältnis von Erinnern und Vergessen und die komplexe Problematik einer Ethik des Vergessens sind zwei immer wieder aufgegriffene Motive des Films. Die Bandbreite der Thematisierungsformen individueller Erinnerungsproblematiken im Film ist dermaßen groß, dass wir sie hier nur exemplarisch behandeln können. Eine ganze Reihe von Filmen etwa befasst sich als Science Fiction im weitesten Sinne mit Erinnerungstechnologien und ihrem (zumeist manipulativen) Einsatz.[1] Die Dominanz der medialen oder technologischen Momente in diesen Filmen stellt die dort inszenierte Erinnerungsarbeit stark in einen technikanthropologischen Kontext (insofern es um neuroelektronische Interfaces, also um Cyborg-Technologien geht). Ein weiterer, weit verbreiteter Typ von Filmen ist zwar biographisch strukturiert, inszeniert dabei jedoch nicht das Drama der Erinnerungsarbeit und lässt Fragen nach Biographisierungsmustern, Selektionen, Verdrängungen etc. untangiert.[2] In unserem Zusammenhang sind hingegen vor allem solche Filme von Interesse, welche die Erinnerungsarbeit *selbst* zur Aufführung bringen. Wir möchten im Folgenden drei Gruppen solcher Filme exemplarisch herausstellen.

Zu einer ersten, verbreiteten Gruppe lassen sich solche Filme zählen, deren – regelmäßig männlicher – Held einer (sei es durch Unfall, sei es durch Manipulation) hervorgerufenen *Amnesie* ausgesetzt ist. Von *Spellbound* bis zur *Bourne Identity*[3] durchleben die Protagonisten das Abenteuer der Selbstfindung. Erinnerungsarbeit, inszeniert als veräußerlichte Reise, dient hier der (Wieder-) Herstellung einer Identität, sei das vorgefundene Selbst auch ein unter moralischen Aspekten eher verwerfliches. Deutlich weniger heroisch markiert ist eine zweite Gruppe von Filmen, in denen Erinnerungsarbeit als schmerzhafter, innerer Prozess aufgezeigt wird. *Dead Man Walking*[4] etwa ist ein atmosphärisch zuhöchst

---

[1] Paul Verhoeven: *Total Recall* (USA 1990) ist einer der bekanntesten Filme dieser Gruppe; weitere Vertreter: Robert Longo: *Vernetzt – Johnny Mnemonic* (USA/Kanada 1995); John Woo: *Paycheck* (USA 2003); Vincenzo Natali: *Cypher* (USA 2002); Jonathan Demme: *Der Manchurian Kandidat* (USA 2004); Cameron Crowe: *Vanilla Sky* (USA 2001).

[2] Vgl. etwa Filme wie Woody Allens *Radio Days* (USA 1987); Robert Zemeckis *Forrest Gump* (USA 1993); Neil Jordan: *Interview mit einem Vampir* (USA 1994); Sam Mendes: *American Beauty* (1999).

[3] Alfred Hitchcock: *Spellbound* (USA 1945, dt. Titel: „Ich kämpfe um dich"); Doug Liman: *Bourne Identity* (USA 2001).

[4] Tim Robbins: *Dead Man Walking - Sein letzter Gang* (USA 1995).

beklemmender Film über einen Hinrichtungskandidaten in einem US-amerikanischen Gefängnis, der in seinen letzten Wochen von einer Nonne seelsorgerisch begleitet wird. Dieser in seiner intensiven Wirkung gegen die Praxis der Todesstrafe plädierende Film wird angetrieben von dem Kampf des Protagonisten gegen die Erinnerung an die Mordtat, in die er verwickelt war, und seine stets auch vor sich selbst geleugnete Mitschuld daran. Im Todeskampf des Hinrichtungskandidaten werden wir Zeugen der sich nun einstellenden Erinnerungsbilder – am Ende der Erinnerungsarbeit steht nicht das grandiose Helden-Selbst, sondern vielmehr die Selbstauflösung. Analog, wenn auch im Rahmen einer gänzlich anders gelagerten Story, verbindet der Film *Jacob's Ladder*[5] Erinnerungsarbeit mit der Fähigkeit, das Vergangene loslassen zu können. Hier ist es ein amerikanischer Soldat, der bei einem Einsatz in Vietnam tödlich verwundet wird. Die Filmhandlung spielt fast ausschließlich in der Imagination des Sterbenden, der in seinen letzten Minuten ein ganzes (alternatives) Leben entwirft, welches zeitlich nach Kriegsende stattfindet. Doch diese Fiktionen erweisen sich als brüchig; die Erinnerung an seinen im realen Leben vor Kriegsbeginn verstorbenen Sohn bahnt sich einen Weg durch das imaginär konstruierte Leben. Die Erinnerungsarbeit führt (neben anderen Handlungselementen, die hier unerwähnt bleiben müssen) zur Einsicht in den stattfindenden Sterbeprozess. Wir sehen schließlich den Verstorbenen auf dem Operationstisch eines Feldlazaretts; erst an dieser Stelle offenbart sich dem Zuschauer die eigentliche Handlungsstruktur des Films.

Wie die hier skizzierten Beispiele andeuten, wird Erinnerungsarbeit jeweils in einen sehr anderen Rahmen gestellt. Der erste Typ inszeniert Erinnerungsarbeit als eine Art „biographische Action" im Dienste der Selbstfindung. Die Selektivität der Erinnerungsarbeit bleibt dabei im Dienste der Inszenierung von Heldentum in aller Regel unreflektiert; Erinnerungsarbeit wird somit zum Versprechen der Möglichkeit von Selbstfindung und Identität. Die zweite Gruppe von Filmen inszeniert Erinnerungsarbeit dezidiert als schmerzhaften und langsamen Prozess der schrittweisen Verfertigung von Vergangenheit im Ricœurschen Sinn. Besonders in *Dead Man Walking* wird das Vergangene in seinem doppelten Bezug zur Gegenwart und zur Existenz des todgeweihten Protagonisten als „Gewesenheit" (Ricœur 2004b, S. 137) sichtbar. Die Bilder des sterbenden Hinrichtungskandidaten und des Mordopfers in seiner sich einstellenden Erinnerung wechseln einander in einer Parallelmontage ab; der vergangene Tod des Opfers und der gegenwärtige Tod des Täters werden als ein existentieller Zusammenhang sichtbar. Diese existentielle Ebene erscheint insbesondere im grellen Kontrast zur mechanisierten und entmenschlichten Tötungsmaschinerie der

[5] Adrian Lyne: *Jacob's Ladder* (USA 1990).

Justizvollzugsanstalt. Die Erinnerungsarbeit wird somit buchstäblich (und in zweifacher Hinsicht) zur letzten Möglichkeit, zum Ausweg.

Das Thema einer *Ethik des Erinnerns und Vergessens* bildet das Zentrum einer dritten Gruppe von Filmen. Die beiden oben charakterisierten Gruppen verhandeln Fragen der Erinnerung zum Teil durchaus auch unter ethischen Aspekten. Sie stehen dabei jedoch generell auf dem Standpunkt, dass Erinnern gut und Vergessen nicht gut ist. In diesem Sinne könnte man vielleicht sagen, dass es sich um „moderne" Filme handelt – sie operieren auf der Basis eines intakten und verbindlichen (jedenfalls vorausgesetzten) erinnerungsethischen Bezugssystems. Genau dieser Standpunkt wird von einigen Filmen thematisiert und in Frage gestellt.

Big Fish[6] etwa handelt von den biographischen Erzählungen eines Familienvaters am Ende seines Lebens, die aus einer objektivistischen Perspektive nur als Ausschmückungen, Beschönigungen und Verfälschungen erscheinen könnten. Mit seiner überbordenden Phantasie erzählt der Protagonist (und erzählt der Film) sein Leben als eine einzige abfolge phantastischer Märchen und Abenteuer. Sein Sohn, den die Suche nach seinem „wahren" Vater eher in die Rolle eine skeptischen Rationalisten gedrängt hat, lehnt die Geschichtenerzählerei seines Vaters unter dem Verdacht der Weltflucht ab, lernt aber schließlich, dass zwischen narrativer Imagination und vermeintlich objektiver Realität keine scharfe Grenzziehung möglich ist. Der Film erscheint geradezu als Umsetzung des radikalen Relativismus i.S. Nelson Goodmans (Goodman 1998): Biographische Erzählungen werden als Versionen von Narrationen präsentiert, die Bezug auf andere Narrationen (und Narrationsschemata) nehmen, ohne dass es einen „realistischen" Bezugspunkt außerhalb der sprachlichen Symbolsysteme gäbe, der ein „objektives" Urteil ermöglichte. Das reflexive Potential dieses Films liegt in dieser Inszenierung der Narrativität, Selektivität und Konstruktivität von Erinnerung – nicht als Manko, sondern als ihr spezifisches Potential.[7]

Unter erinnerungsethischen Aspekten wesentlich provozierender und konfrontativer tritt ein Film auf, den wir im Folgenden aufgrund seiner auch formal ausgesprochen hohen Komplexität etwas ausführlicher diskutieren möchten. Es handelt sich dabei um den Film *Memento* (USA 2000) des Regisseurs Christopher Nolan. Ein besonderes Merkmal von Memento ist seine formale Umsetzung einer bestimmten Erinnerungsproblematik. Der Film wird in Fragmenten darge-

---

[6] Tim Burton: *Big Fish* (USA 2003).

[7] Zur Thematik der Erinnerungsethik ist zumindest auf die Filme Andrej Tarkowskis zu verweisen, die wir an dieser Stelle nicht vorstellen können. In *Solaris* etwa (UdSSR 1972) werden biographische Erinnerungsbilder von Personen zu lebenden, menschenähnlichen Wesen materialisiert, die auf einer Raumstation erscheinen, welche den Planeten Solaris, der scheinbar eine Art intelligenter Lebensform ist, beforscht. Durch diesen Kniff vermag der Film die Frage des Umgangs mit Erinnerungen sehr konkret und in großer atmosphärischer Dichte zu dramatisieren.

boten: schwarz-weiß gedrehte Sequenzen, in denen der Protagonist einem Unbekannten am Telefon seine Lebensgeschichte erzählt, wechseln sich mit farbigen Sequenzen ab, die untereinander zunächst keine zeitliche Ordnung erkennen lassen. Der zeitliche Bezug der schwarz-weißen Sequenzen zu den in Farbe gedrehten Szenen bleibt lange unklar. In der Analyse schlüsselt sich die irritierende Struktur wie folgt auf: Die farbigen Sequenzen erzählen eine Geschichte in zeitlich verkehrter Reihenfolge: die unmittelbare Vergangenheit jeder Situation ist daher unbekannt und wird erst in der nächsten farbigen Sequenz dargeboten. Die Geschichte baut sich rückwärts auf. In der Struktur des Films ist die jüngste Vergangenheit immer schon „vergessen". Sie spiegelt den besonderen Zustand ihres Protagonisten wieder, der nach einer Kopfverletzung unter einem Verlust des Kurzzeitgedächtnisses leidet. Die Geschichte dieses Verlusts schildert der Protagonist wiederum in den schwarz-weiß gehaltenen Sequenzen, die alternierend (und in chronologisch korrekter Reihenfolge) zwischen den farbigen Szenen eingefügt wurden.

Die (rekonstruierte) Story des Films ist folgende: Ein Ehepaar wird in seinem Haus Opfer der Gewalt von zwei Einbrechern; die Frau wird vergewaltigt und ermordet, während ihr Mann, der Versicherungsagent Leonard Shelby, mit Kopfverletzungen überlebt. Infolge der Verletzungen wird sein Kurzzeitgedächtnis beschädigt; er kann sich maximal an die Geschehnisse der jeweils letzten 15 Minuten erinnern. Die Erinnerungen an sein gesamtes früheres Leben inklusive des Überfalls sind erhalten geblieben. Mittels eines durchdachten Systems aus Notizen, Polaroid-Fotografien und Tätowierungen erschafft sich Leonard ein mediales Ersatz-Gedächtnis. Sein einziger Lebensinhalt ist die Suche nach den Mördern – mit dem Ziel, den Tod seiner Frau zu rächen.

Leonard wird von John „Teddy" Gammell, einem in Drogengeschäfte verstrickten angeblichen Polizisten, manipuliert, indem dieser seinen Zustand ausnutzt und ihn durch falsche Spuren dazu bringt, konkurrierende Drogendealer (für Leonard die Mörder seiner Frau) umzubringen. Auf der Suche nach dem Mörder seiner Frau – einem gewissen John oder James G. – ermordet Leonard auf diese Weise mehrere unschuldige Personen. Er durchschaut schließlich die Situation. Teddy versucht ihm daraufhin einzureden, dass seine angeblichen Erinnerungen bloße Täuschungen seien, und dass er folglich in einer vollkommen irrealen Welt lebe.

Nachdem er Teddys unlautere Absichten durchschaut hat, manipuliert Leonard nun seinerseits seine eigenen Aufzeichnungen. Er instrumentalisiert bewusst seine Amnesie und fingiert eine Indizienkette, die seinen Verdacht auf den Polizisten Teddy lenken wird, den er schließlich, im Vertrauen auf sein mediales Ersatzgedächtnis, als vermeintlichen Mörder seiner Frau umbringen wird.

Leonard kann durch die Gedächtnisstörung keine zeitliche Distanz zu seiner letzten und traumatischen Erinnerung aufbauen – er ist stets maximal 15 Minuten von der Tat, die zum Urerlebnis und Gründungsmythos seines neuen Lebens wird, entfernt. Erinnerungsarbeit ist, wie wir mit Ricœur hervorgehoben haben, Trauerarbeit. Trauerarbeit ist ein Prozess, der Zeit in Anspruch nimmt, der also eine eigene Geschichtlichkeit aufweist, innerhalb der Veränderungen stattfinden können. *Memento* ist so konstruiert, dass dem Protagonisten buchstäblich keine Zeit für eine Trauerarbeit zur Verfügung steht. Es kann Leonard nicht gelingen, aus dem Ereignis des Überfalls ein vergangenes zu machen – er ist in der Chronologie seines verletzten Gedächtnisses stets maximal eine Viertelstunde von diesem Ereignis entfernt.

Der Film spielt also mit dem Unterschied einer Vergangenheit, die zwar insofern entfernt ist, als sie wiedererinnert wird, aber nicht in eine solche Distanz geraten kann, dass sie einen vollendeten Vergangenheitscharakter erhielte. Sie illustriert das Verhaftetsein an eine übermächtig-traumatische Vergangenheit und demonstriert damit *ex negativo* die Notwendigkeit von Trauerarbeit. Die pathologisch „verewigte" Gegenwart, in der Leonard lebt, beginnt stets aufs Neue auf dem Boden einer Vergangenheit, die sich nicht von ihr ablösen lässt, und die insofern das bestimmende und einzige Motiv und Ziel seiner Existenz bleibt. Im Film *Memento* wird das traumatische Erlebnis der Gewalttat als ein „unvordenkliches Ereignis" inszeniert: es ist *jenseitig*, insofern es einem uneinholbaren „Vor-Leben" (des Protagonisten) angehört und zugleich sein neues Leben nicht nur begründet, sondern geradezu determiniert. Es bleibt andererseits aufgrund der verhinderten Erinnerungsarbeit vollkommen unverfügbar: Ein heilsames Vergessen ist – paradoxerweise – dem Gedächtnisgestörten nicht möglich.

Memento weist sehr vielfältige Bezüge auf – so etwa die Frage des Verhältnisses von Erinnerung und externalisierten Gedächtnismedien, des Einschreibens von Erinnerung in den Körper (Leonard tätowiert die wichtigsten Informationen auf seinem Körper), der Manipulierbarkeit von Erinnerung. An dieser Stelle möchten wir uns jedoch auf die beiden im Film verhandelten Aspekte a) des Misslingens einer „Verfertigung von Vergangenheit" im Sinne Ricœurs und (sich daraus entwickelnd) b) einer Ethik des Vergessens beschränken. Leonard erscheint in seiner Unfähigkeit, Trauerarbeit zu leisten, als entsubjektivierter Sklave seiner Erinnerung (an den Überfall), aus der allein er eine Zukunft zu entwerfen vermag. Seine Handlungsziele sind starr und rigide. Genau diese Starrheit lässt ihn für andere zum Objekt der Manipulation werden – Leonard ist hochgradig berechenbar. Leonards eigene, bewusste Manipulation seiner Aufzeichnungen stellt einen Umschlagspunkt dar – die instrumentelle Verfügung über die eigene Gedächtnisstörung ist eine Selbstinstrumentalisierung, die unter ethischen Aspekten kaum tolerabel wäre. Doch zugleich ist dies der Punkt, an dem Leonard für die anderen unberechenbar wird, weil er von seinem Ziel, die wahren Mörder seiner Frau zu töten, bewusst abweicht und daher bewusst eine geeignete Figur auswählt, die ihm aufgrund seiner selbstmanipulierten Indizienkette als glaubwürdige Zielfigur erscheinen kann. Leonard arbeitet – und das ist ein sehr außergewöhnlicher Aspekt dieses Films – *aktiv* mit der Untreue seines gestörten Gedächtnisses. Was unter traditionellen Maßstäben nur als Selbstbetrug verstanden werden kann und unter erinnerungsethischen Aspekten als unhaltbar erscheinen muss, wird im Film zum einzigen Punkt der Erlangung von Subjektivität und Selbstbestimmung. Memento ist insofern ein hervorragendes Beispiel dafür, dass in Filmen nicht nur alltägliche Probleme und Handlungsmuster zur Aufführung und audiovisuellen „Verarbeitung" gelangen, sondern dass hier neue Aspekte, neue Probleme und Muster inszeniert und durchgespielt werden. In seiner Konstruktivität stellt der Film gleichsam ein groß angelegtes mediales Experiment (Gedankenexperiment wäre zu kurz gegriffen) dar; eine mediale Form der Thematisierung der Reflexion von Erinnerung, die weit über das Mitteilen einer spannenden „Story" hinausgeht.

Erinnerung und biographische Arbeit

Das Thema „Mediale Inszenierungen des Erinnerns und Vergessens" führt uns also in eine komplexe Welt audio-visueller Formate, die auf verschiedene Weise mit Vergangenheit umgehen. Allen gemeinsam ist die Suche nach der verlorenen Zeit, um an den berühmten Romantitel von Marcel Proust anzuspielen. Dass Erinnerung auch Macht über uns ausüben kann (vgl. Marotzki 2007) oder – genauer müsste man sagen –, dass das Erinnerte über uns Macht ausüben kann, ist klar. Erinnerung, wenn sie über uns kommt, kann uns gleichsam überfluten. Die Bearbeitung des Erinnerten ist ein reflexiver Akt. Durch Reflexion gelingt es uns, das Erinnerte in einen Bedeutungs- und Sinnzusammenhang zu stellen. Insofern ist Erinnerungsarbeit immer zugleich Biographiearbeit. Die drei idealtypisch herausgearbeiteten Funktionszusammenhänge von Erinnerungsarbeit im Film, nämlich Erinnerungsarbeit (1) im Dienste der Selbstfindung, (2) als schmerzhafter Prozess der Verfertigung von Vergangenheit und (3) als Problem einer Ethik des Erinnerns und Vergessens sind aus dieser Perspektive auch Formen biographischer Arbeit. Insofern stellen sie einen kleinen Beitrag zu einer Morphologie biographischer Arbeit dar. Dass dies am Beispiel des Films geschah, ist nicht zufällig, denn Erinnerungsarbeit ist eine audio-visuelle im eigentlichen Sinne: Über Sprache und Bilder versuchen wir Linien in unsere Vergangenheit zu legen und auf diese Weise die Haltung einer reflektierten Distanz aufzubauen. Die Formen, in denen dies geschieht, variieren sowohl historisch als auch kulturell. Biographische Arbeit als eine spezifische kulturelle Form der Erinnerungspraxis ist wesentlich über Medien initiiert und vermittelt. Medien vermitteln aber nicht bloß solche Formen; sie verhalten sich – nicht immer, aber potenziell – reflexiv zu diesen.

Der Film als eines der komplexesten Medien der (Selbst-) Beobachtung von Kultur führt diese Formen, wie wir zeigen wollten, spielerisch auf, verhandelt sie neu und erzeugt auch neue Perspektiven auf Erinnerung und Erinnerungspraxen. Er leistet dies weniger durch direkte inhaltliche Thematisierung, sondern vielmehr durch seine formalen, filmsprachlichen Mittel. Die filmische Narration – und auch seine Bedeutungsebenen als Ergebnis von mehr oder weniger abstrahierenden und reflektierenden Interpretationsprozessen – liegt nicht einfach in naiv vorgefundenen „Inhalten" des Films, sondern vielmehr in der Rekonstruktion seiner „Story" auf der Basis seiner *formalen* Elemente:

> „As the viewer watches the film, he or she picks up cues, recalls information, anticipates what will follow, and generally participates in the creation of the film's form (…) We create the story in our minds on the basis of the cues in the plot" (Bordwell/Thompson 2004, S. 69/71).

Reflexive Gehalte in Medienprodukten liegen *zugleich* in der Struktur des Mediums wie auch in den Bedeutungen, die aufgrund dieser formalen Eigenschaften erzeugt werden können. Die Bildungspotentiale von Medien sind in diesem Spannungsverhältnis zu suchen. Es geht uns in der bildungswissenschaftlichen Auseinandersetzung mit dem Medium Film nicht nur um Aufbau von Medienkompetenz, sondern um die Veränderungspotentiale von Wahrnehmungsmustern und Bearbeitungsweisen von Medien v.a. auch hinsichtlich des außermedialen Alltagslebens. *Strukturale Medienbildung* wäre in diesem Sinne die Fähigkeit, solche Reflexionspotentiale in Medien, also beispielsweise im Film, aufzuspüren und geltend zu machen.

Literatur

Assmann, J. (1992): Das kulturelle Gedächtnis. Schrift, Erinnerung und politische Identität in frühen Hochkulturen. München.
Assmann, A. (2003): Erinnerungsräume. München.
Barthes, R. (2003): Mythen des Alltags. Frankfurt/M.
Bordwell, D./Thompson, K. (2004): Film Art. An Introduction. (Seventh Edition). Boston.
Cicero, M. T. (2001): De oratore. Stuttgart.
Dieckmann, B./Sting, St./Zirfas, J. (1998): Gedächtnis und Bildung. Weinheim.

Freud, S. (1914): Erinnern, Wiederholen und Durcharbeiten. In: Sigmund Freud Studienausgabe Ergänzungsband (Schriften zur Behandlungstechnik). Frankfurt/M., S. 205-215.

Freud, S. (1917): Trauer und Melancholie. In: Sigmund Freud: Studienausgabe Bd. III (Psychologie des Unbewußten). Frankfurt/M., S. 193-212.

Goodman, N. (1998): Weisen der Welterzeugung. Frankfurt/M.

Hahn, A. (2000): Konstruktionen des Selbst, der Welt und der Geschichte. Frankfurt/M.

Halbwachs, M. (1991): Das kollektive Gedächtnis. Frankfurt/M.

Krämer, S. (2000): Das Vergessen nicht vergessen! Oder: Ist das Vergessen ein defizienter Modus von Erinnerung? In: Paragrana Bd. 9 (2000) H. 2, S. 251-275.

Lachmann, R. (1993): Gedächtnis und Weltverlust - Borges' *memorioso* - mit Anspielungen auf Lurijas Mnemonisten. In: Haverkamp, A.R. (Hrsg.): Memoria. Vergessen und Erinnern. München, S. 492-519.

Marotzki, W. (2007): Die Macht der Erinnerung – Involvement und Reflexion. Aspekte einer strukturalen Medienbildung am Beispiel Film. In: Fromme, J./Schäffer, B. (Hrsg.): Medien – Macht – Gesellschaft. Wiesbaden, S. 77-100.

Ricœur, P. (2004a): Gedächtnis, Geschichte, Vergessen. Paderborn.

Ricœur, P. (2004b): Das Rätsel der Vergangenheit. Göttingen.

Weinrich, H. (2000): Lethe. München.

Welzer, H. (2001): Das soziale Gedächtnis. Hamburg.

Zirfas, J./Jörissen, B. (2007): Phänomenologien der Identität. Sozial- und kulturwissenschaftliche Analysen. Wiesbaden.

Verfehlte und mögliche Begegnungen mit Harry Young - zwei Interpretationen einer Lebensgeschichte

Birgit Schreiber

1 Einleitung

In diesem Artikel geht es um Harry Young, einen einst in Deutschland versteckten Juden, den ich nie gesehen habe und den ich – so mein Gefühl – doch besser kennen gelernt habe, als manche der InterviewpartnerInnen, mit denen ich viele Stunden verbracht habe und die mir lange Geschichten erzählten. Mit Harry Young habe ich nur am Telefon gesprochen und weiß nicht, ob er überhaupt noch lebt.

Harry Young wurde 1941 in einer deutschen Großstadt geboren und war als Baby in Deutschland versteckt. Zusammen mit Mutter und Schwester floh er vor den Nazis quer durch Europa bis nach Indien und schließlich nach Palästina. Heute wohnt er in den USA. Er ist einer von 17 jüdischen Frauen und Männern, die ich für meine sozialwissenschaftliche Dissertation über die Lebensthemen versteckter jüdischer Kinder in Deutschland interviewte (Schreiber 2005).

In unseren telefonischen Begegnungen erlebte ich, wie schwer es für einen Überlebenden sein kann, eine Geschichte über seine Traumatisierung zu erzählen. Harry Young war nicht der einzige meiner InterviewpartnerInnen, der Schwierigkeiten hatte, seine Verfolgungserlebnisse in Worte zu fassen. Als Biographieforscherin, deren Auswertungen an Erzählungen ansetzen, war ich gefordert, mein Methodenrepertoire zu erweitern und unterschiedliche Zugangsweisen zu verknüpfen. Ich beschritt neue Wege, in dem ich die biographischen Erzählungen der einst Versteckten mit der Kombination einer narrationsstrukturellen Methode und mit einem psychoanalytisch orientierten Zugang auswertete.[1] Im Fall von Harry Young erfuhr ich, dass eine Interpretation der Lebensgeschichte auch ohne eine Erzählung beginnen kann, wenn die Forschungsbeziehung als Quelle der Mitteilung verstanden und genutzt wird.

---

[1] Die Interviews interpretiere ich in interdisziplinär besetzten Forschungswerkstätten und unter Supervision.

1.1 Der Rahmen der Untersuchung

Es handelt sich bei den versteckten jüdischen Kindern in Deutschland um eine öffentlich kaum in Erscheinung getretene Gruppe von Verfolgten. Erst in jüngerer Zeit – und erst während ich mit der Arbeit begonnen hatte – erschienen mehrere Lebensberichte und Untersuchungen, in denen vereinzelt auch in Deutschland versteckte Juden erwähnt wurden. Sie selbst, ihre Eltern, andere Überlebende und die Öffentlichkeit hatten die versteckten jüdischen Kinder lange Zeit nicht als legitime Überlebende betrachtet und erst recht nicht als traumatisierte Opfer. Heute wissen wir, dass ihre Verfolgungsbelastungen – unabhängig davon, ob sie durch Versteck oder KZ-Haft hervorgerufen wurden – besonders schwer wiegen, denn als Kinder wurden sie von den Naziverbrechen, die ihnen häufig Familie und Freunde raubten, in sensiblen Entwicklungsphasen und ohne gefestigte Identität getroffen. Für die Bearbeitung der frühen Erfahrungen war später in einer so genannten dritten Traumatisierungsphase das Umfeld entscheidend (vgl. Keilson 1992, S. 79). Dies gilt heute erneut, denn die einst Versteckten werden selbst fragiler, sie werden mit der eigenen Vergänglichkeit und mit neuen Verlusten, dem Tod von Bekannten und Verwandten konfrontiert, d.h. mit Erfahrungen, die alte Verluste und Trennungen reaktivieren können. Meine Interviews führte ich nach der jahrzehntelangen Latenz (vgl. Bastiaans 1988) in einer potenziell traumatisierenden Phase, in der im günstigsten Fall ein befriedigenderer Umgang mit den Verfolgungsfolgen erreicht werden könnte – und im ungünstigsten Fall auch eine Retraumatisierung möglich ist.[2]

InterviewpartnerInnen zu finden, war zunächst schwierig. Wer zusagte, tat dies auch, weil er oder sie den halb-öffentlichen Rahmen eines Forschungsinterviews – im Gegensatz zum privaten oder öffentlichen Rahmen – als geeignet empfand, sich den frühen Erinnerungen manchmal zum allerersten Mal im Leben zu stellen. In dieser Phase intensiver biographischer Arbeit arbeiten die Interviewten in einem paradoxen Streben nach und Abwehren von Erinnerungen daran, ihre Biographie zu vervollständigen und Kontinuität herzustellen. Das Forschungsinterview bot ihnen die Möglichkeit, sich in einem geschützten und begrenzten Rahmen mit ihrer eigenen Geschichte auseinander zu setzen, ihr Zeugnis abzulegen und eine innere Mission zu erfüllen.

[2] Im Hinblick auf Traumabearbeitung wurde das gesellschaftliche und politische Umfeld in Deutschland (vgl. Grünberg 1987, S. 492; 2000, S. 1004) bislang kaum beachtet. Die Begegnung zwischen Juden und einer nichtjüdischen Forscherin, die durch „geteilte" Erinnerungen verbunden sind (vgl. Lau, S. 9), verstand ich als spezifisch deutsche Krise des Zeugnisgebens (vgl. Felman/Laub 1992) und formulierte Bedingungen, die Retraumatisierungen in Forschungsinterviews vermeiden helfen (vgl. Schreiber 2001, 2005).

Die Bedeutung, die eine erzählte Geschichte, ein Zeugnis, für die einst versteckten jüdischen Kinder hat, kann nicht genug betont werden. Sie erkennen sich darin als Überlebende an und nähern sich bislang Unsagbarem. Manchen gelang es relativ leicht, ihre Geschichte zu erzählen, eine übersichtlich strukturierte und aufgebaute Erzählung wurde von einer Kollegin gar zur Einführung in die Narrationsanalyse herangezogen. Andere Interviewte hatten große Schwierigkeiten, ihre Erinnerungsfragmente zu verbinden und erbaten meine Hilfe, so dass gelegentlich eine Abwandlung des narrativen Interviews hin zu einem unterstützenden Gespräch nötig wurde. Manche konnten ihre Verluste gar nicht in Worte fassen und zeigten mir Objekte – Fotos, Erinnerungsstücke oder Gedenkbücher – um den Verlust und ihre Trauer auszudrücken.

Doch alle fanden Ausdrucksmittel, um auch auf Traumatisches in ihrem Leben hinzuweisen. Allerdings erfordern diese Ausdrucksformen eine entsprechende Empfänglichkeit der Forschenden, die der narrationsstrukturelle Ansatz allein nicht impliziert (vgl. Heinzel 1997, S. 468). Letzterer zeigt aber dank line-by-line-Interpretation und mithilfe des Verlaufsprotokolls, wo z. B. Brüche in der Erzählung auftreten, wo ungewöhnliche Ausdrücke verwendet werden und wie die Erzähllinien verlaufen. Zusammen mit der Gegenübertragungsanalyse (vgl. Schreiber 2005, Kap. 5), die hier nur kurz als Interpretation der Gesamtreaktionen von Forschenden auf das Interview beschrieben werden kann, wird so deutlich, dass die einst Versteckten ein Leben auf zwei Ebenen leben, bei dem die Tiefspur der Verluste und Traumatisierungen mehr oder weniger nahe zum geglückten Leben verläuft.

Harry Young, um den es im Folgenden gehen soll, fand zweieinhalb Jahre nicht den Halt, den er benötigte, um eine Lebensgeschichte zu erzählen. Die Interpretation der nonverbalen Mitteilungen und des Übertragungsgeschehens nahm in seinem Fall daher einen besonders großen Raum ein und führte zusammen mit der Interpretation des spät in unserer Forschungsbeziehung gegebenen Interviews zu einer doppelt interpretierten Geschichte. Die narrationsstrukturelle Auswertung dieser Geschichte wirkte manchmal validierend oder wie eine Ergänzung der Gegenübertragungsanalyse. Bei den meisten anderen Fallanalysen war die Gewichtung der Methoden eher umgekehrt.

Im ersten Teil unserer Bekanntschaft vervollständigte ich durch meine Bereitschaft zur Verstrickung eine Inszenierung, die bereits im Gange war, weil Harry Young sich mit seinem Leben auseinandersetzen wollte. Methodisch war für diese Interpretation mein zumindest vorübergehendes Loslassen bzw. der Verzicht auf eine zusammenhängende Geschichte notwendig sowie die Fähigkeit zur Rollenübernahme in einem Übertragungsdrama, das ich später verlassen musste, um es mit analytischer Distanz zu betrachten. In diesem Beitrag werden die Grenzen und Risiken einer solchen methodisch gewollten Verstrickung deutlich wie auch das positive Ergebnis. Dieses besteht in einer besonderen Art des Zeugnisses, bzw. in einem sekundären Zeugnis (vgl. Baer 2000; Schreiber 2005, Kapitel 4), das nicht in erster Linie auf erzählter, sondern auf gemeinsam und teils wieder erlebter Geschichte beruht.

2 Kontakte und verfehlte Begegnungen mit Harry Young

Unsere Forschungsbeziehung begann mit einem Brief von Harry Young, der durch einen Freund aus Miami auf mein Forschungsprojekt aufmerksam geworden war. In Miami hatte ich mein Projekt bei einem Treffen von „child survivors" vorgestellt.

Nach Harry Youngs erstem Brief schickte ich ihm – wie den meisten der potenziellen GesprächspartnerInnen – ein Antwortschreiben mit der Beschreibung meines Vorhabens und ein Foto von mir. Das Bild sollte es den einst Versteckten erleichtern, sich zu öffnen und über ihre Vergangenheit zu sprechen. Es sollte ihnen helfen, Vertrauen zu einer Frau zu gewinnen, die bereits zur „dritten Generation" der TäterInnen- und MitläuferInnengesellschaft gehört. Für Harry Young bekam dieses Foto eine besondere Bedeutung, wie er mir später erzählte. Er legte es nicht mit den Briefen in eine Schublade, sondern stellte es zu den Bildern seiner Familienmitglieder auf seinen Schreibtisch, wo er es täglich betrachten konnte. Wenn er mich anrief, betrachtete er dabei dieses Bild. Auch sonst, sagte er, sähe er das Foto gelegentlich an und habe dann den Eindruck, dass ein besonderer Kontakt zu mir bestehe.

Regelmäßig schickte Harry Young mir Postkarten, Briefe, Päckchen und Geschenke, darunter einen Israel-Kalender, außerdem Einladungen zu Konzerten, Lesungen etc. Ich fühlte mich behandelt wie ein Familienmitglied. Während sich dieser innige Kontakt am Anfang vor allem in Harry Youngs Phantasie entwickelte, intensivierte sich unser Verhältnis tatsächlich, als ich begann, eine Vortragsreise an die Westküste der USA zu planen. Zu sich nach Hause wollte Harry Young mich nicht einladen. Er führte das schlechte Klima und seine unaufgeräumte Wohnung an und wollte einen anderen Treffpunkt finden. Ich wunderte mich darüber, dass mein Interviewpartner die weite Reise quer über den Kontinent machen wollte, weil ich wusste, dass er seit einem Schlaganfall nicht nur behindert war, sondern finanziell sehr eingeschränkt lebte.

Zu diesem Zeitpunkt fühlte ich gegenüber Harry Young weit mehr Fürsorge als gegenüber meinen anderen InterviewpartnerInnen. Etwas in unserem Kontakt brachte mich dazu, ihn schützen zu wollen und ihm nicht zuzutrauen, dass er sich selbst schützen konnte. Seine Reaktion auf meine Fürsorge war wiederum ein gesteigertes Verlangen danach. So erbat er – als die Reise längst geplant war –

meine Begleitung und Betreuung für die Zeit seines Aufenthalts an der Westküste der USA.

Der Wunsch, Grenzen in Richtung einer Symbiose zu verlagern, waren mir auch in anderen Interviews schon begegnet. Ein Leben ohne Struktur, wie die meisten InterviewpartnerInnen es erlebt hatten, löste in manchen offensichtlich den Drang zur Wiederholung von Strukturzerstörung aus. Dann war es an mir, Verlässliches in die Beziehung einzuführen. Ich klärte also mit Harry Young, wie viel Fürsorge ich geben konnte und wollte.

Außerdem schickte ich ihm auf seine Bitte hin einen biographischen Fragebogen, den ich sonst zum Schluss eines Interviews mit den Befragten zusammen ausfülle, was dann oft zu intensiveren Gesprächen über einzelne Personen oder Erlebnisse führt. Harry überforderten die schmerzlichen Erinnerungen, die sich beim Lesen des Fragebogens einstellten. Ich fühlte starke Schuldgefühle, denn ich wollte ihn ja auf keinen Fall erneut verletzen der gar retraumatisieren. Ich fühlte mich über die Maßen für seine Schmerzen verantwortlich, wollte am liebsten all seine unangenehmen Gefühle ungeschehen machen und fühlte mich extrem hilflos und gleichzeitig extrem verantwortlich. Beinahe wie eine Mutter, die ihr Kind nicht angemessen schützen und versorgen kann.

2.1 Ein Keulenschlag

Diese Gefühle stellten sich nicht zum ersten Mal ein. Gegen Ende des Kosovo-Krieges wurde mein Ehemann, ein Journalist, in das Krisengebiet geschickt, um für eine Reportage zu recherchieren. Unmittelbar vor seinem Abflug starben zwei Reporter des Magazins „Stern“ bei dem Versuch, Material für einen Artikel zu sammeln. Ich war besorgt um meinen Mann und erwartete gerade einen Anruf von ihm, als Harry Young anrief. Ich erzählte ihm, dass ich auf ein Lebenszeichen meines Mannes wartete und legte bald auf. Wenige Tage später kam diese Postkarte:

> „Dear Birgit, I was delighted to speak to you but am sorry you had to go. I hope your husband came back ok from Macedonia. Did you know that 8.000 Jews were deported to Treblinka from Macedonia? (3.350 from Skopje), 3.500 from Bitola, 550 from Stip, Kumanovo 15 etc. etc. Not a single person came back. From Pristina in Kosovo 249 deported to Bergen Belsen. Prizren 315 In Serbia 2.440; Sobotica 3.760 Sombor 1.175 Senta 500 and Belgrad 10.500 (was the first Capital in Europe to be ‚judenrein'. (my mother and sister and I hid in Kosovo and Macedonia until almost the end of the war. (they were <u>not</u> Christians). See you Harry.“

Harrys „Liebe Birgit“ weist auf die beginnende Vertrautheit in unserer Forschungsbeziehung hin. Er schreibt weiter, dass er sich über unser Gespräch gefreut habe, doch wird nach „but“ deutlich, dass er über mein rasches Auflegen enttäuscht war. Er erkennt meine Prioritäten zwar an und drückt sein Verständnis aus, doch dann endet der Postkarten-Duktus abrupt, und es geht auch nicht mehr um meine Sorgen.

Die Frage „Did you know …“ erfasste mich und zog mich mit sich zum Thema der Deportation von Tausenden von Juden und hin zu ihrem Tod, an den Harry durch meine Erwähnung des Kosovo und Mazedoniens erinnert worden war. Wie stark der Sog des Todes und der frühen Erfahrungen für Harry war, wird u. a. an dem Verlust von Satzstruktur in den folgenden Zeilen der Karte deutlich.

Traumata führen zu Strukturverlust und Chaos in der Seele der Traumatisierten, sie bedeuten ein Überschwemmtwerden der Psyche. Die Formulierungen spiegeln diese Erfahrungen des Zuviel und des Wegbrechens von Halt ein Stück weit wider. In der Mitte der Karte kommen die Toten „Schlag auf Schlag“, kein Komma und kein Punkt trennen Orte und Morde mehr voneinander. Beim Lesen fühlte ich mich von einer Flut von Toten überschwemmt, so dass mir kaum Luft zum Atmen blieb. Der einzig vollständige Satz „not a single person came back“ ragte aus den vorbei ziehenden Zahlen und Orten heraus und traf mich wie ein Keulenschlag: Niemand war je zurückgekehrt. In meiner damaligen Situation assoziierte ich, dass auch mein Mann, eine „einzelne Person“, im Kosovo zu Tode kommen könnte und ärgerte mich über Harry, der diese Angst bewusst oder unbewusst schürte.

Danach folgen weitere Orte und Zahlen von deportierten Juden. Den Kulminationspunkt der Aufzählung bildet die Zahl von 10.500 Menschen, die aus Belgrad abtransportiert wurden und den Ort zur ersten „judenreinen Hauptstadt Europas“ machten. Diese Information scheint auch eine Art Halt zu bedeuten, jedenfalls enthalten Harrys Sätze jetzt wieder Subjekt, Prädikat und Objekt. Er fährt fort mit seiner eigenen Geschichte und man erfährt ein weiteres Bruchstück seiner Biographie: Seine Mutter, seine Schwester und er selbst waren beinahe bis Kriegsende im Kosovo und in Mazedonien versteckt. Die in Klammern angefügte und mit Nachdruck (Unterstreichung) versehene Information, dass die Familie nicht christlich war, sollte möglicherweise besonders deutlich machen, dass auch sie zu den verfolgten Juden gehörten, die aus den genannten Städten abtransportiert werden sollten.

Die Schlussformel der Karte „See you, Harry“ ist ein beinahe so erstaunlicher Bruch, wie der erste Wechsel im Duktus der Karte. Als habe er bis eben von einem Urlaub erzählt, beendete Harry sein Schreiben. Sein „See you“ hätte auf mich vor diesen Zeilen wie ein Versprechen gewirkt, jetzt fühlte es sich an wie eine Drohung. Ich fühlte mich von seinen Zeilen ‚erschlagen'. Daneben empfand ich Schuldgefühle, dass ich Harry ‚abgewimmelt' hatte, um meinen Mann sprechen zu können.

Meine Schuldgefühle wurden dadurch verstärkt, dass ich im Gegensatz zu ihm offensichtlich eine liebevolle Beziehung und ein angenehmes Leben hatte. Der Blick auf meine Lebendigkeit ließ Harry Young seine Verluste noch schmerzlicher erleben. Dies erklärt, warum Harry sich unter dem Deckmantel seiner Anteilnahme in aggressiver Weise gegen mich richtete. Außerdem begriff ich, dass Harry Young mir in unserer Interaktion ein Stück weit vermittelte, wie die Nazis seine eigene Lebendigkeit niedergemacht hatten.

Wie die sprichwörtlichen Seiten einer Medaille gehörten bei Harry sein Opfersein und sein teils destruktives Handeln in Beziehungen zusammen. Mir fiel es jedoch zunächst sehr schwer, diese oben geschilderten und andere verdeckt aggressiven Teile im Verhalten zu erkennen. Möglicherweise wirkte sich in mir die so genannte „ansteckende" Opferrolle aus (vgl. Oliner 1999, S. 1117). Diese und andere „unvermeidliche Gegenübertragungsreaktionen" verhindern, dass man in den Opfern auch Handelnde erkennen kann, die auf ihre Weise zu TäterInnen werden können. Dazu kann auch die Vorstellung vom „Wiederholungszwang" als durch Trauma ausgelöstes Handeln beitragen, wenn nämlich die Agierenden aus der Verantwortung entlassen werden. Bei mir äußerte sich diese Tendenz z.B. darin, dass sich – sobald ich auf Harry wütend wurde, wie etwa nach dem Lesen der Karte – die Besorgnis meldete, dass ihm etwas passiert sein könnte.

2.2 Drei Interviewtermine

Sowohl meine Sorge um Harry als auch das Gefühl, auf ihn besonders ‚aufpassen' zu müssen, entwickelten sich ab dem bereits erwähnten geplanten Interviewtermin in den USA. Unmittelbar vor unserem Treffen rief mich Harry aus einem Krankenhaus an und teilte mir mit, dass er sich einer Operation am Herzen unterziehen müsse. Noch am Tag des Eingriffs rief er mich aus dem Krankenhaus an, um sich zu vergewissern, wo er mich in den nächsten Tagen erreichen könnte. Ich war in Sorge um Harry, doch war mir gleichzeitig sein intensives Kontaktbedürfnis zur Last geworden.

Die Operation verlief erfolgreich, wie ich bei Anrufen im Krankenhaus erfuhr. Ansonsten erholte ich mich in der Harry-freien Zeit, denn die vergangenen Monate waren oft anstrengend gewesen und hatten mich mit Gefühlen, darunter die erwähnte Wut und Schuldgefühle, konfrontiert, die mir ‚fremd' vorkamen und mich sehr belasteten.

Außerdem mochte mir das Gefühl, in den USA von Harry (aus dem Krankenhaus heraus) ‚verfolgt' zu werden, eine Geschichte erzählen, die Harry selbst erlebt hatte. Einerseits verfolgte Harry mich mit einer Intensität, mit der er vielleicht als Kind das Schicksal seiner Mutter oder anderer Angehöriger, die ihm sehr nahe standen, ‚verfolgt' hatte, andererseits belastete er mich in einer manchmal beängstigenden Art und Weise, die mir einen Hinweis darauf gaben, wie die Verfolgung ihn verängstigt und belastet haben könnte. Er hatte es außerdem verstanden, mich die Gefühle seiner Mutter (und vielleicht der Schwester) sowie auch seine Gefühle für die Mutter und die Schwester spüren zu lassen, die – wie ich in meiner Übertragung – wahrscheinlich Sorge, Angst und gesteigerte Fürsorge erlebt hatten.

Die gescheiterte Begegnung zog überraschenderweise eine Wende in unserem Kontakt nach sich. Harry kündigte einen Besuch in Europa an, bei dem er mich in Deutschland treffen wollte und wir telefonierten einige Male miteinander. Doch dann brach er den Kontakt zu mir ab; ich sprach mehrmals auf seinen Anrufbeantworter, bat um Rückruf und schrieb ihm eine Karte, aber er meldete sich nicht. Ich begann zu überlegen, ob ich in die USA fahren, bei Harry klingeln und nach dem Rechten sehen sollte. In der Folgezeit, die von Sorge um Harry geprägt war, stellte ich mich zunehmend darauf ein, von seinem Tod zu erfahren. Ich trauerte.

Nach sechs Monaten erreichte mich schließlich sein Anruf und damit ein Lebenszeichen aus den USA. Er erzählte von seiner Reise nach Europa, die er auch unternommen hatte, um mich zu treffen. Doch bereits kurz nach seiner Ankunft in Österreich, sei in seinem Hirn ein Blutgerinsel geplatzt. Er habe fünf Monate im Koma gelegen, sei jetzt aber wieder wohlauf. Ich war erleichtert, aber auch erschrocken darüber, dass auch der zweite von uns geplante Interviewtermin mit einer lebensbedrohlichen Krankheit zusammenfiel und Harry diesmal beinahe gestorben war.

In den Monaten nach unserem Wiederhören flog Harry nach Dänemark zu einem Bekannten, von wo aus er nach einem kurzen Aufenthalt nach Deutschland weiterreisen wollte. Doch noch bevor ich Harry dort treffen konnte, rief er mich aus den USA aus an, in die er bereits zurückgekehrt war. Er erklärte, er habe Angst gehabt, nach Deutschland weiterzureisen, weil er glaube, dass er bei der Polizei auf einer Liste vermerkt wäre, seit er als junger Mann einmal eine Zeugenaussage gemacht habe. Die angebliche Polizeiliste hatte sich in seiner Erinnerung wahrscheinlich mit den gefürchteten Deportationslisten aus der Nazizeit verbunden und machte für ihn einen Besuch in Deutschland unmöglich.

2.3 Vorläufiges Fazit

Harry Youngs bislang unerzählte Lebensgeschichte und unsere vergeblichen Bemühungen um ein Interview werden mithilfe der Überlegungen des Psychoanalytikers Dori Laub besser verständlich. Laub versteht Traumatisierung als die Erfahrung eines „leeren Kreises", einer Abwesenheit von Struktur und Repräsentation der Erfahrung und auch der Abwesenheit einer bedürfnisbefriedigenden Interaktion, die zur Unfähigkeit führe, die eigene Biographie zu erzählen (vgl. Laub 2000, S. 862).

Über Harry Youngs Biographie und Lebensthemen könnte man sagen, dass es dabei bis heute ‚um Leben und Tod' ging, dass die Verfolgung für ihn eine ‚unendliche Geschichte' war und dass unsere Beziehung einer ‚unmöglichen Begegnung' glich, in der wir uns möglicherweise nie von Angesicht zu Angesicht begegnen würden. Doch auch wenn ein Gespräch mit Harry in der Zukunft gelänge, würde weiterhin gelten, dass das Wissen Extremtraumatisierter um ihre Traumatisierung nur bis zu einem gewissen Maße rekonstruiert werden kann. Der Erfahrung ihrer Geschichte, die von Traumatisierung und der Erfahrung des „leeren Kreises" geprägt ist, kann man nur ein Stück weit folgen und die Grenze lässt sich nicht überschreiten (vgl. ebd., S. 890).

2.4 Die Überwindung unserer „Krise des Zeugnisgebens"

Ich rechnete nicht mehr damit, Harry Young jemals zu treffen und schrieb eine Interpretation unserer verfehlten Begegnungen. Dabei folgte ich meinem Bedürfnis, die Erlebnisse Harry Youngs und meiner Erfahrungen mit ihm ein Stück weit zur Vergangenheit werden zu lassen. Dieser Wunsch nach einer Symbolisierung des Erlebten mag auch Harry Youngs Wunsch danach widergespiegelt haben. Er zeigt auf jeden Fall, dass biographische Arbeit nach Traumata entlastend wirken kann – so unvollendet sie auch bleiben mag.

Die in diesem Artikel in Kürze wiedergegebene Geschichte unserer Forschungsbeziehung zeigte mir – wie schon meine früheren Interviews mit Verfolgten –, dass meistens mehrere Personen und Generationen nötig sind, um die Bürden der Verfolgungsvergangenheit zu tragen und eine einigermaßen erträgliche symbolische Form für sie zu finden (vgl. Schreiber 2000). Die Bedeutung und Anforderungen an diese sekundäre Zeugenschaft (vgl. Baer 2000), d.h. an die Fähigkeiten von ZuhörerInnen ist umso höher, je unaussprechlicher die Verfolgungserfahrungen scheinen.

Mir half die Interpretation unserer bisherigen Kontakte zurück zur analytischen Distanz und ich reflektierte mein methodisches Vorgehen: Ich hatte meine

Verquickung in die Inszenierung bzw. meine Rollenübernahme in einem Übertragungsdrama, das Harry Youngs Kernthemen verdeutlichte, als mindestens ebenso aussagekräftig empfunden wie die Textinterpretationen der biographischen Interviews mit anderen einst versteckten Kindern. Weil projektive Identifikationen wirksam wurden, waren meine Einsichten in die Geschichte von Harry Young z.T. sehr viel intensiver, obwohl ich kaum Daten und Fakten kannte.

Eine Lösung für unsere Probleme, uns zu treffen und ein biographisches Interview zu führen, fand ich schließlich in dem Vorschlag eines telefonischen Interviews, das ich aus den Räumen der Universität in Oldenburg führte. Durch die Einschaltung dieser dritten Instanz und dank der gewachsenen Vertrautheit zwischen uns fand Harry Young jetzt den Halt, seine Lebensgeschichte doch noch zu erzählen.

3 Die mögliche Begegnung mit Harry Young

In dem knapp dreistündigen Interview mit Harry Young füllten sich Lehrstellen seiner Biographie, und es wurde deutlich, dass es in seinem Leben zu einer Reihe von Verlusten, zu verfehlten Begegnungen und zu einem zentralen folgenreichen Abbruch von Beziehung gekommen war. Schon als Kleinkind verlor Harry die dreijährige ältere Schwester, die Harrys Mutter ihrem Bruder und der Schwägerin, einem kinderlosen Paar, bei ihrer Flucht aus Deutschland mitgegeben hatte. Die drei kamen nie am vereinbarten Treffpunkt in Bulgarien an. Auch den Vater sah Harry nie wieder. Er war nach Österreich gereist, um die Eltern der Mutter zu retten, traf bei ihnen aber nie ein. Die Familie vermutet, dass der Vater, der Onkel, die Tante und die Schwester Harrys von den Nazis erschossen wurden.

Im Verlauf des Telefoninterviews erfährt man von weiteren verfehlten Begegnungen in Harry Youngs Leben. Weil die Mutter sich nicht in der Lage sah, beide Kinder zu ernähren, gab sie Harry in ein Waisenhaus. Harry Young zürnte seiner Mutter viele Jahre. Erst nach sieben Jahren holte die Mutter den 14jährigen Harry zu sich in die USA. Das Wiedersehen brachte für Harry einige herbe Enttäuschungen mit sich und kann als verfehlte Begegnung bezeichnet werden: Die Schwester schämte sich des Bruders, der noch nicht einmal Englisch sprach. Die Mutter hatte kein Verständnis für seine Eingewöhnungsschwierigkeiten und nannte ihn „undankbar“. Der Stiefvater, der weder Deutsch noch Hebräisch sprach, konnte sich mit dem Stiefsohn nicht verständigen. Er hatte auch kein Verständnis für sein rebellisches Aufbegehren und schlug ihn. Die Mutter sah tatenlos zu. Eine glücklichere Phase brach an, als der Vater nach Washington versetzt wurde und die Familie mit ihm umzog. Die Schwester und Harry wurden bei der Mutter des Stiefvaters in Boston untergebracht. In der Großmutter fand Harry eine liebevolle Bezugsperson: „She was very nice“, so bezeichnet er eine Reihe von Ersatzmüttern, die er in seinem Interview erwähnt.

3.1 Der Bruch in der Biographie

Eine Familie und ein Zuhause fand Harry erst im Studium in Amsterdam, einem Ort, von dem Harry im Interview sagt; „Gott hat mich in Holland nicht vergessen“. Er lernte eine sephardische Studentin aus Portugal kennen, verliebte sich und heiratete sie nach einigen Monaten.

Deren Eltern freuten sich sehr über den jüdischen Schwiegersohn. Harry empfand ihre Zuneigung und die Geborgenheit, die sie ihm vermittelten, offensichtlich so stark, dass er sie an einer Stelle als seine „einzige Familie“ bezeichnet. Mit seiner Frau und dem in Holland geborenen Sohn zog Harry Young Mitte der fünfziger Jahre nach Portugal. Als Harry im Interview von seiner Frau erzählen will, gerät er ins Stottern und sagt dann, er müsse die Tür für einen Besucher öffnen. Nach einer viertelstündigen Pause setzen wir das Telefonat fort, an das Harry sich nicht mehr erinnern kann.

> H. Y.: What do you want me to tell you?
> I.: Can you, if you feel, if you feel, up to it (.)
> H.Y.: Go ahead (.)
> I.: -tell me what happened to your wife?
> H. Y.: Yeah, well. She died in a car accident (Harry Young beginnt zu weinen).
> I.: Oh, I am so sorry.
> H. Y.: (weint)
> I.: I am very, very sorry.
> H. Y.: (weint) Right next to me (weint). She died in my arms really (Z. 621-636).

Mit dem Tod der Ehefrau zerbrach etwas in Harry Young. Während seine Mutter in der Verfolgungszeit immer ins Versteck zurückkehrte, starb seine Frau tatsächlich in seinen Armen, wodurch sich Harry Youngs schlimmste Albträume verwirklichten. Mit dieser Retraumatisierung kann Harry Young bis heute nicht leben, sie zerstörte seinen Lebenszusammenhang. Der zweite Teil des Interviews besteht aus Fragmenten, so wie auch Harrys Leben zerbrochen war. Harry kann nicht mehr an seinen Erzählfaden, die Chronologie und an seinen flüssigen Stil anknüpfen. Kurz und unbeteiligt, als habe nichts mehr eine Bedeutung für ihn gehabt, handelt Harry die Zeit nach Portugal im Interview ab. Harry sagt, er habe nach dem Tod seiner Frau nie wieder seinen Platz gefunden und sei für Jahre zu einem Zigeuner geworden. Als Reiseleiter habe er TouristInnengruppen durch Portugal, Frankreich und Nordafrika geführt. Mit seiner Tätigkeit als Travel-

Guide setzte Harry Young das Lebensmuster seiner frühen Kindheit auf der Flucht fort, die er im Interview als „we were just traveling" (Z. 114-115) bezeichnet.

Nach zwei Schlaganfällen ist Harry Young heute halbseitig gelähmt. Er sagt, er habe keine richtigen Freunde mehr, und er fühle sich nirgendwo wirklich zu Hause und sicher.

4 Die Lebensthemen

Sich nirgendwo zu Hause und sicher zu fühlen, ist Teil eines Lebensthemas der versteckten jüdischen Kinder, das ich Entwurzelung genannt habe. Die Sehnsucht nach Anschluss, Zugehörigkeit und Geborgenheit weist darüber hinaus auf die von mir als Kernthema beschriebene Erfahrung des Ausschlusses von den nichtjüdischen Deutschen hin, die mit Diskriminierung begann und mit der Aberkennung des Lebensrechts endete. Auch Traumatisierungen sind sehr individuell erlebte Ausschlusserfahrungen, bei denen Menschen einer die Psyche überfordernden zerstörerischen Macht ausgeliefert sind und sich von anderen vollständig abgeschnitten und einsam erleben.

Die Sehnsucht nach Heimat und Sicherheit begleitet bis heute viele Überlebende. Ein Leben in Deutschland oder die Rückkehr in „die Höhle des Löwen" (Kestenberg 1996, S. 51) ist für deutsche Versteckte jedoch besonders prekär. Der Wut und der Verachtung für die Nazis steht die Loyalität zu nichtjüdischen VersteckerInnen und zu allen widerständigen Deutschen gegenüber (vgl. z.B. Giordano 2002, S. 1). Damit haben die Versteckten eine grundlegend andere Erfahrung gemacht als viele andere Überlebende. Diese Erfahrung beschreibt etwa Michael Degen in seinen Lebenserinnerungen „Nicht alle waren Mörder" (1999). Er nennt auch die wenig altruistischen Seiten von RetterInnen. Manche beuteten ihre Schützlinge z.B. als Dienstboten oder gar sexuell aus, andere ließen sich für die Rettung bezahlen.

Auch Harrys Verhältnis zu den Deutschen und Deutschland ist ambivalent und vielschichtig. Viele Passagen im Interview mit ihm zeigen, dass bei ihm die Sehnsüchte nach Deutschland und Deutschen eng mit der Sehnsucht nach einer deutschen Mutter verbunden sind. Der Kontakt zu mir, der deutschen Nichtjüdin, kann dabei als Ausdruck eines zweifachen Heilungswunsches betrachtet werden. Einerseits ist da die Sehnsucht nach der versorgenden Mutter, andererseits nach der Heimat, dem Vaterland. Ich erfuhr diese Rolle als doppelte Bürde, ihn nicht enttäuschen zu dürfen, wie einerseits die nationalsozialistischen Deutschen und andererseits seine deutschsprachige Mutter. Meine nichtjüdische deutsche Herkunft und mein Geschlecht hatten sich bei meiner Rollenübernahme als Disposition erwiesen, eine Rolle in dem Übertragungsdrama zu übernehmen, das Harry Young zur Vermittlung seiner Lebensthemen als Mitteilungsweg benötigte.

In unserer Forschungsbeziehung spielte auch die deutsche Sprache eine wichtige Rolle. Dass ich Harrys Muttersprache, d.h. die Sprache seiner Kindheit und der damit verbundenen Phantasien spreche, begünstigte meine Besetzung der Rolle als Ersatzmutter. Die Sehnsucht nach Deutschland und der deutschen Sprache hatte er im Interview beinahe wie ein verbotenes Geheimnis gestanden.

> H.Y.: I will tell you a little secret, Birgit, I never told that to you or anybody, I don't think to anybody, when I lived in Germany I loved this so much. I understood what people were saying, not only understood, but the mentality, you understand, uh, I could identify with it, because I could hear, that's how my mother thinks, you know, my grandmother, in a way, you know what I am saying. [...] So, uh, I don't know, I have a conflict with that, I guess I all my life I will have a conflict with that. You know (Z. 738-745).

Mit dem Deutschen, seiner Muttersprache, und Deutschland verbinden Harry eine tiefe Liebe und Sehnsucht als auch tiefes Verständnis, das ihn wiederum mit seiner Mutter und seiner Großmutter verbindet sowie in seiner Phantasie und seinem Wunsch auch mit mir. Allerdings ist dieses Verhältnis zur deutschen Sprache – und zu Deutschland – alles andere als ungebrochen. Sein Konflikt rührt u.a. daher, dass Deutsch auch die Sprache der TäterInnen ist, derjenigen, die den Vater und die große Schwester sowie all die Verwandten ermordeten, von denen die Großmutter einst sagte: „Vergast, vergast, vergast, vergast" (Z. 188-199).

Einen Konflikt fühlt Harry auch im Kontakt zu mir, weil seine Mutter diesen Kontakt nicht gut geheißen hätte, sowie sie seinen Kontakt mit Deutschen und Deutschland im allgemeinen nicht gut geheißen hatte: „Du hast in Deutschland und Österreich nichts zu suchen" hatte sie ihm auf deutsch gesagt (Z. 695-696). Und doch: Ihre widersprüchlichen Aufträge an ihn lassen ihm Raum für seine eigene Annäherung an die Heimat.[3]

In Gesprächen mit mir betonte Harry oft, wie „nett" ich sei. Diese Formulierung stellte mich in die Reihe der anderen Ersatzmütter und fürsorglichen Frauen, die er in seiner Erzählung ebenso bezeichnet hatte. Diese Konstellation präg-

[3] Viel sagend ist in dieser Perspektive auch Harry Youngs in einem Telefonat quasi als Befehl hervorgebrachter Wunsch, ich solle im Rahmen seines Wiedergutmachungsverfahrens seine „Repräsentantin" in Deutschland sein. Dieser Auftrag könnte mit der heimlichen Phantasie zusammenhängen, ich könne für ihn stellvertretend als Nichtjüdin in Deutschland agieren und ihn daran teilhaben lassen. Damit wäre er aus dem angesprochenen Konflikt erlöst, der sich aus der Hinwendung nach Deutschland und der Verachtung bzw. dem Hass auf Deutsche („I have such contempt fort them", Z. 1563) sowie dem Kontaktverbot von Seiten der Mutter ergeben.

te unsere Forschungsbeziehung, in der ich nie die gänzlich ‚gute Mutter' sein konnte und stets in Gefahr schwebte, Harry abgrundtief zu enttäuschen und zur ‚bösen Mutter' zu werden.[4] Wenn ich ihn enttäuschte, hatte ich tatsächlich mit Schuldgefühlen zu kämpfen, die daraus resultierten, dass ich spürte, die Leere, die in Harry existierte, nicht füllen zu können. Auch fürchtete ich, ich könnte ihm den Glauben an die Deutschen nicht zurückgeben, indem ich als Beispielexemplar der guten Deutschen fungierte. Ich hätte zu leicht einen Fehler machen können und damit in Harrys dichotomer Sichtweise die Seite der unzulänglichen und bösen Deutschen vertreten.

4.1 Die Botschaft der verfehlten Begegnungen

Ich möchte nun auf die Frage zurückkommen, warum Harry Young ein Treffen von Angesicht zu Angesicht vermeiden musste. Harry Young hatte in seinem Leben immer wieder unbefriedigende Beziehungen und verfehlte Begegnungen erlebt sowie den Verlust der Ehefrau, der einen endgültigen Bruch in seiner Biographie bedeutete. Er hatte mit ihr nicht nur seine Frau verloren, sondern auch das mühsam zurück gewonnene Vertrauen in das Leben. Die Begegnung mit mir hat Harry Young vielleicht hinausgezögert, weil er fürchtet, auch dieses Treffen werde – sobald wir es realisierten – zu einer verfehlten Begegnung, ich würde verschwinden oder der Kontakt würde abbrechen.

Solange wir uns nicht treffen, kann Harry Young an eine glückende Begegnung glauben. Er kann seine guten Phantasien über mich bewahren und mich als ‚gutes Objekt' behalten. Und er kann die Hoffung bewahren, die Sehnsucht nach der deutschen Mutter könne sich eines Tages erfüllen, die unerträgliche Trauer und die Schmerzen über die Verluste könnten verschwinden. So musste ich für Harry Young das ‚Foto' auf seinem Schreibtisch bleiben.

Dennoch hat er mir auf ganz spezielle eindrückliche Weise seine Geschichte des Verstecks und der Traumatisierung vermittelt und ein Zeugnis über die Folgen der Nazizeit abgelegt. Der doppelte methodische Zugang der Text- und Gegenübertragungsanalyse hat es möglich gemacht, auch unaussprechliche Facetten seiner Überlebensgeschichte zu verstehen und sie in der hier geschilderten Geschichte einer Forschungsbeziehung ein Stück weit zu symbolisieren. Damit konnte die Krise des Zeugnisgebens gelöst werden, und die Interpretation wurde selbst zu einem sekundären Zeugnis.

---

[4] Harry Young konnte diese Aspekte aufgrund früher Verfolgungserfahrungen wahrscheinlich nie integrieren und hat vor allem von Frauen kein ausgewogenes Bild entwickeln können.

Literatur

Baer, U. (Hrsg.) (2000): „Niemand zeugt für den Zeugen." Erinnerungskultur und historische Verantwortung nach der Shoah. Frankfurt/M.

Bastiaans, J. (1988): Vom Menschen im KZ und vom KZ im Menschen. Zur Behandlung des KZ Syndroms und dessen Spätfolgen. In: Bar-On, D. (Hrsg.): Der Holocaust – Familiale und gesellschaftliche Folgen-Aufarbeitung in Wissenschaft und Erziehung, Wuppertal, S. 62-73.

Degen, M. (1999): Nicht alle waren Mörder. Eine Kindheit in Berlin. München.

Felman, S./Laub, D. (1992): Testimony. Crises of Witnessing in Literature, Psychoanalysis, and History. New York/London.

Grünberg, K. (1987): Folgen nationalsozialistischer Verfolgung bei jüdischen Nachkommen Überlebender in der Bundesrepublik Deutschland. In: Psyche, 37 (1987) 6, S. 492-507.

Grünberg, K. (2000): Zur Tradierung des Traumas der nationalsozialistischen Judenvernichtung. In: Psyche, 54 (2000) 9/10, S. 1002-1037.

Heinzel, F. (1997): Wiederholte Gesprächsinteraktion und tiefenhermeneutische Analyse. In: Friebertshäuser, B. (Hrsg.): Handbuch Qualitative Forschungsmethoden in der Erziehungswissenschaft. Weinheim, München. S. 468-479.

Keilson, H. (1992): Sequentielle Traumatisierung bei Kindern. In: Hardtmann, G. (Hrsg.): Spuren der Verfolgung. Seelische Auswirkungen des Holocaust auf die Opfer und ihre Kinder. Gerlingen. S. 69-79.

Kestenberg, J.S. (1996): Hidden Children: Early Childhood and Latency. In: Kestenberg, J.S./Brenner, I. (eds.): The last Witness. The Child Survivor of the Holocaust. Washington. S. 27-52.

Krell, R. (1985): Child Survivors and the Holocaust: 40 Years Later. In: Journal of American Academy of Child Psychiatry, 24 (1985) 4, S. 378-380.

Lau, J. (2000): Was heißt hier jüdisch? In: Die Zeit, Nr. 2 vom 5.1.2000. S. 9.

Laub, D. (2000): Eros oder Thanatos? Der Kampf um die Erzählbarkeit des Traumas. In: Psyche, 54 (2000) 9/10), S. 860-894.

Oliner, M.M. (1999): Analytiker stellen sich dem Holocaust. Das ungelöste Rätsel „Trauma". Die Auswirkungen des Holocaust auf die Sexualität. In: Psyche, 53 (1999) 11, S. 1115-1136.

Schreiber, B. (2000): „Die Nazis lauern noch immer in meinem Garten." Wie jüdische Frauen und ihre Töchter heute mit den Traumata des Holocaust leben. In: Psychosozial, 23 (2000) 2, S. 119-133.

Schreiber, B. (2001): „Leaps of Faith" – Die Krise des Zeugnisses in Deutschland. Nichtjuden und Juden im Dialog. In: Zeitschrift für politische Psychologie, (2001) 4, S. 189-202.

Schreiber, B. (2005): Versteckt: Jüdische Kinder im nationalsozialistischen Deutschland und ihr Leben danach. Frankfurt/M.

‚Biographische Ressource' und ‚Biographische Reflexion': zwei sich ergänzende Heuristiken zur erziehungswissenschaftlich orientierten Analyse individueller Erinnerungs- bzw. Biographiearbeit

Sylke Bartmann, Sandra Tiefel

1 Einleitung

Die rekonstruktive Analyse subjektiver Erinnerungsarbeit benötigt aus erziehungswissenschaftlicher Perspektive methodische Verfahren, um über den Einzelfall hinaus Aussagen über biographische Lern- und Bildungsprozesse treffen zu können (vgl. z.B. Krüger/Marotzki 1999). Zur methodischen Konkretisierung dieser Intention werden in dem vorliegenden Beitrag die Konzepte ‚Biographische Ressource' und ‚Biographische Reflexion' als zwei Heuristiken zur Analyse von biographischer Sinn- und Zusammenhangsbildung vorgestellt. Beide Modelle wurden im Kontext rekonstruktiver Studien entwickelt und bieten methodische Hilfen zur Rekonstruktion von biographischen Prozessen unter der Fragestellung, wie Individuen mit den Einflüssen einer sich stetig verändernden Gesellschaft umgehen, ohne sich selbst fremd zu werden: ‚Biographische Ressourcen' unterstützen demnach die Prozesse der biographischen Sinn- und Zusammenhangsbildung und gehen wiederum daraus hervor. Sie fungieren insbesondere als stabilisierende Quellen bei der Selbst- und Weltwahrnehmung (vgl. Bartmann 2005). Ergänzend zu dieser Analyse biographischer Stabilisierungsmechanismen ermöglicht das Konzept der ‚Biographischen Reflexion' die Analyse von Veränderungen individueller Selbst- und Weltbezüge im Lebensverlauf (vgl. Tiefel 2005).

Im Folgenden werden beide Konzepte mit ihren grundlegenden Annahmen dargestellt und die methodischen Schritte exemplarisch anhand desselben Datenmaterials präsentiert. Der ausgewählte Beispielsfall stellt die Autobiographie von Friedrich Reuß[1] dar, der zur Zeit des Nationalsozialismus' Deutschland verlassen musste. Seine autobiographische Lebensbeschreibung verfasste er 1940 in

[1] Dieses Manuskript liegt auch als autobiographische Veröffentlichung vor: Reuß 2001.

der Emigration für ein wissenschaftliches Preisausschreiben[2], das von der Harvard-University (USA) initiiert wurde.

2 ‚Biographische Ressource' als Heuristik biographischer Stabilisierungsprozesse

Die Generierung biographischer Ressourcen basiert auf der Auswertungsmethode des narrationsstrukturellen Verfahrens, entwickelt von Fritz Schütze (vgl. z.B. Schütze 1983). Hierfür wird im Rahmen der analytischen Abstraktion und im Anschluss an die biographische Gesamtformung explizit die Entwicklung von Ressourcen im Biographieverlauf analysiert.[3] Die Perspektive auf biographisches Material anhand des Konzeptes ‚Biographische Ressource' beinhaltet dabei die Grundannahme, dass in dem Konstrukt ‚Biographie' immer eine individuelle Form der Erfahrungsverarbeitung zum Ausdruck kommt. Dabei sind individuelle Bedeutungszuschreibungen durch Interaktionen bedingt und das Verhältnis Subjekt/Welt wird als ein interpretativer Prozess verstanden (vgl. z.B. Berger/Luckmann 1977, S. 139f.; Schütz 1974).

Der Begriff ‚biographische Ressource' findet sich in der Literatur eher selten. Nach umfassender Recherche (vgl. Bartmann 2006) scheint einzig Erika Hoerning (1987) ihn im Kontext der Bewältigung historischer Ereignisse zu nutzen. Sie versteht unter biographischen Ressourcen in erster Linie „Handlungsmittel, die zur Bewältigung der biographischen Handlungskorrektur eingesetzt werden können" (Hoerning 1987, S. 97). Diese Auffassung indiziert eine bewusste und vor allem zweckgerichtete, also intentionale Steuerung. Daran anschließend soll im Folgenden gezeigt werden, dass die Verknüpfung des Terminus' ‚Ressource' mit dem Konstrukt ‚Biographie' die Möglichkeit eröffnet, Prozesse der Gestaltung des eigenen Lebens und die damit verbundenen Sinn- und Bedeutungsstrukturen zu erfassen. Biographische Ressourcen können demnach mit den Prozessen der Sinn- und Zusammenhangsbildung in Verbindung gebracht werden. Verstanden als ein so genannter Ort der Erfahrungsablagerung haben sie Einfluss auf die individuellen Wahrnehmungen von spezifischen (historischen) Erlebnissen und beeinflussen die individuelle Sinngebung und die Entwicklung des Selbst- und Weltbildes. Ihnen fällt die Funktion zu, die von den Subjekten zu leistende Biographisierung, die prozessuale interaktive Herstellung

[2] Unter dem Titel ‚Mein Leben in Deutschland vor und nach dem 30. Januar 1933' forderten amerikanische Wissenschaftler deutsche EmigrantInnen auf, ihre Lebensgeschichte niederzuschreiben (vgl. Garz 2000).

[3] Die ausführliche Darstellung und Diskussion des methodischen Vorgehens ist nachzulesen bei Bartmann 2006.

von (stabilisierenden) Sinn- und Bedeutungszusammenhängen im Lebensverlauf zu ermöglichen und auf diese Weise biographische Kontinuität und Konsistenz herzustellen oder zu sichern. Biographische Ressourcen verweisen damit auf eine doppelte Dimension: zum einen auf die situative Bearbeitung von Ereignissen, zum anderen auf die reflexive Bildung von Haltungen zu sich selbst und zur Welt. Die Entwicklung biographischer Ressourcen vollzieht sich also im Sozialisationsprozess, im Verlauf der Verarbeitung von innerer und äußerer Realität.

2.1 Empirische Rekonstruktion biographischer Ressourcen – ein Fallbeispiel

Bei der Rekonstruktion biographischer Ressourcen wird die Entwicklung von Einstellungs- und Handlungsmustern exploriert mit dem Ziel, die für den Auf- und Ausbau des Selbst- und Weltbildes relevanten Strukturen herauszuarbeiten. Die methodischen Schritte zur Rekonstruktion der biographischen Ressourcen auf der Grundlage der Lebensbeschreibung von Friedrich Reuß stehen in direktem Zusammenhang mit dem forschungsleitenden Erkenntnisinteresse der empirischen Studie „Flüchten oder Bleiben" (Bartmann 2006). Der inhaltliche Fokus konzentrierte sich auf die individuellen Potenziale für den Umgang mit bzw. für die Bewältigung von (bedrohlichen) Lebenssituationen in Deutschland vor und nach der Machtübernahme Hitlers. Letztlich kristallisierte sich die Frage nach den biographischen Ressourcen, die sowohl ein Leben im Nationalsozialismus als auch die Emigration ermöglichten, als zentral heraus. Obwohl hier die umfassende Interpretationsarbeit[4] nicht rekonstruiert werden kann, sollen kurz die Ergebnisse präsentiert werden: In der Narrationsanalyse mit Fokus auf Bewältigungsleistungen zeigte sich, dass Friedrich Reuß Orientierungen, Einstellungen und Haltungen ausprägt, modifiziert und weiterentwickelt, die in Wechselbeziehung zu drei zentralen biographischen Ressourcen stehen, die als ‚exklusives Statusbewusstsein', ‚diversifizierendes Rollenhandeln'[5] und ‚innere Autarkie' definiert wurden. Das ‚exklusive Statusbewusstsein' ist insbesondere in der Kindheit grundlegend für Reuß' Selbstbild wie auch für sein Weltbild und es trägt im weiteren Biographieverlauf zu einer konsistenten Verortung trotz veränderlicher Macht- und Mehrheitsverhältnisse bei. In diesem Prozess differenziert sich bereits in der Kindheit/Jugend zunächst sein Weltbild weiter aus und lässt eine zweite Ressource, die des ‚diversifizierenden Rollenhandelns', entstehen. Eine weitere an das ‚exklusive Statusbewusstsein' anschließende Ressource, die

[4] Vgl. ausführliche Fallrekonstruktion von Friedrich Reuß in Bartmann 2006.

[5] Der Ausdruck diversifizieren ist dem Sprachgebrauch der Ökonomie entnommen und er bezeichnet dort die Umstellung eines Unternehmens auf von Entwicklungsschwankungen unabhängige Branchen.

‚innere Autarkie', die insbesondere mit seiner Selbstsicht in Verbindung steht, wird für Friedrich Reuß erst im Zuge seines Studiums relevant. Neben der chronologisch gestaffelten Ausbildung lässt sich folglich auch eine Hierarchie der biographischen Ressourcen in der subjektiven Bedeutsamkeit für das Selbst- und Weltverständnis von Friedrich Reuß aufzeigen. Die folgende Graphik zeigt die Konstellation der biographischen Ressourcen im Überblick, ihre jeweilige Funktion für das Selbst- und Weltverständnis von Friedrich Reuß sowie seine mit diesen Ressourcen in Verbindung stehenden Fähigkeiten der Lebensgestaltung.

Exklusives Statusbewusstsein
(bestimmt Wahrnehmung und Deutung von Ereignissen;
richtungsweisend für Denken und Handeln)

Ich-Stärke
Analysefähigkeit
Beurteilungskompetenz
Assimilations- und Akkommodationsfähigkeit
Aufrechterhaltung von Handlungsautonomie

Diversifizierendes Rollenhandeln
(schafft Strategien zum Umgang
mit Geschehnissen)

Innere Autarkie
(stabilisiert entwickelte
Positionen und lässt
Selbstbestimmung und
Distanzierung zu)

Abbildung 1: Schematischer Überblick der biographischen Ressourcen von Friedrich Reuß

Sowohl die inhaltliche Ausprägung dieser Ressourcen, repräsentiert in den Einstellungen und Handlungsmustern, als auch deren hierarchische Stellung zueinander wurden als prägend für Friedrich Reuß' Leben in und seinen Umgang mit dem NS-Regime herausgearbeitet. Zentral für dieses Ergebnis war die chronologische Rekonstruktion der Ausbildung und Weiterentwicklung der einzelnen Ressourcen auf der Basis der biographischen Lern- und Bildungsprozesse.

2.2 *Ausbildung biographischer Ressourcen im Lebensverlauf von Friedrich Reuß als Kennzeichen für biographische Lernprozesse*

Friedrich Reuß, der 1904 als einziges Kind in eine Familie hineingeboren wurde, die in der gesellschaftlichen Oberschicht der Stadt Augsburg sozial integriert war – sein Vater war Richter – beginnt sein Manuskript und damit die Einführung der eigenen Person als Ereignisträger im Rahmen einer Milieubeschreibung: „Die Schatten, die über den Erinnerungen meiner ersten Kindheit liegen, sind die kuenstlichen Schatten der gutbuergerlichen Periode des Beginns dieses Jahrhunderts" (Reuß 2001, S. 23). Damit verweist er gleich zu Beginn auf die Relevanz seiner Zugehörigkeit zu einer privilegierten Familie, eine Einstellung, die sich ebenfalls in einer Übernahme des elterlichen Status in der Gestalt von ‚Wir'-Perspektiven und damit in der Haltung, zu wissen, wo man hingehört, zeigt (vgl. ebd., S. 26f.). Damit verbunden ist eine zügige Adaption der dieser spezifischen Schicht inhärenten Werte und Normen, so dass diese selbstverständlich zu sein scheinen und ihnen darüber hinaus ein Charakter der Allgemeingültigkeit anhaftet.

Die Zugehörigkeit zu der exklusiven Welt seiner Eltern bleibt für Friedrich Reuß auch nach seiner Einschulung in eine staatliche Schule und dem damit verbundenen Kontakt zu Kindern niederer Schichten verlockender als das unbekannte Leben außerhalb des Hauses. Die Wahrnehmung der Unterschiede zu anderen Schichten und damit Verschiedenheit wird dabei ebenso wie die eigene Standeszugehörigkeit als gegeben hingenommen. Die Schule scheint demnach gegen die häusliche Prägung keine sozialisatorischen Kräfte zu entwickeln, sondern die Besonderung der eigenen Position noch zu bestärken.

Auch gesellschaftliche Veränderungen, wie der unerwartete Ausbruch des Ersten Weltkrieges und das Ende der Monarchie führen bei Friedrich Reuß nur kurzzeitig zu Verunsicherungen und werden eher als gesellschaftlicher Zeitgeist skizziert. Über die Änderung der Machtverhältnisse hinweg bleibt die familiäre Integration in die Oberschicht mit Kontakten zu Staatsmännern und Militär bestehen. Auf diese Weise lernt Friedrich Reuß, dass unabhängig davon, mit welchen äußeren Einflüssen und Situationen er konfrontiert wird, sein Status und die damit verbundene innere Haltung Bestand haben. Dieses ‚exklusives Statusbewusstsein' bietet Orientierung und stabilisiert sein Selbst- und Weltverständnis über Veränderungsprozesse hinweg. Es repräsentiert damit nicht ‚nur' eine Einstellung, sondern stellt die erste Ressource für Reuß' Biographisierungsleistungen dar.

Aufbauend auf diese Unterstützungsquelle bildet Reuß eine weitere Ressource, die des ‚diversifizierenden Rollenhandelns' aus, welche in einer von ihm vollzogenen Trennung zwischen konformen Aktivitäten und Positionen auf gesellschaftlichen Vorderbühnen (z.B. Schule), und individuellen durch das Oberschichtmilieu geprägten Einstellungen und Haltungen auf ausgewählten Hinterbühnen (Familie, private Feierlichkeiten) zum Ausdruck kommt. Wiederum wird die Ausbildung dieser Ressource durch Erfahrungen gefördert, die mit dem Elternhaus verknüpft sind und die insbesondere in dem Verhalten der Eltern zum Ausdruck kommen:

> „Mutter hatte den Auftrag von der Regierung durch Vortraege ‚die Stimmung unter dem Volk' zu heben. Das war besonders notwendig, seit Amerika den Krieg erklaert hat. Ich erinnere mich gut wie sie zuhause memorierte: ‚Wir werden den Krieg gewonnen haben, bevor der erste amerikanische Soldat durch die deutschen Unterseebootsperre kommt'. Sie kam heim und erzaehlte, dass sie sich vor den abgehaermten und ausgehungerten Frauen und Witwen geschaemt habe. Sie selbst glaubte kein Wort von dem, was sie erzaehlte"(ebd., S. 33).

Reuß lernt so von seinen Eltern auf Veränderungen in der Gesellschaft durch wechselnde Rollenhandlungen zu reagieren ohne dabei auch Veränderungen einmal gewonnener Haltungen vornehmen zu müssen. Diese Einstellung unterstützt wiederum über das Einüben flexibler Rollenmuster die Stabilität seines Selbst- und Weltbildes, die gerade aufgrund dieser Variabilität im Handeln durch gesellschaftliche Krisen und Umbrüche nicht zu erschüttern ist. Damit stellt das ‚diversifizierenden Rollenhandeln' nicht nur ein Verhalten, sondern auch eine Selbst- und Weltbildstützende Ressource dar.

Die dritte Ressource, als ‚innere Autarkie' charakterisiert, schließt ebenfalls an die erstausgebildete Ressource des ‚exklusiven Statusbewusstseins' an und impliziert eine stärkere Individualisierung seines Selbstverständnisses, welches erst im Kontext des Studiums eindeutige Konturen gewinnt. Als biographisch relevantes Beispiel sei hier die Situation vorgestellt, in der er über die jüdische Herkunft seines Großvaters aufgeklärt wird. Im Rahmen der Aufnahmeprozedur für das von ihm auserwählten Korps, in dem ein „Ariernachweis" notwendig ist, erfährt Friedrich Reuß von seinem Vater, dass ein Großvater „sich bei seiner Eheschließung habe taufen lassen, und von Geburt ein Jude gewesen sei" (ebd., S. 42). Friedrich Reuß brauchte einige Tage um diese Information zu verarbeiten. Abschließend evaluiert er sie wie folgt:

> „Mein Vater war Alter Herr bei der Landsmannschaft Alsatia, was freilich gesellschaftlich weit hinter einem Korps kommt, aber schliesslich trat ich dort ein, wo natuerlich der Sohn eines Alten Herrn ohne Fragen feierlich aufgenommen wurde. So bekam ich doch bunte Muetzen und Saebel und alles war gut" (ebd., S. 43).

Auch das Wissen um die mit dem jüdischstämmigen Großvater zu erwartenden Repressalien und Anfeindungen durch die Nationalsozialisten erschüttert Friedrich Reuß nicht, sondern verstärkt seine Selbsteinschätzung als reflektierter Vertreter der Oberschicht, der die Welt in ihrer Gänze richtig wahrnehmen kann. Nun, da er selbst zu den Diskreditierbaren gehört, weiß er noch einmal besser um die Unmöglichkeit der antisemitischen Überzeugungen. Und so erarbeitet sich Friedrich Reuß im Zuge seines Studiums und aufbauend auf den gerade skizzierten Erfahrungen ein Selbstverständnis, das sich durch die Haltung des Besserwissenden und Nichtmanipulierbaren auszeichnet. Er wird zum stillen Beobachter, der über die Verhältnisse aufgeklärt und damit weit blickend ist. Friedrich Reuß' feste Überzeugung, unabhängig von gesellschaftlichen Entwicklungen so handeln zu können, wie es für seine Person am besten ist, kennzeichnet die dritte biographische Ressource ‚innere Autarkie', da diese das Selbstverständnis frei von der Anerkennung durch andere stabilisiert.

In dem Manuskript konnten keine weiteren biographischer Ressourcen exploriert werden. Friedrich Reuß greift bei allen folgenden Ereignissen und Erfahrungen in seinem Biographieverlauf auf die drei genannten Ressourcen zurück, was folgend anhand seines Umgangs mit dem NS-Regime verdeutlicht werden kann.

2.3 Relevanz der biographischen Ressourcen für die Wahrnehmung von und den Umgang mit dem Nationalsozialismus

Friedrich Reuß' vorherrschende Handlungsstrategie im nationalsozialistischen Deutschland ist die Vermeidung von unangenehmen und der eigenen Position widersprechenden Handlungsvollzügen, und sie ist durch die Suche nach Nischen gezeichnet, die nicht durch den Nationalsozialismus indoktriniert sind. Alle drei genannten biographischen Ressourcen sind für den Vollzug dieser Strategie von Relevanz, und sie ermöglichen ihm eine konsistente Verortung in einer sich stetig zu seinen Ungunsten verändernden Welt. Beispielsweise wird die Machtübergabe an Hitler von ihm zunächst nicht bewusst verfolgt, da er auf seine differenzierte Wahrnehmung gesellschaftlicher Prozesse vertraut und der festen Überzeugung ist aufgrund von Alternativen, die in seinem ‚exklusivem Status' verankert sind, immer adäquat reagieren zu können. Als er in Folge der jüdischen Herkunft seines Großvaters eine steigende Bedrohung für die eigene Person ausmacht, reagiert Friedrich Reuß zunächst mit Aktionen zur Vermeidung von Ärger und Unannehmlichkeiten (zum Beispiel zieht er bei seiner jüdischen Vermieterin aus: vgl. ebd., S. 67). Als er selbst antisemitisch geprägte Diensthandlungen durchführen soll, offenbart er seinem Vorgesetzten seine jüdische Herkunft, um damit seine Entlassung vorzubereiten. In diesem Agieren zeigt sich sowohl sein Standesbewusstsein als auch seine innere Autarkie, die ihn nicht zum Handlanger des Systems werden lassen. Als sein Vorgesetzter ihn jedoch zum Bleiben drängt, führt das zur Anpassung an erwartetes Rollenverhalten, legitimiert durch das Wissen, sich geistig in einem antinationalistischen Verbund mit dem Vorgesetzen zu bewegen. Mit dem Anstieg antisemitisch gefärbter Handlungen in seiner Dienststelle, nimmt Friedrich Reuß' Rückzug in seine ‚innere Autarkie' in Form einer gedanklich vollzogenen Opposition sukzessive zu.

Aufgrund seines ‚exklusiven Statusbewusstseins' ist Friedrich Reuß davon überzeugt, auch innerhalb des nationalsozialistischen Deutschlands adäquat agieren zu können und er glaubt lange Zeit nicht an einen längerfristigen Fortgang einer gesellschaftlichen Entwicklung, die ihn zum Ausgegrenzten werden lässt. Als sich aber herausstellt, dass auch das eigene Milieu antisemitisch indoktriniert und von dort keine Hilfe für einen ‚Jüdischstämmigen' zu erwarten ist, realisiert Friedrich Reuß erstmalig die äußere Aberkennung seines Status. Sein Selbstbild ‚sein eigener Herr' zu sein, bleibt dennoch konstant präsent und er beginnt Nischen aufzusuchen, in denen er mehr oder weniger ungestört von der nationalsozialistischen Einflussnahme leben kann. Die Intention der Nischensuche basiert auf der Ressource des ‚diversifizierten Rollenhandelns'. Friedrich Reuß richtet sich im nationalsozialistischen Deutschland ein und ihm gelingt ein Leben, das zwar durch eine äußere Aberkennung seines exklusiven Status gekennzeichnet ist, in dem aber sein ‚diversifizierendes Rollenhandeln' für einen pragmatischen Umgang mit Grenzen und Zumutungen sorgt und seine ‚innere Autarkie' zur bestimmenden – das eigene Selbstbild stützenden – Ressource wird.

Friedrich Reuß' kognitive Emigration auf der Basis erfolgreichen Nischenhandelns lässt ihn eine wirkliche Emigration ins Ausland nicht in Betracht ziehen, da er – wenn auch im beschränkten Maße – handlungsfähig bleibt und entgegen der öffentlichen Meinung sein empfundenes Statusbewusstsein aufrechterhält. Die Einstellung, ‚sein eigener Herr' zu sein, scheint dabei auch nach außen zu wirken und eine Art Schutz gegen antisemitische Übergriffe zu bieten. Erst als er gekündigt wird und seine Eltern – und damit eine soziale Ressource – ihm die Möglichkeit des Visumsbezugs durch die Verwandtschaft in den USA aufzeigen, emigriert er. Hierin zeigt sich, dass Friedrich Reuß' biographische Ressourcen für die Entscheidung zur Emigration keine Stütze sind, sondern dass sie sehr viel stärker auf ein ‚Über'Leben in Nazideutschland ausgerichtet sind. Hingegen verweist die zügige Realisierung der Emigration darauf, dass die explorierten biographischen Ressourcen ein souveränes Agieren auch im Emigrationsland erwarten lassen.

Mit der Perspektive auf biographische Ressourcen wurden vor allem biographische Prozesse in den Blick genommen, mit denen es Friedrich Reuß gelang trotz gesellschaftlicher und persönlicher Risiken und Ungewissheiten sein Selbst- und Weltbild über lange Zeit zu stabilisieren. Mithilfe des biographischen Reflexionsmodells können nun ergänzend Entwicklungen und Modifikationen seines Selbst- und Weltbildes als Folge eines biographischen Wandlungsprozesses verdeutlicht werden, welche seine Emigration 1939 zusätzlich zur sozialen Ressource erst möglich machen.

3 ‚Biographische Reflexion' als Heuristik biographischer Wandlungsprozesse

Die empirische Generierung des Konzeptes der ‚biographischen Reflexion' basiert auf dem von Strauss und Corbin entwickelten Kodierverfahren der Grounded Theory (vgl. z.B. Strauss/Corbin 1996). Im Verlauf der komparativen Analyse biographischer Interviews mit BeraterInnen kristallisierte sich unter der Fragestellung, wie diese mit einer sich stetig modernisierenden Gesellschaft und den damit einhergehenden Unsicherheiten umgehen, nach und nach ‚Reflexion' als Schlüsselkategorie heraus, die, wie nun detailliert gezeigt wird, anhand von zwei Dimensionen – Reflexions*fokus* und Reflexions*wissen* – fallspezifisch differenziert werden kann (vgl. Tiefel 2004, S. 96f.).

Obwohl der Begriff Reflexion in sozial- und bildungswissenschaftlichen Diskursen vor allem als individuelle Antwort auf gesellschaftlicher Reflexivitätssteigerung fast schon inflationär gebraucht wird, fehlt es an einer allgemeinen Definition und der Terminus ‚Biographische Reflexion' findet bislang gar keine Beachtung. Ohne hier die verschiedenen Publikationen, die zumeist ohne Begriffsbestimmung Reflexivität und Reflexion thematisieren, detailliert diskutieren zu können, scheinen sich viele Autoren zumindest implizit Luhmanns (1979) systemtheoretisch fundiertem Verständnis anzuschließen, nach dem Reflexivität ein Strukturprinzip darstellt, das beispielsweise durch die Integration von Wissen und Nichtwissen (vgl. Beck/Giddens/Lash 1996) oder die Gleichzeitigkeit von Kontinuitäten und Brüchen (vgl. Giegel 1988; Krüger 1997; Marotzki 1990) unterschiedlichen Rationalitäten folgen kann und neben Risikolagen ebenso Chancen für neue Formen der Vergemeinschaftung und Identitätsbildung beinhaltet. Reflexion habe dementsprechend die Aufgabe, emergente Situationen und Prozesse bewusst zu bearbeiten. Sie sei eine auf Kognitionen und Wissen basierende Selektionsfunktion zur Herstellung von Ordnung bzw. zur Komplexitätsreduktion. Übertragen auf Biographisierungsprozesse in der Moderne wird Reflexion damit zur zentralen Kompetenz beim Aufbau, Erhalt und zur Wiederherstellung von stabilen Selbst- und Weltbildern im Lebenslauf. Empirisch konnte diese Annahme präzisiert werden. Biographische Reflexion ermöglicht demnach einen kreativen Umgang mit Wissen und Orientierung. Sie bietet auf der einen Seite den Aufbau von Ordnung und Bestimmtheit durch Routinen und vermeintlich sichere Wissens- und Orientierungsbausteine als Gegenentwurf zu den gesellschaftlichen und individuellen Unsicherheiten.

Auf der anderen Seite hat biographische Reflexion aber auch jenes kritische Potential, das die Gestaltung des Neuen forciert, ohne die trügerische Sicherheit von Beständigkeit zu vermitteln. In diesem Sinne korrespondiert dieses Reflexionsverständnis mit biographieorientierten Bildungsdiskursen, die entgegen einem teleologischen Verständnis Bildung als Herstellung von Bestimmtheit *und* Ermöglichung von Unbestimmtheit fassen (vgl. Marotzki 1988). Und so kann das Konzept der biographischen Reflexion, wie folgend exemplarisch an dem Manuskript von Friedrich Reuß gezeigt wird, als Heuristik zur Bestimmung und Analyse von Bildungsprozessen in biographischem Material beitragen.

3.1 Heuristik zur Rekonstruktion biographischer Reflexionmodi

Individuen können bei ihrer reflektierenden Erinnerungsarbeit – so die grundlegende Annahme des Modells zur biographischen Reflexion – einerseits ihr Selbst- und Weltbild stabilisieren und damit Gewohntes und Routiniertes reproduzieren bzw. leicht modifizieren und/oder andererseits über Perspektivenerweiterung zur Veränderungen oder Modalisierung ihrer Selbst- und Weltverständnisse beitragen. Ob Menschen mit dem Ziel der Stabilisierung oder der Modalisierung ihrer Selbst- und Weltsichten reflektieren, hängt entsprechend der empirischen Definition biographischer Reflexion einerseits von ihren biographisch erworbenen „Wahrnehmungsperspektiven" auf sich selbst und die Welt ab und wird andererseits durch das „Orientierungswissen", das sie zur Interpretation ihrer Wahrnehmungen heranziehen, beeinflusst.

a. Vergleichdimension „Reflexionsfokus"

Ob die InformantInnen durch ihre biographischen Reflexionsweisen Stabilität produzieren bzw. unterstützen oder eher Entwicklung und Innovation im Lebenslauf forcierten, korrelierte mit dem Fokus ihrer Wahrnehmung auf sich und die Welt. Empirisch konnten vier Wahrnehmungsperspektiven voneinander unterschieden werden:

- Die *Wahrnehmungsperspektive ‚Selbst'*, bei der die Möglichkeiten und Barrieren individueller Entwicklung und persönlicher Verortung in der Welt im Fokus der Aufmerksamkeit stehen.
- Die *Wahrnehmungsperspektive ‚Nahbereich'*, die vor allem auf soziale Einbindung, Kommunikation und Interaktion als zentrale Bereiche der persönlichen und beruflichen Verortung fokussiert.
- Die *Wahrnehmungsperspektive ‚Institution'*, welche institutionelle Vorgaben, Maßstäbe oder ‚Normen' als leitende Prinzipien eigener Beurteilungen und Entscheidungen versteht.
- Die *Wahrnehmungsperspektive ‚Gesellschaft'*, bei der politisch/philosophische Fragestellungen und Systembedingungen wichtig sind für die eigene Person.

Je nachdem, wie variabel und in welcher Konstellation diese Wahrnehmungsbereiche in die Reflexion einfließen, spreche ich von dominanten, hierarchischen, relationalen oder komplex-flexiblen Reflexionsfoki.

b. Vergleichsdimension „Reflexionswissen"
Biographische Reflexionen stehen neben dem Wahrnehmungsfokus in Korrelation mit unterschiedlich komplexen Wissenszugängen. Wissen hat insofern Einfluss auf Reflexion, da es Strukturierungen von Handlungen und Situationen modellhaft begleiten oder sogar vorwegnehmen kann. In der Empirie zeigte sich beim Reflektieren ein Zugriff auf vier verschiedene Wissensebenen:

- *Rezeptwissen* ist ein eher implizites Wissen und ermöglicht „routinierte Anpassung" an bekannte Gegebenheiten durch Introjektion oder Internalisierung formaler Abläufe und Regeln bzw. intuitive Reaktion auf bekannte Reize
- *Regelwissen* ist implizites und explizites Wissen und ermöglicht „bewusste Anpassung" auch bei neuen, aber den gewohnten ähnlichen Kontexten durch Orientierung an bestimmten, bereits erfahrenen sozialen Situationen, Sortierung von Erfahrungen und Treffen von kontextadäquaten alternativen Handlungsweisen und Entwicklung und Modellierung situationsadäquater kognitiver Muster und Verhaltensrepertoires
- *Strukturwissen* ist ein explizites Wissen von Anpassungs- und Gestaltungsmöglichkeiten und ermöglicht die aktive Gestaltung als „Variation des Alten/Bekannten" durch bewusste Wahrnehmung von Konstruktionsprinzipien in Situationen und Institutionen; Variation von Interpunktionsprinzipien eigener Erfahrungen und damit die Vergrößerung der Auswahlmöglichkeiten

und Ausbildung neuer Routinen und Erweiterung vorhandener kognitiver Schemata

- *Reflexives Wissen* ist gekennzeichnet durch das Bewusstsein von Wissen und Nichtwissen und zielt auf die „Gestaltung des Neuen", indem der Mensch sich selbst als Akteur reflektiert, der die Welt schon immer in einer bestimmten Weise ordnet, selbständig zwischen Interpunktionsweisen bzw. Rahmungen, Lernen, Gewohnheiten wechseln kann und die Möglichkeit ergreift, mit verschiedenen Weisen der Weltaufordnung und der eigenen Identitätskonzepte spielerisch umzugehen.

Reflexionen fördern demnach auch aufgrund unterschiedlicher Wissenszugänge entweder die Stabilisierung oder die Modifikation von Selbst- und Weltbildern im Biographieverlauf. Vor allem der Rekurs auf Rezept- und Regelwissen kann als Reflexionsbasis den Erhalt des Status quo forcieren bzw. trotz Brüchen und Krisen für Beständigkeit sorgen. Hierbei stützt insbesondere das Vertrauen in gewohnte und routinierte Einstellungen und Handlungsweisen eine stabilisierende Regelanwendung. Strukturwissen und Reflexives Wissen hingegen basieren stärker auf biographischen Entwicklungen und Veränderungen und regen diese auch an, wenn sie die Basis für Reflexionen darstellen.

Die Ausprägung innerhalb dieser beiden Reflexionsmodi (Fokus und Wissen) sowie deren Konstellation zueinander kann analysiert werden und gibt so Aufschluss über die je spezifischen Funktionen der subjektiven Reflexion im Biographieverlauf (stabilisierend oder modifizierend). Zudem lassen sich mit der differenzierten Heuristik vor allem auch Veränderungen in Reflexionsfoki und Reflexionswissen nachzeichnen und damit biographische Bildungsprozesse explorieren, wie ich folgend exemplarisch an dem Fall Reuß aufzeigen möchte.

3.2 Rekonstruktion eines Wandels biographischer Reflexionsmodi im Lebensverlauf von Friedrich Reuß als Kennzeichen eines Bildungsprozesses

Wie bereits verdeutlicht, war Friedrich Reuß in seinem Selbst- und Weltverständnis vor allem durch die Zugehörigkeit zu einer Familie, die sich zu der Elite Deutschlands zählte, beeinflusst und fühlte sich trotz veränderlicher Macht- und Mehrheitsverhältnisse in die distinguierten politischen, kulturellen und gesellschaftlichen Kreise seiner Zeit integriert (Besuch beim König/ Bekanntschaft mit verantwortlichen Regierungsgrößen, gemeinsame Einladungen mit Hitler etc.). Seine biographischen Reflexionen stabilisierten dieses Selbstverständnis auch lange, nachdem er durch die Nazi-Definition „jüdischstämmig" zu dem Kreis verfolgter Personen gezählt wird: Unabhängig in welchem Lebensbereich – Familie, Schule, Ehrenamt, Beruf etc. – Friedrich Reuß präsentiert sich in seiner Erzählung als jemand, der aufgrund seiner familiären Herkunft und seines gesellschaftlichen Standes nicht dem vordergründigen Schein vertraut, sondern die Hintergründe von Situationen kennt, beurteilen und kritisieren kann. Dieses Wissen um Hintergründe, das Reuß bei seinen biographischen Reflexionen heranzieht, lässt sich nach dem Modell biographischer Reflexion als *Strukturwissen* charakterisieren: Er besitzt ein explizites Wissen über gesellschaftliche Anpassungs- und Gestaltungsmöglichkeiten:

> „Die Preise stiegen von neuem, Mutter musste einen Untermieter ins Haus nehmen, wegen der Wohnungsnot, und ging sicherheitshalber ohne Hut zum Einkaufen, weil der Hut das Zeichen des Bourgeois ist und Unannehmlichkeiten beim Anstehen vor den Laeden brachte" (Reuß 2001, S. 36).

Er thematisiert Konstruktionsprinzipien sozialer, institutioneller oder gesellschaftlicher Ordnungen sowie die eigenen Anteile daran: Gerade aufgrund der individuellen Abweichungen in den Einstellungen zur regierenden Macht ist es Reuß und seiner Familie möglich, ihrem Status angemessene Rollen zu übernehmen („Ich wurde bald Gruppenfuehrer; Weihnachten 1930 kam ein Brief von der Reichsbahnverwaltung, dass ein Posten als Regierungsrat ab 1. April 1931 frei sei, falls ich Lust haette. Ich hatte Lust …") und damit Einfluss auf Regeln und deren Anwendung zu haben. Dort, wo er nicht mitmachen will, entzieht er sich: „Ich erkaeltete mich am selben Tage fuerchterlich und huetete für drei Tage unentwegt und bei bester Gesundheit das Bett. Als ich zurueckkam, war das Streitobjekt entlassen, und der Dienst ging weiter" (ebd., S. 72).

Und so entwickelt Reuß gegenüber neuen gesellschaftlichen Entwicklungen eine distinguierte Gelassenheit, da er diese als irrelevant für seine eigene gesellschaftliche Stellung interpretiert. Alles Neue sei nach seinem Wissen nur immer „Variation des Alten/Bekannten", denen mit der Abwandlung routinierter Haltungen und Verhalten begegnet werden kann:

> „Es waren noch eine Menge anderer Bestimmungen neu, natuerlich eine gegen die Juden, eine gegen Auslandsfahrten, außer im Falle von Auslandsdeutschenbesuchen, und dergleichen mehr. Ein paar Vaeter von Jungens sprachen mit mir, dass sie enttaeuscht seien, dass ich so ins reaktionaere Fahrwasser kaeme, aber ich beruhigte sie und meinte, das sei so eine Modesache" (ebd., S. 40).

Dass Reuß die Gefahren des Nationalsozialismus für die eigene Person lange nicht erkennt, obwohl er die Ausgrenzungen, Diffamierungen und Pogrome gegenüber Juden deutlich wahrnimmt, ist vor allem seiner unhinterfragten Selbstsicht geschuldet. Nach der o.g. Differenzierung kann Reuß' Reflexionsfokus in die vierte Kategorie eingeordnet werden, da vor allem der Geltungsbereich ‚Gesellschaft', d.h. politisch/philosophische Einstellungen und Spielregeln wichtig für sein Selbstbild sind. Er sieht sich als Vertreter einer deutschen Bildungsdynastie, die aufgrund von tradierten Tugenden und engen elitären Netzwerken unabhängig von wechselnden Regierungen über Einfluss und Macht verfügen. Diesen Status hat Reuß mit Geburt erworben und er wird von ihm als unabänderlich empfunden, so dass sein detailliertes und kritisches Wissen um soziale, institutionelle und gesellschaftliche (Ausgrenzungs-)Prozesse seine distinguierte Selbstwahrnehmung als Mitglied der gesellschaftlichen Elite stärkt statt Gefahren für die eigene Person zu erkennen:

> „Am naechsten Tag ging ich trotzdem ins Buereau und da kamen sie auch schon. Schwer bewaffnet. „Folgen sie uns" – „Wieso?" „Sie sind verhaftet wegen Nichtachtung der Reichsregierung." „Aber ich bitte Sie, ich dachte, ich bin selbst etwas an der Regierung beteiligt, ich verstehe Sie nicht" (ebd., S. 73).

Seine Selbstwahrnehmung als privilegiertes Gesellschaftsmitglied ist gegenüber allen anderen Reflexionsfoki über lange Zeit dominant. Erst als die äußeren Umstände die allmähliche Integration anderer Wahrnehmungsbereiche als der unantastbar geglaubten gesellschaftlichen Rolle in die eigene Selbstsicht notwendig machen, erweitert Reuß nach und nach seine Perspektive auf die eigene Person. Ausschlaggebend ist dabei noch nicht – wie in 2.2 gezeigt wurde – die Eröffnung durch den Vater, einen jüdischstämmigen Großvater gehabt zu haben. Erst als die Repressionen und Bedrohungen zunehmen, seine Befugnisse bei der Arbeit immer weiter eingeschränkt werden und er für NS-Pogrome instrumentalisiert werden soll, versucht Reuß Arbeit im Ausland zu bekommen:

> „Ich hatte redlich genug. Ich nahm Urlaub, besuchte meine finnischen und schwedischen Freunde [...]. Mit etwas erholten Nerven suchte ich um Stellung und Arbeitserlaubnis, aber [...] die glueckliche Zeit in der die Universitaet Helsingfors mir geschrieben hatte, „wann immer Sie kommen, Sie wuerden ein willkommenes Mitglied unserer Fakultaet sein," diese Zeiten waren vorueber. Verlegenes Stammeln, und „unter den heutigen Umstaenden ist doch so vieles anders." [...] Ja wenn Sie ein Jude waeren und sich an eine Hilfsorganisation wenden koennten. Aber sehen Sie, gerade im Augenblick als Deutscher, nun wir wollen das vergessen ..." (ebd., S. 72f.).

Mit dieser Erfahrung beginnt Reuß sich selbst in einem anderen Licht zu sehen: Die diskriminierenden Personenzuschreibungen durch die Nazis stärkten seine distinguierte Selbstsicht, da er sich diesem „Pack" überlegen fühlte. Als er aber im Ausland von „Seinesgleichen" als Deutscher mit den Nazis „in einen Topf geworfen" wird und die alten Seilschaften nicht mehr tragen, wird Reuß sich der

Diskrepanzen zwischen Selbst- und Fremdverständnis erstmals in seiner Tragweite für die eigene Person bewusst. Diese Perspektivenerweiterung, die das eigene Selbstbild durch äußere Bilder ergänzt, ist als Bildungsprozess zu interpretieren, der es Reuß bei der Rückkehr nach Deutschland ermöglicht, die Bedrohung für seine Person nach und nach nicht mehr als vorübergehende Mode-Erscheinung abzutun, sondern diese als Gefahr für Leib und Leben ernst zu nehmen.

> „Ich schrieb an alle Freunde wegen einer Stellung. Aber ich hatte keine Freunde mehr. Als Regierungsrat im Ministerium, jung, von guter Familie, bekannt in wissenschaftlichen Zeitschriften, wer weiss was da noch draus werden konnte, da hatte ich Freunde. Niemand erinnerte sich des arbeitslosen Judenstaemmlings. Ein paar arme Teufel und ein paar junge Maedchen, ja die taten ihr bestes. Alle auf die ich nicht gerechnet hatte, keiner auf den ich rechnete" (ebd., S. 77).

Reuß verändert damit seinen dominanten auf den Geltungsbereich Gesellschaft zielenden in einen relationalen Reflexionsfokus, der den ‚Nahbereich' und an anderer Stelle auch die ‚institutionellen Gegebenheiten' stärker mit in die Selbst- und Weltwahrnehmung integriert. Als seine Versuche, neue Netzwerke über den Verein „nichtarischer Christen" aufzubauen und Anstellungen in Nischenberufen sowie ein Leben in Unauffälligkeit schließlich durch die weitreichenden Nürnberger Gesetze verunmöglicht werden, entschließt sich Reuß schweren Herzens zur Emigration in die USA – nicht zuletzt aufgrund seiner neuen Wahrnehmung, nicht nur seines Status in Nazideutschland beraubt worden zu sein, sondern auch seines Heimatlandes:

> „Ach Gott, ich wollte unser Kaiser da drueben über der Grenze kaeme zurück. Aber was kann man schon tun? Gehorchen. Die Wut verbeissen. Pflicht tun. Mitmachen."
> „Ja Herr Oberst, so habe ich auch gedacht. Mitgemacht solang es ging. Gedacht, es muss doch wieder anders kommen. Die Vernunft muss doch siegen. Statt dessen wurde es schlimmer mit jedem Tag. Ich war ein Emigrant, geistig, schon seit ein paar Jahren. Wir haben unser Deutschland verloren ohne einen Finger zu ruehren. Wir dachten wir tun unsere Pflicht und haben dabei Deutschland verloren"" (ebd., S. 96.)

Friedrich Reuß geriet in Folge der nationalsozialistischen Machtübernahme in eine existenziell bedrohliche Lage, die er selbst erst erkennen konnte, als er seine gewohnten Selbst- und Weltrepräsentationen in Frage stellte und routinierte Sinn- und Zusammenhangsbildungen durch neue Orientierungen ergänzte oder sogar ersetzte. Mit Hilfe des Konzeptes der biographischen Reflexion konnte aufgezeigt werden, dass Reuß trotz massiver Bedrohungen und Lebenseinschränkungen seine unhinterfragte Wahrnehmung als elitäres Gesellschaftsmitglied beibehielt und damit sein Selbst- und Weltverständnis entgegen aller gesellschaftlichen Entwicklungen über biographische Reflexionen stabil hielt. Die Veränderung in dieser Wahrnehmung angestoßen durch Sichtweisen seiner ausländischen Bekannten kann als schleichender Lernprozess interpretiert werden, der in einem Bildungsprozess endet, indem er eine neue Sicht auf sich und das deutsche Vaterland möglich macht: „Ich war ein Emigrant, geistig, schon seit ein paar Jahren. Wir haben unser Deutschland verloren ohne einen Finger zu rühren" Obwohl Reuß schon früher bei Auslandsaufenthalten die Möglichkeit zur Flucht aus Deutschland gehabt hätte, wird eine Emigration für ihn erst mit diesem Wechsel der Wahrnehmung möglich.

4 Fazit

Wie deutlich geworden sein sollte, stellen biographische Ressourcen und biographische Reflexionen reflexive Phänomene dar: Sie *entwickeln* sich im Biographieverlauf und *beeinflussen* die Entwicklungen und Modifikationen von Selbst- und Weltverständnissen. Die Analyse von biographischem Datenmaterial anhand der von uns empirisch entwickelten Konzepte ermöglicht es, detaillierte Aussagen über die Bedingungen von Kontinuitäten, Entwicklungen und Veränderungen im Lebensverlauf zu machen und diese mit Theorien zu biographischen Lern- und Bildungsprozessen gewinnbringend zu verknüpfen.

Darüber hinaus verfügen beide Konzepte über neue Impulse für originäre Methoden und Kernkategorien der Biographieforschung. Sie vereinfachen und präzisieren die Analyse, wie Menschen über Biographisierungsleistungen Stabilität und/oder Veränderung herstellen und befruchten damit rekonstruktive Verfahren der qualitativen erziehungswissenschaftlichen Forschung:

So stellen biographische Ressourcen – gedacht als heuristischer Rahmen – eine Erweiterung für das narrationsstrukturelle Verfahren in der Datenauswertung dar, indem gewissermaßen als Gegensatz zur Verlaufskurve des Erleidens „Prozessstrukturen der Ressourcenaufschichtung" rekonstruiert werden können, die wiederum biographische Lern- und Bildungsprozesse nachvollziehbar machen.

Das Konzept der biographischen Reflexion ergänzt dagegen die handlungsbasierte Kodierung nach Strauss und Corbin um ein lern- und bildungsbezogenes Kodierparadigma. Anhand der differenziert ausgearbeiteten Reflexionsmodi „Fokus" und „Wissen" können insbesondere der Wandel von Kodes und Kategorien im chronologischen Verlauf nachvollzogen und damit die fallspezifische Bestimmung biographischer Bildungsprozesse konkretisiert werden.

Literatur

Beck, U./Giddens, A./Lash, S. (1996): Reflexive Modernisierung. Eine Kontroverse. Frankfurt/M.

Bartmann, S. (2005): Ressourcenbildung im Biographieverlauf. In: Zeitschrift für qualitative Bildungs-, Beratungs- und Sozialforschung, 6. Jg. (2005) H. 1, S. 65-85.

Bartmann, S. (2006): Flüchten oder Bleiben. Rekonstruktion biographischer Verläufe und Ressourcen von Emigranten im Nationalsozialismus. Wiesbaden.

Berger, P.L./Luckmann, Th. (1977): Die gesellschaftliche Konstruktion der Wirklichkeit: eine Theorie der Wissenssoziologie. Frankfurt/M.

Garz, D. (2000): Jüdisches Leben vor und nach 1933. In: Einblicke. Forschungsmagazin der Carl-von-Ossietzky Universität Oldenburg. Heft 32, S. 17-20.

Giegel, H.-J. (1988): Konventionelle und reflexive Steuerung der eigenen Lebensgeschichte. In: Brose, H.-G./Hildenbrand, B. (Hrsg.): Vom Ende des Individuums zur Individualität ohne Ende. Opladen, S. 211-241.

Hoerning, E.M. (1987): Biografische Konstruktion und Verarbeitung von Lebensereignissen. In: Buttgereit, M. (Hrsg.): Lebensverlauf und Biografie. Werkstattberichte. Bd. 18. Wissenschaftliches Zentrum für Berufs- und Hochschulforschung der Gesamthochschule Kassel. Kassel, S. 95-122.

Krüger, H.-H. (1997): Reflexive Erziehungswissenschaft und kritische Bildungsforschung – ein Ausblick. In: Krüger, H.-H.: Einführung in die Theorie und Methoden der Erziehungswissenschaft. Opladen, S. 243-254.

Krüger, H.-H./Marotzki, W. (Hrsg.) (1999): Handbuch erziehungswissenschaftliche Biographieforschung. Opladen.

Marotzki, W. (1988): Bildung als Herstellung von Bestimmtheit und Ermöglichung von Unbestimmtheit. Psychoanalytisch – lerntheoretisch geleitete Untersuchung zum Bildungsbegriff in hochkomplexen Gesellschaften. In: Hansmann, O./Marotzki, W. (Hrsg.): Diskurs Bildungstheorie I. Systematische Markierungen. Weinheim, S. 311-333.

Marotzki, W. (1990): Reflexivität und Selbstorganisation in universitären Lernprozessen. Eine bildungstheoretische Mikrologie. In: Marotzki, W./Kokemohr, R. (Hrsg.): Biographien in komplexen Institutionen. Studentenbiographien II. Weinheim, S. 134-176.

Reuß, F.G.A. (2001): ‚Dunkel war ueber Deutschland. Im Westen war ein letzter Widerschein von Licht'. (Herausgegeben von Blömer, U./Bartmann, S.). Oldenburg.

Schütz, A. (1974): Der sinnhafte Aufbau der sozialen Welt. (Erstaufl. 1932). Den Haag.

Schütze, F. (1983): Biographieforschung und narratives Interview. In: Neue Praxis, (1983) H. 13, S. 283-293.

Strauss, A./Corbin, J. (1996): Grounded Theory: Grundlagen Qualitativer Sozialforschung. Weinheim.

Tiefel, S. (2004): Beratung und Reflexion. Eine qualitative Studie zu professionellem Beratungshandeln in der Moderne. Wiesbaden.

Tiefel, S. (2005): Kodierung nach der Grounded Theory lern- und bildungstheoretisch modifiziert: Kodierleitlinien für die Analyse biographischen Lernens. In: Zeitschrift für qualitative Bildungs-, Beratungs- und Sozialforschung, 6. Jg. (2005) H. 1, S. 65-85.

Sozialisationserfahrungen und innere Dialoge als Dimensionen der Selbstkonstituierung

Nicole Welter

Für die Entwicklung eines Selbstkonzepts und einer Welthaltung ist Erinnerung konstitutiv. Erinnerung kann sich als ein Erlebnis der Vergangenheit durch eine spezifische Wahrnehmung in der Gegenwart wieder zum Leben erwecken (vgl. Proust 1979, S. 66) oder Erinnerung kann als re-konstruierte Reflexion eine mit Sinn und Wert besetzte Erfahrung sein. Diese kognitiv-reflektierende Dimension der Erinnerung spielt für den Biographisierungsprozess insofern eine zentrale Rolle, als die Erfahrung nur vom Individuum her rekonstruierbar ist. Das Erlebnis und seine emotionalen und assoziativen Aspekte beeinflussen hintergründig die Sinnkonstitution der in und durch Erfahrung zugänglichen Lebensgeschichte (vgl. Dilthey 1993, S. 246).

Im Sozialisationsprozess erwirbt das Individuum soziale und kulturelle Schemata zur Deutung seiner Erfahrungen, die allerdings im Aneignungsprozess des Individuums individualisiert werden (vgl. Welzer 2002, S. 102f.). Genau dieser Aspekt ist zentrales Thema dieses Forschungsbeitrags. Die im Zentrum stehende Frage lautet: Wie konstituiert sich das moralische Selbst im Rekurs auf seine Sozialisationserfahrungen? In Anlehnung an die Theorie des russischen Literaturwissenschaftlers Michail Bachtin werde ich eine NS-Autobiographie aus dem Jahr 1934 analysieren und den individuellen Aneignungsprozess sowie die Konstruktion der moralischen Identität rekonstruieren.

1 Bachtins Theorie der Dialogizität

Michail Bachtins Theorie der Dialogizität ist fundiert in der zentralen These, dass das Subjekt weder nur psychologisch noch nur soziologisch, sondern dialogisch konstituiert ist (vgl. Garz 2006, S. 2).

Die Auseinandersetzungen mit den im sozialen Feld präsenten und erworbenen Deutungskontexten und den damit zusammenhängenden Weltanschauungen, Wertinhalten und Interpretationsschemata von Wirklichkeit finden nicht ausschließlich in der konkreten sozialen Situation statt, die in Sozialisationskontexten vermittelten Deutungszusammenhänge werden vielmehr als Repräsentationen der Anderen verinnerlicht und bleiben als ‚Stimmen der Anderen' in der inneren Wirklichkeit präsent. Das Selbst des Individuums ist per se polyphon, da es sich innerlich mit alternativen Perspektiven eines historisch-kulturellen Kontexts kontinuierlich auseinandersetzen muss. Diese Auseinandersetzung findet somit auf einer inneren Kommunikationsbühne statt (vgl. Bachtin 1979, 183). Das Individuum sucht in dieser inneren Auseinandersetzung, bei der bewusste und unbewusste Aspekte der bedeutungsrelevanten Sozialisations- und Beziehungserfahrungen mit den Anderen eine Rolle spielen, seine eigene Position. Mit dieser Selbstpositionierung übernimmt es Verantwortung und hat sich zugleich als moralisches Selbst positioniert, denn es bezieht unter alternativen Optionen Stellung. Die Selbstpositionierung lässt sich als Bildungsprozess beschreiben, insofern man unter Bildung die Entwicklung einer spezifischen Selbst- und Welthaltung versteht (vgl. Marotzki 1999, S. 59). Diese Selbst- und Weltinterpretationen sind konstitutiv für den Identitätsprozess und die Handlungsentscheidungen eines Individuums. Die Selbstpositionierung entäußert sich in Sprache und in Handlungen, somit geben erzählte Lebensgeschichten Aufschlüsse über Sozialisations- und Bildungsprozesse aus dem eigenen Erleben und der spezifischen Form der Verarbeitung heraus und ermöglichen eine Analyse der Bildung eines moralischen Selbst (vgl. Garz 2006, S. 3). ‚Moralisch' ist in diesem Sinne nicht emphatisch zu verstehen. Es handelt sich um die in der Selbstkonstitution begründeten Handlungsentscheidungen, die das Individuum als je eigene zu verantworten hat, da es sich zu konkreten und spezifischen Handlungen entschließt. Die jeweilige getroffene Entscheidung, auch die der Selbstpositionierung in der Sprache, schließt in der Entscheidungssituation alternative Handlungsoptionen aus und die vollzogenen Handlungen sind vom Subjekt zu verantworten, schon weil sie ihm zugerechnet werden. Das Individuum hat eine Entscheidungs- und Begründungsverpflichtung, und diese obliegt einer grundsätzlichen und situativen Sinngebung (vgl. Oevermann 1995, S. 27-102).

Mit Bachtins Theorie lässt sich die These vertreten, dass sich in autobiographischen Texten die im Sozialisationsprozess relevanten Stimmen der Anderen manifestieren, die individuellen Assimilationsprozesse des Selbst nachvollziehbar sind und die im Text dadurch repräsentierte Identitätskonstruktion historisch analysierbar ist. Demnach bietet sich diese Theorie an, die Konstituierung des moralischen Selbst als einen Bildungsprozess in Auseinandersetzung mit den sprachlichen Inhalten der sozialen Welt zu analysieren.

Sie eignet sich als heuristisches Instrument

1. zur Analyse der ‚Stimmen der Anderen', des inneren kognitiven Prozesses der Auseinandersetzung des Individuums und seines Weges der Selbstposi-

tionierung im Rückgriff auf die individuell verarbeiteten Sozialisationserfahrungen und
2. zur Analyse der durch die ‚Stimmen der Anderen' im Selbst implizit enthaltenen bewussten und unbewussten Beziehungserfahrungen und ihrer emotionalen Konnotationen als Verhältnis des Individuums zu seiner konkreten sozialen Welt.

In Anlehnung an Bachtins Theorie habe ich für die konkreten methodischen Arbeitsschritte vier Analyseebenen entwickelt[1]:

1. Identifikation der ‚Stimmen': In einem Text werden innere Diskussionen identifiziert, in denen sich verschiedene Weltanschauungen repräsentieren. Diese werden in ihrem Inhalt beschrieben und zugleich auf ein abstrakteres Niveau gebracht, indem die Frage gestellt wird, welche Grundwerte zur Disposition stehen.
2. Argumentationstyp und Funktion: Die zweite Ebene betrifft die Frage nach der Art der Argumentation und ihrer Funktion hinsichtlich der Konsequenzen, die aus dem inneren Disput gezogen werden. Welche Entscheidungen und Handlungen schließen sich in der Argumentationslogik für den Autor bzw. die Autorin an?
3. Sprache und Form der Selbst- und Weltthematisierung: Die dritte Ebene betrifft die Frage, wie der Autor oder die Autorin diesen ‚Konflikt' im Kontext beschreibt. Welche Beziehungen oder Einflussfaktoren werden benannt, welche Gefühle stehen bei der Erzählung im Mittelpunkt? In welcher Sprache spricht er oder sie?
4. Konstrukt der moralischen Identität: Die vierte Analyseebene bezieht sich auf die Frage nach dem Diskurstyp hinsichtlich der Konstitution des moralischen Selbstkonzepts. Die vierte Ebene ist eine interpretatorische Zusammenführung der analytischen Ergebnisse der drei anderen Ebenen.

[1] Das Problem der Theorie Bachtins liegt darin, dass es noch keine systematisch-methodologische Arbeit gibt, die sie für die erziehungswissenschaftliche Biographieforschung fruchtbar macht. Erste Arbeiten von Garz und Tappan, die Bachtin für erziehungswissenschaftliche Fragen und autobiographische Analysen heranziehen, liegen in einigen Aufsätzen vor. Vgl. Garz/Tappan, 2001 sowie Tappan 2006.

2 Zurück zu den familiären Wurzeln – Eine nationalsozialistische Selbstverortung

Die Autobiographie, die ich mit der Theorie von Bachtin interpretieren werde, entstand im Rahmen eines Preisausschreibens aus dem Jahr 1934, das von dem Soziologen Theodore Abel initiiert wurde. Die Ausschreibung des Preisausschreibens enthielt folgenden Aufruf: „For the best personal life history of the Hitler movement. Any person, regardless of sex or age, who was a member of the National Socialist party before January 1, 1933, or who was in sympathy with the movement, may participate in this contest." (Abel [1938] 1986, S. 3) Es wurden über 600 autobiographische Beiträge eingesandt.[2]

In diesen Autobiographien schildern die Autoren Aspekte ihrer Lebensgeschichte, die ihren Beitritt zur NSDAP vor dem Jahr 1933 erklären sollen. Das bedeutet, das empirische Material, das kurz nach der Machtergreifung Hitlers entstand, beschreibt biographische Erfahrungen und politische Entscheidungen, die vor 1933 liegen. In den Autobiographien werden in der Regel Kindheits- und Jugenderfahrungen, d.h. im weitesten Sinne Sozialisationserfahrungen geschildert, die von den Autoren selbst in eine Beziehung zu ihrer persönlichen und politischen Entwicklung gesetzt werden.[3]

Bei der ausgewählten Autobiographie handelt es sich um die Lebensgeschichte eines 1902 geborenen Fabrikarbeitersohns. Die Autobiographie besteht aus fünfzehn maschinenschriftlichen Seiten. Der Autor beginnt mit Aussagen über seinen Vater und seine Mutter. Der Vater ist Fabrikarbeiter im Ruhrgebiet, die Mutter Hausfrau. Der Autor schildert sich als erfolgreichen Schüler, er überspringt mit neun Jahren sogar eine Klasse. Durch einen Unfall mit zehn Jahren erleidet er eine Blutvergiftung und hat einen zweijährigen Aufenthalt im Krankenhaus. Im Juni 1914 wird er entlassen, ist jedoch noch nicht gehfähig und liegt krank zu Hause. Den Ersten Weltkrieg verfolgt der Junge gemeinsam mit der Mutter begeistert; allerdings sei die Zeit zwischen 1914 und 1918 für die Familie sehr entbehrungsreich gewesen. Aufgrund der finanziellen Not seiner Familie übernimmt er noch im Weltkrieg eine Stelle im Büro der Fabrik, in der auch sein Vater arbeitet. 1920 beginnt er in der elektrischen Werkstatt der Fabrik zu arbeiten, hier lernt er durch einen Kollegen den Marxismus kennen und schließt sich der Bewegung an. Seine Begegnung mit der belgischen Besatzung schildert er als demütigend und beschämend, was für ihn zugleich einen Anlass bietet, den Internationalismus des Marxismus deutlich abzulehnen. Im Dezember 1923 gerät er, enttäuscht von der sozialistisch-marxistischen Arbeiterbewegung, in eine

[2] Neben Abel hat sich Merkl quantitativ mit dem Material beschäftigt. Vgl. Merkl 1975.

[3] Die Arbeit mit diesem Material ist angebunden an ein Forschungsprojekt von Prof. Garz, Universität Mainz.

heftige Sinnkrise. 1924 besucht er zum ersten Mal eine Versammlung des Völkisch-Sozialen Blocks. Auf der zweiten Versammlung, die er besucht, spricht Göbbels zum Thema: Was will Adolf Hitler? Der Autor tritt 1925 dem Nationalsozialismus bei und engagiert sich für die Bewegung.

Analyseebene 1)

Der Autor spricht von zwei zentralen Weltanschauungen, die ihn beeinflusst haben und die ihn durch seine Kindheit und Jugend begleiteten: Der Sozialismus in Form des Marxismus sowie der Nationalismus und Patriotismus. Die beiden Weltanschauungen werden von ihm eindeutig seinem Vater und seiner Mutter zugeordnet. Der Vater repräsentiert für ihn den deutschen Arbeiter, der sich in sein hartes Arbeitsleben eingefügt hat und dennoch von einer stillen Sehnsucht nach einem anderen Leben erfüllt ist. Der Autor schildert seine Sicht des Vaters:

> „Allerdings, so glaube ich wenigstens heute festgestellt zu haben, war bei diesen Erzählungen gleichzeitig eine Sehnsucht vorhanden, die eine Loslösung von dem ewigen Einerlei und dem harten Gleichschritt seiner täglichen Arbeit verlangte."

Die Mutter repräsentiert für ihn den Nationalismus und die patriotische Haltung. Er beschreibt sie als „brave, ehrliche, deutsche Hausfrau", die gottergeben und aufopferungsvoll für ihren Mann und ihre Kinder sorgt. Die Vaterlandsliebe habe er durch den Patriotismus der Mutter kennengelernt und sie sei ihm tief ins Herz verwurzelt worden:

> „Wenn jemals eine Frau rein gefühls- und blutmäßig deutsch gedacht und gehandelt hat, so trifft das bei ihr zu. Ihre reiche Seele war für uns Kinder ein unerschöpflicher Born, aus dem wir all unser Wissen, Denken und Handeln schöpften. Sie wertete niemals das Vaterland nach seinen sozialen Einrichtungen oder sonstigen politischen oder unpolitischen Einrichtungen, sonder (sic!) für sie war Deutschland so wie es war das Höchste."

Der Autor erlebt seine Eltern in ihrer Welthaltung als in ihr Schicksal Ergebene: den Vater als heroischen Arbeiter, die Mutter als unkritische Patriotin. Er dagegen lehnt sich gegen sein vorbestimmtes Leben auf.

> „Neben dieser Feststellung kam wieder der Vergleich des eigenen Lebens mit dem der andern. Wenn je der Wunsch dagewesen war, mehr im Leben zu lernen und zu leisten, so trat er in diesen Jünglingsjahren ganz energisch wieder hervor. So wie das Leben im Augenblick aussah, hiess es nichts anderes wie hinein in die Fußstapfen des Vaters."

Die ‚Stimmen' der Eltern, die sich im unkritischen Nationalismus und Patriotismus und im Sozialismus-Marxismus manifestieren, verbinden sich mit prägenden Sozialisationserfahrungen des Autors, die sich in drei Grundthemen seines Lebens bündeln lassen:

1. Eine heftige Abneigung gegen die Eintönigkeit des durch den sozialen Stand vorgeprägten Lebens der Arbeiter; im Sozialismus/Marxismus sieht er die Chance zu sozialer Veränderung.
2. Der Kampf um die Beibehaltung der nationalen und patriotischen Weltanschauung der Mutter, die Identifikation mit von ihr verehrten Autoritäten und die damit verbundene identitätsstiftende und Sicherheit bietende personale Verwurzelung.
3. Sein Bedürfnis nach Wissen und sein Ehrgeiz, individuelle Leistung verwirklichen zu können, woran er wiederum durch sein Herkunftsmilieu gehindert ist.

Die antagonistischen Grundwerte, die für den Autor in Nationalismus und Patriotismus versus Marxismus-Sozialismus historisch präsent sind und seinen Konflikt manifestieren, sind demnach restaurative Gemeinschaftsintegration und Autoritätsfügigkeit versus individuelle Leistung und Aufstiegschancen.

Der Grundwert der restaurativen Gemeinschaftsintegration ist repräsentiert in der Vaterlandsliebe als einer unkritischen Identifikation mit der nationalen Gemeinschaft und der Familie, in der man als einzelner fest verwurzelt ist. Es handelt sich um eine emotional und sozial festgefügte, sichere Verortung, in der die unkritische Orientierung an einer Autorität gesucht wird. Im marxistischen Sozialismus repräsentiert sich für den Autor die Idee der sozialen Gerechtigkeit und die Möglichkeit des sozialen Aufstiegs. Der Einzelne wird zwar im Kontext der sozialen Gemeinschaft gesehen, der Autor sieht im Sozialismus-Marxismus jedoch die Chance, die sozialen Verhältnisse zu ändern, so dass seinem Bedürfnis nach sozialem Aufstieg durch die Neugestaltung der sozialen Verhältnisse Gestaltungsfreiräume ermöglicht werden. Der einzelne kann durch Leistung und Engagement in der Masse eine exponierte Position erreichen und wird so zu einem Besonderen.

Analyseebene 2)

Zunächst sieht der Autor keine Möglichkeit diese beiden Weltanschauungen, die seine drei Lebensthemen – Monotonie, Sicherheit durch Weltanschauung, individueller Leistungs- und Aufstiegswille – seiner Ansicht nach beantworten könnten, miteinander zu verbinden. Dennoch schließt er sich zunächst der sozialistisch-marxistischen Bewegung an und folgt damit der anerkannten gesellschaftlichen Tradition seines Milieus. Diese vertritt er zwar nach außen radikal, dennoch bleibt er in einem inneren Widerstreit befangen. Der Internationalismus des Marxismus lässt sich für ihn nicht mit dem Nationalismus und der Vaterlandsliebe verbinden. Auffallend ist, dass der Autor nicht in reflektierten, abstrakten Worten von den je repräsentierten Ideen und Weltanschauungen spricht, sondern diese personalisiert, indem er von seiner Mutter und Karl Marx als Antipoden spricht:

> „Und wenn die stille Nacht kam", so der Autor, „dann lag man in seinem Bett und grübelte. Der Kampf setzte ein. Ein heißer, harter Seelenkampf. Hier rief die Mutter und das Blut und dort forderte kalt und hart der Marxismus sein Recht. Immer wieder und immer wieder kam dieser Kampf und immer mehr und immer mehr siegte Karl Marx. Das Herz aber verblutete fast dabei und das Band der Familienzusammengehörigkeit zerriß innerlich."

Nach einem intensiven Engagement in der Arbeiterbewegung schildert er das Zerbrechen seiner marxistisch-sozialistischen Weltanschauung aufgrund einer Enttäuschung durch die Gewerkschaftsführer, die sich auf einen Handel, den Acht-Stunden-Tag betreffend, einlassen. Er fühlt sich selbst, den Arbeiter als Kollektiv, aber auch den Sozialismus verraten. Er gerät in eine Sinnkrise, da er den Glauben an seine Weltanschauung verloren hat bzw. sie in der Arbeiterbewegung nicht mehr repräsentiert sieht und befindet sich auf der Suche nach einem Glauben. „Innerlich stumpf, eine zertretene Seele, irrte, irrte ich umher. Was die Mutter einst gesät hatte, die heilige Liebe an Volk und Vaterland, das war herausgerissen worden. Der Ersatz, den (sic!) Glauben an den marxistischen Sozialismus, war von selbst zusammengebrochen." Auffallend ist das große Bedürfnis des Autors an etwas glauben zu dürfen und sich einer Idee restlos und unkritisch, vor allem ohne jede Ambivalenz hingeben zu können. Eine differenzierte Balance zwischen den verschiedenen Weltanschauungen bleibt ihm verschlossen, so dass es auch zu keiner inhaltlichen Auseinandersetzung kommt und ein reflektiertes kritisches Bewusstsein der politischen Inhalte ausgeschlossen bleibt.

Vom Bruder wird er nun zu einer Versammlung der NSDAP mitgenommen. In der dort gehörten Rede findet er seinen Konflikt, sein eigenes Problem mit Welt und Weltanschauung gelöst. Er hält die NSDAP für eine Instanz, in der die Weltanschauungen von Vater und Mutter zugleich repräsentiert sind:

> „Ich hing an dem Mund des Redners. Es war mir", so schreibt er, „als wenn er nur zu mir persönlich gesprochen hätte. Das Herz ging mir auf, die Brust hob sich, ich

> meinte, es würde mir wieder Stück für Stück in der Brust etwas zusammengesetzt." Und: „Voll reiner Freude kam es mir zum Bewußtsein, dass es doch richtig war, was die Mutter einst gesagt hatte, dass man das Vaterland lieben dürfe, dass es doch etwas heiliges sei, sein Leben zu lassen für Deutschland, wie es die Frontsoldaten getan hatten. Und doch war es richtig, wonach sich der Vater sein Leben lang gesehnt hatte, einen deutschen Sozialismus zu schaffen. Nationalsozialist wurde ich."

Die Entscheidung, dem Nationalsozialismus beizutreten, ermöglicht es ihm, seinen inneren Konflikt um die Weltanschauungen der Eltern zu beenden und eine Weltanschauung zu wählen, in der er diese beiden Positionen miteinander versöhnen kann. Eine inhaltliche Auseinandersetzung mit diesen beiden Grundanschauungen und deren Repräsentanz im Nationalsozialismus hat nicht stattgefunden. Die Suche nach einem Weltbild, in dem man sich eindeutig und klar verorten und dem man gläubig, unkritisch und unambivalent folgen kann, wird für ihn in der scheinbaren Eindeutigkeit und Klarheit der nationalsozialistischen Struktur und Inhalte verkörpert. Zudem repräsentiert der Nationalsozialismus eine Welt, die einerseits einen autoritären Führerkult pflegt und andererseits Aufstiegsmöglichkeiten für den Einzelnen, der sich gleichzeitig absolut loyal und aufopferungswillig in die politische Ideologie fügt, bietet.

> „Keine Stimme war da, die innerlich dagegen redete, kein Herz, was bange wurde, wenn es an den Nationalsozialismus dachte, ein freudiges Bekenntnis, eine helle Begeisterung, ein reiner Glaube, Adolf Hitler und Deutschland. Nun ging es zur aktiven Mitarbeit." Sowie: „Einst steht fest, von dem Tage an gab es für mich nur noch eins, für ihn zu kämpfen bis zur Erringung des Sieges."

Im Nationalsozialismus sieht der Autor seine beiden Grundwerte repräsentiert sowie die Chance seine Bedürfnisse, individuelles Engagement, Leistung und sozialen Aufstieg einerseits, sowie Unterordnung, Einfügung und den Glauben an eine Autorität andererseits, verwirklichen zu können.

Analyseebene 3)

Betrachtet man die im Text genannten Bezugspersonen, insbesondere der primären Sozialisation, fällt auf, dass der Autor ausgesprochen distanziert von seinen Eltern und Geschwistern spricht. Die Beziehungen werden quasi entpersonalisiert. Der Autor verwendet nur im Bezug auf den Vater das Possessivpronomen „mein", die Mutter wird nur als „die Mutter", nicht etwa als „meine Mutter" erwähnt. Keine Person der Kernfamilie tritt als konkrete Person auf. Die Geschwister bleiben völlig unplastisch, von ihnen wird nur in einem undifferenzierten Kollektiv als „die Kinder“ gesprochen. In dieses depersonalisierte Kollektiv gliedert sich der Autor ein, wenn er zum Beispiel schildert, wie der Vater erzählend mit ihm und seinen Geschwistern zusammensitzt: „Hin und wieder geschah es schon mal, dass er im Kreise seiner Kinder im traulichen Zusammensein erzählte.“ Kein Familienmitglied tritt im Text mit konkreten Persönlichkeitsaspekten eindeutig sichtbar hervor. Dennoch spielen die Eltern eine zentrale Rolle, da der Autor seine Biographie mit einem Abschnitt über den Vater beginnt, dem eine Darstellung der Mutter folgt. Diese Darstellungen könnten jedoch auf eine Reihe anderer Menschen zutreffen, es lässt sich keine Spezifik der konkreten Personen entdecken. Der Text bleibt hinsichtlich der Schilderung der Beziehungen ausgesprochen abstrakt und schematisch. Es werden zwar Situationen geschildert, in denen der Autor Handlungsmuster und Bewertungen seiner Eltern erfährt, diese bleiben jedoch sehr allgemein, z.B. bezüglich des Vaters: „Mit tausenden und abertausenden von Arbeitern ging er Tag für Tag und Woche für Woche und Jahr für Jahr seiner Arbeit in diesem weit über die Grenzen Deutschlands hinaus bekannten Werke nach.“

Der Autor beobachtet seine Eltern von außen und schließt aus der Beobachtung auf die innerpsychischen Zustände, die jedoch in keiner Weise durch Handlungen oder Äußerungen verifiziert werden. Die dargestellte Nähe, die durch die Schilderung der Hoffnungen und Wünsche seiner Eltern konstruiert wird, wirkt mehr projektiv als real gegeben. Besonders der Vater dient dem Sohn als ambivalentes Identifikationsobjekt: einerseits identifiziert er sich mit dem Vater, da er in diesem seine eigene unentrinnbare berufliche Zukunft und die aufgrund des familiären Milieus verhinderten sozialen Aufstiegsmöglichkeiten sieht, aber in den Vater auch seine eigene Sehnsucht nach einem anderen Leben projiziert. Andererseits wird der Vater aufgrund seiner mangelnden Rebellion und seiner „Unterwerfung“ in die Lebenssituation zum Gegenmodell des eigenen Lebens. Als er seinen Vater beim Arbeiten sieht, beschließt er sich politisch zu engagieren. „Zwischen Hochöfen, zwischen Erzkübeln und zwischen Sirenengeheul wurde der erste Schritt zum Revolutionär getan. Mein Beschluß war gefasst, mich politisch zu betätigen und Kämpfer für den deutschen Arbeiter zu werden.“ Der zentrale Aspekt in der Beziehung zur Familie, besonders zur Mutter, ist die distanzierte und entpersonalisierte Darstellung der Eltern und der Geschwister.

Als weiteres zentrales soziales Bezugssystem neben der Familie berücksichtigt der Autor die Schule als sekundäre Sozialisationsinstanz. Bei der Analyse fällt auf, dass der Autor auch in diesen Beschreibungen keine Person besonders hervorhebt, Mitschüler und Lehrer tauchen als konkrete Personen nicht auf, geschildert werden diese Beziehungen nur in hierarchischen Verhältnissen, z.B. in Bezug auf die Mitschüler: „Auf der Strasse im Spiel zeigte sich auch sehr bald, dass sich die Spielkameraden willig hinter einen stellten und sich führen ließen.“

Die Lehrer werden als „selbstverständliche" und „natürliche" Autoritäten erwähnt. Die Beziehung zu den Mitschülern wird in verschiedenen Hierarchien geschildert. Es werden zwei Ebenen differenziert, die Leistungs- und Intelligenzebene, die soziale Gerechtigkeit impliziert und die Herkunfts- und Vermögensebene, die die soziale Position innerhalb der Gesellschaft ungerecht festlegt: „Ich mußte feststellen, als mein Ehrgeiz nach höherer Schulbildung und mehr Wissen durch die Armut der Eltern nicht gestillt werden konnte, ich mich als Kind schon still im Herzen mit der Frage quälte, warum ist das so." Mit dieser vom Autor im Text immer wieder aufgeworfenen Frage, die der Autor als „quälende" beschreibt, wendet er sich an die Eltern, die „tröstend darüber hinweg gingen".

Das autobiographische Erzählen des Autors ist geprägt durch zwei Charakteristika: Die Darstellung der Beziehungen bleibt durchgängig allgemein und depersonalisiert. Konkrete, emotional verbundene Beziehungen des Autors zu den erwähnten Personen lassen sich nicht entdecken, nur eine Pseudo-Nähe, ausgedrückt in der projektiven Identifikation des Autors mit dem Vater.

Zudem werden die außerfamilialen Beziehungen hierarchisch nach Status, Leistung und Reichtum kategorisiert. Der Autor sieht sich selbst aufgrund seiner Leistungsfähigkeit und seines Führungswillens für eine hohe Position geeignet, aufgrund der Gesellschaftsstruktur seiner Zeit hält er dies jedoch für unrealisierbar.

Analyseebene 4)

Setzt man die Schilderung des autobiographischen Berichts und die knappe Analyse der inneren Auseinandersetzung mit den Weltanschauungen, die den Autor zu dem für ihn klaren Weltbild des Nationalsozialismus führen, in Beziehung, findet man keine inhaltliche Reflexion der durch die Eltern repräsentierten Weltanschauungen. Die erste Identifikation mit dem marxistischen Sozialismus erfolgt so total und unreflektiert wie der Anschluss an den Nationalsozialismus. Weil der Autor seine Identität über die Weltanschauung bildet und er sich mit ihr ohne kritische Distanz identifiziert, hat er keine Möglichkeit, Enttäuschungen und Rückschläge zu verkraften, sondern die Enttäuschungen werden persönlich und absolut. Der Wunsch, sich einem vorgegebenen, von Autoritäten repräsentierten Weltbild anschließen zu können, zieht sich durch die gesamte Erzählung hindurch. Der Ablösungsprozess vom Elternhaus und den durch Sozialisation vermittelten Weltanschauungen bleibt zunächst der Ebene des Entweder-Oder verhaftet und führt nicht zu einem Prozess, in dem es ihm gelingt, eine differenzierte, reflektierte Haltung zu erwerben und sich selbst eine eigene, von den Eltern unabhängigere, Position zu erschließen.

Der Nationalsozialismus verkörpert für den Autor die Symbiose der beiden durch den Sozialisationsprozess erworbenen Weltanschauungen und kann deswegen unreflektiert übernommen werden. In seiner ersten, der sozialistisch-marxistischen Orientierung gelingt es dem Autor zwar, die übernommene Weltanschauung in Identifikation mit den sozialistischen Autoritäten nach außen gegen die Mutter zu vertreten, er bleibt aber in einem inneren Konflikt verhaftet, den er nicht lösen kann. Der innere Konflikt wird durch eine Weltanschauung gelöst, in der der Autor zu keiner eigenen moralischen Position in Auseinandersetzung mit den Welthaltungen der Eltern gezwungen wird. Der Ablösungsprozess von den Weltanschauungen der Eltern scheitert, statt konstruktiv eine eigenständige moralische und politische Haltung zu bilden, übernimmt er die Weltanschauungen von Vater und Mutter im autoritativen Diskurs als Sprache der ‚Väter'.[4] Er bleibt autoritär orientiert und heteronom bestimmt. Der Ablösungsprozess, der zur Findung einer eigenen autonomen Position nötig wäre, gelingt möglicherweise auch deshalb nicht, weil der Autor die Ablösung nicht aus einer personalisierten Beziehung zu den Eltern vollziehen kann; statt die Distanz zu den Eltern zu suchen, sucht und setzt er eine ersatzweise weltanschaulich verbindende Nähe. Diese Verwurzelung in der Weltanschauung ermöglicht ihm eine „stabile" Identität.

3 Resumée

Es hat sich gezeigt, dass in der Autobiographie ‚Stimmen' der sozialen Welt des Autors identifizierbar sind, mit denen eine innere Auseinandersetzung zur Erlangung einer Selbstpositionierung stattfindet. Das moralische Selbst bleibt heteronom an die dominanten Stimmen der Eltern gebunden, wodurch eine restaurative und unirritierte Verwurzelung des Autors möglich ist. Die in der primären Sozialisation vermittelte Weltanschauung der Mutter dient als Beziehungsersatz. Gleichzeitig konstruiert sich der Autor als eigenständige moralische Identität, die sich für die anderen durch persönliches Leistungsvermögen und sein Engagement altruistisch (Deutschland, Hitler und den Arbeiter) einsetzt. Damit stellt er Nähe und Distanz zum Vater her, denn er setzt sich für ihn identifikatorisch ein, ist aber im Gegensatz zum Vater nicht schicksalsergeben, sondern rebellisch. Der Nationalsozialismus dient als Ersatz personaler Beziehungen und bietet eine innere Heimat, die keinen ‚Bruch' mit der Familie provoziert. Die konstruierte Identität bindet sich an ein ‚Wir' an und definiert sich über das eigene Leis-

[4] Bachtin unterscheidet einen autoritären und einen autonomen Typus der Aneignung sprachlicher Inhalte und bezeichnet sie als Diskurstypen. Genauer hierzu: Vgl. Garz/Tappan 2001, S. 262; sowie Bachtin 1979, S. 185.

tungspotential letztlich im Engagement für eine Autorität, die eine soziale Gemeinschaft repräsentiert. Das moralische Selbst, das sich im Text zeigt, wird dramatisch und heroisch im Kampf mit sich selbst und der Welt konstruiert und der Autor inszeniert sein Leben im Gegensatz zum „ewigen Einerlei".

Literatur

Abel, Th. (1986): Why Hitler came into Power; [1. Aufl. 1938], 3. Aufl., Harvard.

Bachtin, M.M. (1979): Das Wort im Roman; in: Die Ästhetik des Worts. (Hrsg. v. R. Grübel). Frankfurt/M.

Dilthey, W. (1993): Der Aufbau der geschichtlichen Welt in den Geisteswissenschaften. (4. Aufl.). Frankfurt/M.

Garz, D./Tappan, M. (2001): Das kompetente und das dialogische moralische Selbst. In: Handlung Kultur Interpretation, Jg. 10, Heft 2, 2001, S. 246-272.

Garz, D. (2006): ‚Wie wir zu dem werden, was wir sind'. Über Anerkennungs- und Aberkennungsprozesse in der sozialisatorischen Interaktion. Manuskript. Mainz.

Marotzki, W. (1999): Bildungstheorie und Allgemeine Biographieforschung. In: Krüger, H.-H./Marotzki, W. (Hrsg.): Handbuch erziehungswissenschaftliche Biographieforschung. Opladen, S. 57-69.

Merkl, P.H. (1975): Political Violence under the Swastika. New Jersey.

Oevermann, U. (1995): Ein Modell der Struktur von Religiosität. Zugleich ein Strukturmodell von Lebenspraxis und von sozialer Zeit. In: Wohlrab-Sahr, M. (Hrsg.): Biographie und Religion. Zwischen Ritual und Selbstsuche. Frankfurt/M., New York, S. 27-102.

Proust, M. (1979): Auf der Suche nach der verlorenen Zeit. Band I: In Swanns Welt. Frankfurt/M.

Tappan, M. (2006): Moral functioning as mediated action. In: The Journal of Moral Education, Vol. 35, 1, March 2006, S. 1-18.

Welzer, H. (2002): Das kommunikative Gedächtnis. Eine Theorie der Erinnerung. München.

Schöpferische Rekonstruktion in der Theaterarbeit

Friederike Fetting

In jedem künstlerischen Prozess handelt es sich um eine Vermittlung zwischen Vergangenheit und Gegenwart. Denn aus dem Gesehenen, Gehörten, Erlebten und Erfahrenen des eigenen Lebens entstammt das Material und/oder resultiert die Idee zum ästhetischen Produkt. Zurückliegendes beeinflusst das aktuelle ästhetische Handeln, so auch im Theaterspiel. Vergangenes ist uns über Erinnerung zugänglich. Das Theaterspiel ist eine praktische Verfahrensweise des Erinnerns, genauer des Erinnerns von Erfahrungen. Immer dann, wenn eine Rolle entworfen, eine Figur lebendig werden soll, wird auf eigene Erfahrungen zurückgegriffen. Erfahrungsbestände werden dabei durch den Erinnerungsvorgang rekonstruiert. Rekonstruktion bedeutet Wiederherstellung, Wiederaufbau des ursprünglichen Zustandes, d. h. der ursprünglichen Erfahrung. Im Theaterspiel generell geht es aber nicht nur um die Rekonstruktion ursprünglicher Erfahrung, sondern vor allem um eine bewusste Transformation und Bearbeitung von Erfahrungsbeständen, begrifflich zu fassen als schöpferische Rekonstruktion.

Am Beispiel einer videographischen Aufzeichnung eines Probenausschnitts wird im Folgenden nachvollzogen, wie ein schöpferischer Rekonstruktionsvorgang abläuft, wie ein Bild, wie eine Szene durch eine Spielerin hervorgebracht wird. Bei dem Mitschnitt handelt es sich um eine Probensequenz zwischen Spielerin und Theaterpädagogin der Laienspielgruppe am Hildesheimer Stadttheater aus der Spielzeit 2004/05. Der Spielvorgang wird unter zwei Aspekten genauer betrachtet: unter dem der Leibgebundenheit des Erinnerungsvorgangs und dem der Interaktion mit der Spielleiterin. Auf theoretischer Ebene wird diskutiert, inwiefern sich dieser Rekonstruktionsvorgang im ästhetischen Medium durch Freuds Begriff der Wunscherfüllung erfassen lässt oder durch Deweys Begriff der ästhetischen Erfahrung. Beide Konzepte lassen jedoch die phänomenologische Kategorie des Leibgedächtnisses weitgehend außer Acht, die gerade im Zusammenhang mit dem Theaterspiel wichtige Hinweise für den schöpferischen Rekonstruktionsprozess liefert. In einem weiteren Schritt wird anhand des mit der Spielerin geführten narrativen Interviews der Frage nachgegangen, ob oder inwiefern diese spezielle Form produktiver Erinnerungsarbeit sich nachhaltig in der biografischen Reflexion niederschlägt.

1 Die Spielaufgabe: die darzustellende Erinnerung

Bevor die Interaktion von Spielerin H. und Leiterin in der Probensituation genauer beschrieben wird, ist zu erläutern, in welchem Kontext die zu probende Szene steht:

Der Probenausschnitt ist Teil einer Szenen-Collage über das Leben und das Werk des Schriftstellers Erich Kästner. Erich Kästner ist das einzige Kind seiner Mutter, die es mit besonderer Fürsorge und Unterstützung umgibt. Die im hier vorliegenden Kontext zu analysierende Szene zeigt die Mutter, wie sie sich während des Wäscheaufhängens an den Moment erinnert, als Sohn Erich ihr am Bahnhof erzählt, dass die gemeinsame Wohnung in Berlin durch Bomben zum großen Teil zerstört ist. Es geht in diesem Probenausschnitt um den Einstieg in den Monolog der Mutter, ihr Gespräch mit einem imaginären Gegenüber.

Der Vorschlag der Spielleiterin lautet, parallel zum Sprechen anstatt diverser Wäscheteile Briefbögen aufzuhängen. Die dramaturgische Grundidee der Szene ist zum einen die außerordentliche Nähe zwischen Sohn und Mutter zu zeigen, zum anderen auch das Entsetzen und die Resignation über den Verlust der ehemaligen Wohnung und ihres Mobiliars.

Wie bringt die Spielerin H. diesen Erinnerungsvorgang zur Darstellung? Der Vorgang birgt zwei Ebenen des Erinnerns, denn die Spielerin muss erinnern und reproduzieren, wie man sich in einer konkreten Situation erinnert, in diesem Fall an die Begegnung mit dem Sohn. Was ist auf dem videographischen Ausschnitt zu sehen?

Die Darstellungsversuche

Die Darstellerin kommt summend, stellt den Wäschekorb ab, kommt aus der Beugung hoch: „Als wir noch im dröhnenden Bahnhofsgebäude standen…“, dabei hat sie einen Horizontblick. Die Suche nach dem zu sprechenden Text und einer dem Text analogen Spielweise entspricht auf der spielerischen Ebene der Orientierung am imaginären Spielort des Bahnhofs. H. will zu einem neuen Entwurf ansetzen, als die Spielleiterin auf sie zutretend nach der Motivation fragt und sie auffordert, die innere Situation für sich zu konkretisieren. „Dieses, ich wollt’, bei dem Runterstellen“ fängt die Spielerin an und statt ihre Handlung zu erläutern, setzt sie noch einmal mit Nachdruck den Korb auf den Boden, um sich dann allmählich aufzurichten.

Was zeigt sich in dieser Körperhaltung? Eine Last, die schwer ist und den Körper nach vorne und unten zieht, wird auf dem Boden abgestellt. So entlastet, kann sich die Wirbelsäule aufrichten, der gebeugte Rücken streckt sich, die Arme hängen nach unten, der Kopf kann hochkommen und damit der Blick in die Weite gehen. Dieser Modus leiblicher Erfahrung hat seine Varianten je nach umgebender Situation oder Geschehen. Und so nutzt die Regisseurin dann auch einen allgemein zugänglichen bildlichen Vergleich: „Das ist wie 'n Koffer absetzen ne?" Das Absetzen einer Last, die frei macht für das Gewahrwerden einer neuen Situation, diese Erfahrung hat jeder schon mehrmals gemacht, konkret leiblich am Bahnhof, aber auch in übertragenem Sinne. Die Spielleiterin übernimmt die gebeugte Körperhaltung, die H. schon vorgegeben hat, führt in dieser Veranschaulichung die Situation weiter aus: „Guck, guck doch mal dieser Blick so hoch, als ob du so, als ob du diesen Bahnhof wieder findest vor deinem geistigen Auge, und da ist Erich, der kommt auf dich zu, so dass du deine Geschichte nacherzählst". Die Spielleiterin fordert H. zu einer Vergegenwärtigung auf und verstärkt die Vorstellung von einer Begegnung mit einer nahe stehenden Person noch, indem sie in vertrautem Ton von „Erich" spricht. Der Name Erich fungiert hier wie eine Leerstelle, die mit Namen und Personen aus der eigenen persönlichen Geschichte gefüllt werden kann. Dass allerdings dieser Erinnerungsvorgang an biografisch vergleichbare Situationen nicht einfach abrufbar ist, zeigt das mehrfache Probieren des gleichen Vorgangs. Die Regisseurin fordert die Spielerin auf, den Erzählton ihrer Rede abzulegen und nicht rückblickend aus zeitlicher Distanz den Vorgang wiederzugeben, sondern bei sich, d h. am eigenen inneren Geschehen zu bleiben. Auch beim zweiten Versuch wird abrupt unterbrochen, noch einmal muss die ältere Spielerin sich hinabbeugen. Die Leiterin unterstützt sie mit dem Subtext: „Erinnerung kommt, langsam, es war ein Albtraum". Und sie unterbricht nach dem ersten Satz erneut mit einer technischen Anweisung. Mehrfach also muss sich die Spielerin der körperlichen Anstrengung unterziehen und gleichzeitig mit der Bewegung den Text koordinieren. Diese Koordinationsleistung verlangt ein hohes Maß an Konzentration und Präsenz.

An diesem Probenausschnitt wird gut sichtbar, dass die Leiterin und Regisseurin versucht, den Weg der Darstellung der Figur über einen Erinnerungsvorgang bei der Spielerin zu öffnen, der seinerseits an einen leiblichen Vorgang gebunden ist. In dieser Probensequenz fungiert der Leib nicht primär als ein Zeichen im Rahmen eines Bedeutungssystems, das bewusst von der Spielerin bzw. der Regisseurin gesetzt wird, sondern als zentrales Instrument oder Mittel, um Erinnerung bzw. Erfahrung zu aktivieren.

Die rezipierte *Darstellung*

In ihren Arbeiten zur Ästhetik des Performativen und zur ästhetischen Erfahrung hat die Theaterwissenschaftlerin Fischer-Lichte – im Hinblick auf die Rezeption durch den Zuschauer – deutlich gemacht, dass Mobilisierungen oder Veränderungen des körperlichen Zustandes der Schauspieler auf Seiten der Zuschauer Verunsicherungen, Destabilisierungen der Selbst- und Weltwahrnehmung bewirken können, die bis hin zu einer Umstrukturierung des gesamten Bedeutungssystems des Rezipienten während des Aufführungszeitraumes gehen. Diese Transformation des Bedeutungssystems beim Zuschauer – wie Fischer-Lichte den Vorgang nennt – hat seinen Ausgangspunkt beim Schauspieler selbst, in seiner außerordentlichen Aktivierung des Körpers durch permanente Wiederholungen bestimmter intensiver Bewegungen, durch Erproben körperlicher Extrembewegungen, das Austesten physischer Grenzen und auch durch Deformierungen, Selbstverletzungen, wie sie in Ritualen durchgeführt werden und mit denen auch die aktuellen Theater in ihren Ausdrucksformen experimentieren. Die Zurichtungen des Schauspielerkörpers beeinflussen die Wahrnehmung des Zuschauers so intensiv, dass es zu einer Veränderung seines „physiologischen, energetischen, affektiven und motorischen Zustandes kommt". „Die Wahrnehmungen, die der Zuschauer im Theater vornimmt, vermögen also offensichtlich seinen ganzen Organismus zu affizieren" (Fischer-Lichte 2003, S. 147).

Diese Affizierung durch körperliche Vorgänge vollzieht sich – so ist zu vermuten und die beschriebene Probensequenz ist ein Indiz dafür – nicht nur zwischen Schauspieler und Publikum, sondern in einem vorgängigen Akt im Spieler, in der Spielerin selbst, nämlich durch die Stimulation des Leibgedächtnisses bei der Darstellung affektgeladener Erinnerungssituationen.

Die leibgebundene *Darstellung*

Der Erinnerungsfähigkeit des Leibes hat der Anthropologe Thomas Fuchs im Rahmen seines Entwurfs zu einer phänomenlogischen Anthropologie einen ganz eigenen Stellenwert zugewiesen und die Funktionsweise des Leibgedächtnisses in Abgrenzung zum expliziten, d. h. reflexiven, personalen, bewussten Gedächtnis beschrieben: Sich über einen Zeitraum wiederholende Bewegungsabläufe oder auch leibliche Empfindungen, die an bestimmte biografische Situationen oder Bezüge gebunden sind, werden gleichsam in den Leib eingeschmolzen. Je vertrauter oder gewohnter ein Bewegungsablauf ist, umso weniger Konzentration, weniger Bewusstsein erfordert er. Die automatisierte Bewegung wird verinnerlicht: „Leibliches Vertrautsein bedeutet biografisches Vergessen" (Fuchs 2000, S. 318). Andererseits kann jedoch über das Leibgedächtnis der Weg zum expliziten Gedächtnis geöffnet werden, denn „die reichsten persönlichen Erinnerungen sind (…) an leibliche Empfindungen und Erfahrungen geknüpft" (ebd. S. 319). *Vergessen* ist in der Argumentation von Fuchs kein Verschwinden eines

Bewusstseinsgehaltes, sondern ein „Modus leiblichen Existierens“ (ebd. S. 324), so dass man sich „in einer bestimmten leiblichen Weise auf die Suche nach ihm“, nach dem Bewusstseinsgehalt, begeben kann. Das bewusste, konzentrierte, absichtsvolle, mehrfach wiederholte Ausführen einer Bewegung in einem Darstellungsmoment wie hier in der Theaterprobe kann – so lässt sich folgern – so eine ‚bestimmte leibliche Weise' sein und kann Erinnerung in Gang setzen. Das Leibgedächtnis erinnert vergleichbare, ähnliche Situationen, die mit einer bestimmten leiblichen Empfindung, Erfahrung oder Bewegung verknüpft waren. Es erkennt diese wieder.

Die erinnerte *Darstellung*

Dass die eigene Erinnerung zum Material eines schöpferischen Vorgangs wird, dieser Gedanke ist nicht grundsätzlich neu. Schon Freud geht in seinem Aufsatz „Der Dichter und das Phantasieren“ davon aus, dass künstlerischen Stoffen und Themen biografisch geprägte Motive zugrunde liegen. Ausgelöst durch ein starkes gegenwärtiges Erlebnis werden verschüttete, vergessene Wünsche wieder an die Oberfläche des Bewusstseins gehoben und in der Fiktion zur Erfüllung gebracht (Freud 1994, X, S. 177). Zur Veranschaulichung seiner These zieht Freud die Romane des 19. Jahrhunderts heran: Das Ich des Erzählers bzw. Autors spaltet sich auf in die Protagonisten und/oder Nebenfiguren, deren Schicksale meistens zu einem befriedigenden, wenn nicht gar glücklichen Ende geführt werden. Dichterische Werke dieser Machart haben für ihn eine ähnlich entlastende Funktion wie der Tagtraum. Allerdings gibt es einen entscheidenden Unterschied zwischen Fiktion und Tagtraum: „Der Dichter mildert den Charakter des egoistischen Tagtraumes durch Abänderungen und Verhüllungen und besticht uns durch rein formalen, d.h. ästhetischen Lustgewinn, den er uns in der Darstellung seiner Phantasien bietet“ (ebd. S. 179). Freud selbst hat noch im gleichen Aufsatz angemerkt, dass diese Rückführung der künstlerischen Phantasie auf reine Wunscherfüllung sich „in der Wirklichkeit als ein zu dürftiges Schema erweisen wird“ (ebd. S. 178). Und er hat damit den Blick dafür offen gehalten, dass der künstlerische, schöpferische Prozess eben nicht nur auf seinen Substitutionscharakter zu reduzieren ist.

Das Beispiel der Rollenfindung und -gestaltung in der dargestellten Szene lässt denn auch sichtbar werden, dass die Aktivierung der Erinnerung in schöpferischen Prozessen nicht nur nach diesem einen Schema ablaufen kann. Zwei Aspekte lassen sich festhalten:

- Die leibliche Komponente findet in Freuds Beschreibung des dichterischen Phantasierens keine Erwähnung. Das Eingeschriebensein von implizitem Wissen oder impliziten Erfahrungen in die Abläufe des Bewegungsapparats, in die Motorik, ist für ihn weniger relevant. Doch für die ästhetischen Vermittlung im theaterpädagogischen Projekt ist sie konstitutiv: Hier wird durch eine von außen herangetragene Aufgabe und insbesondere durch die körperliche Aktivierung ein Erinnerungsprozess in Gang gesetzt.
- Freud spricht davon, dass der Dichter in seinen Werken seine Phantasien abmildere, verhülle. Diese Begriffe für die Beschreibung dichterischen Schaffens lassen den Eindruck entstehen, als würden die Phantasien nur mit einer Art Verkleidung umgeben, unter der sie aber in ihrer Ursprünglichkeit erhalten bleiben. Doch das künstlerische Produkt ist mehr als das. Zwar können Phantasien, Vorstellungen oder Erinnerungsbilder das Material liefern, aber im Gestaltungsprozess wird dieses Material bearbeitet und durch die Formgebung eben nicht nur abgeändert, sondern auch qualitativ verändert.

Die schöpferische *Darstellung*

Wo setzt die ästhetische Bearbeitung des Erinnerten an und geht über die reine Reproduktion des Erinnerten hinaus? Welche Faktoren sind dabei wichtig? Welchen Aufschluss kann der Probenausschnitt darüber geben?

Die Spielerin ist im Gegensatz zu Freuds Dichter nicht nur auf sich angewiesen, sondern hat in der Spielleiterin und Regisseurin eine wichtige Partnerin. Die Leiterin weist nicht an, sie dirigiert nicht. Sie stellt Fragen, Nachfragen, macht Vorschläge. Dabei tritt sie näher an H. heran, um dann die neue Spielvariante wieder mit räumlichem Abstand zu betrachten. Einmal gibt sie die technische Anweisung: „Geh mit deiner Stimme nach unten". Ihre sprachlichen Kommentare zu den Spielangeboten sind nicht analysierend, sondern anschaulich, bildhaft. Sie bleibt auf der Ebene des impliziten Wissens, des Leibgedächtnisses, wenn sie durch den bildlichen Vergleich des Kofferabsetzens zu verstärken versucht, welches Gefühl, welche innere Haltung sich mit dem Herabbeugen verbinden lässt. Auch auf der körperlichen Ebene nimmt sie die Bewegung der hinunter gebeugten Frau auf und differenziert sie weiter aus, indem sie einen Vorschlag für die Kopfhaltung körperlich vormacht. Das Kopfheben soll so sein, „also ob du den Bahnhof wieder siehst vor deinem geistigen Auge und da kommt Erich". Die Spielerin nimmt die Anregung zur Kopfhaltung auf. Sichtbar ist, dass sie diese Kopfhaltung aber nicht identisch nachahmt, sondern ihrem individuellen Spiel anverwandelt. Das heißt, das Nachempfinden der Als-ob-Situation und die vorgeschlagene Kopfbewegung müssen von ihr miteinander koordiniert, zu einer einheitlichen, stimmigen inneren und äußeren Haltung verbunden werden. Zum einen stimuliert die Leiterin das Leibgedächtnis der Akteurin, zum anderen fordert sie die Spielerin gleichzeitig explizit auf, zu erklären und damit für sich zu klären, was sie tut. H. muss sich selbst über die Absicht, die Richtung, das Ziel dessen, was sie darstellen will, bewusst werden. Nur so kann sich die Intention ihrer Rollengestaltung ausdifferenzieren.

Genau diese Gestaltungsintention hat John Dewey in seinem Werk „Kunst als Erfahrung“ als unabdingbaren Bestandteil der künstlerischen Produktion benannt: „Ein ästhetisches Produkt entsteht nur, wenn die Vorstellungen aufhören dahinzuströmen und in einem Objekt verkörpert werden“, und etwas weiter heißt es: „Die Bedeutung der Absicht als kontrollierender Faktor bei der Hervorbringung wie beim Verständnis wird oft verkannt, weil die Absicht mit dem frommen Wunsch identifiziert wird und dem, was manchmal Motiv genannt wird“ (Dewey 1988, S. 323-324). Sein Begriff der ästhetischen Erfahrung, der aller schöpferischen Produktion und Rezeption zugrunde liegt, beinhaltet den Rückgriff auf Vorvergangenes, Zurückliegendes, das über die Erinnerung ins Bewusstsein dringe. Besonders akzentuiert er, dass die Erinnerung nicht im Wiedererinnern oder Wiedererkennen, d.h. in der Aktivierung des impliziten Wissens stehen bleibe, sondern zu einer Neuorientierung führe (vgl. Dewey 1988, S. 53-54). Im vorliegenden Theaterbeispiel erfordert die körperliche und sprachliche Interaktion mit der Leiterin von der Spielerin schnelle Wechsel zwischen der Ebene des impliziten Wissens und bewusster Intention. Das implizite Wissen des Leibes wird aktiviert und durch die Interaktion mit der Spielleiterin zu einer bewussten Neuausrichtung herausgefordert. Das ist in diesem Fall die Voraussetzung, um vom Modus der Reproduktion in den der Produktion zu kommen.

2 Das Interview - die nachvollzogene Darstellung

Der ästhetische Erfahrungsprozess impliziert nach Dewey also kontrollierte Bearbeitung und Darstellung eigenen Erinnerungsmaterials. Im Theater ist dafür die Interaktion mit einem Gegenüber unabdingbar. Gilt das auch für das narrative Interview, in dem sich der oder die Befragte und der/die Interviewerin gegenübersitzen? Auch hier geht es um Erinnerung, die zur Darstellung gebracht wird. Inwiefern wird in diesem nachvollziehenden Prozess erinnerte Erfahrung schöpferisch gestaltet? Diesen Fragen wird am Beispiel eines Interviews nachgegangen, das mit der Darstellerin H. im Anschluss an die Aufführungen geführt wurde.

„Das Stegreiferzählen ist ein schöpferischer Akt“, schreibt Fritz Schütze, „es gestaltet den Strom der gemachten Erfahrungen weit über die anfänglichen Erwartungen und Vorabbilder hinaus“ (Schütze 1987, S. 184). In seinen erzähltheoretischen Grundannahmen geht er von „Zugzwängen“ des Erzählens aus, aufgrund derer der Erzähler seine Narration nicht mehr im Sinne einer bewussten Darstellung steuern kann. Ausgangspunkt für seine erzähltheoretischen Systematisierungen ist die Herausarbeitung einer sozialwissenschaftlichen „Theorie des Erleidens“ (Schütze 1982, S. 569) in Kontrast zu den etablierten Theorien sozialen Handelns, um genauer empirisch erfassen zu können, wie einerseits individuelle Entwicklungs- und Veränderungsprozesse durch sozialstrukturelle Konstellationen bedingt werden und wie gleichzeitig diese Prozesse jene Konstellationen aber auch mit herausbilden.

Das Interesse an erzählten Erinnerungen ist im vorliegenden Kontext ein anderer, denn die Interviewpartnerin wird nicht im Zusammenhang einer Erleidensgeschichte, sondern vor dem Hintergrund ihres Handelns, dem Theaterspielen, befragt. Ziel der Befragung ist es zunächst einmal auf der faktischen Ebene herauszufinden, welche äußeren Bedingungen und inneren Beweggründe den Einzelnen veranlassen, Theater zu spielen. Wesentlich interessanter erscheint darüber hinaus aber die Frage, in wie weit das Theaterspielen Rückwirkungen auf die eigene Reflexionsfähigkeit, auf das Nachdenken über die eigene Entwicklung, das eigene Gewordensein hat. Werden dadurch Selbstbildungsprozesse nachhaltig beeinflusst?

Die erzählte *Geschichte*

Schon Monate vor dem stattfindenden Interviewtermin wurde in der Theatergruppe gefragt, wer am Ende des Projekts bereit wäre, an einem Interview teilzunehmen, um von seinem Leben und dem Theaterspielen zu erzählen. Nach der Premiere erklärte sich H. sofort bereit, das Interview zu geben. Und im Gespräch wird deutlich, dass schon die Ankündigung des Interviews einen Gedankenprozess bei ihr in Gang gesetzt hat, der über mehrere Monate gelaufen ist: „So und dann habe ich auch, und da erinnere ich, eben als du mich gefragt hast, ‚erzähl mir von der Vergangenheit’ und schon, als du mir das damals sagtest, fiel mir plötzlich ein, dass mir…“. H. geht nicht unvorbereitet in das Interview. Sie gibt ihre Lebensgeschichte in einem neunzigminütigen Gespräch wieder, das mit der Einstiegsfrage beginnt: „Mir geht es um deine persönliche Geschichte des Theaterspielens. Ich habe euer Projekt jetzt ein Jahr begleitet und euer Engagement gesehen. Mich interessiert, welcher Weg führt zum Theaterspiel, wo beginnt dieser Weg? Vielleicht schon in der Kindheit? Ich möchte dich bitten zu erzählen, wo deine Erinnerungen ansetzen".

Die folgenden Beobachtungen beziehen sich hauptsächlich auf die Koda, die ungefähr 26 Minuten dauert. Kurz lassen sich die zeitlichen Sequenzen der Eingangserzählung skizzieren: Die 1939 geborene Erzählerin beginnt mit dem Verlust des Zuhauses 1945. Sie zieht von einem Schloss, auf dem ihr Großvater als Verwalter tätig ist, in eine kleine Wohnung auf dem Bauernhof, wo sich die Familie zunächst in Abwesenheit des Vaters mühsam durchschlägt. Es kommen vier nachfolgende Geschwister, für die sie Verantwortung übernimmt. Die christliche Einstellung der Familie wird von ihr bewusst als Gegenwelt zum staatlich verordneten Sozialismus der DDR empfunden. Knapp erwähnt sie die Schule und den Eintritt in das Gymnasium. Dann folgt die Aufnahme des Theologiestudiums in Leipzig. Auf Drängen ihres Verlobten im Westen beantragt sie 1964 die legale Ausreise aus der DDR und erhält sie. Sie fährt in der Erzählung fort mit der Gründung der eigenen Familie und dem Leben in der ersten Dorfpfarrei. Die Eingangserzählung endet mit einem zeitlichen Sprung. Sie schildert das Abschlussfest ihrer gerade beendeten Therapie-Ausbildung.

Die gestaltete *Geschichte*

Wie nun gestaltet die Erzählerin ihre Lebenserzählung? Auffallend ist vor allem in den ersten Passagen zur Kindheit und zum Großwerden in der DDR eine Märchenstruktur: „Kampf und Sieg, Aufgabe und Lösung sind Kernvorgänge des Märchengeschehens" schreibt der Germanist Max Lüthi (1996, S. 25). Getragen wird die Handlung allgemein von einem Protagonisten oder einer Protagonistin, um die sich Kontrastfiguren wie Erfolglose, Neider, Gegenspieler u. a. scharen, so auch in der Darstellung der Erzählerin. Schon das „Schloss", in dem der Großvater die Bücher für den „Prinzen" führt und das in der Folge des Krieges gegen eine ganz „erbärmliche Wohnung" bei einem Bauern eingetauscht wird, scheint Märchenmotiven entlehnt. Die ursprünglich „heile Welt", wie sie es selbst nennt, erfährt wie in Märchen üblich eine Bedrohung von außen, hier konkret durch die Abwesenheit des Vaters. Die Zeit nach dem Krieg und in der DDR beschreibt sie als eine Phase nicht nur des materiellen Mangels, in der die Sehnsucht nach Veränderung/Erlösung erwächst. Und auch die Einteilung in gut und böse findet sich wieder in der Konfrontation von christlich geprägtem Elternhaus und kommunistisch-sozialistischem Staat. Selbst die Personen aus ihrer engsten Umgebung wie Mutter, Vater, Großvater, Geschwister, Verlobter bleiben wie die Nebenfiguren im Märchen flach, ohne individuelle Kennzeichnung.

Dass die Erzählerin die Märchenstruktur aufnimmt, ist nicht zufällig und die Erklärung selbst schon in die Erzählung eingewoben. An verschiedenen biografischen Stationen werden Märchen und selbst erfundene Geschichten zum Thema. So beschreibt sie sehr bildhaft, wie sie sich in der Nachkriegzeit – auf einer Blumen bewachsenen Mauer liegend – „Rettungsgeschichten" ausgedacht hat, in denen „die Welt noch in Ordnung, überschaubar, übersehbar ist", wie sie es selbst sagt. Es werden ihr Märchen von der Mutter erzählt und mit ihr und der Schwester schaut sie sich ein von einer Schulgruppe aufgeführtes Märchen an: die Schneekönigin. Später erzählt sie ihren eigenen Kindern traditionelle und selbst erfundene Märchen und erinnert sich darüber an ihre Studentengemeindezeit, in der es Märchenabende gab, an denen man sich auswendig die traditionellen Geschichten erzählte. Die an diesen biografischen Orten erlebten, erlernten, eingeübten und schließlich selbst praktizierten Erzählmuster fließen in die aktuelle Lebenserzählung ein. Die Märchenvorlage wird jedoch durchbrochen, wenn es um die Gestaltung der Protagonistin geht. Während im Märchen die Erlösung von einer unerträglichen Situation oft von außen gewährt wird, indem beispielsweise drei Rätsel oder bestimme Aufgaben gelöst worden sind, präsentiert sich die Erzählerin als Protagonistin, die der als widerständig empfundenen Welt ihre eigene Vorstellungswelt entgegen setzt: Dazu gehören nicht nur die Märchen, sondern auch die Theatergruppe in ihrer Studentengemeindezeit und die Musik – sie singt im Chor und spielt Klavier. Diese Dichotomie von Phantasie- und Realwelt findet sich als literarische Grundkonstellation in vielen autobiographisch geprägten Werken seit der Frühromantik (wie zum Bsp. im „Anton Reiser" von Karl Philipp Moritz, in „Franz Sternbalds Wanderungen" von Ludwig Tieck bis hin zu Goethes „Werther").

Legt man auf diese literarischen Erzählmuster die analytische Struktur der Erzählschemata oder Textsorten von Schütze und Nachfolgern, so wird in der Sequenzierung deutlich, dass szenenhafte Beschreibungen (Schloss, heile Welt), Berichte („Mutter hat uns Märchen erzählt…"), Evaluationen im Sinne von Selbstdeutungen („deshalb bin ich auch so bodenständig"), Hintergrunderläuterungen („die DDR hatte sich herausgenommen zu sagen"; „da spielten die 68er eine Rolle, dass dann die Märchen abgeschafft wurden") eng miteinander verwoben sind. Die einzelnen Sequenzeinheiten sind selten länger als 6 bis 8 Zeilen. Besonders auffallend sind fünf Stellen in jenem Textteil, der die Zeit nach dem Grenzübertritt in den Westen bis heute umfasst. An diesen Stellen spricht die Erzählerin – auch mit der Stimme leiser werdend – zu sich selbst: „Jetzt begreife ich das (…); seltsam das fällt mir jetzt gerade ein (…); jetzt fällt mir das wieder ein, ich habe nicht mehr daran gedacht". Diese an sich selbst gerichteten Bemerkungen fallen alle im Zusammenhang mit ihren Theatererfahrungen, genauer mit dem Kasperl- und Märchentheaterspielen in der Familienphase. Zum Ende der Koda formuliert sie dann in einem Selbstkommentar:

> „Ja und ich möchte sagen, vielleicht zieht sich das auch wie ein roter Faden durch mein Leben durch, dass ich im Grunde auch gerne inszeniere, auch das Leben inszeniere. Ja einerseits gebe ich mich dem Leben richtig hin. Nicht dass ich daraus ausweiche und irgendwelche Traumwelten (...), aber dass ich das Leben wenn es denn immerhin so ist, irgendwie versuche zu gestalten, (leise) das fällt mir jetzt gerade ein: Leben inszenieren".

Diese Äußerung scheint wie eine Bilanz, ein Fazit, ein Endpunkt ihrer Gedankenentwicklung. Die von ihr so herausgearbeitete Deutung belegt sie ganz zum Schluss der Eingangserzählung nochmals mit einer aktuellen Begebenheit: Sie schildert, wie sie beim Abschlussfest ihrer Therapieausbildung spontan von den anderen Absolventen aufgefordert wird, den Ablauf festzulegen, zu inszenieren, wie sie sagt.

Auf Dewey rekurrierend, lässt sich sagen, dass in diesem Zitat eine Erfahrung zum Abschluss gebracht wird, die sich im Erzählvorgang erst aufbaut. Das Material der Erinnerungen wird hier im Sinne Deweys aktualisiert, ein neues Deutungsmuster wird dabei entworfen. Die Deutung ist der dramaturgische Höhepunkt im Spannungsbogen ihrer Geschichte, die H. so erzählen kann, weil sie über ästhetische (Erzähl-) Formen verfügt, die sie die Zeit ihres Lebens über erworben und entwickelt hat. In der En-face-Situation mit der Interviewerin, die eine mit der Spielleiterin vergleichbare auffordernde und mitgehende Funktion hat, wird die ästhetische Kompetenz des Erzählens aktiviert. Wie die Rollenfindung und -gestaltung ein schöpferischer Akt der Erinnerungswiedergabe ist, so ist es auch die im Interview hervorgebrachte Lebensgeschichte.

Betrachtet man Lebensgeschichten unter dem hier fokussierten Aspekt ihres ästhetischen Erfahrungsgehalts, stellt sich noch einmal die vielfach diskutierte Frage nach dem Verhältnis von Realitätswiedergabe und Fiktion (siehe dazu u.a. Fischer-Rosenthal/Rosenthal 1997, S. 137). Das Beispiel zeigt, dass die in Interviews hervorgebrachten Lebensgeschichten und die ihnen implizierten Deutungsmuster und Eigentheorien nicht nur eine Illusion, also eine Einbildung oder gar Selbsttäuschung sind, sondern Ausdruck und Gradmesser einer produktiven Energie des Einzelnen.

Literatur

Dewey, J. (1988): Kunst als Erfahrung. Frankfurt/M.

Fischer-Lichte, E. (2003): Ästhetische Erfahrung als Schwellenerfahrung. In: Küpper, J./ Menke, Ch. (Hrsg.): Dimensionen ästhetischer Erfahrung. Frankfurt/M., S. 138-161.

Fischer-Rosenthal, W./Rosenthal, G. (1997): Narrationsanalyse biographischer Selbstrepräsentation. In: Hitzler, R./Honer, A. (Hrsg.): Sozialwissenschaftliche Hermeneutik. Eine Einführung. Opladen, S. 133-163.

Freud, S. (1994): Der Dichter und das Phantasieren. In: Mitscherlich, A. (Hrsg.): Freud – Studienausgabe, Bd. X, Frankfurt/M., S. 169-179.

Fuchs, Th. (2000): Leib, Raum, Person. Entwurf einer phänomenologischen Anthropologie. Stuttgart.

Lüthi, M. (19969): Märchen. Stuttgart.

Schütze, F. (1987): Das narrative Interview in Interaktionsfeldstudien. Erzähltheoretische Grundlagen, I. Studienbrief der Fernuniversität Hagen, Teil I: Merkmale von Alltagserzählungen und was wir mit ihrer Hilfe erkennen können. Hagen.

Schütze, F. (1982): Narrative Repräsentation kollektiver Schicksalsbetroffenheit. In: Lämmert, E. (Hrsg.): Erzählforschung. Stuttgart, S. 568-590.

Biografische Verwirrungen. Ästhetische Verfahren in der Arbeit zum beruflichen Selbstbild von Lehrkräften

Fritz Seydel

„... denn du bist gehalten, die Fakten zu verwirren,
um den Tatsachen näherzukommen."
(Christa Wolf, 1979)

Bilder, Gesten und Sprüche über Lehrer sind zahlreich. Manches findet sich davon im Bildvorrat der Kunst wieder (vgl. Schiffler/Winkler 1991). Bilder gibt es auch in Beschreibungen von (meist männlichen) Lehrern in der Literatur. „Er schlich, die Hände auf dem Rücken, die Stirn gesenkt und ein giftiges Lächeln in den Mundfalten, um die Lachen in der Vorstadt herum." (Heinrich Mann 1905/ 1991, S. 25; vgl. auch: Elsner 1964; Aitmatow 1989; Hesse 1903; Musil 1906; dagegen Camus 1995; vgl. auch Ziehe 1991). Und genau darum geht es in diesem Beitrag: um die flüchtigen und doch verinnerlichten, eingefrorenen und unbeweglichen Klischees vom Lehrer, die, zu unbewussten Mustern verwoben und „verwirrt" von jeder Lehrerin und jedem Lehrer in Schule und Unterrichtsalltag (mit)getragen werden.

Die Ausgangsthese meiner Überlegungen ist dabei: Die Tätigkeit von Lehrkräften ist in erster Linie eine „unsachliche Angelegenheit", das bedeutet, sie erfordert im Beziehungsgeflecht der unmittelbaren, hoch komplexen Unterrichtssituation neben den kognitiven auch intuitive Entscheidungen. Alle notwendigen Aspekte dieser Entscheidungen (pädagogische, psychologische, institutionelle, auf den Unterrichtsgegenstand bezogene) lassen sich nicht nacheinander abwägen. Der Rückgriff auf zusammenhängende Muster ist erforderlich. (Vgl. Seydel 2004a und 2005)

1 Berufliche Identität von Lehrkräften und biographische Arbeit. „Musterkoffer" des Lehrerhandelns

Diese Muster werden weitgehend nicht in der Ausbildungszeit gestaltet, sie werden in den Phasen der ersten und zweiten Ausbildung sogar kaum hinterfragt oder bearbeitet. Sie entstehen in erster Linie außerhalb von Ausbildungszusammenhängen. Jede Lehrerin und jeder Lehrer kann auf eine mindestens dreizehnjährige „Vor-Bildung“ zum Beruf in der Institution Schule zurückgreifen. Diese Vorbildung basiert auf elementaren Beziehungs- und Erziehungsmustern der ersten Lebensjahre. Bilder von Lehrern werden in verschiedenen kulturellen Zusammenhängen ergänzt: in Büchern, Filmen, Bildern und Schulerzählungen.

Die KandidatInnen für den Lehrerberuf kommen so bereits mit einem *Koffer voller Muster zum LehrerInnenhandeln* an die Hochschule. Diese Muster bringen sie aus unmittelbar eigenem Erleben und kulturell vermittelter Erfahrung mit. Im Musterkoffer finden sich unsortiert

- frühkindlich angelegte, in Kindheit und Jugend entwickelte Beziehungsmuster,
- Muster für Konfliktsituationen in Erziehungsprozessen,
- Muster für Lernprozesse (häufig im Sinnen von „schulisch Wissen aneignen“ statt „eigenen Fragen nachgehen“),
- Muster für Vermittlungssituationen,
- Muster für unterrichtsfachliche Verfahrensweisen,
- Bilder zu unterrichtsfachlichen Positionen und Haltungen,
- Kinderbilder,
- Kindheitsbilder,
- Schülerbilder,
- Lehrerbilder,
- Menschenbilder (Modelle zur Psychologie, zum sozialen Verhalten „des“ Menschen),
- Selbst- und Weltbilder.

Der Musterkoffer bleibt während des Studiums weitgehend ungeöffnet. In den ersten komplexen, unterrichtspraktischen Anforderungssituationen wird er aufgerissen, Muster werden unbesehen, unbearbeitet herausgezerrt und als Strukturierungshilfe für das eigene Handeln verwendet. Das wird von einer größeren Zahl von Untersuchungen zu Lehrerbiografien bestätigt (vgl. Flaake 1989; Hirsch 1990; v.a. Schönknecht 1997).

Die Ausbildung der Lehrkräfte muss auf die biografisch erworbenen *Bilder* und Muster des Handelns Bezug nehmen. Diese Erkenntnis ist nicht neu. Die Notwendigkeit biografischer Arbeit in der Lehrerinnenbildung wurde bereits hinlänglich begründet und ist auch unter den Ausbildenden anerkannter als zunächst vermutet (vgl. Seydel 2005, S. 127f.; vgl. auch Bönsch 1996, S. 16).

Fünf Felder biografischer Arbeit lassen sich für die LehrerInnenbildung beschreiben:

- die Auseinandersetzung mit der eigenen Vorbildung und mit der Vorbildung anderer – im Sinne von *biografischer (Re-)Konstruktion* zu Kindheit, Schulzeit und Lehrerbildern, Muster entdeckend;
- die Auseinandersetzung mit aktueller Ausbildungserfahrung im Sinne *biografischer Verortung;*
- die Auseinandersetzung mit den Quellen der eigenen Vorbilder, sprich die *biografische Bezugnahme* auf Menschenbilder, Gesellschaftsbilder, pädagogische Entwürfe, didaktische Konzepte;
- die Auseinandersetzung mit in der Gegenwart kulturell vermittelten Lehrerinnenbilder, sprich *Lehrerinnenbiografieforschung;*
- sowie das Feld der Entwürfe für ein Lehrerinnenselbstbild, für *biografische Entwürfe*, für die Überarbeitung der Muster. Damit ist mehr als ein „berufliches Selbstkonzept" gemeint (vgl. Seydel 2005, S. 86).

Das Problem scheint jedoch nicht in der Begründung der Notwendigkeit von biografischer Arbeit in der Lehrerinnenbildung zu liegen. Es steckt in den Bedingungen ihrer Realisierung. Meine eigenen Untersuchungen verweisen auf zwei Problembereiche, die eine Zurückhaltung gegenüber biografischer Arbeit in der Lehrerinnenbildung erklären können (vgl. Seydel 2004a, S.120ff.).

1.1 Probleme in der Struktur der LehrerInnenbildung

Ein erster Problemkreis der Erklärung für die Zurückhaltung gegenüber biografischer Arbeit in der LehrerInnenbildung bezieht sich auf deren Struktur in Hochschule und Studienseminar. Er betrifft grob aufgelistet (vgl. Seydel 2005, S. 382ff.):

- die Studieninhalte, die in weiten Teilen immer noch auf das Sammeln fertiger, prüfungsrelevanter Antworten und nicht auf das forschende, eigenen Fragen nachgehende Lernen ausgerichtet sind;
- die mangelnde hochschuldidaktische und methodische Ausbildung der Ausbilder;
- die subjektferne Grundstruktur des Studiums, hinter der häufig ein bestimmtes Professionalisierungsverständnis steht. Danach handelt ein Lehrer oder eine Lehrerin dann professionell, wenn es ihr gelingt, sich auf die sachliche Ebene des Unterrichts zu konzentrieren und sich nicht auf der Beziehungsebene einbinden zu lassen (vgl. Terhart 2001, S. 52ff.; Bauer 2002). In der gymnasialen Oberstufe mag ein solches Professionsverständnis tragbar sein,

in der Hauptschule im sozialen Brennpunkt oder in der Grundschule ist es zum Scheitern verurteilt.

1.2 Probleme biografischer Arbeit im Studierendenalter

Der zweite – nach meiner Erfahrung letztlich entscheidende – Problembereich betrifft die Struktur biografischer Arbeit im Studierendenalter. Sie unterscheidet sich erheblich von der in gewisser Hinsicht geplanten Struktur erwachsener Biografiearbeit. Sie ist noch eng mit dem Aufbruch in das jugendliche „Biografieren" verknüpft.

Dieter Baacke (1983) beschreibt die Verdichtung in der Persönlichkeitsentwicklung, die mit der Entdeckung der Ich-Identität, mit der ersten umfassenden biografischen Verortung einhergeht. Die biografische Suche entwickelt sich zu einer das aktuelle Leben häufig, phasenweise vollständig dominierenden Tätigkeit. Dabei ist einschränkend zu sagen, dass Jugendliche zwar zunehmend bewusster biografisch arbeiten, aber immer wieder auch umgekehrt von der Biografie bearbeitet werden, sich in ihr verfangen, mit ihr verstricken. Biografische Arbeit findet auf einer Baustelle statt, auf der sich der Bauplan erst im Bauprozess herausbildet.

Biografische Arbeit realisiert sich in der Adoleszenz als ein teilweise schmerzhafter Prozess der Lösung aus kindlichen Beziehungsgewissheiten – von Eltern, Geschwistern, Großeltern. Er offenbart die Begrenztheit der Entfaltungsmöglichkeiten, deckt das widersprüchliche Anforderungsgeflecht im eigenen Lebensweg auf. Biografische Arbeit ist in dieser Lebensphase von intensiven körperlichen und seelischen Spannungen begleitet. Auf der Suche nach Selbsteinschätzung kommt es immer wieder zur Selbstüberschätzung oder -unterschätzung. Das reißt – im übertragenen Sinne – Wunden auf. Die Verletzlichkeit nimmt zu. Der Prozess lässt sich als ein Auf*bruch* im eigentlichen Wortsinn verstehen: An den Bruchstellen entstehen schmerzliche Risse, es geht nicht alles glatt.

Es wird nach radikalen Lösungen für die Widersprüche im Selbst und in der Welt gesucht. „Das noch schwache adoleszente Ich scheint keine ‚Grautöne' zu ertragen: es wird scharf zwischen ‚Gut' und ‚Böse', ‚Schwarz' und ‚Weiß' unterschieden. Dies verleiht auch der adoleszenten Kritik an gesellschaftlichen Missständen zwar oft eine hellsichtige, aber in der Regel auch holzschnittartige Qualität." (Leuzinger-Bohleber/Garlichs 1993, S. 25)

Diese Phase ist im Studierendenalter nicht abgeschlossen (vgl. Baacke, in: Lenzen 1989, S. 799). Marianne Leuzinger-Bohleber geht davon aus, dass in unserer Kultur die Lebensphase der Studierenden der *Spät*adoleszenz zugeordnet werden kann (1993, S. 13ff.). Sie beschreibt für diese Phase, dass im Unterschied zur oben dargestellten eigentlichen Adoleszenz, der „seelische Notstand" etwas reguliert sei. Es ist die Phase, in der von Jugendlichen – vielleicht passt der Ausdruck „Erwachsenden" besser – verlangt wird, sich für einen Berufsweg zu entscheiden, sich vertiefend auf eine Liebesbeziehung, auf konstante sexuelle Kontakte einzulassen, und „auch im Bereich des persönlichen Wertraums eine Reihe von Festlegungen zu treffen (sind): politische, ideologische und religiöse Lebenseinstellungen nehmen Kontur an" (ebd. S. 26). Mehr und mehr wird aus dem „*Wer* bin ich?" ein „*Das* bin ich!".

Damit soll nicht für eine starre Zuordnung der Lebensphase der Studierenden gesprochen werden. In den Übergängen zwischen der eigentlichen und der späten Adoleszenz sowie ansatzweise dem Erwachsenenalter gibt es ein Hin und Her (vgl. Friebertshäuser 1999, S. 280).

Und: es darf nicht nur die problematische Seite der Biographiearbeit gesehen werden. Studierende befinden sich gleichzeitig in einer relativ offenen Phase biografischer Arbeit. Diese Phase ist offen hinsichtlich der Vielfalt der z.T. in sich widersprüchlichen individuellen Voraussetzungen. Die Studierenden sind meist noch nicht so eingebunden wie im Erwachsenenalter: Arbeitsort, Wohnort, oft auch Lebenspartner, aber auch Lebensstil können noch wechseln. Offen ist der Prozess, weil die Möglichkeit einer bewussten Gestaltung der Biografie erkannt wird. Die „Erwachsenden" können sich ansatzweise das Werkzeug biografischer Arbeit bewusst zunutze machen. So ist es ihnen möglich, vor dem oben beschriebenen Hintergrund und im Rahmen ihrer aktiven Lebenssituation in ihren biografischen Vordergrund selbst gestaltend einzugreifen. Das begründet ein (auto-)biografisches Interesse in dieser Lebensphase. Auch trifft zu, was Theodor Schulze formuliert: „Lebensgeschichtliche Äußerungen entsprechen einem Bedürfnis der Selbstthematisierung." (Schulze 2002, S. 27)

1.3 Ästhetische Zugänge in der biografischen Arbeit

Während der erste Problembereich, die Struktur der LehrerInnenbildung betreffend, durch strukturelle Veränderungen lösbar wäre, erfordert der zweite Problembereich, die Struktur der Persönlichkeitsentwicklung der Studierenden, mehr als bildungspolitische Entscheidungen. Es muss über Möglichkeiten der biografischen Arbeit nachgedacht werden, die in der beschriebenen Lebensphase die Türen zum Selbstbild der werdenden Lehrkräfte öffnen, bzw. an der offenen Seite für die biografische Arbeit in dieser Lebensphase beginnen.

Ich habe in diesem Zusammenhang Möglichkeiten untersucht, über ästhetische Verfahren in die biografische Arbeit einzusteigen (vgl. Seydel 2004a,

2005). Dabei wird davon ausgegangen, dass der Biografie als Konstruktion in Form einer fiktiven Erzählung (vgl. Fuchs-Heinritz 2000) ohnehin ein ästhetisches – sprich wahrnehmungsbasiertes, gestaltsuchendes, gestaltgebendes – Moment inhärent ist (vgl. Seydel 2005, S.175ff.).

Der ästhetische Zugang kann andere Zugänge nicht ersetzen – wie etwa die wissenschaftlich fundierte Biografieforschung oder die Supervision im Zusammenhang mit Praxiserfahrungen. Aber ich halte ihn gerade im Kontext der beschriebenen Spannungen in der biografischen Arbeit Studierender für einen Weg, der insbesondere im Einstieg zur biografischen Arbeit sehr nützlich sein kann.

1.4 Bezugnahme auf Verfahren der bildendenden Kunst

Die untersuchten Vorgehensweisen haben sich in Analogie zu künstlerischen Verfahren entwickelt, die unter „Spurensicherung" oder „Feldforschung" in der Gegenwartskunst zusammengefasst werden (vgl. Kirchner 1999; Metken 1977, 1996).

Dazu ein Beispiel: Christian Boltanski (Jahrgang 1944) ist im Nachkriegs-Paris aufgewachsen. Hier hat er, wie er selbst sagt, seine Kindheit verloren. In seiner Kunst setzt er sich mit dieser biografischen Leerstelle auseinander. Dabei bleibt er im Fiktiven – und doch wieder nicht (vgl. Semin u.a. 1997).

> „Nein, ich kam niemals wirklich in meinen Arbeiten vor. Nie habe ich meine eigenen Spielsachen benutzt. Alles war fabriziert. Mein Fotobuch „Zehn fotografische Portraits von Christian Boltanski" aus dem Jahre 1972 enthält für jedes Lebensalter von C.B. das Foto eines anderen Jungen. Meine Kindheit und Jugend war in Wirklichkeit ganz anders. (...) Statt dessen habe ich mir dank der Kunst eine „normale" Klischee-Kindheit zusammengebastelt, mit Spielkameraden, Freunden und Ferien am Strand. Dabei kann ich bis heute noch nicht richtig Ferien machen. Ich hasse den Monat August." (Christian Boltanski im art-Interview, September 1996, S. 80)

Weitere Werke, etwa die „Vitrine der Beziehungen" (1970) oder die „Orte der Kindheit" mit den aus „Knete" oder Nägeln und Alufolie nachgeformten seltsamen Spielsachen und den Fotos von den angeblichen Stätten seiner Kindheit vermitteln mehr von Boltanskis erfundener Biografie (vgl. Semin u.a. 1997).

1.5 Bezugnahme auf Verfahren der Kunstpädagogik

Solche Arbeitsweisen der Spurensicherung und künstlerischen Feldforschung werden in einem aktuellen kunstpädagogischen Konzept aufgegriffen. Es ist unter der Bezeichnung „Ästhetische Forschung“ (Kämpf-Jansen 2000) zu finden. In diesem Konzept werden – ähnlich wie in der Kunst der Spurensicherung – wissenschaftliche und subjektive – alltägliche wie künstlerische – Herangehensweisen ineinander verflochten.

Ein ästhetisches Forschungsprojekt beginnt mit einem einzigen, kleinen, oft unbedeutend scheinenden Gegenstand oder einer einfachen Frage. Recherchierend und zugleich erfindend, in seiner Gestalt untersuchend und zugleich gestaltend wird der Frage oder diesem Gegenstand auf die Spur gegangen. So entwickelt sich ein Geflecht aus Gewesenem und Erinnertem, aus Wahrscheinlichem und Unwahrscheinlichem, aus Dokumentation und Fiktion. Dieser Forschungsprozess wird in einem Tagebuch festgehalten. (Vgl. zu dem Konzept auch Blohm u.a. 2006.)

1.6 Bezugnahme auf Verfahren der LehrerInnenausbildung

Anknüpfungspunkte bietet schließlich das in den frühen achtziger Jahren in der Lehrerinnenausbildung entwickelte Verfahren der biografischen Selbstreflexion (Gudjons u.a. 1986) Das Konzept baut auf einem Begriff von Biografie auf, der schon in vieler Hinsicht dem des aktuellen erziehungswissenschaftlichen Diskurses zur Biografiearbeit ähnelt (vgl. u.a. Ecarius 1998; Krüger/Marotzki 1999; Kraul/Marotzki 2002; zusammenfassend Seydel 2005, S.68ff).

Auch wenn die Arbeit der Autorengruppe auf eigenen Erfahrungen mit der Psychoanalyse, auf Weiterbildungen in gruppentherapeutischen Verfahren und Selbsterfahrung beruht, betonen sie, „biografische Selbstreflexion (kann) keine Therapie leisten, obwohl manche Übung auch innerhalb eines therapeutischen Prozesses Verwendung finden wird und obwohl biografische Arbeit Selbstreflexion methodisch (...) therapeutischen Verfahren gleicht“ (Gudjons u.a. 1986, S. 45). Grundsätzlich gehe es jedoch nicht um eine „Behandlung“ von Störungen, Defiziten und Leiden, sondern um „Selbsterkenntnis“ und das „Verstehen der eigenen Gewordenheit“ (ebd. S. 11).

2 Ästhetisch-biografische Arbeit mit Lehrkräften

In den letzten zehn Jahren haben sich verschiedene Ansätze ästhetisch-biografischer Arbeit in der Praxis der LehrerInnenbildung entwickelt (vgl. Steitz-Kallenbach 2002; Obolenski 2001; Hering 2000; weitere Ansätze zusammengefasst: Seydel 2005, S. 136ff.). Auf einen eigenen Versuch will ich hier eingehen:

ein kunstpädagogisches Seminar zum Thema „Lehrerbilder hinterfragen" im Jahr 2002/2003 an der Universität Hannover.

Zur ästhetischen Forschung zum eigenen Lehrerbild werden in der Anfangsphase des Seminars für die Studentinnen eine ganze Reihe von Impulsen gegeben:

- ästhetische Annäherungen an Lehrerbilder über Gegenstände aus der Schulzeit,
- Übungen zur intensiven Selbst- und Fremdwahrnehmung,
- gestaltende Auseinandersetzungen mit Lehrerbildern in der Kunst,
- Kennenlernen von künstlerischen Verfahren in der biografischen Arbeit,
- Erarbeitung eines aktuellen Begriffs von Biografie und von Grundlagen erziehungswissenschaftlicher Biografieforschung.

Alle sichtbaren Ergebnisse fließen in einem raumgreifenden Ensemble zusammen, das in Analogie zur Arbeitsweise der Künstlerin Anna Oppermann während des Semesters im Veranstaltungsraum in sich verwächst (vgl. zu Oppermanns Arbeitsweise: Kraft 1994; auch Otto 1998). In den Ensembles von Anna Oppermann wird die Abbildung des Untersuchten in immer neuen Perspektiven und in kaum nachvollziehbaren, endlosen Verknüpfungen wiederholt und doch zugleich neu eingebracht und bedacht.

Im Mittelpunkt des Seminars stehen die ästhetisch-biografischen Forschungsprojekte der Studierenden. Die TeilnehmerInnen führen zu diesen Forschungsprozessen ein privates Tagebuch. Immer wieder bringen sie nach eigener Entscheidung Passagen daraus in die Reflexionsphasen des Seminars ein.

Eine Studentin stellt zum Seminarbeginn in einer ersten Runde zu den Erwartungen an das Seminar fest, sie wolle eigentlich gar keine Lehrerin werden. Mit ihrem ästhetischen Forschungsprojekt geht sie der Frage auf den Grund, wann sie es eigentlich werden wollte und warum sie es einmal werden wollte. Zum Einstieg in ihr Projekt beschreibt sie diese Suche:

> „Ich habe inzwischen ein paar Gespräche mit den Menschen geführt, die damals an meinem Entscheidungsprozess für dieses Studium beteiligt waren. Außerdem habe ich in Tagebüchern, Fotos und anderen Erinnerungen gewühlt und geforscht, ob und welche Rolle Lehrer und Schule in meinem Leben gespielt haben. Zu einigen Lehrern habe ich aufgeschrieben, wie ich sie empfunden habe, was ich gut fand und was nicht." (alle Zitate nach Seydel 2005, S. 282ff.)

Bei ihren Recherchen stößt sie auf Tagebucheintragungen aus ihrem 14. Lebensjahr, in denen sie schreibt, dass sie unbedingt Lehrerin werden will. Sie stellt für ihre Präsentation in mühsamer Arbeit ein Flechtbild aus einer Kopie des genannten Fotos und des Tagebuchtextes her. Dieses Flechtbild liegt zwischen zwei Zetteln. Auf dem einen thematisiert sie das „Mensch-Sein“ mit offenen Augen als Symbol des Authentischen. Auf der anderen Seite wird die eigentümliche „Lehrerinnenrolle“ mit geschlossenen Augen thematisiert: „Die Augen vor etwas verschließen.“ In der Mitte die Brille als Symbol für den Durchblick aber auch das Verstellen des Gesichtsausdrucks.

In der Auswertung formuliert sie, worum es ihr im Kern ging: um die unerträgliche Spannung zwischen „dem, was von mir erwartet wird, und dem, was ich sein will“.

Eine zweite Studentin stößt ebenfalls in der Suche nach dem Lehrerinnenbild auf ihr Selbstbild. Doch sie thematisiert im Weiteren nicht mehr das Spannungsfeld zwischen diesen Bildern, sondern geht in einem intensiven ästhetischen Forschungsprozess auf ihr Selbstbild direkt ein.

> „Die ersten Assoziationen wurden durch den mitgebrachten Gegenstand aus der eigenen Schulzeit, die Traumreise und die Stöberphase in den verschiedensten Schulmaterialien ausgelöst. Dabei wurde die wichtige Beziehung zu einer Schulfreundin und ein sehr intensives Erlebnis mit einem Musiklehrer, vorerst Hauptthema. Bei der Suche kamen verschiedene Assoziationen zusammen, die sich mit meiner eigenen Rolle in der Schulzeit, mit einigen Erinnerungen an Lehrpersonen, mit Unterrichtseinheiten und auch mit meiner Mutter auseinander setzten.“

Die Auseinandersetzung mit sich selbst und mit der elementaren Beziehung zur Mutter rückt mehr und mehr in den Mittelpunkt ihrer ästhetischen Forschung.

> „Hier habe ich für mich ganz klar mein Thema gefunden. Mir wurde klar, dass ich mir erst mal über mich selbst bewusst werden musste und auch immer noch bewusst werden möchte.“
> „Es ging um die Verbindung von Vergangenem, von meinem derzeitigen Selbst und der Vorstellung meines zukünftigen Lebens mit mir, mit anderen Personen, und in dieser Position auch die Vorstellung, mein Leben neben dem Beruf des Lehrerseins zu sehen. Es kamen Fragen über eigene Wünsche, Verhaltensweisen, derzeitige Lebenssituationen auf.“

Sie bringt sich in das Ensemble mit einer zerrissenen Kiste ein, die sie mit Zeugnissen zu ihrer Erinnerung füllt.

Eine dritte Studentin beginnt auf dem Dachboden ihrer alten Grundschule auf der Suche nach Material zu ihrer eigenen Schulzeit zu forschen und stößt dabei auf Dokumente aus der Schulzeit ihrer Großmutter an der gleichen Schule. Andere suchen ehemalige Lehrerinnen auf oder untersuchen ein Brieftagebuch. Das ist im Austausch mit der besten Freundin während des Unterrichts in der siebten Klasse entstanden. Eine weitere Studentin stößt (wörtlich) bei der Suche nach ihrem Lehrerinnenbild durch Grells „Techniken des Lehrerverhaltens" hindurch, um am Ende (in einem Spiegel am Grund des Buches) sich selbst zu entdecken.

Alle Zwischenergebnisse der Projekte fließen in das gemeinsame Ensemble ein. Hier wird immer wieder aufeinander Bezug genommen. Fäden anderer können – wörtlich gemeint – aufgegriffen werden und in das eigene Forschungsprojekt verwoben werden. Alle geben am Schluss einen Einblick in ihre Forschung. Es werden Poster, Archive und Videos präsentiert. Es entsteht ein Mobile, ein Leporello, eine Rauminstallation. Es werden Vorträge gehalten und eine Performance inszeniert.

Zusammenfassend lässt sich beschreiben: die meisten Teilnehmerinnen arbeiten an Bestandsaufnahmen, an Beschreibungen des aktuellen Durcheinanders im sich entwickelnden Selbstbild als zukünftiger Lehrer. Häufig werden Widersprüche und Spannungen thematisiert. Vor allem unangenehme Bilder werden entdeckt. Lehrerbilder werden mit der Last der Ansprüche konfrontiert, die sich die Studierenden in der Ausbildung aufladen. Bei dieser Arbeit rückt bei den meisten im Prozess die Arbeit *am Selbst- und Menschenbild* überhaupt in der Vordergrund. Es kann von biografischen Prozessen gesprochen werden, in denen die Suche nach dem eigenen Berufsbild mit der Suche eigener Identität überhaupt verschmilzt.

2.1 Ästhetische Verfahren und die Zugänge zum beruflichen Selbstbild

Ästhetisch-biografische Arbeit erfordert im Ausbildungszusammenhang eine Reihe von Voraussetzungen. Sie betreffen zunächst die Bereitschaft der Beteiligten, sich auf derart intensive Prozesse einzulassen und erfordern eine spezifische Qualifikation der Ausbildenden. Sie ist von anderen alltäglichen oder therapeutischen Bereichen biografischer Arbeit klar abzugrenzen und setzt eine besondere Raum-/Zeitstruktur voraus.

Sind diese Voraussetzungen gegeben, dann erlauben diese Verfahren vor dem Hintergrund der beschriebenen Hemmnisse eine besondere Intensität, ein besonderes emotionales Beteiligt-Sein und spielerische Distanz zugleich.

Ästhetische Verfahren verstärken die Möglichkeiten, die Arbeit am Selbstbild tatsächlich als einen tiefergehenden Erfahrungsprozess zu gestalten. Sie sind darauf angelegt, dem Widerständigen im Prozess nicht auszuweichen. Sie helfen Unaussprechliches, Nichtsprachlich-Symbolhaftes in der Entdeckung des LehrerInnenbildes zu fassen. Sie öffnen Grenzen zwischen der bewusst formulierten Aussage und dem vagen, suchenden Ausdruck. Vergessenes und Verdrängtes kann sich im Prozess und Produkt bereits abbilden, bevor es zu Wort kommt. Die

Sprache selbst kann in ihrer Funktion vor der fertigen Formulierung (gesprochene Sprache) viel intensiver in der suchenden Wahrnehmung selbst (sprechende Sprache) genutzt werden (vgl. Peters 1996).

Ästhetische Verfahren erlauben offenes Sehen, ein neu Hinschauen vor dem nachvollziehenden, festlegenden Sehen („Wieder-Erkennen") im biografischen Prozess. Sie erlauben ein Aufbrechen bereits in der Wahrnehmung – ermöglichen neue Sichtweisen der aufgehobenen Lehrerbilder – Sichtweisen, die aus einmal getroffenen Zuordnungen wieder hinausführen können und Ausgangspunkt für eine neue Gestalt werden können (vgl. Koethen 2004).

Sie ermöglichen in der biografischen Arbeit ein Sich-Erproben im Entwurf oder im Fiktiven. Sie lassen zu, dass Diffuses zunächst im Diffusen bearbeitet werden kann, ohne es zur Bearbeitung aus der Verwirrung heraus in ein formales Korsett zu zwingen.

Sie begünstigen eine Intensivierung des Prozesses sowohl hinsichtlich der Selbst-Wahrnehmung als auch mit Blick auf die Selbst-Gestaltung – und bieten gleichzeitig in der Verschlüsselung, im Spielerischen einen Schutzraum im Prozess. Im ästhetischen Forschungsprozess werden die scharfen Konturen der biografischen „Schwarz-Weiß-Bilder" (Leuzinger-Bohleber/Garlichs 1993) offensichtlich. Der Gestaltungsprozess ermöglicht Übergänge und gezielte Verwischungen, macht das Herausarbeiten von Grauabstufungen möglich.

Die beschriebenen Verfahren ästhetisch-biografischer Arbeit erlauben es, die zu *Mustern* verwobenen Klischees ansatzweise aufzuweichen, wieder in einzelne Symbole aufzulösen und so ihre Bearbeitung in der biografischen Konstruktion zu ermöglichen (vgl. Wegenast in Oelkers 1991, S. 13). Selbst wenn es dabei noch nicht zu einer Veränderung der komplexen Muster kommt – so ist es doch bereits ein Gewinn, wenn diese Muster offen liegen, sichtbar werden und sich die zukünftige Lehrkraft in ihrem Selbstbild dazu verhalten kann. Ästhetisch-biografische Verfahren ermöglichen in den untersuchten Veranstaltungen Zugänge zum Selbst-Bild, eröffnen Möglichkeiten für den Beginn einer Arbeit am eigenen Berufsbild.

Keinesfalls wird biografische Arbeit durch ästhetische Verfahren „einfacher". Eine solche ästhetische Forschungsarbeit lässt sich nicht nebenbei erledigen. Man kann nicht mal eben den Koffer aufmachen, gucken, was so drin ist, ein bisschen mit den Mustern spielen, den Koffer schließen und in die nächste Veranstaltung gehen. Selbstreflexion im ästhetischen Prozess lässt sich nicht in einem geschlossenen Raum durchführen. Im ästhetischen Forschungsprojekt öffnet sich ein unübersehbarer Raum nach innen, hin zum komplexen Geflecht des Selbstbildes. Identifikationen werden in Frage gestellt, Belastungen sichtbar gemacht, Zerrissenheit wird offenbar. Das Verwirrte der biografischen Fakten bleibt im Ergebnis verwirrend. Aber vielleicht kommt gerade das den Tatsachen näher (vgl. einleitendes Zitat, Christa Wolf 1979, S. 7).

Literatur

Aitmatov, T. (1990): Der erste Lehrer. München (deutschsprachige Ausgabe).

Baacke, D. (1983): Die 13-18 jährigen. Einführung in die Probleme des Jugendalters. Weinheim.

Baacke, D./Sander, U./Vollbrecht, R. (1994): Spielräume biografischer Selbstkonstruktion. Vier Lebenslinien Jugendlicher. Opladen.

Baacke, D./Schulze, Th. (1993): Aus Geschichten lernen. Zur Einübung pädagogischen Verstehens. München (erw.; 1. Aufl. 1979).

Baacke, D./Schulze, Th. (Hrsg.) (1985): Pädagogische Biografieforschung. Orientierungen, Probleme, Beispiele. Weinheim.

Bauer, K.-O. (2002): Vom Allroundtalent zum Professional. Was bedeutet Lehrerprofessionalisierung heute? In: Zeitschrift für Pädagogik, H. 11, 2002, S. 18-22.

Blohm, M. (Hrsg.) (2002a): Berührungen und Verflechtungen. Köln.

Blohm, M. (2002b): Biografiearbeit, Didaktik und ästhetische Praxis. Reflexionen über ein schwieriges Verhältnis. In: Blohm, M. (Hrsg.) (2002a), S. 39-54.

Blohm, M./Heil, Ch./Peters, M./Sabisch, A./Seydel, F. (2006): Über Ästhetische Forschung. München.

Bohnsack, R./Marotzki, W. (Hrsg.) (1998): Biografieforschung und Kulturanalyse. Transdisziplinäre Zugänge qualitativer Forschung. Opladen.

Bönsch, M. (1996): Didaktisches Minimum. Prüfungsanforderungen für Lehramtsstudentlnnen. Neuwied.

Camus, A. (1995): Der erste Mensch. Roman mit autobiografischem Bezug. Reinbek bei Hamburg.

Ecarius, J. (1998): Biografie, Lernen und Gesellschaft. Erziehungswissenschaftliche Überlegungen zu biografischem Lernen in sozialen Kontexten. In: Bohnsack, R./ Marotzki, W. (Hrsg.) (1998), S. 129-151.

Elsner, G. (1995): Die Riesenzwerge. Ein Beitrag (Erzählung). Hamburg 1995 (1.Aufl. 1964).

Flaake, K. (1989): Berufliche Orientierungen von Lehrerinnen und Lehrern. Eine empirische Untersuchung. Frankfurt/M.

Friebertshäuser, B. (1999): StudentInnenforschung. Überblick, Bilanz und Perspektiven biografie-analytischer Zugänge. In: Krüger, H.-H./Marotzki, W. (Hrsg.) (1999), S. 279-299.

Friebertshäuser, B./Prengel, D. (Hrsg.) (1997): Handbuch: Qualitative Forschungsmethoden in der Erziehungswissenschaft. München.

Fuchs-Heinritz, W. (2000): Biografische Forschung. Eine Einführung in Praxis und Methoden. Wiesbaden.

Gudjons, H./Pieper, M./Wagener, B. (1999): Auf meinen Spuren – Das Entdecken der eigenen Lebensgeschichte. Vorschläge und Übungen für pädagogische Arbeit und Selbsterfahrung. Hamburg 1999 (1. Aufl. 1986).

Hering, J. (2000): In Geschichten verstrickt sein und Muster verlassen können. Zur Bedeutung des Erzählens für die Entwicklung biografischer Kompetenz in der LehrerInnenbildung – Habilitationsvortrag, nicht veröffentlicht. Oldenburg.

Hesse, H. (1970): Unterm Rad. Erzählung. Frankfurt/M. (1. Aufl. 1903).

Hirsch, G. (1990): Biografie und Identität des Lehrers. Eine typologische Studie über den Zusammenhang von Berufserfahrungen und beruflichem Selbstverständnis. Weinheim.

Kämpf-Jansen, H. (2000a): Ästhetische Forschung. Wege durch Alltag, Kunst und Wissenschaft – Zu einem innovativen Konzept ästhetischer Bildung. Köln.

Kämpf-Jansen, H. (2000b): Ästhetische Forschung. Zu einem innovativen Konzept ästhetischer Bildung. In: Blohm, M.: (2000): Leerstellen. Perspektiven für ästhetisches Lernen in Schule und Hochschule. Köln, S. 83-86.

Kirchner, C. (1999): Spuren suchen – Spuren sichern. Basisartikel. In: Kunst + Unterricht 237 (1999), S. 4-9.

Koethen, E. (2004): Ästhetische Wahrnehmung, multiples Denken und ethno-kulturelle Perspektiven. Eine bewegliche Kartografie aus aktuellem Anlass. Universität Hannover.

Kraft, P. v. (1994): Anna Oppermann. Hannover.

Kraul, M./Marotzki, W. (Hrsg.) (2002): Biographische Arbeit. Perspektiven erziehungswissenschaftlicher Biografieforschung. Opladen.

Krüger, H.-H. (1997): Erziehungswissenschaftliche Biografieforschung. In: Friebertshäuser, B./Prengel, D. (Hrsg.) (1997), S. 43-55.

Krüger, H.-H./Marotzki, W. (Hrsg.) (1999): Handbuch erziehungswissenschaftliche Biografieforschung. Opladen.

Lenzen, D. (Hrsg.) (1998): Pädagogische Grundbegriffe 1/2. Reinbek bei Hamburg (unveränd. seit 1989).

Leuzinger-Bohleber, M./Garlichs, A. (1993): Phantasie und Realität in der Spätadoleszenz. Psychische Konflikte und Hochschulstruktur bei Studierenden. Opladen.

Mann, H. (1991): Professor Unrat. Roman. Frankfurt/M. (1. Aufl. 1905).

Metken, G. (1977): Spurensicherung. Kunst als Anthropologie und Selbsterforschung – Fiktive Wissenschaften in der heutigen Kunst. Köln.

Metken, G. (1996): Spurensicherung – Eine Revision. Texte 1977–1995. Amsterdam.

Musil, R. (1997): Die Verwirrungen des Zöglings Törleß. Roman. Hamburg 1997 (1. Aufl. 1959; 1906).

Obolenski, A. (2001): Integrationspädagogische Lehrerinnen- und Lehrerbildung. Grundlagen und Perspektiven für eine „Schule für alle“. Bad Heilbrunn.

Oelkers, J./Wegenast, K. (Hrsg.) (1991): Das Symbol – Brücke des Verstehens. Stuttgart.

Otto, G. (1998): Nicht nur über Anna Oppermann. Kunst und Leben ästhetisch und durch Theorie erfahrbar machen. In: Jank, B./Vogt, J. (Hrsg.) (1998): Ästhetische Erfahrung und ästhetisches Lernen, S. 153-166.

Pazzini, K.-J. (2002): Bio muss erst grafiert werden. In: Blohm, M. (2002a), S. 307ff.

Peez, G. (2000): Qualitative empirische Forschung in der Kunstpädagogik. Methodologische Analysen und praxisbezogene Konzepte zu Fallstudien über ästhetische Prozesse, biografische Aspekte und soziale Interaktion in unterschiedlichen Bereichen der Kunstpädagogik. Hannover.

Peters, M. (1996): Blick – Wort – Berührung. Differenzen als ästhetisches Potential in der Rezeption plastischer Werke von Arp – Maillol – F.E. Walther. München.

Sabisch, A./Seydel, F. (2004): Biografieren. Biografische Prozesse im Kunstunterricht – Basisartikel. In: Kunst + Unterricht 03 (2004), S. 4.

Schiffler, H./Winkeler, R. (1991): Tausend Jahre Schule. Eine Kulturgeschichte des Lernens in Bildern. Stuttgart (3. unveränd. Aufl., 1. Aufl. 1985).

Schönknecht, G. (1997): Innovative Lehrerinnen und Lehrer. Berufliche Entwicklung und Berufsalltag. Weinheim.

Schulze, Th. (1999): Erziehungswissenschaftliche Biografieforschung. Anfänge – Fortschritte – Ausblicke. In: Krüger, H.-H./Marotzki, W. (Hrsg.) (1999), S. 33-56.

Schulze, Th. (2002): Biografieforschung und allgemeine Erziehungswissenschaft. In.: Kraul, M./Marotzki, W. (Hrsg.) (2002), S.22-48.

Semin, D./Garb, T./Kuspit, D. (1997): Christian Boltanski. (Englische Ausgabe) London.

Seydel, F. (2001): Didaktische Landschaften. Möglichkeiten kreativer Visualisierung didaktischer Positionen. In: BDK-Mitteilungen 3, (2001) Hannover, S. 28-31.

Seydel, F. (2002a): (Re)Konstruktion biografischer Momente. Spurenarbeit als Lehrerinnenbildung. In: Blohm, M. (Hrsg.) (2002a), S. 261-280.

Seydel, F. (2002b): Spuren aufnehmen – Sich erinnern – Eigene Zugänge finden. Momente ästhetischer Erfahrung in der Lehrerinnenbildung. In: Zeitschrift für Pädagogik, H. 5 (2002), S. 37-41.

Seydel, F. (2004a): Biografische Arbeit als ästhetischer Erfahrungsprozess in der Lehrer/innenbildung. Dissertationsschrift. Universität Hannover.

Seydel, F. (2004b): Lehrerinnenbildung biografisch denken. In: Kirschenmann, J./Wenrich, R./Zacharias, W. (Hrsg.): Kunstpädagogisches Generationengespräch. München.

Seydel, F. (2005): Biografische Entwürfe. Ästhetische Verfahren in der Lehrerinnenbildung. Köln.

Steitz-Kallenbach, J. (2002): Verstrickungen in Literatur. Literaturunterricht – Interaktion – Identität. Hohengehren.

Terhart, E. (2001): Lehrerberuf und Lehrerbildung. Forschungsbefunde, Problemanalysen, Reformkonzepte. Weinheim.

Wolf, Ch. (1979): Kindheitsmuster. Darmstadt.

Ziehe, Th. (1991): Zeitvergleiche. Jugend in kulturellen Modernisierungen. Weinheim.

„Im Bild erinnert – aus der Sprache gefallen?“ Bild-Text-Collagen als Forschungs- und Reflexionsinstrument

Petra Grell

In vielen Forschungen wird auf Sprache gesetzt, auf authentische Schilderungen auf der Basis individueller Erinnerungen und eigenstrukturierter Erzählungen. Bild-Text-Collagen in Forschungs-Settings einzusetzen ist ungewöhnlich. Die „Forschende Lernwerkstatt“ allerdings ist nicht nur eine Situation zur Be-Forschung von Personen, sondern ein Forum für Beteiligte zur Klärung einer als ungut erfahrenen Lehr-Lern-Situation. Die Kenntnis, dass Symbole und Bilder andere Ausdrucksweisen von Erinnertem ermöglichen, wird hierbei genutzt.

Ich möchte konkret zeigen, in welcher Weise ich in der Forschung versuche, Teilnehmende durch die Verwendung von Bild-Text-Collagen zu tiefergehenden Reflexionsprozessen anzuregen und beispielhaft verdeutlichen, inwieweit dadurch andere, aus der Sprache gefallene, Erkenntnisse generiert werden. Die Forschungssituation schafft für sie damit einen veränderten Raum, sich Erinnerungen und Erfahrungen neu anzueignen. Die Ergebnisse machen auf die Lücken und Brüche in der Sprache aufmerksam.

1 Thematischer Rahmen

Verweigerung und Widerstand sind Handlungsweisen, die im Allgemeinen erheblich emotional aufgeladen sind. Lehrkräfte halten Lernwiderstände oft für unnötige und unberechtigte Störungen, die auf personalen Defiziten beruhen. Aus Untersuchungen zur Weiterbildungsabstinenz ist bekannt, dass individuelle Handlungsinteressen und strukturelle Bedingungen verwoben sind und dass der individuellen Nutzenerwartung eine zentrale Rolle zukommt (vgl. Axmacher 1990; Bolder/Hendrich 2000; Barz/Tippelt 2004; Schröder/Schiel/Aust 2004).

Die Untersuchung widmet sich der Rekonstruktion der Verweigerungsgründe von Teilnehmern und Teilnehmerinnen in langfristiger Weiterbildung. Anders als in Untersuchungen zur Weiterbildungsabstinenz handelt es sich hier um Personen, die sich in konkreten Lehr-Lern-Situationen befinden. Mit den Teilnehmenden wird dazu die gesamte Lehr-Lern-Situation reflektiert. Es handelt sich um einen spezifischen Ausschnitt möglicher Untersuchungen im Feld der Verweigerung:

1. Erwachsene Personen in Lehr-Lern-Situationen
2. Fokussierung auf die Behinderungen und Schranken des Lehrens und Lernens (und keine Fokussierung auf eine Optimierung)
3. Rekonstruktion der Begründungen, nicht zu lernen (auf der Basis, dass Personen subjektiv sinnvoll handeln).

In fünf Einrichtungen der Erwachsenenbildung wurden mit insgesamt 61 Teilnehmenden „Forschende Lernwerkstätten" (Grell 2006; Faulstich/Grell 2005) durchgeführt. Es handelte sich dabei um ganztägige Workshops, in welchen gemeinsam mit den Teilnehmendengruppen die aktuelle Lernsituation analysiert und reflektiert wird. Mit den Lehrenden und Leitenden der Einrichtung wurden ebenfalls, aber separat, Gespräche geführt, um eine Triangulierung der Perspektiven zu ermöglichen.

Herausgearbeitet wurden in der Untersuchung verschieden Handlungsstrategien, unter anderem „zorniges Verweigern", oder „nischenaktives Situationsbewältigen" (vgl. Grell 2006).

2 Bild und Sprache in der „Forschenden Lernwerkstatt"

Begründung der Forschungssituation

Die Forschungssituation „Forschende Lernwerkstatt" unterscheidet sich insgesamt wesentlich von üblichen Erhebungssituationen, denn sie ist um die Umsetzung der Grundprinzipien Partizipation und Perspektiven- und Methodenpluralität bemüht. Der Erkenntnisgewinn der Teilnehmenden selbst wird im Lauf der Werkstatt durch Moderation unterstützt. Bilder werden systematisch an zwei Stellen der Forschenden Lernwerkstatt eingesetzt: in einer kürzeren Phase zu Beginn der Werkstatt werden Bildkarten zur Anregung eines Statements oder einer Erzählung genutzt und in einer längeren Gestaltungsphase werden Bild- und Textelemente aktiv zu einer Bild-Text-Collage gestaltet. In der symbolisch-bildlichen Gestaltungsphase fertigen die Teilnehmenden in freigewählten Kleingruppen Collagen zum Thema „Erfolgreiches Lernen wie ich es mir wünsche" an. Dazu stehen große Mengen an Bild- und Textausschnitten zur Verfügung.

Die symbolisch-bildliche Gestaltung mit Bild-Text-Collagen ist eine unübliche Verfahrensweise zur Datengewinnung, die in forschungsmethodischen Handbüchern nicht zu finden ist. Ähnliche Ansätze in den Sozialwissenschaften finden sich bei Bremer (1999, 2004) und Bremer/Teiwes-Kügler (2003). Auch wenn der Einsatz von Collagen forschungsmethodisch gesehen wie ein Experiment wirkt, lässt er sich in zweierlei Richtung begründen: zum einen aus der Doppelfunktion der Forschenden Lernwerkstatt heraus, die nicht nur Be-Forschungssituation sein will, sondern auch ein Forum zur Klärung der Lehr-Lern-Situation, und zum anderen aus der Kenntnis von Symbol- und Bildprozessen, die einen anderen Zugang zur Thematik ermöglichen als ein nur-sprachliches Medium.

Der Doppelfunktion der Forschenden Lernwerkstatt nachkommend, gibt es gute Gründe, auch Methoden einzusetzen, welche die Teilnehmenden bei Auseinandersetzungs- und Klärungsprozessen unterstützen. Zur Auswahl der Methoden kann auf eigene Erfahrungen in der Bildungsarbeit zurückgegriffen werden. Es hat sich gezeigt, dass Collagen, welche die Teilnehmenden gestalten, zu einer intensiven Reflexion anregen, sodass das anschließende Gespräch über die in der Gruppe erstellten Produkte eine ganze Reihe neuer Perspektiven zu Tage förderten, selbst wenn das Thema zuvor sprachlich bereits intensiv erörtert worden war. Da die Forschende Lernwerkstatt auch Reflexions- und Bildungsprozesse für die Lernenden ermöglichen soll, ist der Einsatz eines erprobten Verfahrens aus der Bildungsarbeit sinnvoll.

Diese praktische Erkenntnis korrespondiert mit theoretischen Erkenntnissen über nichtsprachliche, symbolische und auf Bildern basierende Kommunikation. Dabei ist zunächst einmal der Besonderheit der Bilder ihre Selbstverständlichkeit gegenüberzustellen: „es gibt keine Kultur, in der die Menschen ihre Weltsicht nicht auch in Bildern zum Ausdruck brachten“ (Mollenhauer 1997, S. 247). Bilder sind ein selbstverständlicher Bestandteil unserer Kultur. Die Rede von unserer Gesellschaft als einer „Mediengesellschaft“ liegt noch nicht weit zurück. Mollenhauer formuliert: „in unserer Gegenwart scheinen die visuell-artifiziellen Ereignisse derart zuzunehmen, daß sie zu einem immer gewichtigeren Bestandteil unserer kulturellen Erfahrung und Selbstauslegung werden“ (ebd.). Insofern kann der Umgang mit und das Verstehen von Bildern als ein Teil alltagsnaher Medienkompetenz begriffen werden. Neben diese Alltäglichkeit muss aber auch die Besonderheit von Bildern gestellt werden, die in ihrer Differenz zur sprachlichen oder schriftsprachlichen Äußerung zu sehen ist: „in Bildern kann ein anderer Sinn verschlüsselt sein als in den oralen oder schriftlichen Beständen“ (ebd.). Diesem anderen Sinn gilt es Aufmerksamkeit zu schenken. Die differenzierten analytischen Bildelemente verdeutlichen, dass in Bildern thematische Verdichtungen erfolgen und dass Bilder in ihrer Vielschichtigkeit auf verschiedenen Ebenen verschiedene Inhalte transportieren können (vgl. Panofski 1955/2002; Mollenhauer 1991, 1997). Analysen von Rezeptionsprozessen von Bildern (vgl. Michel 2001, 2003; Bohnsack 2001) weisen ebenfalls auf die verschiedenartigen

Wahrnehmungs- und Interpretationsmöglichkeiten bildlich-symbolischer Darstellungen hin.

Neben der symbolisch-bildlichen Gestaltung an sich ist auch das an die Gestaltungsphase anschließende Gespräch über das Bild methodisch begründet: Diese Transformation des Bildsinnes in Sprache erfolgt dabei nicht, um den Bildsinn zu entwerten, oder in der unangemessenen Vorstellung, dieser sei umfassend durch Sprache zu erfassen. Die Sprache über das Bild generiert vielmehr neue Aspekte und Sinnbezüge, die in diesem Fall von verschiedenen Akteuren (der Gruppe und den Gestaltern) eingebracht werden. Im Sinne des Klärungsprozesses in der Forschenden Lernwerkstatt hilft das Gespräch über die Rezeptionsprozesse, weitere Perspektiven auf den Gegenstand zu entwickeln. Für den späteren Auswertungsprozess der Collagen stellt die Transformation in Sprache einen hilfreichen Kontrast dar. Aus dem Gespräch über die Rezeption des Bildes und durch die Erläuterung der Gestaltenden ergeben sich sprachliche Hinweise, die durch die zusätzliche Perspektive zu einem erweiterten Verstehen der Collage und der in ihre präsentierten Aspekte zum Lernen beitragen können.

Besprechung der Bild-Text-Collagen mit den Teilnehmenden

Eine erste Auswertung der Bild-Text-Collagen findet mit den beteiligten Personen bereits innerhalb der Forschenden Lernwerkstatt statt. Die Analyse der Collagen durch die Teilnehmenden folgt schrittweise einem von der Moderation eingebrachten Schema.

1. „Was sehe ich?“ – Die Gruppe beschreibt, was sie auf der Collage sieht, welche Gegenstände oder Figuren zu erkennen sind. Die Dinge werden benannt, aber noch nicht in Zusammenhänge gestellt oder interpretiert.
2. „Was empfinde ich?“ – Die Gruppe beschreibt die Atmosphäre der Collage, welche Gefühle und Empfindungen durch die Collage auslöst werden.
3. „Wie interpretiere ich das Bild?“ – Die Gruppe versucht eine Interpretation der Collage, indem die benannten Aspekte zueinander in Beziehung gesetzt werden.
4. Die Gestalterinnen und Gestalter der Collage erläutern ihre Collage. Die Moderatorin schreibt Stichworte dieser Erläuterung auf sogenannte „Legendenkarten“ und legt diese um die Collage herum.
5. Die Moderatorin paraphrasiert die im vierten Schritt gegebenen Ausführungen, so dass die Gestaltenden ihre Bild-Erläuterung selbst noch einmal hören und ggf. korrigieren können.

Diese Versprachlichung der Bild-Text-Collage wird von der Teilnehmendengruppe selbst geleistet. Die Moderation leitet diesen Prozess, gibt gegebenenfalls Hilfestellungen und bündelt abschließend einige Erkenntnisse, aber sie bringt keine eigenen Interpretationen ein. Es gibt also eine Collagenbesprechung mit der Teilnehmendengruppe und – zu einem wesentlich späteren Zeitpunkt nach der Forschenden Lernwerkstatt – eine weitere Interpretation der Bild-Text-Collage, die nur von den Forschenden geleistet wird. Diese spätere Interpretation der Bild-Text-Collagen bezieht die – auf Video dokumentierte – Collagenbesprechung der Gruppe als ergänzendes Material ein.

Bild-Text-Collagen interpretieren

Die Interpretation der Collagen orientiert sich daran, die nicht in Sprache gebrachten Aspekte und Zusammenhänge erinnerter Lernsituationen identifizierbar zu machen, um auf diese Weise die Perspektiven und das Handeln der Beteiligten besser verstehen zu können. Hierin liegt die „Relevanz, die der Bildsorte für die Thematik zugesprochen werden kann“ (Mollenhauer 1997, S. 253). Im vorliegenden Fall sind die Produkte in einer konkreten Reflexions-Situation entstanden, und als solche „Hilfsinstrumente“ in einem Reflexionsprozess sind sie auch in der Analyse zu begreifen.

Mit dem verwendeten Besprechungsschema und der Ausdifferenzierung des Gegenstände-Benennens und Interpretierens wird implizit auf Aspekte der kunstwissenschaftlichen Arbeiten von Erwin Panofsky (1955/2002) Bezug genommen. Panofskys Unterscheidung der vor-ikonographischen Beschreibung, der ikonographischen Analyse und der ikonologischen Interpretation (vgl. 1955/2002) regt an, Sinn und Bedeutungen auf verschiedenen Ebenen zu erfassen. Michel verweist auf den kategorialen Unterschied zwischen den drei Ebenen:

> „Während es sich bei den beiden unteren Sinn-Ebenen um reflexiv verfügbares, begriffliches Wissen handelt, das eine Verständigung im kommunikativ-generalisierenden Modus ermöglicht, handelt es sich auf der ikonologischen Sinn-Ebene um dem reflexiven Zugriff weitgehend entzogenes, inkorporiertes Wissen, das ein unmittelbares Verstehen im konjunktiven Modus erlaubt“ (Michel 2001, S. 120).

Trotz unmittelbarem Verstehen betont Panofsky ausdrücklich Kontroll- und Korrektivmaßnahmen und verweist auf die Notwendigkeit der Transparenz und Nachvollziehbarkeit.

Ein Auswertungsleitfaden von Bremer und Teiwes-Kügler (Teiwes-Kügler 2001, S. 149ff.; Bremer/Teiwes-Kügler 2003, S. 225f.) zur habitushermeneutischen Auswertung von Collagen gab wichtige Anregungen. Dessen Systematik umfasst vereinfacht fünf Schritte: spontaner Eindruck, formale Analyse, Bedeutungsanalyse (grob/fein/relational), Synthese und Zusammenfassung. Die Spezifika von aus Zeitschriften verfertigten Collagen mit ihren Text- und Bildelementen, die nicht nur für sich, sondern auch in ihrer Relation zueinander zu beachten sind, werden in der Bedeutungsanalyse gut aufgenommen, ebenso wie die Differenzierung von wörtlichem und symbolischem Bildsinn. Der spontane ästhetische Eindruck verweist darauf, dass Bild und Betrachter von Beginn an in einen „Dialog" eintreten. Im Kontext dieser Untersuchung ist allerdings zu fragen, ob es sich bei den Collagen überhaupt um „ein Ganzes" handelt oder um nichtverbundene Facetten.

Die hier entwickelte Auswertung der Collagen bewegt sich – und das unterscheidet sie von allen anderen Bildinterpretationsverfahren – ausgehend von einem erläuternden Text hin zum Bild. Dieses Vorgehen begründet sich aus den Besonderheiten der Forschungssituation und einer bewussten Reflexion des Vorverständnisses, wie es in der Hermeneutik angesprochen wird. Im Zuge der Auswertung noch während der Durchführung der Forschenden Lernwerkstatt hat eine mehr oder weniger intensive Auseinandersetzung mit jedem Bild stattgefunden. Diese Vorerfahrung ist nicht suspendierbar, eine hiervon unbeeinflusste Interpretation des Bildes ist nur einer Person möglich, die in dieser Werkstattphase nicht anwesend war. Als Umgang mit dieser die Bildsicht prägenden Vorerfahrung empfiehlt sich folglich, die Vorerfahrung bewusst und kritisch-reflexiv an das Bild heranzutragen. Erst in der Auseinandersetzung mit der Vor-Interpretation und ihrer verstehenden Überwindung kann das Bild dann auch wieder in seiner über die Sprache hinausgehenden Eigenständigkeit wahrgenommen werden.

Im ersten Schritt wird die von den Gestaltenden formulierte Erläuterung sprachlich rekonstruiert. Dazu kann auf das transkribierte Videomaterial zurückgegriffen werden. Ziel ist, die in Sprache gebrachte Lesart der Gestalter verstehend nachzuvollziehen. Dieses Nachvollziehen kann sehr unterschiedlichen Erfolg haben, abhängig davon, inwieweit die vorgebrachte Bilderläuterung Zusammenhänge, Strukturen oder zeitliche Verläufe zwischen Bildteilen konstruiert oder in einer Auflistung unabhängiger Einzelaspekte besteht.

Die rekonstruierte Erläuterung – die eine subjektiv begründete Lesart des Bildes darstellt – wird *im zweiten Schritt* an das Bild herangetragen, als Versuch, mit Hilfe des Textes das Bild zu erschließen. Dieser Prozess beginnt auf einer beschreibenden Ebene, indem schlicht die Bildelemente identifiziert werden, auf die sich die Sprache bezieht. Er geht – sofern die Erklärung oder das Bild entsprechende Elemente enthält – darüber hinaus, indem symbolische Darstellungen („Sonne", „Smiley"), Metaphern („im Regen stehen", „die Hände gebunden") und Allegorien („Bildungsanstrengung als Wettlauf") im Sinne der Erklärung identifiziert und in ihrer über den realen Ausdruck hinausreichenden Kraft dekodiert werden.

Im dritten Schritt werden systematisch diejenigen Aspekte identifiziert, die sich der vorgebrachten Bilderklärung verschließen. Notwendigerweise erfolgt dies als ein Wechselspiel zwischen den (unbenannten) Elementen des Bildes, die sich in die bestehende Interpretation einfügen lassen, und denen, die sich nicht einfügen lassen, sondern neue Aspekte einbringen, ggf. sogar das Schema sprengen. Die Ergänzbarkeit der Erläuterung und die Brüche werden dokumentiert. Zum einen wird die Erst-Erläuterung also durch weiteres Material „gesättigt", zum anderen wird sie durch nicht integrierbare Bildelemente widerlegt. Durch dieses Verfahren werden die Reichweiten und Grenzen der Gestalter-Erklärung bestimmt.

Ausgehend von den Grenzen der Gestalter-Erklärung, bieten sich Möglichkeiten, Dimensionen des Bildes zu erschließen, die von den Gestaltenden sprachlich zum gegebenen Zeitpunkt nicht ausgedrückt werden konnten oder zurückgehalten wurden. In diesem Prozess werden u.a. Kenntnisse des traditionellen Bildaufbaus einbezogen, etwa Größe und Position sprachlich ausgeblendeter Bildelemente berücksichtigt.

Durch die Bestimmung der Grenzen und Brüche in der Erklärung des Gesamtbildes wird das Bild geöffnet für alternative Interpretationen, die nicht zwingend der Perspektive der Gestalter folgen müssen. Neben die Rekonstruktion der subjektiven Perspektive der Gestaltenden tritt zunehmend eine Drittperspektive auf das Bild. Obwohl es von diesem Punkt aus möglich wäre, eine unabhängige Interpretation durchzuführen, wird im Fall der hier vorgenommenen Auswertung eine Spannung zwischen der Interpretation aus der Drittperspektive und der Gestalter-Erläuterung systematisch aufrechterhalten. Es erscheint nicht sinnvoll, das Bild aus dem Kontext seiner Entstehung herauszulösen und seine Entstehungsbegründung (Reflexion) bzw. seinen Zweck auszublenden. Dem einzelnen Bild würde damit eine allgemeine Relevanz für die Thematik zugesprochen, die nicht angemessen ist. Die Interpretation aus der Drittperspektive greift auf verschiedene Verfahren der Bildhermeneutik zurück, stellt die hierdurch gewonnenen Erkenntnisse aber stets rückfragend in den Kontext der Gestaltererläuterung.

3 Erkenntnisse zur Kombination von Bild und Sprache

Die Auswertung der Collagen zeigte sich – in Ergänzung der rein sprachlich dominierten Verfahren – überaus ertragreich, um komplexe Einstellungen und

Handlungsweisen der Beteiligten mit den in ihnen enthaltenen Widersprüchen verstehend rekonstruieren zu können.

So tauchen in den Bild-Text-Collagen beispielsweise neue Themenbereiche auf, die in Diskussionen nicht angesprochen wurden, etwa problematische Erfahrungen, die mit einer Institutionalisierung von Lernen verbunden sind: Lernen im Massenbetrieb, Zwang, Bevormundung aber auch Orientierungslosigkeit und Versagensangst. Es tauchen Thematiken im Kontext von Erholung und Entspannung auf, bildliche Darstellungen des erfolgreichen Abschlusses oder Zukunftsentwürfe, die den beruflichen Erfolg und sozialen Aufstiegs zeigen. Gerade die Kontrastierung der sprachlichen und nicht-sprachlichen Szenarios ermöglichte es, differenzierte Handlungsstrategien herauszuarbeiten. Exemplarisch werde ich an drei Beispielen verdeutlichen, dass die Interpretation der Symbolisierungen in den Bild-Text-Collagen gerade im Wechselspiel mit dem Ausgesprochenen einen erweiterten Gegenstandsaufschluss ermöglicht.

Vielschichtiges reflektieren

Obwohl die Bild-Text-Collagen sehr unterschiedlich sind, ist ein wesentliches Ergebnis, dass es mehrfach gelingt, zum eigenen Lernen ein Metaposition einzunehmen. Auch sprachlich weisen die Erläuterungen oftmals eine überraschende Differenziertheit auf. Ein Ausschnitt aus einer ausführlichen Erläuterung der Bild-Text-Collage durch die Gestalterinnen soll dies verdeutlichen. Auch ohne die Abbildung der Collage ist der Sachverhalt gut verstehbar.

> „Es ist ein Weg, der durch diese drei Jahre geht. Unten eben der Anfang, was ich erwarte, dass ich Rückhalt von der Familie hab, dass sie mich unterstützen, gleichzeitig aber auch hab ich ein geordnetes System wie jeder am Anfang. Ich versuche und geb mir erstmal richtig Mühe und hau richtig rein, und später verlier ich vielleicht dann den Atem ein klein wenig, und es schleppt sich dann und ist dann langsames Voranschreiten, und ich muss mich dann aber auch durchboxen, denn sonst komme ich nicht an mein Ziel. Und dass einer für alle und alle für einen, dass 'ne Gemeinschaft da ist, aber trotzdem jeder für sich lernen muss, weil es. Ja. Meistens. Man macht es ja für sich, deshalb muss man trotzdem Eigenleistung machen. Man sollte aber auch, wie es hier steht [‚Spaß im Leben'], gelassene Phasen erleben und zum Beispiel Spaß, Hobbys und was weiß ich noch alles, was einem Spaß macht, was einen entspannt, aber trotzdem sollte man vorsichtig dabei bleiben und sich nicht das Rückgrat brechen und dann eben später, wenn man dann 'n Fehler gemacht hat, sich nicht so zu fühlen, dass man der Arsch der Nation ist. (...) Also man sollte eigentlich, soll das Bild ausdrücken, man sollte in seinem Weg diese drei Jahre durchhalten, auch wenn es schwer fällt, und trotzdem dann noch Durchhaltevermögen behalten und den Überblick behalten und sich immer, wenn es dann mal 'ne

> schwierige Phase gibt, immer das Ziel vor Augen führen, dass man eben weiß, nach den drei Jahren geht das Leben wieder anders weiter. Und wenn ich die Prüfung geschafft habe, bin ich ein Stück weiter, hab ein kleines Stückchen mehr Erfahrungen gesammelt.“ (Transkript Erläuterung der Gestalterinnen zur Collage 3-1 „Start-Ziel-Verlauf“).

Das Beispiel zeigt, wie die Gestalterinnen mittels der Bild-Text-Collage Stationen eines Lernweges in der Institution beschreiben und reflektieren. Die klare Gestaltung des Wunschbildes als Weg des Lernens, mit Höhen und Tiefen überrascht. Besonders interessant ist der einsetzende Erkenntnisprozess im nachgehenden Gespräch: Den Gestalterinnen wird klar, dass sie nicht einen abstrakten Entwurf gestaltet haben, wie Lernen idealtypisch verlaufen kann, sondern ihren eigenen bereits weitgehend absolvierten Weg dargestellt haben. Auf einer Meta-Ebene und „verkleidet“ als zeitloser Entwurf bearbeiten sie die Erinnerungen an gute wie auch belastende Erfahrungen ihres eigenen Lernprozesses. In der Bild-Text-Collage können diese Erfahrungen von den Akteuren in ihrer Vielschichtigkeit strukturiert und reflektiert werden, und es gelingt, Stolz auf die in dieser Lernzeit überwundenen Hürden zu entwickeln. Auf dieser Basis ist es möglich, sämtliche Bildelemente der Collage auch in der Erläuterung sprachlich aufzunehmen. Im Vergleich mit den Erkenntnissen der zuvor geführten Gruppendiskussion fällt auf, dass die eigene Gesamtschau mehr Aspekte der Einbindung des Lernens in das gesamte Leben enthält und das konkrete Lernen auch die zeitliche Dimension eingebettet wird.

Unausgesprochenes sichtbar machen

Nicht alle Gruppen nehmen diese Möglichkeit zur sprachlichen Reflexion der Collage so differenziert auf. Ein anderes Beispiel aus einer Gruppe, die gegenüber der Einrichtung sehr misstrauisch in Erscheinung trat, fällt deutlich knapper aus:

> „Ja, wir haben, also ich hab einfach, was mir, wir wirklich zum Begriff Lernen, wenn ich da was gesehen hab, das passt dazu, hab ich genommen und drauf geklebt. Also ich hab da keine Geschichte oder so was gemacht. (.) Das einzige, hier vielleicht 'n bisschen. Dass man sich erst mal für was entscheiden muss und dann die Ärmel hochkrempeln, dann kommt man ans Ziel. Das war das einzige.“ (Transkript Erläuterung der Collage 5-3 „Wichtig ist sich selbst zu vertrauen“)

In dieser Erläuterung werden nur drei einzelne Aspekte einer Bild-Text-Collage sprachlich aufgenommen. Die übrigen Bild- und Textelemente der Collage werden nicht kommentiert. Lustvolle Aspekte bleiben unausgesprochen, sind aber bildlich präsent. Bildlich erfolgt auch eine Bezugnahme auf die insgesamt belastende Lebenssituation der Handelnden. Ebenso scheint eine Perspektive auf, durch eigene Aktivität etwas am persönlichen Horizont zu verändern. Dieses Beispiel verdeutlicht, wie bislang Unausgesprochenes durch die Bild-Text-Collagen eine erste symbolische Repräsentanz erhält, die aber sprachlich vorerst nur marginal aufgenommen werden kann.

Ambivalenzen wahrnehmen

Etwas ausführlicher werde ich auf ein drittes Beispiel eingehen. Die Bild-Text-Collage wurde ebenfalls von einer Gruppe erstellt, die von ihren Lehrkräften als stark verweigernd beschrieben wurde. Die vorgebrachten Äußerungen der Lehrkräfte enthielten Aussagen wie:

- „arbeiten, trotz massiver Aufforderung, nicht mit"
- „antworten nicht"
- „machen etwas anderes als vorgegeben"
- „ignorieren die Anweisungen"
- „ziehen sich aus dem Unterricht heraus"
- „sind nur ‚zu', (...) sind lethargisch"
- „arbeiten nach dem Minimalprinzip"
- „sind fachlich defizitär" (Ausschnitte aus der Beschreibung der Lehrenden zu beobachteten Widerständen in der Gruppe „Handel")

Die Gruppe selbst bewertet die konkrete Lehr-Lern-Situation in einer sprachlichen Runde deutlich negativ. Die Kritik der Lernenden enthielt Äußerungen wie:

- „sinnlose Beschäftigung"
- „.haben die (...) überhaupt keinen Plan, was die mit uns machen"
- „schlecht geplanter Unterricht"
- „richtig langweilig"
- „monotones Lernen!"
- „Unterrichtsstoff ist ganz anders als in (...)"
- „Unterricht ist unsinnig"
- „Inkompetenz" (Ausschnitte aus den Kritik-Statements der Gruppe „Handel")

Diese Informationen *über* die und *aus* der Lerngruppe verdeutlichen, wie unterschiedlich Perspektiven auf eine Situation sein können. Die Lernenden selbst bringen in ihrer Analyse die Kategorie des Sinns ein. Ihre Verweigerung, die von den Lehrkräften deutlich beschrieben wurde, erscheint nicht unbegründet.

Welche neuen Erkenntnisse lassen sich aus den Bild-Text-Collagen gewinnen? Eine der drei Collagen dieser Gruppe wird dazu herangezogen. Die betrachtete Collage ist mit 1 x 1,4 Meter doppelt so groß wie die anderen. Die Bild-Text-Collage (4-2 „Universum des Lernens“) umfasst sehr viele Bild- und Textelemente und wirkt kaum strukturiert. Die sprachliche Erläuterung der Gestalterinnen vermittelt gerade wegen ihrer Sprunghaftigkeit einen Eindruck von dem Sammelsurium mit nahezu unüberschaubar vielen Details.

> „Also das, was ihr hier als Urlaub bezeichnet, die entspannten Orte oder so, für mich ist das fast der beste Ort, um zu lernen. Weil man entspannt ist und hat Ruhe und hat Zeit, und die Luft ist frisch und (...). Die vielen Menschen zum Beispiel hier gemeinsam, da steht ja noch ’n Text, dass man gemeinsam sehr viel erreichen kann, oder hier, dass die Leute (unv.) oder, und man muss aufpassen, dass man nicht untergeht zwischen all den ganzen Menschen. Dass man zusammenhält, dass man oben bleibt und so. Ja, was kann ich noch sagen? Man sollte wissen, wo man hin will, nicht dass man irgendwann als alter Mensch im Altersheim landet. Und wissen (unv.) Status zum Schluss seines Lebens, man kann sich manche Sachen dann leisten. Und Träume und Träume hier so mit den Trauben, und hier diese Weltalle, Welträume. Man hat Zeit der Welt, wird alles unendlich, man hat unendlich Zeit. Oder neu denken, also bisschen Galaxien denken und so. Ja. Strecken mit dem Auto, man kann sich für einen Weg entscheiden, den man wählen will (...). Oder die Frau hat verglichen, hat sich vorgenommen, in einem Jahr will ich 2,75 % irgendwas lernen, und in sieben Jahren will ich 5,75% was lernen. Also klar sehen auf jeden Fall. Und es ist ja nicht immer leicht, daher der Teddybär, der unterstützt einen in manchen Situationen (...). Und Spaß am Lernen, Spaß am Lernen.“

Die Erläuterung ist – anders als im ersten Beispiel – ohne Betrachtung der Collage kaum verstehend nachzuvollziehen. Ich werde beispielhaft sechs Ausschnitte dieser Collage betrachten:

Mit sorgfältiger Handschrift und sehr großen ausladenden Buchstaben ist auf der Collage oben mittig die Schrift platziert „Kurz gesagt Lernen“. Dieses „kurz“ steht bereits in einer lebhaften Spannung zu der Vielzahl von Bildern und Textelementen, die keinem strukturierten Bildaufbau folgen. Im Mittelteil der Collage findet sich ein zentral platziertes, großes Text-Element „der Klügere bleibt wach“. Direkt unter diesem sind zwei farbige Abbildungen von Hängematten in begrünten Landschaften erkennbar. Das eine Bild der Hängematte ist oberhalb mit einer Textzeile versehen: „Willkommen in der Denkfabrik“, das andere quasi untertitelt mit „Ein Ort, an dem meine Lebenslust aufblüht“. Die Kombination von Hängematten, in denen man sich üblicherweise eher entspannt und auch schläft, und dem Anspruch, wach zu bleiben, wirkt ungewöhnlich. Die Gestalterin hat diesen von den Betrachtern kommentierten Widerspruch in ihre Erläuterung aufgenommen und hat erläutert, dass ein entspannender Ort der beste sei, um zu lernen. Den Zwang, wach zu bleiben, nimmt sie sprachlich nicht auf. Die spannungsreiche Kombination wird mit den Textelementen „Denkfabrik“ und „aufblühende Lebenslust“ wiederholt. Es gelingt in der Bild-Text-Collage besser als in der Diskussion auch drastisch Widersprüchliches recht unvermittelt zueinander in Beziehung zu setzen und so bestehende Unvereinbarkeiten erkennbar zu machen.

Spannungsreiche Kombinationen kehren an verschiedenen Stellen wieder. So wird im unteren Teil der Collage der Aspekt der gedanklichen Anregung, in Abgrenzung zu Langeweile präsentiert. Ein Bild zweier gelangweilt schauenden Teenager, zwei Einzelbilder einer denkenden und einer schreibenden Person sind erkennbar und mit Textelementen versehen: „Das Ende der Langeweile“, „Neue Perspektiven für den Kopf“, „Es fehlt nichts“. Daneben sind sechs Abbildungen von Gehirnen überschrieben mit dem Textelement „Es war wie eine Gehirnwäsche“ und ein Regal mit Aktenordnern mit der Formulierung „Adrenalin am Haken“. Bereits die Kombination von Bild und Text erscheint spannungsvoll, vergleicht man aber den Wunsch nach Anregung und „Adrenalin“ mit der zuvor vorgestellten entspannten Hängematten-Situation, wird der Kontrast der Wünsche sehr deutlich.

In einem weiteren Segment der Bild-Text-Collage wird das Verhältnis von Einzelnem und Gruppe thematisiert. Der Zusammenhalt der Gruppe ist bildlich sehr präsent. Eine Abbildung zeigt flach auf dem Boden liegende Menschen, die sich an einander festhalten und auf diese Weise mit ausgestreckten Armen und Beinen zwei ineinanderliegende Kreise bilden. Offensichtlich symbolisiert die Gruppe und der Gruppenzusammenhalt Sicherheit und Stärke; kommentiert ist das Bildelement mit der Textzeile „Allein bin ich ein Nichts“. Die Gestaltererläuterung nimmt sprachlich Bezug auf den Gruppenzusammenhang, und erwähnt, dass man gemeinsam sehr viel erreichen könne. Aber die Vielzahl der Gleichen – mit einem Bild hunderter gelber Quietsch-Enten auf dem Wasser illustriert – wird in der Bild-Text-Collage durchaus ambivalent dargestellt: „Nur nicht untergehen“ steht mittig auf dem Enten-Bild und auch die sprachlich vorgebrachte Erläuterung verweist auf das Risiko, unter all den Menschen unterzugehen. In der Erläuterung wird diese bestehende Spannung gemildert, mit dem Hinweis, man müsse zusammenhalten. Symbolisch dargestellt wird darüber hinaus die in der Realität bestehende Konkurrenzsituation der Beteiligten. „Mittendrin statt nicht dabei“ scheint trotz Konkurrenz, die wünschenswertere Entscheidung zu sein.

Das Risiko falscher Lebensentscheidungen ist bildlich präsent. Ein Bild zeigt einen alten, zusammengekauerten Menschen im Rollstuhl, der einsam auf dem Flur eines Altenheims steht. Darunter steht ein Textelement „Wohin wollen Sie eigentlich“. Doch auch der Zwang zur Bildung ist bildlich wenig verlockend dargestellt. Die Textzeile: „Ewig im Zwang dieser blöden, stinkenden Schule“ lässt die Alternative lebenslangen Lernens fragwürdig erscheinen.

Ein sich drehender Globus mit der Textzeile „Stillstand gefährdet Sicherheit. Informationen ändern sich ständig“ zeigt die Beschleunigung der Moderne und die für Geringqualifizierte darin liegende Bedrohung in prägnanter Weise. Ein durchweg positiver Entwurf, durch Bildung endlich zu gesellschaftlicher Teilhabe zu gelangen, ist diese Collage nicht. Die reale Bedrohung, den Schritt in eine sichere berufliche Existenz nicht zu schaffen, ist deutlich präsentiert.

Eine große Anzahl bislang nicht erwähnter Bildelemente zeigt, wie den vielschichtigen belastenden Faktoren positive und mutmachende Sprüche zur Seite gestellt werden. Trotz realisierter Bedrohung geht es darum „süper viel Spaß“ zu haben, sich wohl zu fühlen, selbst auszuwählen und unvermeidlich Erfolg zu haben. Es gelingt offensichtlich, all die extremen Widersprüche, mit denen die Teilnehmenden dieser beruflichen Qualifikation leben müssen, in die Reflexion einzubringen.

4 Fazit

Es wird erkennbar, dass die Thematisierung der relevant eingestuften Aspekte in der Bilddarstellung und der sprachlichen Darstellung der Gestaltenden voneinander abweichen. Der große Gewinn durch die Wahl einer anderen Perspektive und einer anderen symbolischen Ausdrucksform (Bild-Text-Collagen zum Wunschbild des Lernens) liegt darin, dass auch sprachlich weniger gut erfassbare Aspekte durch symbolisch-bildliche Gestaltungen den Beteiligten im Forschungsprozess zugänglich werden. Im Rahmen einer aktiven symbolisch-bildlichen Gestaltung wird Raum für andere Sinnpräsentationen eröffnet wird. Es wird im Bild erinnert, was in der Sprache herausfällt.

Die Bild-Text-Collage ermöglicht, auch bei begrenzter sprachlicher Kompetenz und bei emotional vorbelasteten Themen wie „Lernwiderstände“, die belastenden Aspekte und die Widersprüche realer Lebenserfahrungen zu thematisieren. Die Bild-Elemente, die den Personen als Gestaltungsmaterial zur Auswahl stehen, sind im wahrsten Sinne ansprechend. Sie ermöglichen, das von der bewussten Auseinandersetzung noch nicht Eingeholte, das noch nicht Reflektierte wieder ein Stück weit verfügbar zu machen. Collagen sind also nicht nur ein Mittel für sprachlich ungeübte Personen, sondern sie bringen Aspekte in die thematische Reflexion ein, die in sprachlichen Auseinandersetzungen wie Gruppendiskussionen tendenziell eher ausgeblendet bleiben. Damit gewinnt die Auseinandersetzung wesentlich an Tiefe. Die Kontrastierung der ausgesprochenen und der bildlich dargestellten Elemente (auch der in den Collagen befindlichen Textelemente) ermöglicht darüber hinaus ein weiterführendes Verstehen der Hintergründe und Zusammenhänge konfliktbeladener Situationen. Das in der symbolisch-bildlichen Gestaltung Repräsentierte kann zum Anlass werden, das aus der Sprache „Herausgefallene" – das Unsagbare, das Nicht-Erinnerte oder das in der Erzählung über den Gegenstand Ausgelassene – neu oder wieder erlebbar zu machen.

Literatur

Axmacher, D. (1990): Widerstand gegen Bildung. Zur Rekonstruktion einer verdrängten Welt des Wissens. Weinheim.

Barz, H./Tippelt, R. (Hrsg.) (2004): Weiterbildung und soziale Milieus in Deutschland. Bd. 2: Adressaten- und Milieuforschung zu Weiterbildungsverhalten und -interessenten. Bielefeld.

Bohnsack, R. (2001): Die dokumentarische Methode in der Bild- und Fotointerpretation. In: Bohnsack, R./Nentwig-Gesemann, I./Nohl, A.-M. (Hrsg.): Die dokumentarische Methode und ihre Forschungspraxis. Grundlagen qualitativer Forschung. Opladen, S. 67–89.

Bolder, A./Hendrich, W. (2000): Fremde Bildungswelten. Alternative Strategien lebenslangen Lernens. Opladen.

Bolder, A./Hendrich, W. (2002): Widerstand gegen Maßnahmen beruflicher Weiterbildung: Subjektives Wissensmanagement. In: WSI Mitteilungen, 2002, H. 1, S. 19-24.

Bremer, H. (1999): Soziale Milieus und Bildungsurlaub. Angebote, Motivationen und Barrieren der Teilnahme am Programm von „Arbeit und Leben Niedersachsen e.V". Hannover.

Bremer, H. (2004): Von der Gruppendiskussion zur Gruppenwerkstatt. Ein Beitrag zur Methodenentwicklung in der typenbildenden Mentalitäts-, Habitus- und Milieuanalyse. Hamburg, London.

Bremer, H./Teiwes-Kügler, Ch. (2003): Die Gruppenwerkstatt. Ein mehrstufiges Verfahren zur vertiefenden Exploration von Mentalitäten und Milieus. In: Geiling, H. (Hrsg.): Probleme sozialer Integration. agis-Forschungen zum gesellschaftlichen Strukturwandel. Hamburg, London, S. 207–236.

Faulstich, P./Forneck, H.J./Grell, P./Häßner, K./Knoll, J./Springer, A. (2005): Lernwiderstand – Lernumgebung – Lernberatung. Empirische Fundierung zum selbstgesteuerten Lernen. Bielefeld.

Grell, P. (2006): Forschende Lernwerkstatt. Eine qualitative Untersuchung zu Lernwiderständen in der Weiterbildung. Münster, New York, München, Berlin.

Lorenzer, A. (1995): Sprachzerstörung und Rekonstruktion. Vorarbeiten zu einer Metatheorie der Psychoanalyse. Frankfurt/M. (4. Aufl.) (1973).

Michel, B. (2001): Fotografien und ihre Lesarten. Dokumentarische Interpretation von Bildrezeptionsprozessen. In: Bohnsack, R./Nentwig-Gesemann, I./Nohl, A.-M. (Hrsg.): Die dokumentarische Methode und ihre Forschungspraxis. Grundlagen qualitativer Forschung. Opladen, S. 91-120.

Michel, B. (2003): Dimensionen der Offenheit. Kollektive Sinnbildungsprozesse bei der Rezeption von Fotografien. In: Ehrenspeck, Y./Schäffer, B. (Hrsg.): Film- und Fotoanalyse in der Erziehungswissenschaft. Ein Handbuch. Opladen, S. 227-249.

Mollenhauer, K. (1991): Vergessene Zusammenhänge. Über Kultur und Erziehung. Weinheim, München (3. Aufl.).

Mollenhauer, K. (1997): Methoden erziehungswissenschaftlicher Bildinterpretation. In: Friebertshäuser, B./Prengel, A. (Hrsg.): Handbuch Qualitative Forschungsmethoden in der Erziehungswissenschaft. Weinheim, München, S. 247-264.

Panofsky, E. (2002): Ikonographie und Ikonologie. Eine Einführung in die Kunst der Renaissance [1955]. In: Ders.: Sinn und Deutung in der bildenden Kunst, S. 36-67.

Schröder, H./Schiel, St./Aust, F. (2004): Nichtteilnahme an beruflicher Weiterbildung. Motive, Beweggründe, Hindernisse. Herausgegeben von der Expertenkommission „Finanzierung Lebenslangen Lernens“. Bielefeld.

Geschichte: Zum Verhältnis von individueller und kollektiver Erinnerung

Die allmähliche Verfertigung von Lebensgeschichten im soziokulturellen Erinnerungsprozess

Rolf Haubl

Wolfgang Mertens zum 60. Geburtstag

Die mit Fragen des Erinnerns beschäftigten Wissenschaften stimmen darin überein, dass wir immer nur Erinnerungen an die Vergangenheit und niemals aus der Vergangenheit haben, es sei denn in dem Sinne, dass wir fortwährend Erinnerungen erinnern, die keine memorierten Abbilder der originären Ereignisse und Erlebnisse sind. Und nicht nur das: Erinnern ist eine soziokulturelle Praxis und damit auch ein Gegenstand sozial- und kulturwissenschaftlichen Interesses. Die folgenden Überlegungen wollen zeigen, was eine Psychoanalyse, die sich als kritische Sozialwissenschaft versteht, zu dieser Diskussion beitragen kann.

Mythopoetische Erinnerungsarbeit

Entgegen der räumlichen Metaphorik des Gedächtnisses kommt bereits Sigmund Freud zu der Erkenntnis, dass Erinnern grundsätzlich ein Prozess des Rekonstruierens bzw. Konstruierens ist, was eine ständige Veränderung vorhandener Erinnerungsspuren impliziert (vgl. Haubl 1999, S. 17ff.). Dieser Prozess hat eine materielle Grundlage. Es ist unser neuronales Netzwerk. In ihm schlagen sich alle Facetten unseres gelebten Lebens als bestimmte Erregungsmuster nieder. Dieses neuronale Netzwerk ist eine dynamische Matrix (vgl. Markowitsch 1996; Huether u.a. 1999): neuronale Verbindungen, die nicht mehr gebraucht werden, verschwinden, neue entstehen, weil sie gebraucht werden. Die Struktur des gesamten Netzes ist davon abhängig, wie wir es gebrauchen, um unser Leben zu bewältigen (vgl. Perry u.a. 1998).

Ein Teil unseres neuronalen Netzwerkes lässt sich – auf mentaler Ebene formuliert – als autobiographisches Gedächtnis (Rubin 1986, 1996) begreifen. In ihm sind alle auf uns selbst bezogenen Ereignisse, Erlebnisse und Erfahrungen repräsentiert. Wenn wir von unserem Leben erzählen oder gar unsere Lebensgeschichte erzählen, aktivieren wir dieses Gedächtnis. Dabei kommen verschiedene

Ich-Funktionen oder Erzähl-Funktionen zum Zuge: die archivarische, die mythopoetische und die quellenkritische.

Während die archivarische Funktion auf einen gestalthaften Aufbau der Erinnerung bzw. Erzählung zielt und die quellenkritische darauf besteht, nur Daten zu verwenden, deren historische Wahrheit geprüft ist, arbeitet die mythopoetische Funktion einen „persönlichen Mythos“ (vgl. Hartocollis/Graham 1991) aus.

In Anbetracht einer Vielzahl von belegten Verzerrungseffekten autobiographischer Erinnerungen (vgl. Greenwald 1980; Conway 1996) liegt der Schluss nahe, dass das maßgebliche Kriterium, das die mythopoetische Funktion an die Rekonstruktion der lebensgeschichtlichen Vergangenheit anlegt, nicht Wahrheit im Sinne wissenschaftlicher – und dass heißt vor allem: quellenkritischer – Geschichtsforschung ist. Zumindest nicht spontan. Spontan gilt eher, dass wir unsere Lebensgeschichte selbstwertdienlich erinnern und erzählen: also so, dass sie uns einen möglichst hohen Selbstwert einträgt. Was wir im Rückblick auf unser Leben finden, ist eine Lebensgeschichte, die wir erfinden, indem wir Fakten und Fiktionen kombinieren – oft, ohne sie nachträglich noch auseinander halten zu können (vgl. Schafer 1995).

Problematisch wird ein persönlicher Mythos erst dann, wenn er die historische Wahrheit nicht nur selbstwertdienlich beschönigt, sondern verdrängt, so dass eine „Lebenslüge“ resultiert, die aufrecht zu erhalten, mit einer gravierenden Ich-Einschränkung bezahlt werden muss.

Die lebensgeschichtlichen Erinnerungen eines Menschen, einschließlich seines persönlichen Mythos, sind nur selten zu einer kompletten Lebensgeschichte ausgearbeitet. Viele, wenn nicht die meisten Menschen entwickeln keine derart langfristige biographische Perspektive, wie es eine psychoanalytische Behandlung anstrebt. Ihre Biographisierung besteht im Erzählen von Episoden aus ihrem Leben, die, wenn überhaupt, nur locker miteinander verbunden sind. Oftmals handelt es sich um Episoden, die durch wiederholtes Erzählen eine feste, anekdotenhafte Form gewonnen haben.

Unter meinen eigenen Erinnerungserzählungen gibt es eine ganze Reihe von Episoden, die diese Form haben. Sie könnten Titel tragen wie: „Als ich 5 Jahre alt war und zusammen mit meiner Großmutter durch eine geschlossene Fensterscheibe flog, ohne daß wir auch nur einen Kratzer davontrugen“; oder: „Als ich 17 Jahre alt war und ganz alleine die Stadtschulmeisterschaften in Leichtathletik für meine Schule gewonnen habe, weil der Direktor nicht bereit war, den Aufbau einer Schulmannschaft zu unterstützen“. Ein Großteil von Episoden dieser Art datiert aus meiner Adoleszenz. Damit stehe ich nicht alleine. Denn in der Tat hat sich die Adoleszenz aufgrund ihrer herausragenden lebensgeschichtlichen Relevanz für die Bildung einer belastbaren Ich-Identität als eines der Gravitationszentren autobiographischen Erinnerns und Erzählens erwiesen (vgl. Habermas/ Bluck 2000).

Episoden wie die meinen fungieren als Erinnerungssymbole wichtiger lebensgeschichtlicher, vor allem identitätsstiftender Entwicklungsprozesse. Manche davon sind „Deckerinnerungen“, wie der frühe Freud (1960a) sie beschrieben hat. Ihre volle Bedeutung vermag in der Regel erst eine hermeneutische oder gar tiefenhermeneutische Analyse zu erschließen. Dem Erzähler selbst entgeht diese Bedeutung. Im Alltag ist es gerade die Selbstverständlichkeit, mit der er die Episoden aus seinem Leben erzählt, durch die sie eine selbstvergewissernde Funktion erfüllen.

Reiht man die Episoden entlang des Lebenslaufs, so fügen sie sich meist einem von vier verschiedenen Erzählschemata, die Vergangenheit und Gegenwart (kausal) aufeinander beziehen (vgl. Hankiss 1981). Zwei der Schemata betonen biographische Kontinuität: aus einer guten Vergangenheit wird eine gute Gegenwart oder aus einer schlechten Vergangenheit eine schlechte Gegenwart. Die beiden anderen Schemata betonen dagegen biographische Diskontinuität: aus einer schlechten Vergangenheit wird eine gute Gegenwart oder aus einer guten Vergangenheit eine schlechte Gegenwart. Hinzu kommen die Erklärungen, die dafür gegeben werden, dass die bisherige Lebensgeschichte kontinuierlich oder diskontinuierlich verlaufen ist: Leistungen, Anstrengungen, Umstände und Zufälle sind die Faktoren, die – in Kombination – herangezogen werden, um sich selbst und anderen zu erklären, wie man der- oder diejenige wurde, die- oder derjenige man heute ist.

Nun erheben manche Menschen gerade für Episoden, die zu ihrem persönlichen Mythos gehören, einen Anspruch auf historische Wahrheit, indem sie sich auf autoritative Weise als Augen- und Ohrenzeuge herausstellen: „Nur wer dabei gewesen ist, weiß wie es wirklich war“. Dieser Egozentrismus, der die Perspektivität jeder Wahrnehmung und Erinnerung ausblendet, ist bei den meisten Erwachsenen weniger ein kognitives als ein emotionales Problem. Eindrucksvolle Beispiele liefert die Zeitzeugenforschung (vgl. v. Plato 2000): Man denke nur an den Fall der „Wehrmachtsausstellung“ Ende der 1990er Jahre, wo sich ehemalige Wehrmachtsangehörige über das Urteil von Historikern empört haben, weil es ihre eigene Perspektive relativiert und dadurch Schuldgefühle reaktiviert. Indessen: Kein Zeitzeuge hat einen privilegierten Zugang zu der historischen Wahrheit (vgl. Felman/Laub 1992). Die historische Wahrheit entspringt einzig und allein einem späteren handlungsentlasteten, vor allem quellenkritischen Reflexionsprozess, um den sich Fachhistoriker bemühen.

Erinnern als kommunikativer Prozess

Die Rekonstruktion der eigenen Lebensgeschichte samt des ihr inbegriffenen persönlichen Mythos ist keine monologische Tätigkeit. Vielmehr findet sie immer schon sozial vermittelt statt. Zum einen sind Mitmenschen Adressaten der Erzählung. Zum anderen sind sie Co-Erzähler („conversational remembering“: Middleton/Edwards 1990), vor allem dann, wenn es sich um miterlebte Ereignisse handelt. Insofern ist jede autobiographische Erzählung Teil einer Erzähl- und Erinnerungsgemeinschaft, die Erinnerungsanlässe schafft, um zu co-memorieren (Frijda 1997). Generell gewinnen Erinnerungen durch den Prozess des Co-Memorierens, der von Kindheit an eingeübt wird (vgl. Hudson 1990; Snow 1990), an Kohärenz und Glaubwürdigkeit, da die Erinnerungen der anderen in die eigenen Erinnerungen eingebaut werden.

Welche Auswirkungen das Co-Memorieren hat, hängt von der Gruppendynamik in der co-memorierenden sozialen Gruppe – sei es eine Familie oder eine größere soziale Gruppe nicht-verwandter Mitglieder – ab. Im Extremfall wird das erinnert, was alle erinnern. Dadurch entstehen Erinnerungsstereotype.

Dass Erinnern nicht nur eine individuelle, sondern auch eine kollektive mentale Operation ist, darauf hat vor allem Maurice Halbwachs ([posthum 1950] 1985) hingewiesen. Sein Begriff des „kollektiven Gedächtnisses“, den er in die Kulturwissenschaften einführt, ist allerdings umstritten. Zum einen suggeriert seine Metaphorik, es gebe auf der Ebene sozialer Gruppen ein Speicherorgan, das dem individuellen Gedächtnis vergleichbar sei. Zum anderen verabsolutiert Halbwachs in der Tradition von Emil Durkheim die Konvergenz zwischen individuellem und kollektivem Erinnern. Ein „Gedächtnis der Gruppe“ im buchstäblichen Sinn (Bartlett 1961, S. 298) lässt sich allerdings nicht nachweisen; dagegen leuchtet es ein, von einem „Gedächtnis in der Gruppe“ zu sprechen und dieses als die „soziale Ausrichtung und Kontrolle der [individuellen] Erinnerung“ zu begreifen.

Überträgt man das neurowissenschaftliche Modell des Gedächtnisses als eines neuronalen Netzwerkes auf soziale Gruppen, dann lässt sich eine angemessene Explikation eines kollektiven Gedächtnisses vornehmen: Den Neuronen entsprechen die Gruppenmitglieder (mit ihren individuellen Gedächtnissen) und der neuronalen Vernetzung die Kommunikationsmöglichkeiten (Kanäle, Codes) zwischen ihnen. Bleibt das Erregungsmuster: Es ist die institutionalisierte Form des kommunikativen Austauschs. Folglich erinnern sich soziale Gruppen, indem sie in geregelter Weise individuelle Erinnerungen abrufen und zusammenführen (vgl. Hejl 1992). Somit lässt sich das kollektive Gedächtnis treffender als „kommunikatives Gedächtnis“ (Welzer 2002) bezeichnen.

Um Kommunikation zu ermöglichen, müssen die Gruppenmitglieder über geeignete Kommunikationsmedien verfügen, wobei Sprache üblicherweise als Leitmedium begriffen wird. Sprache liegt in zwei Formen vor: zum einen als Lautsprache, zum anderen als Schriftsprache. Ist die Lautsprache das Leitmedium des kommunikativen Gedächtnisses, so vermehrt die Schriftsprache deren Gebrauchsweisen, indem sie als schriftliche Dokumente die zeitliche Flüchtigkeit des Sprechens und Gesprochenen überwindet. Solche Dokumente sind externe Gedächtnisse. Sie bieten die Möglichkeit, den kollektiven Erinnerungsprozess auf vergleichsweise dauerhafte Speicher abzustützen. Deren Gesamtheit bildet das „kulturelle Gedächtnis“ (Assmann 1992) einer sozialen Gruppe. Allerdings ändern noch so viele Schriftstücke nichts daran, dass sie kommunikativ verarbeitet werden müssen. Insofern ist das kommunikative Gedächtnis einer sozialen Gruppe immer auch die kommunikative Prozessierung ihres kulturellen Gedächtnisses. Deshalb können nur solche Schriftstücke für das Zusammenleben einer sozialen Gruppe relevant werden, die deren Mitglieder gebrauchen, um sie auf bedeutungsstiftende Weise zu rezipieren. Freilich gilt das nicht nur für Schriftstücke, sondern auch für Bilder und letztlich sogar für menschliche Körper, die organismische kulturelle Gedächtnisse sind – „Natur gewordene, in motorische Schemata und automatische Körperreaktionen verwandelte gesellschaftliche Notwendigkeit“, wie Pierre Bourdieu (1987, S. 127) betont.

Mustererzählungen

Indem es an der gruppenspezifischen Kommunikation teilnimmt, trifft das einzelne Mitglied einer sozialen Gruppe auf biographische Mustererzählungen, die dort zirkulieren. Dabei erzwingt sein Bedürfnis nach Gruppenzugehörigkeit, sich diese Muster anzueignen. Selbst wenn es sich „seine eigenen Gedanken macht“, entgeht es deren Einfluss nicht. Stets liefern die zirkulierenden Muster den „Rahmen“ (Goffman 1979), den jedes Mitglied berücksichtigen muss, weil seine Lebensgeschichte andernfalls kommunikativ nicht anschlussfähig ist (Gergen 1992). Genau auf diese Weise sind individuelle Erinnerungen kollektiv determiniert.

Ich will dies zunächst an einem Beispiel illustrieren, das auf den ersten Blick sehr befremdlich erscheint, aber dadurch eine Distanzierung erlaubt, die erkenntnisproduktiver ist als zu große Vertrautheit.

Was würden Sie zu folgendem sagen: Sie begegnen einem Menschen, der mit seinem Leben nicht gut zurechtkommt und an diffusen Ängsten leidet. Dies sei, so erzählt er ihnen, die Folge eines traumatischen Erlebnisses: Außerirdische hätten ihn entführt, um erniedrigende geistige und sexuelle Experimente mit ihm durchzuführen. Bei seiner Rückkehr sei sein Gedächtnis gelöscht worden. Inzwischen erinnere er sich aber wieder daran, was ihm zugestoßen sei.

Wahrscheinlich würden Sie denken: Der spinnt! Indessen gibt es vor allem in den USA Menschen, die an diese Erzählungen glauben. Es hat sich eine ganze Glaubensgemeinschaft gebildet (vgl. Newman/Baumeister 1996; Showalter 1997, S. 255ff.). Betrachtet man die Entwicklung dieser co-memorierenden Gemeinschaft, so fällt eine bestimmte Entwicklungsdynamik auf:

1. Die Gemeinschaft bildet im Laufe der Zeit eine Mustererzählung aus. Das zeigt sich daran, dass die einzelnen Erzählungen der „UFO-Entführten" einander immer ähnlicher werden. Aus der Außenperspektive ist diese Stereotypie ein Beleg für Inauthentizität. Aus der Innenperspektive gerade umgekehrt: Wenn viele dasselbe erzählen, muss das Erzählte wahr sein. Was freilich, wenn überhaupt, nur dann gilt, wenn die Erzähler unabhängig wären. Das sind sie aber selbst dann nicht, wenn sie sich untereinander nicht kennen. Die Teilhabe am selben Diskurs reicht aus. Und so stammen viele der erzählten Szenen aus populären SF-Büchern oder SF-Filmen.
2. Die Mustererzählung dient immer auch dazu, „Schwindler" aufzuspüren. Das sind diejenigen, deren Erzählung nicht hinreichend an die Mustererzählung anschlussfähig ist. Auf Beziehungsebene garantiert das Erzählen der Mustererzählung fraglose Zugehörigkeit zu der Gemeinschaft, weil sich der Erzähler als idealtypisches Mitglied darstellt. Mithin finden innerhalb ihrer Grenzen Prüfungen der Authentizität der Erzählung statt, was die Erzählungen, die der Prüfung standhalten, validiert. Freilich nur innerhalb der Gemeinschaft. Denn in der Außenperspektive sind alle Erzählungen gleichermaßen unglaubwürdig. Alle Erzähler gleichermaßen „Schwindler".
3. Die Gemeinschaft ist bestrebt, für den Grenzübergang zur Außenwelt Multiplikatoren mit einem hohen sozialen Status zu finden: Journalisten, Literaten oder gar Wissenschaftler, die sich der Mustererzählung annehmen. Sie stützen oder kontrovers diskutieren. Durch beides gewinnt die Mustererzählung an öffentlicher Aufmerksamkeit, die einen potentiellen Anreiz für neue Mitglieder schafft.
4. Dass man den Mitgliedern außerhalb ihrer Gemeinschaft nicht glaubt, lässt sich ebenfalls zur Validierung nutzen. Zu diesem Zweck wird die Mustererzählung als tabuisiertes Wissen dargestellt, woraus folgt: Da Tabus auszusprechen einen besonderen Mut verlangt, gibt es nur wenige, die diesen Mut haben. Wer den Mut aufbringt, darf sich als heroisch schätzen. Da der verlangte Mut keine weit verbreitete Eigenschaft ist, wird es viele Menschen mit vergleichbaren Erlebnissen geben, die es bisher noch nicht gewagt ha-

ben, sie zu enthüllen. Rechnet man diese Dunkelziffer mit, ist die Glaubensgemeinschaft immer sehr viel größer, als sie aktuell erscheint.

5. Wer Anschluss an die Mustererzählung findet, der wird in die Glaubensgemeinschaft integriert. Seine individuelle Erzählung geht in die kollektive Erzählung ein, die sie weiter elaboriert. So kann sie ein fest gefügtes, weil sozial anerkanntes Stück einer Biographie werden, die einem Menschen zu enträtseln hilft, was ihm sonst in seinem Leben rätselhaft bliebe. Das macht es auch schwer, die Gemeinschaft zu verlassen. Denn stellt er seine Erzählung in Frage, kehrt der ängstigende Erklärungsnotstand wieder.

Erzählungen von „UFO-Entführungen" gibt es in den USA schon lange. Nur haben sie ihre Form geändert. In den 1950er und 60er Jahren sind die Außerirdischen wohlwollend und hilfsbereit. Die USA blicken zuversichtlich in die Zukunft. In den 1980er und 90er Jahren, in denen die Schattenseiten des „American way of life" immer stärker hervortreten, werden die einstigen Menschenfreunde feindlich. In dieser Zeit erodiert die „Vom Tellerwäscher zum Millionär"-Ideologie, jeder habe die Wahl, das aus sich zu machen, was er wolle – wenn er sich nur genügend anstrenge. Es zeigt sich, dass dies empirisch nicht stimmt. Wie aber geht jemand damit um, dass er einerseits glaubt, es hänge alleine von seiner Anstrengung ab, was aus ihm werde, andererseits aber registrieren muss, dass ihm oftmals alle Anstrengung nicht viel nützt? Er kreiert einen persönlichen Mythos, in dessen Zentrum seine „Entführung durch Außerirdische" steht. Nun weiß er, warum er schlecht mit dem Leben zurechtkommt. Und reduziert so seine Versagensängste. Schuld ist nicht er, sondern eine Gewalt, die von Wesen ausgeht, die mächtiger sind als er, wobei in den „Außerirdischen" politische Machthaber symbolisiert sind, die sich von der irdischen Realität verabschiedet haben. Dass dazu eine SF-Erzählung gebraucht wird, ist konsequent. Denn die USA sind das Land mit dem stärksten kollektiven Glauben an einen technischen Fortschritt, der keine Grenzen kennt und deshalb auch im Weltraum nicht Halt macht.

Wahrscheinlich sind wir nicht bereit, Menschen zu glauben, sie seien von Außerirdischen entführt worden. Was aber ist mit Erzählungen von Erwachsenen, als Kind sexuell missbraucht worden zu sein (vgl. Loftus/Ketcham 1995)? Der Vergleich mag unpassend erscheinen. Mehr noch: als Versuch, diese Form familialer Gewalt als bloße Phantasie abzutun. So wie die Entführung durch Außerirdische bloße Phantasie ist. Mir geht es nicht darum, die Realität von sexuellem Kindesmissbrauch in Frage zu stellen, noch seine traumatisierenden Auswirkungen auf die Opfer zu bestreiten. Indessen muss man zur Kenntnis nehmen, dass sich für den Gebrauch dieser autobiographischen Erzählung dieselbe Entwicklungsdynamik wie bei den UFO-Entführten beobachten lässt!

Auch in diesem Fall ist eine Mustererzählung mit einem großen öffentlichen Aufmerksamkeitswert entstanden, der es attraktiv macht, das eigene Leben nach diesem Muster zu erzählen (vgl. Haubl 1995, S. 42 ff.). Nicht aus strategisch-taktischen Gründen, sondern um eine glaubhafte Erklärung dafür zu haben, warum man so schwer mit dem eigenen Leben zurechtkommt. Eine Erklärung, die sozial anerkannt und obendrein skandalisierbar ist, weil sie dadurch auch an Glaubwürdigkeit für einen selbst gewinnt.

Meine jüngsten Erfahrungen mit diesem Phänomen betreffen die Erinnerungen der Kinder des Zweiten Weltkriegs, die 60 Jahre nach der Befreiung vom Nationalsozialismus eine ungeahnte öffentliche Aufmerksamkeit erhalten haben. Auch diese Erinnerungen folgen Mustererzählungen, was sie aber ebenso wenig diskreditiert, wie es sie authentifiziert – das jedenfalls ist mein persönliches Fazit unseres großen Frankfurter Kongresses „Die Generation der Kriegskinder und ihre Botschaft für Europa 60 Jahre nach Kriegsende", der im April 2005 stattgefunden hat. Historische Wahrheit ist und bleibt stets eine regulative Idee, nämlich die Idee einer Erinnerungsarbeit, die widerstreitende Erinnerungen auf- und abzuarbeiten hat.

Szenisches Erinnern

Rechnet man mit Mustererzählungen, in denen für die Mitglieder einer sozialen Gruppe der Unterschied zwischen Täuschung und Selbsttäuschung verschwimmt, beginnt die Suche nach Indikatoren, die es erlauben, den Wahrheitsgehalt einer Erinnerungserzählung zu prüfen. So gelten autobiographische Erinnerungen als umso exakter, je sprachferner sie sind. Tatsächlich ist ja nur ein Teil der Ereignisse, Erlebnisse und Erfahrungen unserer lebensgeschichtlichen Vergangenheit semantisch-syntaktisch repräsentiert und damit sprachlich verfügbar. Andere Erinnerungen sind präreflexiv, nämlich bildhaft-anschaulich oder sogar sensomotorisch. Vor allem „embodied memories" (vgl. Leuzinger-Bohleber/Pfeifer 1998, Lakoff/Johnson 1999) werden szenisch stimuliert.

Die wahrscheinlich berühmteste Beschreibung einer szenisch stimulierten Erinnerung findet sich in dem Roman „Auf der Suche nach der verlorenen Zeit" von Marcel Proust ([1913-1927] 2004), wo der Protagonist die verlorene Zeit seiner Kindheit mit Hilfe einer Madeleine, einem französischen Gebäck, wiederfindet, ohne sie bewusst gesucht zu haben: Es ist eine Erinnerung, die sich ereignet, als er einen Löffel Tee mit einem darin aufgeweichten Stück des Gebäcks zum Munde führt:

> „In der Sekunde nun, da dieser mit den Gebäckkrümeln gemischte Schluck Tee meinen Gaumen berührte, zuckte ich zusammen und war gebannt durch etwas ungewöhnliches, das sich vollzog. Ein unerhörtes Glücksgefühl, das ganz für sich allein bestand und dessen Grund mir unerkannt blieb, hatte mich durchströmt. (...) Sicherlich muß das, was auf dem Grund meines Ich in Bewegung geraten ist, das Bild, die visuelle Erinnerung sein, die zu diesem Gebäck gehört und die nun versucht, mit jenem bis zu mir zu gelangen. (...) Und mit einem Mal war die Erinnerung da. Der Geschmack war der jenes kleinen Stücks einer Madeleine, das mir am Sonntagmorgen in Combray (...), sobald ich ihr in ihrem Zimmer guten Morgen sagte, meine Tante Leonie anbot, nachdem sie sie in ihren schwarzen oder Lindenblütentee getaucht hatte."

Was Proust (2004, S. 66ff.) hier beschreibt, lässt sich als „Priming" (Tulving/Schacter 1990) erklären: als Aktivierung des impliziten Gedächtnisses durch einen aktuellen Hinweisreiz („trigger"), der einem Reiz aus einer vergangenen Reizkonstellation entspricht (Roediger 1990; Schacter 1992). Dabei sind die Sinne kreuzmodal verbunden: Im Beispiel evoziert ein Geschmack eine bildhaft-anschauliche Vorstellung. Ohne den aktuellen Hinweisreiz hätte sich die Erinnerung nicht ereignet.

Hinweisreize können sowohl das explizite als auch das implizite Gedächtnis stimulieren. Ist es ein Fall für das explizite Gedächtnis, weiß der Protagonist um den Sonntagmorgen in Combray und kann sich deshalb überlegen: Wie war das denn damals? Dann erinnert er sich an die Madeleine und von ihr aus an alles andere. Nimmt er daraufhin eine Madeleine, weicht sie in einem Löffel Tee auf und führt sie an den Mund, wird seine Erinnerung vielleicht lebendiger, nicht mehr. Ist es dagegen ein Fall für das implizite Gedächtnis, weiß der Protagonist erst wieder um den Sonntagmorgen in Combray aufgrund des Hinweisreizes. Dass die Madeleine ein Hinweisreiz ist, erkennt er überhaupt nur, wenn er rekonstruiert, warum er sich jetzt gerade an den Sonntagmorgen in Combray erinnert. Oder er erkennt nicht einmal das. Will heißen: Ist es ein Fall für das implizite Gedächtnis, lässt sich der Zusammenhang zwischen aktuellem Hinweisreiz und vergangener Reizkonstellation bestenfalls nachträglich feststellen und somit nicht im Vorhinein herstellen. Der Protagonist trifft zufällig auf diesen Reiz, er fällt ihm zu und stimuliert die Erinnerung. Folglich erlebt er dann auch nicht, dass er sich erinnert, sondern, dass sich sein Erinnern ereignet.

Nun werden aber nicht nur glückliche Erinnerungen szenisch stimuliert, wie das in Prousts Madeleine-Episode der Fall ist. Ganz im Gegenteil: Es sind vor allem traumatische lebensgeschichtliche Situationen, die aufgrund einer Überforderung der psychischen Verarbeitungskapazität zu einer Dissoziation (vgl. Lynn/Rhue 1994) geführt haben und deshalb gar nicht anders als szenisch stimuliert erinnert werden können.

Als uns mein Vater, damals bereits über 70 Jahre, zum ersten Mal in Augsburg besuchte, gingen wir in einem Lokal mit bayrischer Küche essen. Mein Vater hat große Teile seiner Kindheit in Bayern verbracht. Er bestellte Semmelknödel mit Pilzen, auf die er sich sehr freute. Als sie auf den Tisch kamen, schwärmte er davon, was für eine unerreicht gute bayrische Köchin seine Mutter gewesen sei. Das tat er, zum Leidwesen seiner Frau, je älter er wurde, immer öfter. Auch damals. Als er den Teller mit den dampfenden Knödeln vor sich hatte und gerade Messer und Gabel ansetzte, hielt er plötzlich inne und verstummte. Es war, als wäre er aus der Zeit gefallen. Bewegungslos saß er da und Tränen rannen ihm kaum sichtbar über die Wangen. Dabei skizzierte er mit wenigen Worten die Hauptstraße eines brennenden russischen Dorfes während des Krieges, auf der ihm, dem deutschen Soldaten, eine klagende Frau mit einem zerfetzten Kind im Arm entgegen kommt – und er ihr Verbandmaterial schenkt. Eine Minute vielleicht, dann waren seine tranceartigen Worte verklungen. Er zerteilte einen Knödel und begann zu essen. Ich war befremdet und zugleich sehr berührt. Mein vorsichtiger Versuch, mit ihm über das Erlebte zu sprechen, ist fehlgeschlagen. Er tat so, als sei überhaupt nichts vorgefallen.

Was sich in dem beschriebenen Moment ereignet hat, ist vermutlich eine Art „flashback" gewesen. Bei dieser Form des Erinnerns wird eine traumatische Situation der Vergangenheit plötzlich so lebendig aktualisiert, dass sie im Bewusstsein nicht als erinnert, sondern als wahrgenommen erscheint (vgl. Blank 1985). Dabei sind es in der Regel unscheinbare Hinweisreize, die den Kurzschluss der Gegenwart mit der Vergangenheit hervorrufen. Unter den Bedingungen des Alltagslebens bleiben die Hinweisreize meist – wie bei meinem Vater – ungeklärt und die Bedeutung der Szene lässt sich nur ahnen.

Vergleichbare Kurzschlüsse von Vergangenheit und Gegenwart kommen auch zustande, wenn Traumata von einer Generation an die nächste weitergegeben werden. Eltern und Kinder bilden jenseits eines expliziten Familiengedächtnisses (vgl. Welzer 2002) auch eine vor- und unbewusste Erinnerungsgemeinschaft (vgl. Bergmann u.a. 1995; Kogan 1998). Denn es sind nicht die bewussten Unterrichtungen der Nachkommen, die deren psychische Struktur in erster Linie prägen, sondern die vor- und unbewussten. Kinder reagieren weniger auf das, was Eltern ihnen sagen, als auf das, was sie nur andeuten oder verschweigen. Im Einzelnen sind die Mitteilungswege der Tradierung subtil. Oft nur atmosphärisch. Aber keine Generation ist „imstande, bedeutsamere seelische Vorgänge vor der nächsten zu verbergen" (Freud 1960b, S. 191). Infolgedessen müssen sich die Jungen in ihrer Entwicklung damit auseinandersetzen, von den Alten als „Container" (vgl. zum Konzept: Lazar 1993) gebraucht worden zu sein.

So habe ich in der Adoleszenz plötzlich begonnen, von langen Reihen zerlumpter Soldaten zu träumen, die erschöpft durch den russischen Winter marschieren. Meist sah ich sie aus der Vogelperspektive, häufig aber auch aus der Perspektive eines Mitmarschierenden, gelegentlich neben meinem Vater gehend – und dann überfiel mich panische Angst, die mich weckte. Dieser Traum hat mich Jahre lang bis in meine Analyse hinein verfolgt. Wie kommt ein Heranwachsender dazu, dies zu träumen? Ich kann mich bis heute nicht erinnern, dass mir mein Vater jemals solche Szenen erzählt hätte. Wie die meisten Väter seiner Generation war er stumm, was seine Kriegserlebnisse betraf. Daran hat sich auch später nichts geändert. Im Gegenteil: Wie viele meiner Generation habe ich meine Unfähigkeit zu fragen hinter inquisitorischen Fragen versteckt, die garantierten, dass mein Vater stumm blieb. Erst vor ein paar Jahren erfuhr ich, dass er den Russlandfeldzug gar nicht mitgemacht hat, weil ihn glückliche Umstände daran hinderten zu tun, was er aber unbedingt tun wollte.

Ich führe diese autobiographische Episode als Beispiel dafür an, dass am Beginn der Selbstbestimmung der Kinder eine Fremdbestimmung durch ihre Eltern steht. Und diese Fremdbestimmung mag umso tief greifender sein, je größer die psychischen Lasten sind, von denen sich Eltern zu entlasten suchen. So gesehen gilt die psychoanalytische Schrittfolge von „Erinnern, Wiederholen und Durcharbeiten" (Freud 1960c) auch für jede Kindergeneration: Um zu sich selbst zu kommen, muss sie versuchen, sich das Erbe bewusst zu machen, das sie antritt. Das verlangt zum einen, die elterliche Spur zu verlassen: gegebenenfalls zu erinnern, was die Elterngeneration vergessen haben will, oder zu vergessen, was sie erinnert haben will. Zum anderen verlangt es aber auch, dass die Kindergeneration ihren Wunsch aufgibt, die Eltern „möchten anders gewesen sein, als sie waren", und uneingeschränkt bejaht, dass sie „für das eigene Leben verantwortlich ist" (Erikson 1966, S. 118f.).

Die emotionale Wahrheit historisch falscher Erinnerungen

Wenn auch das Kriterium der Sprachferne das beste Gütekriterium für die historische Wahrheit einer Erinnerung sein mag, so müssen wir dennoch zur Kenntnis nehmen, dass es sogar Flashback-Erinnerungen gibt, die sich als „falsche" Erinnerungen herausstellen (Pynoos/Nader 1989; Rynearson/McCreery 1993; Frankel 1994). Zudem lernen die Mitglieder einer sozialen Gruppe die Indikatoren, die zwischen „wahren" und „falschen" Erinnerungen unterscheiden sollen, kennen. Und damit wächst die Wahrscheinlichkeit, dass auch diese Indikatoren in die Mustererzählung eingebaut werden. Ein lehrreicher Fall dafür ist das Buch „Bruchstücke", die 1995 erschienene Autobiographie des Binjamin Wilkomirski (vgl. Bauer 1999).

In seinem Buch erzählt der Autor, wie er als Kind lettischer Juden die Todeslager erlebte und überlebte. Erinnerungen, zu denen er aufgrund von Dissoziationen erst in einer Therapie Zugang gefunden hat. Dieses Buch, im linksliberalen Suhrkamp-Verlag erschienen, hat große Resonanz gefunden. Vielfach übersetzt, ist es mit Auszeichnungen und Preisen bedacht worden. Wilkomirski trat allerorts – oft von seinem Verleger und seinem Therapeuten begleitet – als Zeitzeuge auf. Und er wurde in die Sammlung der Video-Interviews aufgenommen, mit denen die „Steven Spielberg Shoa Foundation" die Erinnerungen von 50000 Überlebenden der Nachwelt audiovisuell überliefert.

Wie man inzwischen weiß, handelt es sich bei dieser Autobiographie um eine Erfindung (vgl. Mächler 2000; Ganzfried 2002). Geschrieben von dem 1941 in der Schweiz geborenen Bruno Dössekker, der sich die „persona" eines Zeitzeugen mit dem Namen Binjamin Wilkomirski zugelegt und damit auch den Vertrauensvorschuss gesichert hat, den Zeitzeugen genießen. Es dauerte drei Jahre, bis die Zweifel an seiner autobiographischen Erzählung unüberhörbar wurden. Denn er hat die gewählte „persona" überzeugend dargestellt. Und zwar so überzeugend, dass ihm auch echte KZ-Insassen geglaubt haben.

Seine Motive seien dahingestellt. Warum aber hat man ihm Glauben geschenkt? Dafür gibt es verschiedene Gründe. So wirken seine Erinnerungen für echte KZ-Insassen authentisch, weil er in seiner Erzählung bestimmte – von ihnen geteilte Authentizitätsindikatoren – gebraucht. Zum Beispiel, indem er seine Kindheitserinnerungen in der Art von „flashbacks" präsentiert und damit auf eine Kohärenz verzichtet, von der er zutreffend angenommen hat, dass sie als Indikator einer literarischen Bearbeitung wahrgenommen werden würde. Er bedient eine Mustererzählung, die in seiner Zielgruppe in Umlauf ist. Nennen wir sie „KZ-Erinnerungen". Diese Zielgruppe besteht aus Opfern sowie aus Menschen, die mit den Opfern identifiziert sind. Beide haben ein Bedürfnis nach Erinnerungsanlässen, um nicht zu vergessen, was (ihnen) an Grausamkeiten geschehen ist. Wilkomirskis Autobiographie bietet einen solchen Anlass und ist deshalb willkommen, wobei sich nicht ausschließen lässt, dass das Bedürfnis, solche Anlässe zu haben, dazu beiträgt, die Realitätsprüfung zu schwächen.

Wer kann überhaupt verlässlich zwischen „echten" und „falschen" Erinnerungen unterscheiden? Da auch echte KZ-Insassen die erzählten Erinnerungsbilder für echt hielten, sind sie womöglich zwar quellenkritisch beurteilt „falsch", emotional jedoch „echt", da sich Wilkomirski offenbar genau in die Situation „echter" Opfer zu versetzen vermag. Obwohl doch immer herausgestellt wird, dass nur, wer leibhaftig vor Ort war, auch sagen kann, wie es wirklich gewesen ist.

Wilkomirskis Entlarvung hat zu heller Empörung geführt. Dabei kann man sich als Beobachter kaum des Eindrucks erwehren, dass die Finger, die auf das „Trauma als Faszinosum" (Stoffels/Ernst 2002, S. 447) zeigen, immer auch die eigene Leichtgläubigkeit kaschieren sollen. Zudem lenkt diese Empörung von sehr viel verstörenderen Fragen ab, die politisch nicht korrekt sind, weil sie leicht als Einladung verstanden werden können, die Shoa zu leugnen: Wenn echte Opfer „falsche“ Erinnerungen für echt halten, wie „echt“ sind dann deren Erinnerungen?

Ethik der Erinnerung

Da es weder individuell noch kollektiv eine Erinnerung aus der Vergangenheit, sondern immer nur an die Vergangenheit gibt, stellt sich die Frage, welches die angemessene – wenn man so will: ethisch angemessene (vgl. Margalit 2000) – Einstellung ist, sich die Vergangenheit erinnernd zu vergegenwärtigen. In aller Vorläufigkeit möchte ich abschließend drei Facetten dieser Einstellung benennen:

1. Erinnerungen sind kein Besitzstand, auch wenn wir sie gelegentlich verteidigen, als wären sie es. Mehr, als wir meist wahr haben wollen, entzieht sich der Erinnerungsprozess unserer Kontrolle. Bevor wir Erinnerungen haben, sind wir Erinnerungen, so wie wir alle zunächst einmal Körper sind, bevor wir Körper haben. Folglich müssen wir mit der Einsicht leben, dass die Vergangenheit unsere Gegenwart stets mehr prägt, als wir es uns bewusst machen können.
2. Was erinnert wird, hängt immer auch davon ab, wie es erinnert wird. Das Bewusstsein, dass mit vor- und unbewusst wirkenden Konflikten zwischen archivarischer, mythopoetischer und quellenkritischer Ich-Funktion zu rechnen ist, verlangt, das Erinnern selbst zu reflektieren. Selbstreflexives Erinnern aber birgt die Gefahr, sich in Selbstzweifeln zu verlieren, da alle Erinnerungen immer nur Erinnerungen an Erinnerungen sind. Folglich verlangt selbstreflexives Erinnern die Fähigkeit und Bereitschaft, die Lebenstauglichkeit der eigenen Selbstreflexion zu reflektieren: einen persönlichen Mythos zu leben, ohne ihm zu verfallen.
3. Wir erinnern uns stets als Mitglieder sozialer Gruppen, deren andere Mitglieder unsere Erinnerungen mehr oder weniger stützen. Sie leben in unseren Erinnerungen, wir leben in ihren Erinnerungen. Dabei ringen wir gerne darum, wer sich richtig erinnert. Solange ein solches Ringen die Perspektivität von Erinnerungsprozessen nicht leugnet und Erinnerungskritik erlaubt, dient es einer zwanglosen Vergemeinschaftung. Ist es dagegen Ziel, den gemeinsamen Erinnerungsprozess in codifizierten Erinnerungen still zu stellen, degeneriert das Ringen zu einem heillosen Machtkampf.

Literatur

Assmann, J. (1992): Das kulturelle Gedächtnis. Schrift, Erinnerung und politische Identität in frühen Hochkulturen. München.

Bartlett, F.C. (1961): Remembering. A Study in Experimental and Social Psychology. Cambridge.

Bauer, B. (1999): Autobiographie oder Fiktion? Zum Fall „Binjamin Wilkomirski". [http://staff-www.uni-marburg.de/~bauerb/text_wilkom.html].

Bergmann, M.S./Jucovy, M.E./Kestenberg, J.S. (Hrsg.) (1995): Kinder der Opfer – Kinder der Täter. Psychoanalyse und Holocaust. Frankfurt/M.

Blank, A. (1985): The unconscious flashback to the war in Viet Nam veterans: clinical mystery, legal defense, and community problem. In: Sonnenburg, S./Blank, A./Talbott, J. (Eds.): The Trauma of War: Stress and Recovery in Viet Nam Veterans. Washington, D.C., S. 293-308.

Bourdieu, P. (1987): Sozialer Sinn. Frankfurt/M.

Conway, M.A. (1996): Failures of autobiographical remembering. In: Hermann, D./Johnson, M./McEvoy, C./Hertzog, C./Hertel, P. (Eds.): Basic and Applied Memory: Theory and Context. Mahwah, N.J.

Erikson, E.H. (1966): Identität und Lebenszyklus. Frankfurt/M.

Felman, S./Laub, D. (1992): Testimony. The Crisis in Witnessing in Literature, Psychoanalysis, and History. New York, London.

Frankel, F.H. (1994): The concept of flashbacks in historical perspective. In: The International Journal of Clinical and Experimental Hypnosis 42 (1994); S. 321-336.

Freud, S. (1960a): Über Deckerinnerungen. In: Freud, S.: Gesammelte Werke. Bd. 1. Frankfurt/M., S. 531-554.

Freud, S. (1960b): Totem und Tabu. In: Freud, S.: Gesammelte Werke. Bd. 9. Frankfurt/M.

Freud, S. (1960c): Erinnern, Wiederholen und Durcharbeiten. In: Freud S.: Gesammelte Werke. Bd. 10. Frankfurt/M., S. 125-136.

Frijda, N.H. (1997): Commemoration. In: Pennebaker, J.W./Paez, D./Rimé, B. (Eds.): Collective Memory of Political Events. Social Psychological Persepectives. Mahwah, N.J., S. 213-242.

Ganzfried, D. (2002): … alias Wilkomirski. Die Holocaust-Travestie. Berlin.

Gergen, K.J. (1992): Mind, text, and society: self-memory in social context. In: Neisser, U./Fivush, F. (Eds.): The Remembering Self. Construction and Accuracy in the Self-narrative. New York, S. 213-242.

Goffman, E. (1979): Rahmenanalyse. Frankfurt/M.

Greenwald, A.G. (1980): The totalitarian ego: fabrication and revision of personal histories. In: American Psychologist 35 (1980), S. 603-618.

Habermas, T./Bluck, S. (2000): Getting a life: The emergency of the life story in adolescence. In: Psychological Bulletin 126 (2000), S. 748-769.

Halbwachs, M. (1985): Das kollektive Gedächtnis. Frankfurt/M.

Hankiss, A. (1981): Ontologies of the self: On the mythological rearranging of one's life history. In: Bertaux, D. (Eds.): Biography and Society: The Life History Approach in the Social Science, S. 203-211.

Hartocollis, P./Graham, I.D. (Eds.) (1991): The Personal Myth in Psychoanalytic Theory. Madison, CT.

Haubl, R. (1995): Die Gesellschaftlichkeit der psychischen Realität. In: Gruppenanalyse 5 (1995) H. 1, S. 27-51.

Haubl, R. (1999): Erinnerungsarbeit: Über die Konstruktion individueller und kollektiver Autobiographien. In: Grossmann-Garger, B./Parth, W. (Hrsg.): Die leise Stimme der Psychoanalyse ist beharrlich. Gießen, S. 17-48.

Hejl, P.M. (1992): Wie Gesellschaften Erfahrungen machen oder wie Gesellschaftstheorie zum Verständnis des Gedächtnisproblems beitragen kann. In: Schmidt, S.J. (Hrsg.): Gedächtnis. Probleme und Perspektiven der interdisziplinären Gedächtnisforschung. Frankfurt/M., S. 293-336.

Hudson, J.A. (1990): The emergency of autobiographical memory in mother-child-conversation. In: Fivush, R./Hudson, J.A. (Eds.): Knowing and Remembering in Young Children. Cambridge.

Huether, G./Adler, L./Ruther, E. (1999): Die neurobiologische Verankerung psychosozialer Erfahrungen. In: Zeitschrift für psychosomatische Medizin 45 (1999), S. 2-17.

Kogan, I. (1998): Der stumme Schrei der Kinder. Die zweite Generation der Holocaust-Opfer. Frankfurt/M.

Lakoff, G./Johnson, M. (1999): Philosophy in the Flesh. The Embodied Mind and its Challenges to Western Thought. New York.

Lazar, R.A. (1993): „Container-Contained" und die helfende Beziehung. In: Ermann, M. (Hrsg.): Die hilfreiche Beziehung in der Psychoanalyse. Göttingen, S. 68-91.

Leuzinger-Bohleber, M./Pfeifer, R. (1998): Psychoanalyse und Embodied Cognitive Science. In: Psyche 52 (1998) H. 9/10, S. 884-918.

Loftus, E./Ketcham, K. (1995): Die therapierte Erinnerung. Vom Mythos der Verdrängung bei Anklagen wegen sexuellen Missbrauchs. Hamburg.

Lynn, S./Rhue, J. W. (1994): Dissociation: Clinical and Theoretical Perspectives. New York.

Mächler, S. (2000): Der Fall Wilkomirski. Über die Wahrheit einer Biographie. Zürich, München.

Margalit, A. (2000): Ethik der Erinnerung. Frankfurt/M.

Markowitsch, H.J. (1996): Neuropsychologie des menschlichen Gedächtnisses. In: Spektrum der Wissenschaft, September 1996, S. 52-61.

Middleton, D./Edwards, D. (1990): Conversational remembering. A social psychology approach. In: Dies. (Eds.): Collective remembering. London, S. 121-292.

Newman, L.S./Baumeister, R.F. (1996): Towards an explanation of the UFO Abduction Phenomenon. In: Psychological Inquiry 7 (1996).

Perry, B.D./Pollard, R.A./Balkley, T.L./Baker, W.L./Vigilante, D. (1998): Kindheitstrauma, Neurobiologie der Anpassung und „gebrauchsabhängige" Entwicklung des Gehirns: Wie „Zustände" zu „Eigenschaften" werden. In: Analytische Kinder- und Jugendlichenpsychotherapie 99 (1998), S. 277-307.

Plato, A. v. (2000): Zeitzeugen und die historische Zunft. In: BIOS 13 (2000) H. 1, S. 5-29.

Pynoos, R. S./Nader, K. (1989): Children's memory and proximity of violence. In: Journal of Clinical Psychiatry 47 (1989), S. 285-299.

Proust, M. (2004): Auf der Suche nach der verlorenen Zeit. Bd. 1. Frankfurt/M.

Roediger, H. (1990): Implicit memory: retention without remembering. In: American Psychologist 45 (1990), S. 1043-1056.

Rubin, D.C. (Ed.) (1986): Autobiographical Memory. Cambridge.

Rubin, D.C. (Ed.) (1996): Remembering our Past. Studies in Autobiographical Memory. Cambridge.

Rynearson, E./McCreery, J. (1993): Bereavement after homicide: a synergism of trauma and loss. In: American Journal of Psychiatry 150 (1993), S. 258-261.

Schacter, D. (1992): Understanding implicit memory: a cognitive neuroscience approach. In: American Psychology 47 (1992); S. 559-569.

Schafer, R. (1995): Erzähltes Leben. Narration und Dialog in der Psychoanalyse. München.

Showalter, E. (1997): Hystorien. Hysterische Epidemien im Zeitalter der Medien. Berlin.

Snow, C.E. (1990): Building memories: the ontogeny of autobiography. In: Cichetti, D./ Beeghly, M. (Eds.): The Self in Transition: Infancy to Childhood. Chicago, S. 213-242.

Stoffels, H./Ernst, C. (2002): Erinnerung und Pseudoerinnerung. Über die Sehnsucht, Traumaopfer zu sein. In: Nervenarzt 73 (2002), S. 445-451.

Tulving, E./Schacter, D. (1990): Priming and human memory systems. In: Science 247 (1990), S. 301-306.

Welzer, H. (2002): Das kommunikative Gedächtnis. München.

Wilkomirski, B. (1995): Bruchstücke. Aus einer Kindheit 1939-1948. Frankfurt/M.

Kriegsende 1945 – Erinnerungsarbeit in einer Schreibwerkstatt. Zum Verhältnis von individueller Erinnerung und kollektivem Gedenken

Theodor Schulze

1 Erinnerungsarbeit

Was ich hier „Erinnerungsarbeit" nenne, bezieht sich auf den Umgang mit Lebenserinnerungen. Das sind Erinnerungen, die sich auf die Gestaltung der eigenen Biographie beziehen, die im autobiographischen Gedächtnis gespeichert und in autobiographischen Erzählungen oder biographischen Interviews veröffentlicht werden. Bei diesen Erinnerungen geht es nicht nur um Sachverhalte und Wissensinhalte, sondern vornehmlich auch um Gefühle und was sie im Menschen ausrichten. Und es geht bei ihnen nicht nur um das, was wir deutlich wissen, sondern ebenso um das, was wir nur undeutlich ahnen oder vermuten, oder auch um das, was wir gar nicht wissen, nicht zu wissen meinen oder nicht wissen wollen, also um Unbewusstes in sehr unterschiedlicher Weise.

Lebenserinnerungen – d.h. die Eindrücke, Ereignisse und Erlebnisse, die ihren Inhalt ausmachen, und ihre Auswahl – entstehen weitgehend ohne unser Zutun. Sie kommen uns zu oder fallen über uns her, und dann sind sie da. Aber sie lassen es nicht dabei. Sie arbeiten in uns und wir arbeiten an ihnen und mit ihnen. Wir verwandeln sie in eine Erzählung, und da nehmen sie die Form einer Geschichte an, die etwas mitteilt, die eine Botschaft überbringt. Und wir verwandeln sie in eine Erfahrung. Da gewinnen sie die Gestalt eines Vorsatzes oder eines Vorhabens, das uns umtreibt. Und wir bringen unsere Geschichten, Vorsätze und Vorhaben ein in die Orientierung und Willensbildung der Kollektive, in denen wir leben. Aus Geschichten lernen! Aus Erfahrungen klug werden! Darum geht es.

Mir scheint es sinnvoll und hilfreich, zwischen fünf Arten von Erinnerungsarbeit zu unterscheiden. Das sind: die unbewusste individuelle Erinnerungsarbeit, die bewusste individuelle Erinnerungsarbeit, die psychoanalytische Erinnerungsarbeit, die traditionelle kollektive Erinnerungsarbeit und die kritische kollektive Erinnerungsarbeit.

Mit *unbewusster individueller Erinnerungsarbeit* bezeichne ich die Vorgänge, die sich unbewusst in uns vollziehen, wenn wir etwas erlebt haben und das

Erlebte zu einer Erinnerung und zu einer Erfahrung verarbeiten, die wir als eine bildhafte Vorstellung oder eine Geschichte, aber auch als eine affektive Besetzung, als eine gefühlsmäßige Reaktion, als eine Aufmerksamkeitsrichtung, als ein Werturteil oder als einen Handlungsgrundsatz in unserem Gedächtnis aufbewahren. Im Erleben zeichnen wir etwas, das uns widerfährt, mit Gefühlen und Bedeutungen aus. Wir besetzen den Inhalt dessen, was wir wahrnehmen oder tun und was uns oder anderen geschieht, mit einer verstärkten Gefühlsreaktion, mit Angst, Wut, Schmerz, Freude, Stolz oder Begehren. Und wir geben dem Inhalt damit eine besondere Bedeutung, wobei wir oft gar nicht oder erst sehr viel später verstehen, was er genau bedeutet. Diese Art der Erinnerungsarbeit ist keine Arbeit im Sinne bemühter und bewusster, reflexiver Anstrengung. Sie vollzieht sich weitgehend jenseits des Bewusstseins. Sie kann nur rückwirkend aus dem später bewusst Erinnerten und sprachlich Formulierten rekonstruiert werden. Wir sprechen hier dennoch von „Arbeit“ in dem Sinne, wie Sigmund Freud von „Traumarbeit“ oder „Trauerarbeit“ gesprochen hat (Laplanche/Pontalis 1986, S. 512f. und 519f.), und es sind dabei vermutlich auch ähnliche psychische Mechanismen wirksam wie Verdichtung, Verschiebung, Verknüpfung, Symbolisierung und die Übersetzung in eine verbale Sprache. Ich verstehe diesen Prozess als Lernprozess, als die Basis biographischen Lernens. Er bildet den Schatz an Lebenserfahrungen, das „Biographische Potential“, auf das wir uns in unseren lebensbedeutsamen Entscheidungen stützen, und liefert den Rohstoff für autobiographische Erzählungen.

Die *bewusste individuelle Erinnerungsarbeit* setzt erst verhältnismäßig spät ein. Sie beginnt mit dem Versuch, sich bewusst an etwas im Leben weiter Zurückliegendes zu erinnern oder von früher Erlebtem zu erzählen und mündet ein in die bewusste Erzählung oder Beschreibung der eigenen Lebensgeschichte in einem biographischen Interview oder einem zusammenhängenden autobiographischen Text. Dabei geht es um Mehreres: Es geht zunächst um das Bewusstmachen der bis dahin noch weitgehend unbewussten oder vorbewussten Erinnerungen, die im so genannten „autobiographischen Gedächtnis“ aufgehoben sind (BIOS 2002). Das ist ein Vorgang der Rekonstruktion und zugleich der Übersetzung. Die im autobiographischen Gedächtnis gespeicherten Erinnerungen haben in wesentlichen Anteilen noch einen vorsprachlichen Charakter. Sie bestehen aus bildhaften, aber nicht fest umrissenen Vorstellungen und haften an vage konturierten Gefühlen. Sie müssen sprachlich formuliert und damit in die Bestimmtheit einer kommunizierbaren, für andere verständlichen Sprache überführt werden. – Dann geht es auch um Selektion und Integration. Wir wählen aus; nicht alles, woran wir uns erinnern, erscheint uns für eine Veröffentlichung geeignet. Und wir fügen die vielen einzelnen Erinnerungsinseln zusammen, versuchen sie in den Rahmen einer einigermaßen plausiblen Lebensgeschichte einzufügen. –

Schließlich geht es auch um Deutung. Wir bewerten die einzelnen Erinnerungen, indem wir ihnen zuschreiben, was sie für die Gestaltung unseres Lebens bedeuten.

Beim Erzählen und Aufschreiben der Erinnerungen entsteht ein Problem. Das ist die Differenz zwischen damals und heute, zwischen dem damaligen Erleben und dem gegenwärtigen Erzählen (vgl. Rosenthal 1995). Damals war ich noch ein anderer, ein Kind, ein Heranwachsender, eine verliebte junge Frau oder ein verliebter junger Mann. Und damals wusste ich noch nicht, was ich heute weiß. Beim Erzählen oder Aufschreiben entsteht das Problem, dass ich das Erinnerte darzustellen versuche, wie es sich mir damals im Moment des ursprünglichen Erlebens eingeprägt hat, dass ich es aber zugleich, um verständlich zu sein, in das einordnen muss, was ich und was andere über die Zusammenhänge, in denen das Erleben stand und heute steht, und über den Fortgang der erlebten Ereignisse heute weiß, in der Darstellung ebenso zum Ausdruck bringen muss. Während wir Erzählen oder Aufschreiben, ist uns diese Differenz durchaus bewusst, und erstaunlicher Weise gelingt es uns auch, diese Differenz in der Darstellung aufrecht zu erhalten. Allerdings auf unterschiedliche Weise: mal mehr zugunsten des damals Erlebten, mal mehr zugunsten des heute Gewussten.

Erzählen oder Aufschreiben bedeutet Fixierung. In der sprachlichen Formulierung nimmt die ursprünglich flüssige Erinnerung einen festen, von nun an schwer zu verändernden Charakter an. Zugleich aber wird das Erinnerte damit auch reflektierbar und kritisierbar. Die Erinnerung wird der Reflexion zugänglich und der kritischen Beurteilung durch andere ausgesetzt. Das kann zu einer weitergehenden Verfestigung der Erinnerung führen, aber auch zu einer erneuten Veränderung auf einer höheren Stufe der Bewusstheit. Der geschriebene Text kann umgeschrieben werden (siehe Schulze 1983, S. 317ff.).

Die *psychoanalytische Erinnerungsarbeit* setzt da ein, wo die bewusste individuelle Erinnerungsarbeit misslingt oder gar nicht erst zum Zuge kommt. Das seinerzeit Erlebte sperrt sich gegen Versuche, es bewusst und kommunizierbar zu machen. Das normale noch-nicht-bewusste, aber bewusstseinsfähige Unbewusste nimmt den Charakter der Verdrängung an. Die in der Verdrängung eingesperrten Affekte blockieren für das Überleben erforderliche Handlungsweisen und Entscheidungen. Sie mischen sich störend in den biographischen Integrationsprozess ein. Sie treten als Hemmungen oder Hemmungslosigkeit, als Zwangshandlungen, hysterische Anfälle oder Panikreaktionen, als physische Schmerzen oder funktionale Störungen oder auch als Abspaltungen im Bewusstsein in Erscheinung. Unter Anleitung eines Therapeuten und in der Anwendung geeigneter Verfahren sucht der Patient, die Verdrängung aufzuheben, das seinerzeit Erlebte bewusst zu machen und die aufgestauten Affekte abzureagieren.

Eine wichtige Voraussetzung für die psychoanalytische Erinnerungsarbeit ist der Leidensdruck des Patienten.

Sowohl die unbewusste als auch die bewusste individuelle Erinnerungsarbeit und auch die psychoanalytische Erinnerungsarbeit ist bezogen auf die erfolgreiche Gestaltung der Lebensgeschichte eines einzelnen Menschen. Doch die individuelle Erinnerungsarbeit ist auf doppelte Weise – sowohl in ihren Realitätsbezügen wie auch in ihren sprachlichen Formulierungen – in einen kollektiven Kontext eingelagert. Von außen betrachtet sind Biographien zu verstehen als die Bewegungen eines einzelnen Menschen in einem geographischen, historischen und soziokulturellen Raum (vgl. Schulze 2006). Doch dieser Raum ist selbst in Bewegung. Somit sind Biographien Bewegungen in einem bewegten Raum. Die Lebensbedingungen und das Angebot an Möglichkeiten, sein Leben zu gestalten, verändern sich im Verlauf des Lebens in dem Maße, wie sich der kollektive Raum, in dem das Individuum lebt, verändert. Die Bewegungen des Kollektivs und die vorherrschenden Intentionen, Gefühle und Vorstellungen, die diese Bewegungen vorantreiben, sind aufgehoben in der geschichtlichen Überlieferung und in dem, was Maurice Halbwachs das „kollektive Gedächtnis" genannt hat (Halbwachs 1985). Andere Autoren sprechen auch von einem „sozialen Gedächtnis" (Heinrich 2002) oder von einem „Gedächtnis in der Gruppe" (Rolf Haubl in diesem Band).

Zugleich aber bietet dieser Überlieferungszusammenhang auch die Sprachformen und Sprechweisen und die Symbolisierungen an, in denen das Individuum seine eigenen Erfahrungen zum Ausdruck bringt. Die individuellen Erinnerungen, aber auch schon die persönlichen Erlebnisse sind eingebettet in Interaktionen und Gespräche mit anderen, mit Eltern, Geschwistern, Freunden und Bekannten und überlagert von öffentlichen und offiziellen Deutungen der Ereignisse. Sie sind gleichsam umspült und fortgetragen von einem breiten Strom an Kommunikation. Harald Welzer spricht in dieser Hinsicht denn auch von einem „kommunikativen Gedächtnis" (Welzer 2005).

Ebenso wie das individuelle autobiographische Gedächtnis wird auch das kollektive oder kommunikative Gedächtnis durch Erinnerungsarbeit geformt, verändert und veröffentlicht. Und auch hier lassen sich zwei Arten unterscheiden – eine eher traditionelle und eine kritische Art der kollektiven Erinnerungsarbeit.

Ich nenne die *kollektive Erinnerungsarbeit traditionell*, die im wesentlichen auf die Fortführung einer schon bestehenden Überlieferung ausgerichtet ist. Sie manifestiert sich in Gedenktagen, Gedenkreden, Denkmalen, Geschichtsbildern, Parabeln und Legenden. Sie versucht neue Anforderungen, Einwirkungen, Ereignisse und durch sie bedingte Veränderungen einzuarbeiten in den überlieferten Komplex von Vorstellungen, Erwartungen, Wertungen und Idealen, die den vorausgegangenen Bewegungsverlauf des Kollektivs beherrscht haben. Das ist nicht immer bruchlos möglich, zumal nach einer Niederlage oder Krise. Doch auch dann versucht die traditionelle Erinnerungsarbeit so viel wie möglich von dem vorgängigen Selbstverständnis zu retten, indem sie Ballast abwirft, Schuldige benennt oder den Bezugsrahmen ändert, ohne die emotionale Grundstimmung aufzugeben.

Die traditionelle Erinnerungsarbeit ist in einem übertragenen Sinne egozentrisch. Sie ist darauf aus, die Existenz, das Anwachsen und das Ansehen des eigenen Kollektivs aufrechtzuerhalten ohne Rücksicht auf andere benachbarte und mitbetroffene Kollektive. Das bedeutet aber nicht, dass sie auch immer einheitlich und in sich geschlossen ist. Die kollektive Erinnerung einer Gesellschaft setzt sich zusammen aus einer Mehrzahl von subkollektiven Erinnerungstraditionen unterschiedlicher und auch widerstreitender gesellschaftlicher Gruppierungen und Überlieferungen. Dennoch stellt sich meist so etwas wie eine vorherrschende Erinnerungstradition im öffentlichen Bewusstsein ein, die sich in offiziellen Gedenkfeiern und Denkmalseinweihungen kund tut.

Die traditionelle Erinnerungsarbeit ist in einem gewissen Sinne auch unbewusst. Sie ist zwar bewusst, weil die Mitglieder des Kollektivs zu wissen glauben, was sie sagen, tun und erstreben, sich auf ihre persönlichen Erinnerungen stützen, Gründe anführen und sich rechtfertigen. Doch sie ist unbewusst in dem Sinne, dass sie die Folgen und Auswirkungen ihrer Vorstellungen und Entscheidungen nicht zu Ende denken und sowohl die Tatsachen wie auch Erfahrungen, die ihren eigenen Wünschen und Rechtfertigungen entgegenstehen, ausblenden. Es gibt offenbar auch so etwas wie ein kollektives Unbewusstes. Das sind affektiv besetzte Komplexe, die gerade, weil sie im Bewusstsein als Legende oder Sprachklischee anwesend sind, eine bewusste Durchdringung der zugrunde liegenden Sachverhalte verhindern, und damit zur Quelle für kollektive Fehlentscheidungen und pathologische Gefühlshaltungen werden.

Das, was ich hier als *kritische kollektive Erinnerungsarbeit* bezeichne, setzt da ein, wo die traditionelle scheitert, wo sie auf Tatsachen, Erfahrungen, Konflikte und Widersprüche stößt, die sich nicht in die überlieferten Vorstellungen und auch nicht in ihre, den Ereignissen angepasste, Transformationen einarbeiten lassen. Sie beginnt da, wo die geläufigen Begriffe und Formeln, aber auch die eigenen Erlebnisse und Gefühle in Frage gestellt und neue orientierende Gesichtspunkte gefunden werden. Ein wichtiger Teil der kritischen Erinnerungsarbeit besteht darin, den schon bereitliegenden Erinnerungstext umzuschreiben und neu zu formulieren bis in die Bedeutung und Verwendung einzelner Worte hinein. „Ehre“ gilt nicht mehr als „Ehre“. Statt von „Pflicht“ sprechen wir jetzt von „Verantwortung“. Dabei spielt eine wichtige Rolle die Bereitschaft, andere Erfahrungen als die eigenen und der eigenen Erlebnis- und Kommunikationsgemeinschaft zuzulassen und über die Grenzen des eigenen Kollektivs hinauszublicken. Wenn es gelingt, auf die andere Seite zu gehen und entgegengesetzte Vorstellungen einzubeziehen, kann es gelingen, eine neue Überlieferungsgeschichte zu begründen, die einen weiteren Horizont umfasst und der kollektiven Bewegung eine neue Ausrichtung gibt.

Die kritische kollektive Erinnerungsarbeit gleicht in mancher Hinsicht auch der psychoanalytischen Erinnerungsarbeit. Sie versucht, die noch unbearbeiteten pathogenen Gefühlskomplexe und Vorstellungsklischees, die sich im kollektiven Gedächtnis festgesetzt haben und einer Aufklärung widersetzen, aufzuspüren und aufzulösen. Doch im Unterschied zur individuellen, an der eigenen Lebensgeschichte orientierten Erinnerungsarbeit entsteht hier kein unmittelbarer Leidensdruck, der die Beteiligten und Betroffenen zu einer therapeutischen Bearbeitung zwingt. Im Gegenteil, die persönlichen Erinnerungen gehen unmittelbar in das kollektive Gedenken ein und werden durch die vorherrschende Überlieferung verstärkt. Auf den heimischen Gedenktafeln und Gedenksteinen sind auch die Namen der eigenen Brüder und Väter verzeichnet. Und auch die katastrophalen Folgen einer bornierten kollektiven Bewegung zwingen nicht notwendig zu einer anderen Ausrichtung. „Das Versailler Schanddiktat muss beseitigt werden!" „Deutschland erwache!" – Es sind in der Regel zunächst nur Einzelne – einzelne Historiker, aber auch Schriftsteller, Politiker, Publizisten, Wissenschaftler, Künstler und mutige Frauen oder Männer, die damit beginnen, sowohl die kollektiven wie auch die persönlichen Erinnerungen in Frage zu stellen und das mit ihnen verbundene falsche öffentliche Bewusstsein – oft gegen heftige Widerstände der Kollegen und Mitbürger – zu kritisieren. Es dauert seine Zeit, bis auch die übrigen Mitbetroffenen und Mitläufer deren kritische Sicht übernehmen. Oft bedarf es erst eines mehrfachen Generationenwechsels, bis sich eine kollektive Neuorientierung wirklich durchsetzt.

In dem nun folgenden Teil geht es vornehmlich um die kritische kollektive Erinnerungsarbeit in ihrem Verhältnis zur bewussten individuellen Erinnerungsarbeit.

2 Erinnerungen an das Kriegsende 1945

Zum 60. Jahrestag der Kapitulation Deutschlands erschienen in den großen und kleinen deutschen Zeitungen eine ungewöhnlich große Zahl an persönlichen Erinnerungen und an Reflexionen zum öffentlichen Gedenken an das Ende des Zweiten Weltkrieges (z. B. „Die Zeit" 2005). Ich kann mich nicht entsinnen, dass es zum 50. Jahrestag eine ähnliche Welle der Besinnung gegeben hat. Woran lag das? Vielleicht war es der besondere Umstand, dass sich jetzt die damals zwischen Fünf- und Fünfzehnjährigen zu Wort melden. Das sind nicht mehr die jungen Soldaten, Luftwaffenhelfer, Arbeitsdienstler und dienstverpflichteten Frauen, sondern unschuldige Kinder, die jetzt in die Jahre gekommen sind und die Distanz gewonnen haben, sich in Ruhe zu erinnern und ihre Erinnerungen aufzuschreiben.

So besuchte ich mit meiner Frau am 31. Mai dieses Jahres eine abendliche Lesung von Zeitzeugen zum Kriegsende 1945. Die Lesung wurde veranstaltet von den Mitgliedern einer Senioren-Schreibwerkstatt der Universität (www.Zeit zeugenforum.de 2005), die unter anderem von einem befreundeten Kollegen und Mitarbeiter betreut wurde. Ein feierlicher Raum, eine kleine Kapelle: Am Anfang, vor der Pause und am Ende ein klagendes Klarinettensolo, das peinlich an Klezmermusik erinnerte. Die Mitglieder der Werkstatt trugen nacheinander Stücke aus den Aufzeichnungen vor, die sie erarbeitet hatten. Dazwischen und anschließend fanden Fragen und Reflexionen Platz. Meine Frau und ich waren in doppelter Weise beeindruckt – zum einen von der Vielfalt und Authentizität der Erinnerungen und zum anderen von der Naivität, in der viele von ihnen vorgetragen und erläutert wurden. Am Ende überwog die erschrockene Frage: Ist das alles, was wir zum Kriegsende erinnern und erzählen können? Ist das alles, was wir verstanden, was wir gelernt haben? Und dann auch die weitergehende Frage: Was ist die Botschaft? Als was begreifen die Autorinnen oder Autoren der Texte das Kriegsende: als eine Niederlage, einen Zusammenbruch, eine Katastrophe oder als einen Neubeginn zu einem überraschenden Aufstieg, als ein Unrecht, das nach Wiedergutmachung verlangt, oder als eine Folge sinnloser, bornierter und verbrecherischer Handlungen, die zu Einsicht und Wandlung auffordern, als verhängtes Schicksal oder als erwünschte Befreiung?

Diese Fragen habe ich mit Michael Schräder, dem veranstaltenden Kollegen, besprochen. Auch er hatte sich mehr erhofft von der Erinnerungsarbeit in der Schreibwerkstatt – mehr Reflexion über Hintergründe und Zusammenhänge. Aber was sollte er tun? Dies war kein Seminar, sondern eine Schreibwerkstatt, die sich bis zu einem gewissen Grade selbst organisierte – beispielsweise eine CD produzierte, in Schulen vortrug oder eben diesen Abend gestaltete. Mein Kollege versteht sich mit Recht als Moderator und Berater, nicht als Zensor. Es sind die Mitglieder, die aus freien Stücken ihre Erinnerungen aufschreiben und veröffentlichen. Und es sind ihre eigenen Erinnerungen. Niemand anders kann wissen, was sie erinnern. Niemand kann über ihre Erinnerungen verfügen. Das ist es, was sie, wie sie glauben, als Kinder wahrgenommen, gedacht und erlebt haben. Würde man ihnen andere Wahrnehmungen, Gedanken und Gefühle zumuten, würde man ihre Erinnerung verfälschen.

Was also berechtigt mich, diese Erinnerungen zu kritisieren und zu bewerten? Es ist der Rahmen, in dem sie vorgetragen werden. Über ihre individuelle Erinnerungsarbeit müssen die Autorinnen und Autoren selber entscheiden. Sie müssen selbst beurteilen, wie weit sie in den unbewussten Erinnerungsprozess eingedrungen sind, was sie aufklären konnten und was nicht, wann und ob sie mit dem Resultat zufrieden sind und warum. Das ist anders, wenn die Autorinnen und Autoren ihre Erinnerung auf einer CD oder in einem Buch veröffentlichen und wenn sie sie in Schulen oder Veranstaltungen vortragen. Dann bringen sie ihre individuelle in die kollektive Erinnerungsarbeit ein. Sie arbeiten jetzt am kollektiven Gedächtnis. Da sind viele andere beteiligt, und da ist kritisches Hinterfragen nicht nur zulässig, sondern notwendig. Was ich damit meine, will ich im Folgenden an zwei Beispielen verdeutlichen.

Mein erstes Beispiel:

Der Autor, Edfried Wüstehoff, ist 1930 geboren. Im Herbst 1943 wird er zusammen mit seinen Mitschülern eines Bielefelder Gymnasiums, seinen Lehrern und deren Frauen im Rahmen der Kinderlandverschickung in ein KLV-Lager evakuiert – zunächst nach Ungarn, dann in die besetzte Tschechoslowakei, schließlich Ende 1944 nach Oberbayern in ein „wunderschönes Hotel am Walchensee." Dort erlebt er das Kriegsende:

> „Wir waren 14 Jahre alt und wurden etwa 2 Wochen vor Kriegsende in Urfeld in einer schlichten Zeremonie konfirmiert, in der katholischen Kirche. Hier mussten wir auch öfter zu Begräbnissen antreten, wenn Soldaten im nahe gelegenen Lazarett gestorben waren. Unser Miteinanderleben war nach wie vor recht gut. Besonders interessant wurde es für uns, als sich Teile der deutschen Wehrmacht in dieser Gegend auflösten. Wir stromerten im Wald umher und entdeckten Waffen und Munition und kletterten auf zurück gelassene Wehrmachtsfahrzeuge. Glücklicherweise ist uns allen dabei nichts passiert. Darüber hinaus hatten wir herausgefunden, dass in etlichen Bootshäusern am See Lebensmittel, Alkoholika und Tabakwaren gehortet wurden. Einer von uns musste dann jeweils unter den Wänden hindurch tauchen, von innen ein Fenster öffnen und die Kostbarkeiten heraus reichen. Dabei durften wir uns natürlich nicht erwischen lassen.
> Plötzlich kamen immer mehr Leute in unser Hotel, die Anzahl unserer angeblichen Lehrer wuchs. In Wirklichkeit waren es Offiziere der Wehrmacht. Unter ihnen war auch Generaloberst Guderian. Nie werde ich vergessen, wie er jedem von uns die Hand gab mit den Worten: „Jungs macht ihr es besser als wir." (Am 10. Mai kam er in amerikanische Gefangenschaft.)
> Eines Vormittags erschienen plötzlich amerikanische Jeeps. Uns fielen die fremden Uniformen und Stahlhelme auf. Ich sah zu ersten Mal einen Schwarzen."

Kommentar:
Mein Enkel sagte, nachdem er diese Erinnerungen gelesen hatte: „Eine unschuldige Kindheitserinnerung in einer nicht unschuldigen Zeit." Ich finde diese Kennzeichnung sehr treffend. „Unser Miteinanderleben war nach wie vor recht gut. (…) Wir stromerten im Wald umher". 14jährige Jungen auf der Suche nach Abenteuern. Dass sie dabei auch Waffen, Munition und Wehrmachtsfahrzeuge entdecken und in verlassene Bootshäuser einbrechen, macht die Abenteuer nur spannender. Das nahende Kriegsende eröffnet Freiräume. Das ist die eine Seite: „unschuldige Kindheitserinnerungen". Aber da sind auch ganz andere Momente eingefangen. Sie werfen Fragen auf, die nicht beantwortet, ja, nicht einmal gestellt werden: „Hier mussten wir auch öfter zu Begräbnissen antreten, wenn Soldaten im nahe gelegenen Lazarett gestorben waren." Was hatten sie mit diesen Soldaten zu tun? Warum waren die gestorben? Warum mussten die Kinder aus dem KLV-Lager antreten? In Jungvolk-Uniform? Was wurde am Grab gesprochen? – Oder: „Plötzlich kamen immer mehr Leute in unser Hotel (…). Unter ihnen war auch Generaloberst Guderian. Nie werde ich vergessen, wie er jedem von uns die Hand gab mit den Worten: ‚Jungs macht ihr es besser als wir." Warum war der Generaloberst nicht bei seiner Truppe? Und was meinte er, als er sagte: „Jungs macht ihr es besser als wir."? Sollten sie besser kämpfen oder rechtzeitig Frieden schließen oder jeden neuen Krieg verhindern oder sich nicht auf einen totalen Krieg, auf Verwüstung, auf Erschießung von Zivilisten, auf Kriegsverbrechen einlassen? Oder wusste er auch von der „Endlösung" und „Auschwitz", meinte er den Holocaust? Guderian war Befehlshaber in der Heeresgruppe Mitte im Russlandfeldzug gewesen. Diese Heeresgruppe besetzte u. a. im Juni 1941 Minsk. In dieser Stadt wurden tausende von Juden ermordet, angeblich weil sie den Widerstand organisierten und Verbindung zur roten Armee aufrechterhielten (vgl. Wehrmachtsausstellung 1995, S.104ff.). Guderian hat später seine Memoiren aufgeschrieben. Darin rechtfertigt er seine maßgebliche Mitwirkung an Hitlers Kriegen und den Russlandfeldzug als eine historische Notwendigkeit im Kampf gegen den Bolschewismus. Natürlich konnte der Autor der Erinnerung an das KLV-Lager das alles damals nicht wissen. Für ihn war Guderian nur ein großer Heerführer und Kriegsheld. Aber müsste er es nicht eigentlich heute wissen und das zu erkennen geben? Zumindest ein Fragezeichen anbringen? – Und warum erscheint es besonders erinnerungswürdig, dass unter den amerikanischen Soldaten auch Schwarze waren?

Mein zweites Beispiel:

Der Autor, Werner Hoffmann, beschreibt die letzten Monate und Tage in der von den Russen eingeschlossenen Stadt Breslau. Er war damals 10 Jahre alt. Immer wieder und mehrmals am Tage wird die Stadt durch Artillerie und Tiefflieger beschossen oder von Bombern angegriffen. Mit seiner Mutter und der 6jährigen Schwester rettet er sich in den Keller ihres Hauses. Der Vater war noch in den letzten Tagen zum Volkssturm eingezogen worden. Am 1. April 1945, am Ostersonntag, erlebte er den schlimmsten Tag seines Lebens. Bomben schlugen unmittelbar im Hinterhaus und Nebenhaus ein. Der Keller war erfüllt von Staub. Die Kerzen verloschen. Der Luftdruck der Detonationen warf sie gegen die Kellerwände.

> „Die Todesangst trieb uns ein Vaterunser nach dem anderen auf die Lippen. Gott hatte uns errettet. Aber die vielen Todesopfer! Wo war er in ihrer letzten Stunde? (...) Diesen ersten Ostertag 1945 empfinde ich seitdem als meinen ersten Todestag, und meinen zweiten Geburtstag. Träume vom Krieg und von der Bedrohung durch feindliche Flugzeuge habe ich manchmal noch bis heute."

Doch der Kampf um die Stadt geht noch über einen Monat weiter:

> „Da der Flughafen Gandau an die Sowjets verloren ging, sollte mitten in der Stadt rund um den Scheitniger Stern ein sogenanntes „Rollfeld" gebaut werden. Nach der Sprengung ganzer Häuserviertel wurde zu den Räumungsarbeiten neben dem Volkssturm auch die Zivilbevölkerung herangezogen. Auch meine Mutter musste unter Lebensgefahr dort arbeiten, denn der Platz stand unter Beschuss durch feindliche Tiefflieger. Drückebergerei gab es nicht, weil sog. „Arbeitskarten" täglich von der Ortsgruppenleitung gestempelt werden mussten. (…) So war auch ich dienstverpflichtet. Zum Glück wurde ich nicht als Melder an der Frontlinie eingesetzt, sondern „durfte" im sicheren Keller des Ortsgruppenleiters die Gläser vom Zechgelage der vergangenen Nacht spülen, um meinen Stempel zu bekommen. Diesem Umstand verdanke ich wahrscheinlich mein Leben. Dass meine Mutter ihre Arbeit auf dem Rollfeld wie durch ein Wunder ebenfalls überlebt hat, verdankt sie vielleicht meiner Schwester, die schweren Keuchhusten bekam. Ein ärztliches Attest befreite Mutter von der Arbeitspflicht. Der ebenso gefährliche Keuchhusten in stickigen Kellerräumen hat so meiner Mutter indirekt das Leben gerettet. Das Rollfeld wurde übrigens nur einmal genutzt: zur Flucht des Gauleiter Hanke in einem Fieseler Storch. Es zeigt die tragische Sinnlosigkeit der vielen vergeblichen Opfer.
> Das Kriegsende – für Berlin am 3. Mai, für Breslau am 6. Mai – erlebten und überlebten wir im Keller unter der ausgebrannten Ruine und dem noch heißen Schutt unseres Wohnhauses. Mein Vater entzog sich durch „feige Flucht" aus dem Volkssturmkeller der russischen Kriegsgefangenschaft. Als kranker Zivilist verkleidet, kam er zu uns in den Keller zurück. Unsere Familie war nicht untergegangen. 5 Ta-

ge später wurde ich am 11. Mai 11 Jahre alt. Die Waffenruhe war mein schönstes Geburtstagsgeschenk.
Die Durchhalteparolen „Bis zur letzten Patrone", „bis zum letzten Atemzug" verfehlten auch bei mir nicht ihre Wirkung: Öffentliche Erschießungen der SS bei „Feigheit vor dem Feind" verstärkten unsere Angst, auch der Satz „Wer den Tod in Ehren fürchtet, stirbt in Schande". Hinzu kam die geschürte Furcht vor dem „entmenschten" Russen.
Als die Rote Armee am 7. Mai 1945 in Breslau einmarschierte, gab es zahlreiche Plünderungen, Vergewaltigungen und Erschießungen. Der Krieg, von Deutschland unter Hitler ausgegangen, schlug nun mit voller Wucht auf uns zurück, auch noch lange nach dem Waffenstillstand."

Kommentar:
Dieser Erinnerungsbericht ist weniger harmlos. Nicht mehr unschuldige Knabenspiele, sondern die unmittelbare Wucht des Kriegs: Artilleriebeschuss, Tieffliegerangriffe, Bombeneinschläge – ganz nah, Todesängste und Dienstverpflichtung. So ist der Bericht auch deutlicher durchsetzt mit Fragen, problematisierenden Bemerkungen und erklärenden Hinweisen. Doch die Problematisierungen begnügen sich in Andeutungen und die Erklärungsversuche bleiben widersprüchlich, dringen nicht bis zum Kern des eigenen Verstricktseins vor.

Mir fällt auf, besonders im letzten Teil, dass hier viele Begriffe oder Formulierungen in Anführungszeichen gesetzt sind: „Bis zur letzten Patrone", „bis zum letzten Atemzug", „Feigheit vor dem Feind" und „Wer den Tod in Ehren fürchtet, stirbt in Schande". Der Verfasser gibt zu verstehen, dass man damals offiziell so sprach, aber auch, dass er und seine Eltern wussten, dass das leere Durchhalteparolen und Lügen waren. Er nimmt auch wahr, dass die, die diese Parolen ausgaben, sich selbst nicht an sie hielten. Der Ortsgruppenleiter feiert im sicheren Keller Zechgelage. Der Gauleiter Hanke verlässt von dem extra neu gebauten „Rollfeld" aus in einem Fieseler Storch als einziger die hart umkämpfte Stadt. Der Verfasser kommentiert das skandalöse Ereignis mit dem Satz: „Es zeigt die tragische Sinnlosigkeit der vielen vergeblichen Opfer." Sinnlosigkeit schon, aber tragisch?

Bei den Versuchen das, was ihm und seiner Familie damals widerfährt, zu erklären, bleibt er unklar und unschlüssig: Vaterunser werden gebetet. Gott wird in der Todesangst angerufen. Ihm wird für die Errettung gedankt. Aber auch Zweifel kommen auf: „(...) die vielen Todesopfer! Wo war er in ihrer letzten Stunde?" – Daneben aber der Zufall: Er verdankt sein Überleben dem Zufall, dass er nicht zum Melder, sondern zum Gläserspülen beim Ortsgruppenleiter eingeteilt wird, und die Mutter ihr Überleben dem Keuchhusten seiner kleinen Schwester. Oder sind das die Handlungen Gottes? Und wie ist es auf der anderen Seite, bei denen, die die Stadt angreifen, die die Bomben werfen. Ist Gott auch auf ihrer Seite? Wohl nicht, sie sind gottlose Bolschewisten, sind „entmenschte“ Russen. Allerdings: der Verfasser setzt auch „entmenscht“ in Anführungsstriche, spricht von einer „geschürten Furcht“, also von Nazi-Propaganda. Und am Ende deutet er an, dass hier nur zurückschlägt, was von Deutschland und Hitler ausgegangen ist. Aber bezieht er damit auch die eigene Verantwortung bzw. die seiner Eltern mit ein? Das Leben des Vaters wird nicht durch einen Zufall, sondern durch eine aktive Handlung gerettet – Flucht aus dem Volkssturmkeller. Aber sie steht noch unter dem Odium „feige Flucht“, wenn auch in Anführungsstrichen. Als „Feigheit“ gilt noch, sich dem mörderischen Kampf und dem sinnlosen Sterben entzogen zu haben, nicht aber der fehlende Mut zum Widerstand.

So mündet die individuelle Erinnerungsarbeit in eine kollektive Erinnerungstradition, die sich in den fünfziger Jahren in der Bundesrepublik ausgebildet hat und seit dem in ihr hält: Der Krieg ging von Deutschland aus; er wurde grausam geführt und endete in sinnloser Zerstörung, und er war auch verbrecherisch – das ist nicht zu leugnen. Aber dafür verantwortlich sind die, die sich der Verantwortung entzogen haben, Hitler, der Gauleiter Hanke, die Nazis, nicht aber die, die sie gewählt, unterstützt, gefeiert haben. Verantwortlich für die Kriegsverbrechen sind die Gestapo, die SS-Verbände und Sonderkommandos, nicht aber die Wehrmacht und ihre Offiziere. Und alle fühlen sich als Opfer.

Michael Schräder, mein Kollege, hat den Verfasser gefragt, warum er seine Erinnerungen mit dem Titel „Leben eines 10jährigen Jungen in der eingeschlossenen Festung Breslau“ überschrieben habe. „Festung“ sei doch ein Begriff der Nazis gewesen, eine Formel für den sinnlosen Kampf „bis zur letzten Patrone“, „bis zum letzten Atemzug“. Ob er nicht statt dessen lieber „Stadt“ schreiben wolle oder das Wort „Festung“ wenigstens in Anführungsstriche setzen. Nein, er bestand auf dem Wort Festung ohne Anführungsstriche. In diesem Beharren scheint so etwas wie Stolz zum Ausdruck zu kommen, das stolze Selbstbewusstsein, alle diese Ängste und Leiden tapfer durchgestanden zu haben.

3 Erinnerungsklumpen und Erinnerungsklischee

An den beiden vorgestellten Beispielen wird unter anderem deutlich, dass bewusste individuelle Erinnerungsarbeit und kritische kollektive Erinnerungsarbeit sich keineswegs decken müssen, sonder eher sogar auseinanderklaffen. Diese Diskrepanz ist Gegenstand vieler Untersuchungen zu Erinnerungen an Daten und Ereignisse aus der Zeit des „Dritten Reiches“ (Rosenthal 1977, 1990; Welzer u.a. 2002; Heinrich 2002). Sie kommt meines Erachtens gut in der Formulierung „unschuldige Kindheitserinnerungen in einer nicht unschuldigen Zeit“ zum Ausdruck. Die individuelle Erinnerung, insbesondere die Erinnerung an Kindheitserlebnisse, sucht etwas zu vergegenwärtigen, was damals erlebt wurde, also nicht nur das, was damals geschah, sondern auch die Vorstellungen, Gedanken und Gefühle, die das Geschehen damals begleiteten, einschließlich der Begrenztheit des Wissens, des Standpunktes und des Horizontes. In diesem Sinne verfährt die individuelle Erinnerung nicht kritisch, sondern affirmativ. Und auch noch aus einem zweiten Grund sperrt sie sich gegen eine allzu kritische Beurteilung. In der individuellen Erinnerung werden Emotionen und Impulse aufbewahrt, die zum Aufbau des Selbstbewusstseins und zur Gestaltung des eigenen Lebens beitrugen – zum Beispiel das Gefühl, große Gefahren und Entbehrungen durchgestanden und damit schon in früher Jugend etwas Wichtiges geleistet zu haben. Nicht ohne zwingende Gründe oder andere widersprechende Erfahrungen wird man die einmal angeeigneten Erfahrungen aufgeben. Man wird dazu neigen, sich solchen kollektiven Erinnerungstraditionen anzuschließen und sie zu verteidigen, die die eigenen individuellen Erinnerungen und das eigene Selbstbewusstsein so weit wie möglich unversehrt lassen und beschützen.

Wie ist unter diesen Umständen eine kritische kollektive Erinnerungsarbeit möglich und wie kann sie vorankommen? Sicherlich kaum dadurch, dass sie die individuelle Erinnerung frontal angreift und sie als unzutreffend, falsch und irrig denunziert. Es wird nicht einfach sein. Ich habe in meinen Kommentaren einige Schritte angedeutet. Man muss den primären Erinnerungstext zunächst einmal akzeptieren. Doch man kann versuchen, ihn genauer zu lesen, das im Text Verborgene, das Nicht-Gesagte zu erspüren, das Nicht-zu-Ende-Gedachte weiterzudenken, die offen gebliebenen Fragen zu beantworten und die nicht gestellten Fragen zu stellen. Und man kann den damals begrenzten Horizont erweitern, übergreifende Zusammenhänge herstellen, und auch die Erlebnisse und Erfahrungen der anderen Seite zur Kenntnis nehmen. Und man kann das damals fehlende Wissen durch ein heute zugängliches Wissen ergänzen. Den primären Erinnerungstext kann und sollte man nicht verändern. Aber man kann und muss ihn durch einen Kommentar ergänzen.

Das ist nicht in erster Linie eine Angelegenheit historischer Forschung, sondern der Selbsterforschung. Denn es geht dabei um die Auflösung von Vorstellungs- und Gefühlskomplexen, die das eigene Leben mitbestimmt haben, und um die Aufdeckung von problematischen Begriffsklischees und irreführenden Leitsprüchen, denen man unbedacht gefolgt ist. Diese Selbsterforschung kann daher nur bei einem selbst ansetzen. Aus diesem Grund will ich meine Ausführungen über Erinnerungsarbeit mit einem eigenen Beitrag beenden:

Unter den autobiographischen Papieren, die ich in unserem Keller aufbewahrt habe, um sie irgendwann noch einmal zu sichten, bin ich auf ein kleines Heft mit Tagebuchaufzeichnungen aus der Zeit zwischen dem 15. April und dem 1. Juli 1945 gestoßen. Als ich diese Aufzeichnungen las, war ich zutiefst erschrocken und peinlich berührt. Sie hielten etwas unbezweifelbar fest, was in meinen heutigen Erinnerungen längst verblasst oder ausgelöscht war und in meinem heutigen Leben nicht mehr gültig ist. Die äußeren Umstände – Entfernung von der Truppe und Gefangenschaft – waren dieselben, die ich auch heute erzähle, wenn wir über das Kriegsende sprechen. Aber die Vorstellungen, Gedanken, Gefühle und Erwartungen, die sie begleitet und gelenkt haben, waren mir nicht mehr präsent. Da ist die Rede vom „deutschen Volk", seiner Opferbereitschaft und Friedenssehnsucht und seiner besonderen Stellung unter den Völkern und von „Ehre und Treue und Liebe zum Vaterland" und viel vom „Tod für das Vaterland", vom „Opfer des eigenen Lebens", von der Verpflichtung auf den „Heldentod" meines Bruders, der in der Schlacht um Mt. Casino getötet wurde – ich setze „Heldentod" heute in Anführungszeichen – von „Lever dot as Slaw", „Tod oder Sieg" und „Amor fati" zwischen beschaulicher Landschaftsbeschreibungen und Frühlingsgedichten. Furchtbar! Es hat lange gedauert, bis ich diese in meiner Kindheit und Erziehung internalisierten Gefühlskomplexe und Vorstellungsklischees zersetzen und auflösen konnte, ohne die positiven Selbstwertgefühle, Sympathien und Sehnsüchte, die ja auch in ihnen eingeschlossen waren, zu vernichten. Hätte ich sie vernichtet, hätte ich zynisch werden müssen. Mehrfache Transformations- und Wandlungsprozesse waren erforderlich, um aus dem Überkommenen und Hinterbliebenen eine neue annehmbare Ausrichtung meines kollektiven Selbstverständnisses als Deutscher zu gewinnen.

Ich schließe mit einem Satz, den Karl Jaspers Ende 1945 formuliert hat: „Was und wie wir erinnern, und was wir darin als Anspruch gelten lassen, das wird entscheiden über das, was aus uns wird." (Zit. nach Sebastian Ullrich in „Die Zeit" 2005, Teil 1. S. 27)

Literatur

BIOS (2002). 15. Jg., H. 2: Themenheft über Erinnerung und autobiographisches Gedächtnis, hrsg. von Markowitsch, H.J./Welzer, H.

„DIE ZEIT". Geschichte (2005): Die Stunde Null. 8. Mai 1945. Teil 1 und 2.

Halbwachs, M. (1985): Das kollektive Gedächtnis. Frankfurt/M.

Heinrich, H.-A. (2002): Kollektive Erinnerungen der Deutschen. Weinheim.

Laplanche, J./Pontalis, J.-B. (1986): Das Vokabular der Psychoanalyse. Frankfurt/M. (7. Auflage).

Rosenthal, G. (1995): Erlebte und erzählte Lebensgeschichte. Gestalt und Struktur biographischer Selbstbeschreibungen. Frankfurt/M.

Schulze, Th. (1983): Auf der Suche nach einer neuen Identität. In: Zeitschrift für Pädagogik, 18. Beiheft, S. 313-320.

Schulze; Th. (2006): Biographieforschung in der Erziehungswissenschaft. Gegenstandsbereich und Bedeutung. In: Krüger, H.-H./Marotzki, W. (Hrsg.): Handbuch erziehungswissenschaftliche Biographieforschung. 2. überarbeitete Auflage, S. 35-57.

Wehrmachtsausstellung (1995): Katalog zur ersten Wehrmachtsausstellung.

Welzer, H./Moller, S./Tschuggnall, K. (2002): „Opa war kein Nazi". Nationalsozialismus und Holocaust im Familiengedächtnis. Frankfurt/M.

Welzer, H. (2005): Das kommunikative Gedächtnis. Eine Theorie der Erinnerung. München.

www. Zeitzeugenforum. de (2005): Zeitzeugen in der Capella hospitalis. private edition.

Erinnerung und biographischer Wandel. Diskutiert am Beispiel einer Befragung von Angehörigen der Opfer der SED-Diktatur

Kerstin Dietzel

Das Thema meines Beitrages beschäftigt sich mit der Frage, welche Bedeutung die Erinnerung für die Entfaltung biographischen Wandels hat. Im Mittelpunkt meines Projektes stehen Erinnerungen von Eltern, Geschwistern, Ehepartnern oder Kindern an eine Zeit, in der ein oder mehrere Angehörige einer Familie individuelle Erfahrungen mit dem totalitären System der DDR und dessen staatlicher Willkür machten. Ausgehend von der Annahme, dass die Inhaftierung[1] eines nahe stehenden Verwandten durch die Stasi auch auf weite Teile der Familie repressiv zurückwirkte, verfolge ich die Fragestellung, ob und welche Bildungsprozesse in Form biographischen Wandels bei den Angehörigen infolge des politisch motivierten Haftereignisses erinnert und dargestellt werden. Anhand eines exemplarisch ausgewählten Fallbeispiels, werde ich nach einigen methodologischen Überlegungen dezidierter auf die Bedeutung der Erinnerung für biographischen Wandel eingehen.

Methodologische Bezugsrahmen – die erziehungswissenschaftliche Perspektive

Die erziehungswissenschaftliche Biographieforschung ist ein Forschungsfeld, welches sich zu Beginn der 1980er Jahre verstärkt in der wissenschaftlichen Praxis etablierte. Seither wurden vermehrt empirische Projekte initiiert, die aufgrund ihres Untersuchungsgegenstandes und ihrer methodischen Ausrichtung im Rahmen der pädagogischen Biographieforschung anzusiedeln sind. Damit etablierte sich die Biographieforschung zu einem zentralen Konzept erziehungswissenschaftlicher Theoriebildung und pädagogischen Handelns (vgl. Schulze 2002; Marotzki 2002). Durch die Biographieforschung wird biographisches Wissen erhoben, welches in die erziehungswissenschaftliche Theoriebildung eingeht.

[1] Es wurden ausschließlich Angehörige von Opfern befragt, die in der DDR aus politischen Gründen inhaftiert oder getötet wurden.

Damit ist sie theoretisch, methodologisch und methodisch ein integrativer Bestandteil der Allgemeinen Pädagogik (vgl. Marotzki 2002).

Im Rahmen meines Projektes beschäftige ich mich mit der Fragestellung, welche politisch-moralischen Dimensionen der Identitätsbildung die Angehörigen der potentiellen Opfer der SED-Staatsmacht innerhalb ihrer individuellen Lebensgeschichte durchlebt haben, um eine entsprechende Handlungskompetenz zu erwerben, die biographischen Wandel beschreibt bzw. ausschließt. Dabei ist zu beachten, dass die Rekonstruktion entlang der individuellen Erfahrung während der SED-Diktatur und Wendezeit bzw. an die damit resultierenden aktuellen Lebensbedingungen und -erfahrungen verläuft.

In der Biographieforschung steht die Analyse des biographischen Gesamtprozesses im Mittelpunkt der Betrachtung. Zentrale Untersuchungsschwerpunkte sind Lebensereignisse, Entwicklungsaufgaben, Wachstumskrisen und Prozessstrukturen des Lebensablaufs (vgl. Schulze 2002, S. 33f.). Die Biographieträger können vier hauptsächliche Haltungen gegenüber ihrer Lebensgeschichte(n) einnehmen, im Sinne des biographischen Handlungsschemas, des institutionellen Ablaufmusters, der Verlaufskurve und des Wandlungsprozesses (vgl. Schütze 1984). Im Zentrum meines Interesses aus erziehungswissenschaftlicher Sicht steht der biographische Wandlungsprozess des Individuums. Dieser ist gekennzeichnet von einem höherstufigen Lernen (vgl. Marotzki 1990), welches durch das Ereignis z.B. der plötzlichen und willkürlichen Diskriminierung oder Haft eines engen Familienmitgliedes ausgelöst werden kann und als dessen Ergebnis das Individuum „einen Zuwachs an Bewegungsfreiheit, Verarbeitungskapazität und Selbstbewusstsein" (Schulze 2002, S. 37) erlangt. In diesem Sinn beschäftigt mich die Frage, ob emergente Prozesse in den erhobenen Biographien nachweisbar sind, die auch erinnerungstheoretisch zu begründen sind. Genauer: Es geht um das Generieren von Erinnerungsmustern auf der Grundlage der Transformation der Selbst- und Weltreferenzen (vgl. Marotzki 1990, S. 116).

Einige erinnerungstheoretische Überlegungen

Erinnerungen sind dem Menschsein immanent. Daher haben sie für die Erziehungswissenschaft eine grundlegende Bedeutung. Wir erinnern uns nicht nur an formelles Wissen, sondern auch an informelle Kompetenzen im Rahmen unseres Alltagshandelns (vgl. Mittelstrass 2002). Klaus Mollenhauer formulierte in Bezug auf den einzelnen Fall, also der Biographie, folgende Aufgabe der Pädagogik:

> „Die Pädagogik muss an kultureller und biographischer Erinnerung arbeiten; sie muss in dieser Erinnerung die begründbaren (zukunftsfähigen) Prinzipien aufsuchen; sie muss für diese Arbeit eine der Sache angemessene, genaue Sprache finden." (Mollenhauer 2003, S. 10)

Mollenhauer schlägt sozusagen eine Brücke zwischen Pädagogik und Erinnerung. Er spricht nicht nur von der Erinnerung an individuelle Bildungsprozesse, sondern auch gleichzeitig von der Gefahr des Vergessens als das Scheitern oder den Verfall der Erinnerung an diese. Die Hinwendung zur Biographie, als gelebtes Leben, zielt somit auf die Überwindung des Vergessens an (nicht nur) vergangene Bildungsprozesse. Interessant ist es nun, Schneider (1987) zu zitieren. Er beschreibt Erinnerung in der von Individualisierungsdebatten umgebenen Postmoderne als eine kulturelle Elementarfunktion. Er prognostiziert eine „totale Erinnerungskultur", die im Zeitalter der unerschöpflichen Speichertechnologie zu einem anonymen Aufbewahren von Informationen unterschiedlicher Art und damit zum Vergessen führt. Nora forciert diese These, indem er konstatiert, dass „man so viel vom Gedächtnis spricht, weil es keines mehr gibt" (Nora 1990, S. 11). Es handelt sich um eine Paradoxie innerhalb der erinnerungstheoretischen Diskussion, die davon gekennzeichnet ist, sich stärker mit dem Vergessen zu beschäftigen als mit der Erinnerung. Heidegger formuliert das Vergessen als eine Sehnsucht, in eine geborgene Verborgenheit zurückzukehren. Er deutet die Doppelfunktion des Vergessens als einen falschen Bezug zur Wirklichkeit und als Vergessen der Möglichkeiten.

> „Wir vergessen gerade, weil wir uns erinnern. Das erinnernde Vergessen ist es, das uns in die Gewissheit hineinbringt. Durch das Vergessen erinnern wir uns, dass wir nichts getan haben. Die Erinnerung wird dann abgelehnt, weil sie eine Mitläuferin des Vergessens ist. (...) Die Rückkehr zum Wahren muss dann aus der Erinnerung, aus der Vorstellung zum Nichtvorstellbaren führen, das nur als Grenze erlebbar sein kann." (Heidegger 1977, S. 292)

Innerhalb der theoretischen Auseinandersetzung mit der Erinnerung taten sich mehrere Wissenschaftler hervor. Ich möchte mich dem geschichtsphilosophischen Ansatz Paul Ricœurs ausführlicher zuwenden. Seine Hermeneutik des Selbst, die er in seinem Werk „Das Selbst als ein Anderer" (1996) konzipierte, scheint mir für die Frage nach der Bedeutung der Erinnerung für biographischen Wandel ergiebig zu sein.

Zur Fallrekonstruktion

Ausgehend von der Frage *‚Welche Erinnerungsmuster können anhand des Interviewmaterials generiert werden[2]?'* habe ich Fragekomplexe aufgestellt, die mir methodisch helfen sollten, das Material in verschiedene Auswertungskategorien zu ordnen. Das hatte auch den Vorteil, selbst eine emotionale Distanz zum Material zu erhalten. Mein Mehr-Ebenen-Modell beinhaltet folgende Auswertungskategorien:

- Ebene der Darstellung
- Ebene der Analyse der semantischen Struktur
- Ebene der Analyse der Lern- und Bildungsprozesse
- Ebene der Generierung der Erinnerungsmuster

Wie oben beschrieben, möchte ich Beziehungen zwischen Erinnerung und biographischen Wandel auf der Grundlage eines autobiographisch-narrativen Interviews besprechen, welches ich im Rahmen meiner Forschungsarbeit zu Angehörigen von Opfern der SED-Diktatur erhoben habe. Es ist ein Interview mit einer Frau, deren Sohn in der DDR aus politischen Gründen inhaftiert und später aus der DDR ausgewiesen wurde. Ich nannte sie Frau Meyer. Frau Meyer ist heute verwitwet und hat vier Kinder. Sie engagiert sich in einem politischen Verein und in der Volkssolidarität. Es ist ihr bereits in der Kennenlernphase unseres Treffens wichtig, sich als einen politisch aufgeklärten Menschen darzustellen, der seine Umwelt politisch aufklären möchte (u.a. über Inhalte der EU-Verfassung).

Frau Meyer ist 1928 geboren und hat zwei Diktaturen erlebt. Sie stammt aus einem kirchlich geprägten Elternhaus. Ihr kindliches Umfeld definiert sie als eine Sozialisation innerhalb einer *„puritanischen Gemeinschaft“* (22[3]). Über Eltern oder Geschwister spricht sie kaum, was den Schluss zulässt, dass sie zum einen keine starke Bindung zu ihrer Familie besitzt. Zum anderen scheint diese Beziehung zu ihrer „ursprünglichen“ Familie kaum entscheidende Zusammenhänge im Bezug zur erfragten Thematik aufzuweisen. Das macht auch Sinn, da ihre Eltern und Geschwister, im Gegensatz zu Frau Meyer, nach der Gründung der DDR in der BRD lebten. Ich möchte nun auf die einzelnen Analyseebenen eingehen.

---

[2] Von insgesamt 18 autobiographisch-narrativen Interviews mit Angehörigen von Opfern der SED-Diktatur, habe ich sechs Interviews als Eckfälle zur Analyse ausgewählt. Die folgende Fallbeschreibung entspricht daher nur einem von insgesamt sechs verschiedenen Erinnerungsmustern.

[3] Die Ziffern sind die Zeilennummern in den Transkripten. Zu den Transkriptionsregeln: Unterstrichene Wörter wurden von der Informantin besonders betont, Klammersetzung im Zitat sind Kommentare zur Interviewsituation.

1. Darstellungsebene:

Die Frage danach, *WAS* konstruieren wir als Leitfaden unserer Biographie, ist die Frage nach der verbalen Konstruktion und Darstellung aller Lebenserfahrung. Die Biographie wird erinnerungstheoretisch als Gesamtheit des im Gedächtnis verankerten Vorrats an erlebten Ereignissen verstanden, wobei die Erinnerung nur Augenblicke auswählt, die gedacht und/oder erzählt werden. D.h. Erinnerung ist nur eine Auswahl aus einem umfangreichen Gedächtnis, wobei die Auswahl der erzählten Lebensgeschichten selbst durch soziale Relevanzstrukturen gebunden ist. Frau Meyer konstruiert den Leitfaden ihrer Lebensgeschichte in chronologischer Folge, von ihrer Geburt bis zum heutigen Tag. Setzt man die verschiedenen Lebensgeschichten in Beziehung zueinander, können Cluster gebildet werden, die sich im Rahmen ihrer biographischen Komposition in die Hauptsegmente Kriegserlebnisse, eigene Emanzipation, Geschichte des Sohnes und in die Geschichte der Tochter unterteilen lassen. Jedoch gibt es zwei Paradoxien innerhalb der äußeren Form. Zum einen fällt auf, dass bereits zu Beginn des Interviews die Erzählung durch *zeitliche Sprünge* zwischen ihren Kindheitserlebnissen während des Nationalsozialismus und einem persönlichen Schlüsselerlebnis in den 1980er Jahren (11-80) gekennzeichnet ist. Frau Meyer bilanziert bereits hier die Coda ihrer Biographie als ein politisches Bekenntnis zwischen Schuld und Nichtschuld vor dem Hintergrund eines Generationskonfliktes.

> „Mich hat mal ein Student ganz überraschend gefragt, in den 80er Jahren, ach sagen Sie mal Frau Meyer, waren Sie eigentlich im BDM? Und da hab ich gesagt, ja natürlich war ich im BDM. Na, da bin ich aber enttäuscht (imitiert den Studenten). Das hätte ich von Ihnen nie gedacht, dass Sie sich an der Judenermordung beteiligt haben. Ich sage Moment mal. Ich war fünf, als Hitler an die Macht kam. Und als ich zur Schule kam, das war 1934, und als der Krieg ausbrach war ich 11. Und als der Krieg zu Ende war, war ich knapp 17. Also ich habe mich weiß Gott nicht an der Judenbeteiligung– eh an der Judenermordung beteiligt.“ (11-17)

Wie das Zitat ausweist, handelt es sich bei diesem politischen Bekenntnis um eine an sie von außen herangetragene Schuld oder Last aus der Vergangenheit. Dieses politische Bekenntnis, an dem sich Frau Meyer biographisch diskursiv abarbeitet, zieht sich von Beginn an wie ein roter Faden durch das gesamte Interview – nämlich innerhalb einer biographisch reflexiven Gegenüberstellung von DAMALS und HEUTE. Diese Besonderheit auf der Darstellungsebene kann vorerst als ein formaler Indikator für biographischen Wandel gesehen werden. Denn Ricœur spricht von der Schuld als einem Bestand von *Möglichkeiten*, vor deren Hintergrund, so verstehe ich ihn, sich biographischer Wandel vollziehen kann.

> „Die Schuld verpflichtet. Der Anspruch, den die Gewesenheit der verstrichenen Vergangenheit stellt, richtet sich an die Zukunft eines Diskurses. Und das Unerschöpfliche verlangt, es wieder und wieder zu sagen, zu schreiben, wieder und wieder das Schreiben der Geschichte in Angriff zu nehmen." (Ricœur 1998, S. 61)

Die zweite Besonderheit innerhalb der Darstellung der Lebensgeschichten ist eine vorverlagerte Relevanzsetzung der Geschichte ihres Sohnes, der 1976 aus politischen Gründen zunächst verhaftet und dann aus der DDR ausgewiesen wurde. Es handelt sich hierbei also auch um eine temporäre Nachverlagerung der Geschichte der Tochter, die bereits 1973, ohne das Wissen Frau Meyers, eine „Liebesflucht" (1206) in die BRD begeht. Die Interpretation dieser Paradoxie führt zu der Annahme, dass das politische Aufbegehren ihres Sohnes, welches zu seiner Inhaftierung und Ausweisung aus der DDR führte, für das eigene politische Bekenntnis von Frau Meyer eine höhere Relevanz besitzt, als die Liebesflucht der Tochter.

2. Analyse der semantischen Struktur:

Es ist die Sprache, die uns die Rekonstruktion unserer Vergangenheit auf der Grundlage der Biographie gestattet und ermöglicht. Wenn wir nicht kommunizieren, vergessen wir. Also indem wir Gegenstände und Ereignisse auf verschiedene Weise ordnen – einmal chronologisch und zum anderen in dem wir ihnen Bedeutungen zuschreiben – entwickeln wir ein Bild unserer Welt, die sich begrifflich, gegenständlich gedacht, abhängig von Raum und Zeit, immer in Entwicklung (Wandel) befindet. Welche Bedeutung hat nun die Sprache als erinnerte Bedeutungszuweisung für biographischen Wandel? Ich zitiere Humboldt, der die Sprache

> „als das Komplement des Denkens (bezeichnet, als), das Bestreben, die äußeren Eindrücke und noch dunklen inneren Empfindungen zu deutlichen *Begriffen* zu erheben, und die zu *Erzeugung neuer Begriffe miteinander zu verbinden* (Wandel, K.D.)" (Humboldt, zit. n. Blutner)

Frau Meyer definiert sich zunächst als einen naiven Menschen, als politisch inaktiv im Kontext zu „damals" und als einen aufgeklärten Menschen, als politisch aktiv, im Kontext zu „heute". Damit thematisiert sie über die semantische Struktur durch die Erzeugung neuer Begrifflichkeiten (Humboldt) aus ihrer Erinnerung heraus einen biographischen Wandel in Form einer Vorher-Nachher-Beziehung zu ihrer eigenen Biographie. Das kann anhand der Analyse der semantischen Struktur im Interview von Frau Meyer eindrucksvoll belegt werden.

Sie konstruiert als Form der Selbsterkenntnis ein neues Selbstbild, indem sie ihre frühere Naivität und Unwissenheit als vergangen, also ein verlorenes Nicht-Mehr-Sein beschreibt.

> „Sie (die Zeitadverbien: dann, damals, früher, vorher, nachher, vor; K.D.) bringen gerade die Distanz, der Tiefe der Zeit zum Ausdruck, ein Zug, der uns das Gedächtnis als den Hüter der zeitlichen Distanz charakterisieren lässt." (Ricœur 1998, S. 22)

Besonders ihre Unwissenheit über vergangene politisch-gesellschaftliche Bedingungen lösen noch heute Schuldgefühle und Scham bei ihr aus. So erinnert sich Frau Meyer an mehrere Begebenheiten, wo genau dieses Verhältnis des Vorher-Nachher ihres Selbstbildes erzählerisch dargestellt wird. Sie ist bestrebt, ihre Lebensgeschichte aufzuarbeiten, um sich und ihr Handeln zu verstehen. Dies ist durch die zeitliche Distanz zu den Ereignissen und durch die Distanz gegeben, die sie zu sich selbst entfremdend einnimmt. Diese Funktion der Erinnerung für die individuelle Identität der Person definiert Stern (Jahr) als mnemische Spaltung. Die mnemische Spaltung setzt voraus, dass die Erinnerung einen markanten Schnittpunkt überbrücken muss. Diese Grenzerfahrung wird semantisch am eindrucksvollsten innerhalb der Vorher-Nachher-Erzählung deutlich. Interessant ist, dass Erinnerungen an das *endgültig Verlorene* (Tod einer Mitschülerin, Tod ihres Mannes) semantisch modelliert, assimiliert und in ein aktuell verändertes Selbstbild im Damals-Heute-Kontext eingefügt werden. Das untermauert Halbwachs' These der Gebundenheit des Gedächtnisses an soziale Begebenheiten bzw. an der Orientierung der Erinnerung im Rahmen sozialer Kontakte. Ein Beispiel:

> „es fing damit an, dass die halbjüdischen Mädchen 1942 aus den Oberschulen entfernt wurden. Und diese Maria und ihre Mutter waren dann tot (Selbstmord begangen, da sie in ein Lager sollten, K.D.) und ich schäme mich heute eigentlich noch, dass ich so naiv gesagt hab, na wegen so was nimmt man sich doch nicht gleich das Leben (Frau Meyer dachte an Schullandheimaufenthalte etc., K.D.) Jetzt weiß ich, warum diese Menschen das getan haben." (34-38)

Frau Meyer bereut ihre Unwissenheit. Sie schämt sich dafür. Im Gegensatz dazu fällt auf, dass das *endgültig Vergangene* (Ausweisung des Sohnes, Flucht der Tochter aus der DDR) aufgrund der Nicht-Verlorenheit, (denn die Personen leben noch) und der geringeren zeitlichen Distanz, sich noch in der Modellierung befinden. D.h. die Erinnerung wurde noch nicht assimiliert und an das Selbstbild rückgebunden. Ausdruck dafür ist das Distanzieren vom politischen Engagement des Sohnes in der DDR. Sie bezeichnet ihn als einen „Märtyrer" (731), der, ihrer jetzigen Erinnerung entsprechend, mit seinem politischen Aufbegehren gegen die

DDR eine „Todsünde" (403) beging. Sie bemitleidet ihn, da er nach seiner Ausweisung aus der DDR in der BRD allein und „in bitterster Armut gelebt" (767) hat.

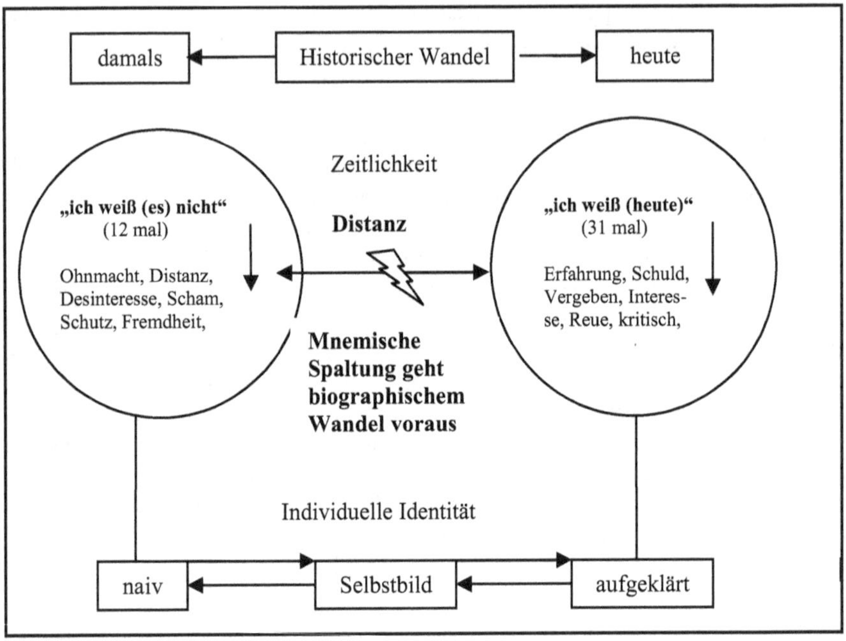

Abbildung 1: Analyse der semantischen Struktur

3. Ebene der Analyse der Lern- und Bildungsprozesse:

Bei der Analyse biographischen Wandels geht es darum, das Material im Rahmen von Veränderungen der Selbst- und Weltreferenz (Marotzki) zu analysieren. Ich möchte nun auf Aspekte biographischen Wandels vor dem Hintergrund der Beziehung Frau Meyers zu ihrem aus der DDR ausgewiesenen Sohn eingehen. Dazu ist die Einordnung der Geschichte in die Gesamtbiographie notwendig.

1. *Kindheit und Krieg*: Frau Meyer war ein passives und unterwürfiges Kind. Als biographische Hintergrundkonstruktion definiert sie zu Beginn ihrer Erzählung Lebensentscheidungen, die ihr staatlich (Eintritt in den BMD) so-

wie familiär („puritanisches Elternhaus“, „ungeduldiger Mann“) auferlegt wurden. Sie entwickelt in diesem Segment keine eigene Handlungskompetenz. Ihre Eltern sagten ihr, dass sie staatlich angepasst sein muss, um staatliche Vergünstigungen zu erhalten (Freistellen für die Erteilung von Musikunterricht). Ihre Eltern sagten ihr, dass sie einen wesentlich älteren Mann, mit siebzehn Jahren heiraten muss, um die Ehre der Familie zu garantieren. Der Mann, den sie immer nur als *den* Mann charakterisiert, sagte ihr, dass sie Musik studieren muss und „quält“ (780) sie zu üben. Sie bildet ein biographisch sedimentiertes Handlungsmuster aus, welches durch eine Hinnahme der Fremdbestimmung durch Staat, Eltern und Mann gekennzeichnet ist. Sie erleidet in diesem Segment ihr Schicksal – einer *ersten Leidenszeit* als Substanz und einem „grundlegenden Erfahrungsmodus menschlicher Existenz“ (Marotzki 1990, S. 319).

2. *Emanzipation*: Dieses Segment ist durch einen Bruch in der Biographie gekennzeichnet – den Freitod des Mannes. Es ist das entscheidende Ereignis in ihrem Leben, welches nun dafür sorgte, dass sie aus der Verantwortung ihren Kindern gegenüber, aus ihrer Passivität ausbrechen musste. Sie war mit vier Kindern allein und musste für sie sorgen. Die permanente Überforderung, die sie durch ihre Eltern und ihren Mann erlebte, führte zu einem passiven Er-Leiden, das nun zur Quelle ihrer Aktivität wurde, „als systematischer Ermöglichungs-grund für Subjektivität“ (Marotzki 1990, S. 320). Was folgt, ist ein neuer biographischer Entwurf durch Neuorientierung. Sie war allein und es erfolgte im Sinne Schützes ein dramatischer Wandel. Frau Meyer war nun gezwungen, sich eine neue sozialkulturelle Welt aufzubauen. Ihre Eltern waren in der BRD und ihr Mann tot. Frau Meyer besinnt sich vor dem Hintergrund der Negativität ihres vorherigen Seins auf elementare menschliche Bedürfnisse wie Selbstbestimmung und Selbstverwirklichung. Ihre dominanten biographischen Zentren sind ihre *Arbeit* und ihre *Kinder*.
3. *Geschichte des Sohnes*: Frau Meyer erzog ihre Kinder, entsprechend ihres sedimentierten Handlungsmusters, zu staatlichen Mitläufern. Alle Kinder gingen in der DDR ihren Weg. Eine besondere Beziehung hat sie zum Sohn, ihrem jüngsten Kind. Sie führt ihn in ihre Biographie ein mit den Worten, um ihn habe sie „immer Angst gehabt“ (299). Sie beschreibt ihn als distanziert „tollpatschig“ (299) und anerkennend „sehr musikalisch“ (301). Er ist das Sorgenkind. Frau Meyer distanziert sich auch auf persönlicher Ebene von ihrem Sohn, welches durch einen Generationskonflikt gekennzeichnet ist. Sie störten die „langen Haare“ (358), er benutzte Ausdrücke, die „ich sonst nicht benutze“ (425). Er spielte Beat-Musik, sie hatte eine klassische Ausbildung. Hinzu kam, dass ihr Sohn in einer namhaften Band spielte, die mit ihren Liedern „die DDR verändern wollte“ (395) und für „staatsfeindli-

che Äußerungen“ (401) bekannt war. Die Distanz wuchs, denn sie sah nicht nur ihren stabilen Zukunftshorizont der Arbeit in Gefahr, sondern auch den ihrer anderen Kinder in der DDR. Sie hatte Angst vor staatlichen Repressalien auf die Familie. Sie wurde aktiv, reagierte mit dem routinierten Handlungsmuster der staatlichen Anpassung also mit Distanz zum Sohn „denk doch mal an deine Schwestern (...) halt doch nen bissel den Mund“ (434). Sie ermahnte ihn, sich dem Staat nicht zu widersetzen, „dann wird das böse Folgen haben“ (429). Ihre Anstrengungen misslangen, der Sohn wurde verhaftet und später aus der DDR ausgewiesen. Sie erklärt ihre Distanz zum Sohn, in dem sie resümiert, „ich wollte in Ruhe meine Arbeit machen, die ich sehr geliebt habe“ (446). Die Orientierung am institutionellen Ablaufmuster erklärt sich auf der Grundlage eines aufgeschichteten und sich entfaltenden Verlaufskurvenpotentials aus Angst vor staatlichen Repressalien auf die Familie. Sie wollte sich ihre Freiheiten und die ihrer anderen Kinder bewahren, in dem sich der Sohn politisch anpassen sollte. Wichtig ist, dass sie aus Angst handelte – vor Behörden, dass den Kindern etwas passiert, etwas Falsches zu tun etc. Sie besitzt eine hohe emotionale Bindung zu ihren Kindern und als allein erziehende Mutter die doppelte Verantwortung für sie.

Die Zeit, als ihre Kinder (Tochter und Sohn) die DDR verließen und die Familie getrennt war, beschreibt Frau Meyer als ihre *zweite Leidenszeit*. Der Leidensdruck dieser Trennung führte dazu, dass sie einen auf Zukunft gerichteten Wandel durchläuft, der sie langfristig dazu befähigt, z.B. ihre Behördenangst zu überwinden. Sie arbeitet heute ehrenamtlich in einer politischen Vereinigung und in der Volkssolidarität, berät also Menschen auch beim Umgang mit Behörden. Und es ist trotz des hohen Alters nicht die Rede davon, dass sie ihre Tätigkeit dort beenden möchte. Das erfahrene Leid der Trennung von den Kindern ist der Grund für ihr politisches Engagement, denn sie bricht mit dem sedimentierten Handlungsmuster der staatlichen Anpassung und möchte keine DDR mehr erleben:

> „ich bin der Meinung, dass jedes Regime seine Vor- und Nachteile hat. Aber ich möchte die DDR nicht wiederhaben. Also ich nicht. Ich möchte sie keinesfalls wiederhaben, weil die Trennung von den Kindern ganz schlimm war.“ (747-750)

Im Folgenden gehe ich der Frage nach, wie dieser biographische Wandel auf persönlicher wie auf politischer Ebene erinnerungstheoretisch im Sinne Ricœurs diskutiert werden kann.

4. Generierung eines Erinnerungsmusters:

Ricœur unterscheidet in seinem Identitätsbegriff die Begriffe Idem (Selbigkeit als Identität der Dinge) und Ipse (Selbstheit als Identität der Person). In seinen Untersuchungen über das Sein der Selbstheit stellt er, so verstehe ich ihn, biographischen Wandel als *realistische Wende* heraus, die sprachlich als Durchbruch bzw. Grenze enthüllt wird. Dieser Durchbruch des *Selbst als ein Anderer* ist davon gekennzeichnet, dass die „eigene Andersheit des Selbst von der fremden Andersheit des Anderen abhebt." (Tengelyi 1999, S. 157). Um das Selbst vom Anderen unterscheiden zu können, muss ein Standpunktwechsel erfolgen. Dieser Standpunktwechsel kann nur aus der Selbst-Sicht eines Dritten erfolgen, „der das, was ich mein Selbst nenne, als ein Selbiges im Vergleich mit Anderen festzuhalten vermag" (ebd., S. 159). Interessant ist, nachdem ich bereits auf die Veränderung des Selbstbildes in ein Vorher und Nachher eingegangen bin, näher auf das Dritte Selbst oder das „implikative Als" im Fall von Frau Meyer als Verbindung von Selbstheit und Andersheit einzugehen.

Der Wandel Frau Meyers ist nach meiner Auffassung gekennzeichnet durch eine Suche nach Vergebung. Das ist das zentrale Muster und das ist der Katalysator für den biographischen Wandel, den Frau Meyer durchlebt – bis heute. Frau Meyer hat nicht mit Lebenserfahrungen abgeschlossen, in denen sie selbst reflektierend ohnmächtig, überfordert und falsch (selbst Schuld aufladend) reagiert hat. Dies sind Geschichten, die sie mit ihrem heutigen Wissen nicht loslassen und die Angst widerspiegeln, selbst auferlegte Erwartungen nicht erfüllt zu haben. Sie gibt sich gewissermaßen eine Schuld daran, in bestimmten Lebenssituationen aus Naivität falsch gehandelt zu haben. Deutlich wird das u.a. in der Beziehung zu ihrem Sohn. Das „implikative Als" des Dritten sieht ihre gewesene Andersheit darin, ihrem Sohn nicht beistehend, politisch bekehren zu wollen. Mit dem Blick auf die Selbstheit sieht es einen politisch aufgeklärten, engagierten Menschen, der seine Passivität durchbrach. Die Sicht des Dritten auf das Selbst ist als Katalysator ihres Handelns zu bezeichnen. In diesem Sinn belasten vergangene Situationen das Gedächtnis von Frau Meyer noch heute. Sie ist auf der Suche nach Vergebung, indem sie Schuld, als subjektives Moment der Verfehlung, eingesteht und zugleich Verlust thematisiert. Das entspricht u.a. ihrer kirchlichen Erziehung im Elternhaus in Form der Vergebung der Sünden durch Gnade (vgl. das Vaterunser: „und vergib uns unsere Schuld, wie auch wir vergeben unseren Schuldigern. Und führe uns nicht in Versuchung, sondern erlöse uns von dem Bösen").

Sie selbst vergibt ihren *Schuldigern* – ihrem kranken Mann der sie quälte, denn heute weiß sie, dass er krank war. Der Kaderleitung, vor der sie sich nach der Republikflucht ihrer Tochter rechtfertigen musste, verzeiht sie: „das ist längst vergessen“ (1214). Ihrer Tochter verzieh sie, sie durch ihre Liebesflucht hintergangen und verlassen zu haben, „ich habe es längst vergessen“ (1216) (Vergessen hier als Synonym für eine aktive Vergebung im Sinne Ricœurs). Die entscheidende Frage ist aber, ihr kann nicht vergeben werden. Denn die Erinnerungen an Ereignisse, die immer an Personen gebunden sind, belasten sie. Die Personen, die heute nicht mehr leben, können ihr keine Absolution erteilen. Was folgt, ist eine Vorwegnahme zur Verhütung der Strafe in einer selbst auferlegten Buße. Es folgt das schwere Verzeihen.

> „Das schwere Verzeihen ist dasjenige, welches die Tragik des Handelns ernst nimmt und auf die Voraussetzungen des Handelns zielt, auf die Quelle der Konflikte und der Verfehlungen, die der Vergebung bedürfen.“ (Ricœur 1998, S. 153)

Ricœur gibt ein Rezept, wie man sich selbst vergeben kann, um seine Seele zu heilen. Er meint, man solle die nicht wieder gutzumachenden Schäden akzeptieren. Diese Akzeptanz kann nur in Form von aktivem Vergessen (d.h. nicht das Vergessen der Ereignisse an sich, sondern deren Bedeutung für die Gegenwart durch das Erzeugen neuer Begrifflichkeiten im Sinne Humboldts) erfolgen. Das kann sie nicht. Ricœur spricht hier von einem doppelten Bruch, der zu einem gefangenen und verantwortlichen Menschen führt, und zu dessen *unfreien Willen*. „Ich schäme mich heute noch.“ (36) Sie kann sich selbst ihre Schuld nicht vergeben. Die Schuld verpflichtet und bindet die Zukunft insofern, dass der Bestand an Möglichkeiten wächst, sich zu verändern. Ausdruck dafür ist ihr heutiges politisches und soziales Engagement.

Ausblick

Mollenhauer beschreibt Bildungsprozesse als dichotome Phänomene von „Erweiterung und Bereicherung, aber auch Verengung und Verarmung dessen, was möglich gewesen wäre“ (Mollenhauer 2003, S. 10). Genau die Grenzerfahrung zwischen Bereicherung und Verengung ist grundlegend für die pädagogische Forschung. Bedeutet doch Biographieforschung nichts anderes als die Erfahrung der Selbstentfremdung als die klärende Distanz zur eigenen vergangenen, gegenwärtigen und zukünftigen Entwicklung. Die Beschäftigung mit Erinnerung im pädagogischen Kontext steckt noch in den Kinderschuhen. Zwar ist die Auseinandersetzung mit Erinnerungen elementarer Bestandteil pädagogischer Forschung, doch wurde sie selbst bisher eher marginal als Leitbegriff ins Blickfeld pädagogischer Forschung gerückt.

So gesehen ist es notwendig, sich im Rahmen erziehungswissenschaftlicher Biographie- und Bildungsforschung mit erinnerungstheoretischen Diskursen zu beschäftigen und Theorien zu entwickeln, die zukünftig stärker die Erinnerung als grundlegende kulturelle Überlieferung individueller Erziehungs- und Bildungsereignisse in den Blickpunkt der Forschung rücken.

Literatur

Dietzel, K. (2003): „Ein schönes Märchen geht zu Ende". Die gauinterne Kinderlandverschickung in den Gauen Magdeburg-Anhalt und Halle-Merseburg während des Zweiten Weltkrieges. Halle/Saale.

Ecarius, J. (2002): Familienerziehung im historischen Wandel. Eine qualitative Studie über Erziehung und Erziehungserfahrungen von drei Generationen. Opladen.

Ecarius, J. (2002): Ostdeutsche Kindheiten im sozialgeschichtlichen Wandel. Familiale Generationslinien der Jahrgänge 1908-1929, 1939-1953 und 1968-1975. In: Aus Politik und Zeitgeschichte, Heft 22-23, 2002, S. 31-39.

Geulen, D. (1998): Politische Sozialisation in der DDR. Autobiographische Gruppengespräche mit Angehörigen der Intelligenz. Opladen.

Heidegger, M. (1977): Sein und Zeit. Tübingen.

Kraul, M./Marotzki, W. (2002): Biographische Arbeit. Perspektiven erziehungswissenschaftlicher Biographieforschung. Opladen.

Krüger, H.-H. (1999): Entwicklungslinien, Forschungsfelder und Perspektiven der erziehungswissenschaftlichen Biographieforschung. In: Krüger, H.-H./Marotzki W. (Hrsg.), S. 13-32.

Krüger, H.-H./ Marotzki, W. (Hrsg.) (1999): Handbuch erziehungswissenschaftliche Biographieforschung. Opladen.

Margalit, A. (2002): Ethik der Erinnerung. Max Horkheimer Vorlesungen. 2. Auflage, Frankfurt/M.

Marotzki, W. (1990): Entwurf einer strukturalen Bildungstheorie: biographietheoretische Auslegung von Bildungsprozessen in hochkomplexen Gesellschaften. Weinheim.

Marotzki, W. (2002): Allgemeine Erziehungswissenschaft und Biographieforschung. In: Kraul, M./Marotzki, W. (Hrsg.): Biographische Arbeit. Perspektiven erziehungswissenschaftlicher Biographieforschung, S. 49-64.

Mittelstrass, J. (2002: Bildung und ethische Maße. In: Killius, N./Kluge, J./Reisch, L. (Hrsg.): Die Zukunft der Bildung. Frankfurt/M., S. 151-170.

Mollenhauer, K. (2003): Vergessene Zusammenhänge. Über Kultur und Erziehung. 6. Auflage, Weinheim.

Nora, P. (1990): Zwischen Geschichte und Gedächtnis. Berlin.

Ortlepp, W. (2002): Gedächtnis und Generation. Überlegungen zu Halbwachs' Gedächtnisbegriff und Mannheims Generationenbegriff. In: Kraul, M./Marotzki, W. (Hrsg.): Biographische Arbeit. Perspektiven erziehungswissenschaftlicher Biographieforschung, S. 308-325.

Ricœur, P. (1989): Die Fehlbarkeit des Menschen. Phänomenologie der Schuld I. 2. Auflage, München.

Ricœur, P. (1996): Das Selbst als ein Anderer. München.

Ricœur, P. (1998): Das Rätsel der Vergangenheit. Erinnern – Vergessen – Verzeihen. Göttingen.

Ricœur, P. (2002): Symbolik des Bösen. Phänomenologie der Schuld II. 3. Auflage, München.

Ricœur, P. (2003): Erinnerung und Vergessen. Das eigenwillige Überleben der Bilder. In: Der blaue Reiter. Journal für Philosophie Nr. 18, Heft 2, 2003, S. 40-45.

Rosenthal, G. (1995): Erlebte und erzählte Lebensgeschichte. Gestalt und Struktur biographischer Selbstbeschreibungen. Frankfurt/M.

Schneider, M. (1987): Liturgien der Erinnerung, Technik des Vergessens. In: Merkur 41, Heft 8, 1987, S. 676-686.

Schulze, Th. (2002): Biographieforschung und Allgemeine Erziehungswissenschaft. In: Kraul, M./Marotzki, W. (Hrsg.): Biographische Arbeit. Perspektiven erziehungswissenschaftlicher Biographieforschung, S. 22-48.

Schütze, F. (1984): Kognitive Figuren des autobiographischen Stegreiferzählens. In: Kohli, M./Robert, G. (Hrsg.): Biographie und soziale Wirklichkeit. Stuttgart, S. 78-117.

Tengelyi, L. (1999): Ricœurs realistische Wende der Selbstauslegung. In: Breitling, A. u.a. (Hrsg.): Das herausgeforderte Selbst. Perspektiven auf Paul Ricœurs Ethik. Würzburg.

www.blutner.de/philos/texte/humboldt.html. (1.03. 2006)

Familienbiographien: Ko-Konstruktionsprozesse im Kontext von Werten, Normen und Regeln

Hildegard Macha, Monika Witzke

Einleitung

Biographieforschung und Familienforschung sind immer wieder einander nahe gekommen. Jedoch beschäftigt sich Biographieforschung vorwiegend mit der Erforschung individueller Lebensläufe und weniger mit dem Zusammenhang ganzer Familien als Gruppe und Gemeinschaft, die Erziehung und Bildung als ihre Aufgabe ansieht. Die Thematik, die in diesem Beitrag behandelt wird, ist die Gestaltung der individuellen Biographien der Familienmitglieder auf dem Hintergrund der Familie. Sie wurde systematisch in der Biographieforschung erst in jüngster Zeit durch Peter Büchner und seine Forschungsgruppe sowie von Jutta Ecarius etabliert. Individuen entwickeln sich stets in Kontakt mit und in Abgrenzung von der Familie. Rollenzuschreibungen, die Gestaltung der Biographie und die Geschlechtsidentität, all das wird in Familien zuerst definiert und dann als Folie für die weitere Entwicklung mitgetragen (vgl. Schneewind 2000; Willi 2002; Jaeggi 2002; Hofer u.a. 2002; Büchner 2005; Ecarius 2002; Bertram u.a. 2005; Bundesministerium für Familie, Senioren, Frauen und Jugend 2005). Hofer, Wildt und Noack sprechen in diesem Zusammenhang von „Familienkarriere“ und weisen damit darauf hin, dass in einem gemeinsamen Familienzyklus die Familie Veränderungen durchläuft. Die Familienmitglieder werden dabei aber soziologisch als Rollenträger gesehen, die die sich im Zyklus stellenden Familienentwicklungsaufgaben wie Geburt, Schuleintritt, Jugendphase der Kinder, Ablösephase, Empty-Nest-Situation usw. gemäß ihren Rollen gemeinsam lösen (vgl. Hofer/Wildt/Noack 2002, S. 19f).

Familienbiographie wird in diesem Beitrag definiert als Ko-Konstruktion der Familienmitglieder (vgl. Fiese/Spagnola 2005). Die Interferenzen zwischen den einzelnen Familienmitgliedern können Kohärenz, also eine gemeinsame Schnittmenge von Erfahrungen, Werten und Verhaltensweisen, ergeben. Innerhalb einer Familie bildet sie einen Rahmen für die individuelle Entwicklung. Das bedeutet auch, dass sich ein Subjekt innerhalb der jeweiligen Familie in einer je spezifischen Weise entwickelt, und dass sich zwischen der individuellen und der gemeinsamen Entwicklung der Familienmitglieder eine Dynamik entwickelt, die durch die

Interferenzen beeinflusst wird. Dieses qualitative Wachstum umfasst also neben der biologischen Reifung die gemeinsame Entwicklung von Potentialen der einzelnen Familienmitglieder im Kontext der Familie.

Aus erziehungswissenschaftlicher Sicht ist Familie diejenige Institution, die Menschen am nachhaltigsten im Lebenslauf beeinflusst, wobei sie selbstredend in gesamtgesellschaftliche Strukturen eingewoben ist. Forschung und Theorie der Familienerziehung in der Erziehungswissenschaft sind gleichwohl erst in den Anfängen (vgl. Macha 2004). Die Erziehungswissenschaft weist hier ein Forschungsdesiderat auf, da zurzeit psychologische und soziologische Forschungen zur Familie überwiegen. Eine Ausnahme bilden – wie oben schon angedeutet – die Forschungen von Büchner und Forschungsgruppe sowie Ecarius zum Thema Transmission von kulturellem, ökonomischem und sozialem Kapital über die Generationen und Wulf u.a. zu Ritualen in Familien (vgl. Ecarius 2002, 2003; Wulf 2004; Wulf u.a. 2001).Weitgehend ungeklärt bleibt aber auch dort der Aspekt des Modus der Transmission.[1] Pädagogische Normen und Werte, Regeln und Handlungsstrategien im Transmissionsprozess sind bislang noch zu wenig in ihrer Bedeutung erkannt und in Forschungsdesigns übersetzt worden.

Im Folgenden werden zunächst theoretische Zugänge zum eben skizzierten Thema dargestellt, dann wird ein diesbezügliches Untersuchungsdesign vorgestellt und im letzten Teil werden erste Ergebnisse einer entsprechenden Studie dargelegt.

1 Familienbiographien – theoretische Zugänge

Die Familienforschung in der Erziehungswissenschaft und die psychologische Narrationsforschung werden in dieser Studie in einen neuen Zusammenhang gestellt (vgl. Keupp u.a. 2002; Kraus 2000; Lucius-Höhne u.a. 2002). Ziel der qualitativen Studie ist es, sich im Anschluss an den Forschungsstand der zentralen Frage nach den Familienbiographien und damit nach den Wechselwirkungen zwischen den Familienmitgliedern im Kontext der Transmission von Werten anzunähern. Büchner (2005), Ecarius (2002), Diefenbach (2000) und Preißer (2003) beschäftigen sich mit innerfamiliärer Transmission, ohne jedoch Werte und Regeln im Vollzug konkret zu untersuchen. Ausgehend von einem sozialökologisch begründeten Familienbegriff (vgl. Bronfenbrenner 1981, 1990; Macha 1997, 2004) werden im Projekt „Familienbiographien" Gesellschaftstheorien für die Ebene der Familie fruchtbar gemacht.

---

[1] Zum Transmissionsbegriff vgl. Brake/Büchner 2003.

Giddens (1997) geht in seiner Theorie der Strukturierung von einer Dialektik der Macht aus, das heißt, der Mensch hat die Macht, sich selbständig anhand seines Besitzes, also seiner Ressourcen zu verorten. Es handelt sich um eine „Dualität von Struktur", die sowohl die Macht des Individuums als auch den Einfluss von Strukturmomenten einbezieht: Giddens sieht „Struktur als Medium und Resultat des Verhaltens, das sie in rekursiver Weise organisiert; die Strukturmomente sozialer Systeme existieren nicht außerhalb des Handelns, vielmehr sind sie fortwährend in dessen Produktion und Reproduktion einbezogen." (Giddens 1997, S. 430)

Das bedeutet, die Strukturmomente sind immer in die Produktion und Reproduktion von Handeln einbezogen, dem Individuum vorausgesetzt und überdauern es (vgl. Preißer 2003). Struktur ist nach Giddens konstituiert durch „Regeln und Ressourcen, die in rekursiver Weise in die Reproduktion sozialer Systeme einbezogen sind" (ebd. S. 432). Diese Definition greift Preißer auf und transformiert sie von der gesellschaftlichen Ebene auf die der Familie: Er sieht *Familie als „soziales System, das durch eine rekursiv organisierte Menge von Regeln und Ressourcen definiert ist*" (Preißer 2003, S. 213). Familie ist also neben Regeln durch ihre Ressourcenausstattung strukturiert. Diese kategorisieren wir in Anlehnung an Bourdieu (1983) als symbolische, ökonomische, kulturelle, soziale und zeitliche Ressourcen. Sie bildet einen Möglichkeitsrahmen für Transmissionsstrategien im Kontext von Ko-Konstruktionsprozessen. Beispielsweise kann Anerkennung im Sinne einer symbolischen Ressource innerhalb der Familie ein bedeutender Faktor für Transmission sein.[2]

Transmissionsstrategien sind wert- und zielorientiert. Sie werden bewusst und/oder unbewusst angewendet auf Grund von Zielen und Werten, die sich in familiären Regeln ausdrücken und denen gesellschaftlich vermittelte Normen zugrunde liegen. Wie Büchner (2005) beschreibt, können solche Strategien erst im Rahmen von Gelegenheitsstrukturen zum Einsatz kommen.

Auf die Ko-Konstruktion der Familie nimmt jedes Familienmitglied Einfluss. Doch auch wenn heute in Familien der Typus des „Verhandlungshaushalts" überwiegt, ist es weiterhin die Aufgabe der älteren Generation, Strukturen der Erziehung und Bildung zu definieren. Dabei ist davon auszugehen, dass der Rahmen der Erziehung durch familiäre Werte, Ziele und Regeln von den Eltern gesetzt und dann zwischen Eltern und Kindern verhandelt wird. Die Verantwor-

---

[2] Nach Baier und Hadjar (2004) scheint es im Sinne der Rational-Choice-Perspektive erstrebenswert, Werte in die eigene Weltsicht einzubauen, die beim anerkannten Vorbild zum Erfolg geführt haben. Auch wenn Bourdieu sich mit seinem Habituskonzept gegen Rational-Choice-Theorien wendet (vgl. Krais/Gebauer 2002) und in der Tat fraglich ist, ob solche Kosten-Nutzen-Analysen in Bezug auf die Aneignung von Werten bewusst aufgestellt werden, ist dies unbewusst sicherlich der Fall (vgl. z.B. Uhl 1996).

tung liegt also zuallererst bei den Eltern. Gleichwohl sind Kinder aktiv bei der Konstruktion von Identität und bei der Ko-Konstruktion der Familienbiographie und wählen – bewusst oder unbewusst – selbst aus den Angeboten der Eltern bei der Transmission von Werten aus, was sie annehmen, modifizieren oder ablehnen.

2 Fragestellung und Untersuchungsdesign

Im Sommer 2005 befragten wir für unsere qualitative Studie zum Thema „Familienbiographien“ 18 Familien, d.h. Kinder im Alter von durchschnittlich 8,4 Jahren und ihre Eltern. Aufgrund der sozioökonomischen Lage der Befragten, klassifiziert anhand des Erikson-Goldthorpe-Portocarero-Models (EGP) (vgl. Ganzeboom et. al. 1996), sind diese in der mittleren Schicht unserer Gesellschaft anzusiedeln.[3] Die „Mittelschicht“ als untersuchte Gruppierung der Gesellschaft stellt heute eine vernachlässigte Größe in der Familienforschung dar, obgleich doch gerade auf jene Gruppierung viele Hoffnungen der Gesellschaft ruhen, da von ihr die gut ausgebildeten neuen Generationen erwartet werden.

Ziel unserer Untersuchung ist es, anhand von Kernnarrationen zur Familie, der familialen Alltagspraxis und materiellen Arrangements der Familien Anhaltspunkte für Ko-Konstruktion in Familienbiographien zu finden. Im Mittelpunkt der Studie steht also die Frage: *Gibt es Hinweise auf eine dynamische Einheit der Familie und ihre gemeinsame Entwicklung im Sinne einer Familienbiographie? Und wenn ja, welche Rolle spielen dabei die Werte, Normen und Regeln?*

Die Operationalisierung dieser Fragestellung besteht u.a. darin, Hinweise auf familiäre Kohärenz anhand von Kongruenzen und Gemeinschaftsstiftung zu suchen. Daher wird die Forschungsfrage diesbezüglich wie folgt differenziert:

- Gibt es Kongruenzen zwischen den Familienmitgliedern? Und wenn ja, welche?
- Findet Gemeinschaftsstiftung in den Familien statt und wie äußert sich diese gegebenenfalls?

Die Daten wurden mit folgenden Methoden erhoben:

[3] Eine milieuspezifische Differenzierung wurde nicht vorgenommen.

1. Leitfadengestützte Interviews zu Kernnarrationen in Bezug auf die Familie, angelehnt an die Narrationsforschung (Ricœur 1991, 1996; Keupp u.a. 2002; Lucius-Höhne u.a. 2002)
2. Leitfadengestützte Interviews zu Normen und Regeln in Bezug auf drei zentrale Rituale des Familienalltags (Wulf u.a. 2001).
3. Photogestützte Interviews[4] (Wuggenig 1988)

Es werden die Erziehungspraxen und die Rollen der Geschlechter untersucht, weil erwartet wird, dass der Prozess der kohärenten Ko-Konstruktion der Familienbiographie eine spezifische Ausprägung zeigt, nämlich die Effektivität der Transformation von Kapitalsorten.

Im Folgenden sollen kurz die der Wahl der Instrumente zugrunde liegenden Annahmen und die Instrumente umrissen werden:

Ad. 1: Wertebasierte Ziele und Regeln werden mit dem Ziel erforscht, Interferenzen zwischen den Setzungen der Eltern und der Haltung der Kinder in Bezug auf diese vorgegebenen Normen zu untersuchen. Es wird unterstellt, dass mit der Methode, Kernnarrationen zu erfragen (vgl. Keupp u.a. 2002; Kraus 2000; Lucius-Höhne u.a. 2002), die individuelle Definition von Familie durch die Familienmitglieder zusammengefasst werden kann. „Kernnarrationen sind Geschichten über jene Teile der Identität, in denen das Subjekt für sich selbst die Dinge auf den Punkt zu bringen versucht" (Keupp u.a. 2002, S. 208). Diese Methode übertragen wir auf das Forschungsfeld „Familie" und erforschen in diesem Rahmen stattfindende Ko-Konstruktionsprozesse.

Mit der gestellten Aufgabe, Narrationen zur Familie zu formulieren, sollen alle Mitglieder ihre Definition der jeweiligen Familie in einem Bild, einer Metapher, einer Geschichte oder einer Zeichnung zusammenfassen (vgl. Fiese/Spagnola 2005). Narrationen drücken die Kohärenz der Familienmitglieder in Bezug auf die Familie aus. Es wird davon ausgegangen, dass diese Narrationen wertbasierte Ziele der/des Einzelnen enthalten. Kindern und Eltern werden inhaltlich dieselben Fragen gestellt. Die Vermittlung von Regeln in Familien und auch die Sanktionen von abweichendem Verhalten werden erfragt. Interferenzen zwischen Kindern und Eltern werden z. B. deutlich, wenn beide auf gleiche Phänomene

[4] Vgl. Wuggenig/Kockot 1992; Wuggenig 1988; Im Gegensatz zur Methode der Photobefragung von Wuggenig, bei der die Interviews nur protokolliert wurden (vgl. Wuggenig 1988, S. 345), lief in unserer Untersuchung während des Interviews immer ein Tonband mit. Das Material wurde später transkribiert, anonymisiert und mittels Inhaltsanalyse computergestützt ausgewertet. Deshalb bezeichnen wir die Methode in Abgrenzung zu Wuggenig nicht als „Photobefragung", sondern als „photogestütztes Interview".

eingehen, zum Beispiel auf das Freizeitverhalten, oder auf die Frage, was Kinder von ihren Eltern und Eltern von ihren Kindern lernen können.

Wir gehen von der Annahme aus, dass die Dynamik der Familieninteraktion und der Interferenzen durch die parallele Befragung mit leitfadengestützten Interviews bei Eltern und Kindern zu den gleichen Themen wie Regeln und Sanktionen deutlich wird. Es wird auf teilnehmende Beobachtung und Gruppendiskussionen bewusst verzichtet, weil in der machtbezogenen Dominanzstruktur der Familien befürchtet werden muss, dass Kinder ihre Position in Bezug auf konfliktträchtige Themen unter den Bedingungen von Laborsituationen wie Gruppendiskussion nicht klar äußern können. Es wird eine Operationalisierung in Bezug auf Interviews vorgenommen, um die Machtkollision weitestgehend zu umgehen.

Ad. 2: Durch die Aufführung von Familienritualen werden Gemeinsamkeiten geschaffen und Differenzen bearbeitet, indem in der Aufführung eine meist hierarchische Ordnung zwischen den Generationen und Geschlechtern hergestellt wird und sich somit Rollen herausbilden (vgl. Audehm/Zirfas 2001). Die durch die Rituale zum Ausdruck kommende Gemeinschaftsstiftung trägt zu einem Wir-Gefühl der Familie bei, weshalb wir Rituale im Rahmen eines Interviewleitfadens untersuchen. Hier soll die erzieherische Alltagspraxis aus subjektiver Sicht sowohl des Kindes als auch der Eltern anhand der Rituale von „Essen“, „Schlafengehen“ und „Strafen“ erforscht werden. Im Interview sollten die Befragten nach einer kurzen Befragung zum Rahmen der jeweiligen Situation das entsprechende Ritual zunächst beschreiben. Im Anschluss wurden vom Interviewer jeweils noch diejenigen Fragen des Leitfadens gestellt, die zuvor noch nicht vom Befragen in seiner Ritualbeschreibung beantwortet waren. Dieses Vorgehen wiederholt sich in Bezug auf alle drei Ritualtypen.

Damit wird ein anderer Akzent gesetzt als bei Wulf und Forschungsgruppe, indem 1. die Existenz von Ritualen, 2. die Gestaltung der tatsächlich praktizierten Rituale und 3. die interaktiven Rollen bei Ritualen erfasst werden. Nach unserem Verständnis ist diese Forschung auf einer mittleren Ebene der Abstraktion situiert.

Ad. 3: In der Gestaltung der materiellen Umwelt des Kindes liegt eine Möglichkeit für Eltern, durch Anregungen indirekt Einfluss auf Kinder zu nehmen (vgl. Domke 1997). So äußern sich Werte und auch Erziehungsziele in der gestalteten Umgebung des Kindes. Eltern schreiben unterschiedlichen materiellen Arrangements bestimmte Bedeutungen und Funktionen zu. Es bleibt aber nicht nur zu fragen, welche Bedeutung materielle Arrangements für Eltern haben, sondern auch, ob diese Bewertungen mit denen der Kinder übereinstimmen, so dass Kongruenzen oder Inkongruenzen festgestellt werden können.

Einen Zugang zu diesen subjektiven Interpretationen der materiellen Umwelt stellt die Methode der Photobefragung nach Wuggenig dar, denn durch Bilder und Aussagen von Photos werden Werte und Normen kommuniziert (vgl. Fuhs 2003). Da nach Castels hinter jedem Foto ein Relevanzurteil steht (vgl. Wuggenig 1991), ist davon auszugehen, dass durch die Wahl der photographierten Objekte der untersuchten Personen die Relevanzstruktur hinsichtlich seiner Werte zum Ausdruck kommt. Bei der *Anleitung zum Photographieren* und dem *Interviewleitfaden zum photogestützten Interview* wird nach entwicklungsförderlichen und weniger entwicklungsförderlichen Gegenständen und Raumteilen gefragt, die sich in der materiellen Umwelt der Familie, speziell in Küche/Esszimmer, Wohnzimmer und Kinderzimmer, befinden. Wir erhoffen uns so, durch mögliche Kongruenzen hinsichtlich der photographierten Objekte, Anhaltspunkte für eine Familienbiographie zu finden.

Alle oben genannten Instrumente sollen nicht nur dazu dienen, die Erziehungspraxis in den Familien abzubilden, sondern zudem die untersuchten Personen dazu anregen, ihre subjektive Sicht auf ihr Familienleben darzustellen. Die Befragten werden hierbei als Experten betrachtet, also als die Einzigen, die kompetent Auskunft über die eigene Lebenswelt geben können (vgl. Gohlke 2005). Während bei den Interviews zu Narrationen, Regeln und Ritualen alle in der Fragestellung genannten Punkte untersucht werden sollen, steht bei den photogestützten Interviews die Kongruenz im Mittelpunkt. Das bedeutet, es wird nach Übereinstimmungen sowohl der ausgewählten Objekte als auch der Begründungen für die jeweilige Objektwahl in den Familien gesucht. Diesen Übereinstimmungen wird eine Aussagekraft im Hinblick auf das Vorhandensein einer Familienbiographie unterstellt. Das bedeutet, durch Kongruenzen zwischen einem Elternteil bzw. beiden Eltern und dem Kind können unseres Erachtens bereits erste Hinweise auf eine gemeinsame Entwicklung der einzelnen Familienmitglieder gefunden werden.

Der Aufbau von Interaktionen und Regeln in Ritualen und in materiellen Arrangements wird festgehalten durch Befragung einzelner Familienmitglieder aus beiden Generationen. Die Generation der Großeltern wird aufgrund der negativen Erfahrungen mit der Verfügbarkeit der Versuchspersonen in Untersuchungen (vgl. Ecarius 2002) nur indirekt erfasst, indem Eltern im Rahmen des *Interviewleitfadens „Narrationen/Regeln“* nach den familiären Erfahrungen in ihrer Herkunftsfamilie befragt werden.

3 Erste Ergebnisse

Da der Rahmen dieses Beitrages begrenzt ist, werden wir uns im Folgenden darauf beschränken, die Auswertung der photogestützten Interviews interfamiliär zu skizzieren und daraufhin erste Eindrücke der familiären Wechselwirkungen im innerfamiliären Vergleich in Bezugnahme auf alle verwendeten Instrumente darzulegen. Wir konzentrieren uns hier vorrangig auf die Auswertung der photogestützten Interviews, da die abgelichteten und kommentierten Objekte nach Aussagen der untersuchten Personen die Entwicklung des jeweiligen Kindes und somit auch die Familienbiographie beeinflussen.

3.1 Tendenzen des interfamiliären Vergleichs der Ergebnisse der photogestützten Interviews

Im Rahmen der Frage nach entwicklungsförderlichen und weniger entwicklungsförderlichen Gegenständen und Raumteilen bei den Eltern bzw. nach positiv besetzten Gegenständen und Raumteilen bei den Kindern werden während der Erhebung insgesamt 271 Photos produziert, wobei vor allem Möbel, aber auch Elektrogeräte samt Zubehör und Spielzeug besonders oft gewählt werden. Auffällig dabei ist, dass Möbel und Spielzeug überwiegend positiv, Elektrogeräte und Zubehör vor allem von den Eltern mehrheitlich negativ bewertet werden. Besonders tritt ein Dissens hinsichtlich des Fernsehgerätes hervor, welches von den Eltern als entwicklungsfeindlich abgelehnt wird, dennoch aber in jedem untersuchten Haushalt vorkommt und von den Kindern positiv eingestuft wird. Weiterhin ist bemerkenswert, dass Bücher, Zeitungen und Zeitschriften nicht nur (abgesehen von einer Ausnahme) von den Eltern durchweg für entwicklungsförderlich befunden werden, sondern auch, dass keines der Kinder Objekte aus dieser Kategorie ablichtet.

Am häufigsten erklären die Eltern die Wahl ihrer photographierten Objekte unter dem Aspekt der Entwicklungsförderlichkeit damit, dass diese die Kreativität des Kindes oder dessen fachliches Lernen positiv beeinflussen. Sowohl positiv als auch negativ werden Objekte auf Grund der mit ihnen in Verbindung gebrachten Gemeinschaftsstiftung oder Atmosphäre beurteilt. Ausschließlich negativ hingegen werden Objekte bewertet, die mit Gewalt im Zusammenhang gesehen werden und auch im Hinblick auf die Kindgerechtheit werden die meisten photographierten Objekte als weniger gut für die Entwicklung des Kindes von den Eltern eingestuft. So werden beispielsweise häufig Möbel unter anderem wegen ihrer Größe oder ihren harten Kanten für nicht kindgerecht und deshalb für die Entwicklung des Kindes nicht förderlich abgelichtet.

Bei den Kindern ist vor allem die Funktionalität der photographierten Objekte ausschlaggebend, aber auch die Tatsache, etwas „einfach gern zu haben" und die mit dem Objekt in Verbindung gebrachte Ästhetik wird häufig als Begründung für die Wahl eines Objekts genannt. Ebenso ist auffällig, dass per Hand hergestellte Gegenstände und Objekte und Raumteile, die mit der familiären Gemeinschaft im Zusammenhang gesehen werden, von den Kindern durchweg positiv bewertet werden. Ausschließlich negativ wird beispielsweise wie bei den Eltern die Wahl des jeweiligen Objekts mit einem Mangel an Kindgerechtheit des abgelichteten Gegenstands kommentiert. Um einen Einblick in die Interferenzen in den Familien zu erhalten[5], müssen die photographierten Objekte der einzelnen Familienmitglieder zueinander in Beziehung gesetzt werden, was im Folgenden geschehen soll.

3.2 Innerfamiliärer Vergleich

Im innerfamiliären Vergleich lassen sich unter anderem anhand von im Material hervortretenden Kongruenzen und der dort aufgezeigten Herstellung von Gemeinschaft Anhaltspunkte für die Existenz von Familienbiographien finden. Dies stellt sich beispielsweise wie folgt dar:

Die drei befragten Mitglieder der Familie Wolf[6] geben übereinstimmend an, dass die Eltern etwas von der Tochter lernen können. Das bedeutet, dass eine Offenheit für reziproke Transmission in Familie Wolf besteht. Die Mutter nennt als Beispiele dafür, was sie von ihrer Tochter und deren Geschwistern lernen kann, Unbekümmertheit, das Wahrnehmen von Details und das ungefilterte Aussprechen dessen, was man denkt. Vater Wolf lernt nach eigenen Angaben von seiner Tochter und ihren Geschwistern, optimistisch darauf zu vertrauen, dass bestimmte Dinge funktionieren, also nicht immer sofort nach möglichen Schwierigkeiten zu suchen.

Einen ganz anderen Lerngegenstand führt die Tochter im Interview zu Narrationen/Regeln an: Sie erzählt, sie habe ihrer Mutter vermittelt, dass die Regel „Man soll keine Menschen schlagen" auch für die Mutter selbst gilt:

> „Interviewer: Gibt es denn auch etwas, das deine Eltern von dir lernen können? Oder hast du deinen Eltern schon einmal etwas beigebracht?

---

[5] Da die befragten Familien alle der „Mittelschicht" zuzuordnen sind, sind bei einer anderen Stichprobe auch andere Ergebnisse zu erwarten.

[6] Die Namen der Familien wurden aus Gründen des Datenschutzes geändert. Kursivierungen in den folgenden Interviewausschnitten stammen von den Verfasserinnen; sie sollen besonders prägnante Abschnitte hervorheben.

Tochter: Nein. Doch, *dass man Kinder auch nicht hauen soll.*
Interviewer: Wie hast du das ihnen denn beigebracht? Gab es da eine Situation?
Tochter: *Da hat meine Mama mich gehauen und hat gesagt, jetzt gehst du aber in dein Zimmer, und dann hab ich gesagt, Mama, du sagst aber auch, wir sollen nicht hauen. Dann lässt du es auch. Dann hat sie es gelassen.*" (Interviewnummer 91, Sätze 119ff.)

So ist Frau Wolf auf eine Unstimmigkeit in ihrem Erziehungsverhalten durch ihre Tochter aufmerksam gemacht worden und hat so die Möglichkeit, an ihrer diesbezüglichen Handlungsweise im Hinblick auf Kongruenz zu arbeiten. Dadurch steigt die Transmissionswahrscheinlichkeit von der Mutter zur Tochter und eine gemeinsame dynamische Entwicklung wird gefördert.

Hinsichtlich der produzierten Photos werden beispielsweise in Familie Wolf Gesellschaftsspiele von beiden Eltern als für die Entwicklung der Tochter förderlich abgelichtet und mit der Möglichkeit des sozialen Lernens durch diese Spiele begründet. Die Mutter kommentiert ihr Photo, auf dem Gesellschaftsspiele als primäres Objekt zu sehen sind, folgendermaßen: „Und überhaupt schon auch, ich sage mal, *verlieren lernen ist da dabei*, wenn man Spiele macht, das beinhaltet für mich sehr viel." (Interviewnummer 96, Satz 16)

Ebenso argumentiert der Vater der Familie Wolf (s. Abb. 1) unter anderem mit dem Effekt des sozialen Lernens durch Gesellschaftsspiele für die Entwicklung des Kindes:

Abbildung 1:

„Das ist sozusagen das, was man gemeinsam hat, oder auch einmal abends, statt, auch einmal statt Geschichte vorlesen, um einfach, *typisch ist halt verlieren*, sage ich einmal, *natürlich auch, das /Ding/ zu beherrschen, aber so miteinander gegeneinander zu spielen und es kann halt immer bloß einer gewinnen. Also einfach sehr lehrreich, auch die Erfahrungen und die Reaktionen, die dann kommen.*" (Interviewnummer 94, Sätze 31f.)

Besonders in der Formulierung „miteinander gegeneinander spielen" (Interviewnummer 94, Satz 31) wird die gemeinsame Entwicklung der Familie durch Gesellschaftsspiele deutlich: Sogar wenn man gegeneinander spielt, entwickelt man sich gemeinsam.

In Familie Barns kommen bei allen Befragten die Haustiere zur Sprache. Diese Haustiere deuten eine gemeinsame Entwicklung im Sinne einer Familienbiographie an, was sich wie folgt erschließen lässt: Auf Foto 2 von Mutter Barns sind die Hasen zwar nur sekundäre Objekte (im Hintergrund sichtbar), während der Tisch, der einen zentralen Platz der Familie mit gemeinschaftsstiftender Funktion darstellt, als primäres Objekt fungiert. Dennoch erwähnt die Mutter, dass die Hasen in die Familiengemeinschaft unter anderem durch die Platzierung des Hasenkäfigs in der Nähe des Tisches und die indirekte Teilnahme am Einnehmen der Mahlzeiten in die Familie einbezogen werden:

Abbildung 2:

„Also, das ist ein runder Tisch beziehungsweise ein ovaler Tisch, an dem alle Platz haben, an dem ganz viel geredet wird. Da kommt das Kind heim von der Schule und erzählt, was in der Schule war, der kleine Bruder redet und da ist ziemlich viel los. Außerdem wird an diesem Tisch auch gespielt, Monopoly und die ganzen Spiele. Da wird gemalt und das ist also ein ganz zentraler Platz. *Im Hintergrund die beiden Hasen, das sind also auch unsere gemeinsamen Hasen, die werden dann auch beim Essen*, da fällt mal eine Karotte ab oder irgendwie so.“ (Interviewnummer 49, Sätze 38ff.)

Der Vater photographiert die Hasen als förderlich für die Entwicklung des Sohnes, da dieser durch die Betreuung der Haustiere lernt, Verantwortung zu tragen (vgl. Abbildung 3):

„Also das erste positive, darauf habe ich unsere Hasen fotografiert, weil das für Kinder generell in der Entwicklung gut ist, wenn sie mit Tieren umgehen, wenn sie Gefühl für andere entwickeln und unsere *Kinder sollen auch die Hasen füttern und dadurch auch Verantwortungsgefühl erlernen.* Man merkt das bei dem Kind, *er muss sich in der Früh beeilen, aber er füttert sie regelmäßig, wenn oder bevor er frühstückt* und das finde ich recht positiv.“ (Interviewnummer 50, Sätze 51ff.)

Abbildung 3:

Die Funktion der Hasen, die ihnen vom Vater zugeschrieben wird, scheint der Sohn aufzugreifen: Im Gegensatz zur Mutter, die die Hasen als allen Familienmitgliedern gehörend betrachtet, sagt der Sohn, eines der Tiere gehöre ihm, eines seinem Bruder. Dies lässt auf ein Gefühl der Verantwortung für sein Haustier schließen:

„Die Hasen habe ich fotografiert, weil die so lustig sind. *Ein Hase gehört mir und einer meinem Bruder.* Und das ist einfach schön, *weil die da sind, wo alle Leute immer sind. Da haben wir den Käfig hingestellt.*" (Interviewnummer 51, Sätze 37ff.)

Außerdem betont Sohn Barns, dass die Hasen absichtlich so platziert wurden, dass sie in die Gemeinschaft eingebunden sind, was ihm sehr gut gefällt – ein Aspekt, den auch die Mutter zumindest nebenbei erwähnt. Folglich deutet sich an, dass die Kinder in der Familie durch die Betreuung der Hasen Verantwortung lernen, wodurch eine Entwicklung der Kinder im Sinne eines qualitativen Wachstums oder von Verantwortung stattfindet. Gleichzeitig stellt die gemeinschaftsstiftende Atmosphäre die Basis für ein solches Wachstum dar und auch die gemeinsame Relevanzzuschreibung bzgl. der Hasen durch die drei Befragten weist auf eine Familienbiographie hin.

Weitere Kongruenzen, die auf eine solche Biographie hindeuten, finden sich in Familie Michel: Hier gibt es bei den Eltern Gemeinsamkeiten, unter anderem im Hinblick darauf, dass beide die Atmosphäre eines Zimmers für die Entwicklung des Kindes für wichtig erachten. So begründet die Mutter ihre Entscheidung für die jeweils photographierten Objekte viermal, der Vater fünfmal mit der sich durch die Gegenstände beziehungsweise Raumteile ergebenden Atmosphäre. Zum Beispiel führt der Vater als Kommentar zu Foto 4 an:

Abbildung 4:

„Vater: Fotografiert ist das Bett von der Tochter. Genau. Das ist im Prinzip.
Interviewer: Und was ist da positiv?
Vater: Genau. Also positiv ist zunächst mal, dass es für mich ein *Ort der Geborgenheit ist, der Ruhe, ja wo man sich ausruhen kann, kuscheln kann.* Das ist was besonders insofern als nicht nur die (Tochter) da schläft, sondern wir auch gemeinsam kuscheln. Dann *die verschiedenen Farben, die strahlen für mich noch Ruhe aus.* Das Gelb oder ganz bunte viele Farben. Dann gibt es so ein Netz. *Man fühlt sich darunter auch noch mal beschützt oder behütet.* Also *ein richtiger Ort wo man sich einfach heimelig fühlt,* deswegen positiv." (Interviewnummer 38, Sätze 15ff.)

Jedoch beziehen sich die Begründungen für die als angenehm empfundene Atmosphäre auf unterschiedliche Objekte: Der Vater findet unter anderem das Bett der Tochter als Symbol und Ort von Geborgenheit im Kinderzimmer positiv, die Mutter zum Beispiel ein von der Tochter gemaltes Bild als Ausdruck von Kreativität (vgl. Abbildung 5):

Abbildung 5:

„Ich habe ein selbstgemaltes Bild von meiner Tochter fotografiert das an der Wand hängt. Und zwar deswegen, *weil es Freude vermittelt* und auch weil die Idee noch mit drin ist, dass die (Tochter) gelb liebt, ihre *Lieblingsfarbe* ist. Und dass ich im Nachhinein ganz wichtig finde, *dass im Kinderzimmer eine Farbe auch ist. Nicht nur weiß.*" (Interviewnummer 37, Sätze 13ff.)

Bei genauerem Lesen der obigen Begründungen fällt auch auf, dass sowohl beim Vater als auch bei der Mutter die Farbe eine Rolle spielt. Mutter Michel erläutert zudem zu Foto 6:

Abbildung 6:

„Hab ich früher nie gemacht, also da war eher immer alles, *ich hab früher ganz wenig auf Farben Wert gelegt und mit der (Tochter) kommt da immer mehr und ich sehe eigentlich, dass das schön ist.* Es müssen nicht viel Farben sein, also bei uns ist wirklich auch vorherrschend gelb. Weil es (Tochters) Lieblingsfarbe ist." (Interview nummer 37, Sätze 108ff.)

Hier zeigt sich der Einfluss der Tochter auf die Eltern, denn früher hat die Mutter, wie sie sagt, kaum Wert auf Farben gelegt. Durch die Tochter hat sich dies geändert. Auch der Vater scheint diesen Wert von der Tochter übernommen zu haben, denn selbst wenn er nicht explizit von einer Veränderung spricht, so betont er doch immer wieder die Bedeutung der Farben in seinen Begründungen. Es finden also nicht nur Entwicklungen von Kindern in Familien statt, sondern auch der Eltern. Im Fall von Familie Michel haben die Eltern eine Bereicherung durch die Vorliebe der Tochter für Farben erfahren, die Tochter wiederum erfährt so ihre Teilhabe an der Gemeinschaft, so dass hier von einem gemeinsamen familiären Wachstum gesprochen werden kann, das auf eine Familienbiographie hindeutet.

Insgesamt kann also festgehalten werden, dass Gemeinschaftsstiftung in den Familien als Basis für eine gemeinsame dynamische Entwicklung der Familienmitglieder anhand familiärer Rituale, Narrationen und materieller Arrangements gestellt werden konnte. Zudem wurden Hinweise auf eine solche Entwicklung im Rahmen von übereinstimmenden Relevanzurteilen und konkreten Formulierungen der Familienmitglieder gefunden. Die ersten Ergebnisse unserer Untersuchung unterstützen folglich die Annahme von Familienbiographien.

4 Fazit

Nicht nur die Frage, *ob* es Hinweise auf Familienbiographien gibt, kann mit der Methode des photogestützten Interviews positiv beantwortet werden. Unsere ersten Ergebnisse zeigen die Bedeutung von Werten und Zielen in der familialen Erziehung, so dass von einer Tendenz zum intergenerationalen Lernen und zum Austausch über Werte und Normen gesprochen werden kann, die über das schon bekannte Aushandeln im „Verhandlungshaushalt“ (vgl. Büchner 1991) hinausgeht. Diese Ergebnisse erlauben unseres Erachtens, von einer Entwicklung hin zur „Partizipativen Erziehung“ in der Familie (vgl. Bertram u.a. 2005) zu sprechen (vgl. auch Macha/Witzke i.V.f. 2008). Mit der Verwendung dieses Terminus wollen wir die gewachsene Bereitschaft von Eltern der „Mittelschicht“ verdeutlichen, Bedürfnisse der Kinder wahrzunehmen und Anregungen von ihnen aufzunehmen. Gleichwohl muss darauf hingewiesen werden – obgleich dies hier nicht mehr expliziert werden kann –, dass sich im Material auch eine Tendenz zeigt, Kinder zu sehr zu überfordern, indem die klaren Grenzen der Generationen verwischt werden.

Literatur

Audehm, K./Zirfas, J. (2001): Familie als ritueller Lebensraum. In: Wulf, Ch. u.a. (Hrsg.) (2001), S. 37-116.

Baier, D./Hadjar, A. (2004): Wie wird Leistungsorientierung von den Eltern auf die Kinder übertragen? Ergebnisse einer Längsschnittstudie. In: Zeitschrift für Familienforschung, 15. Jg., H. 2, S. 156-177.

Bertram, H./Ehlert, N./Rösler, W. (2005): Nachhaltige Familienpolitik. Zukunftssicherung durch einen Dreiklang von Zeitpolitik, finanzieller Transferpolitik und Infrastrukturpolitik. Berlin: Bundesministerium für Familie, Senioren, Frauen und Jugend.

Bourdieu, P. (1983): Ökonomisches Kapital, kulturelles Kapital, soziales Kapital. In: Kreckel, R. (Hrsg.): Soziale Ungleichheiten. Göttingen, S. 183–220.

Brake, A./Büchner, P. (2003): Bildungsort Familie: Die Transmission von kulturellem und sozialem Kapital im Mehrgenerationenzusammenhang. In: Zeitschrift für Erziehungswissenschaft, H.4, S. 618-638.
Bronfenbrenner, U. (1981): Die Ökologie der menschlichen Entwicklung. Stuttgart.
Bronfenbrenner, U. (1990): Ökologische Sozialisationsforschung. In: Kruse, L./Graumann, C. F./Lantermann, E. D. (Hrsg.): Ökologische Psychologie. Ein Handbuch in Schlüsselbegriffen. München, S. 76-79.
Büchner, P. (1991): Vom Befehlen und Gehorchen zum Verhandeln. Entwicklungstendenzen von Verhaltensstandards und Umgangsnormen seit 1945. In: Preuss-Lausitz, U. u.a. (Hrsg.): Kriegskinder, Konsumkinder, Krisenkinder. Zur Sozialisationsgeschichte seit dem Zweiten Weltkrieg. Weinheim, Basel, S. 196-212.
Büchner, P. (2005): Individuelle Bildung als kollektive Investitionsleistung. Konzeptionelle Überlegungen zum Stellenwert des kulturellen und sozialen Familienerbes und zu den Möglichkeiten, der Bildungsbedeutsamkeit der Familie empirisch auf die Spur zu kommen. In: Ecarius, J./Friebertshäuser, B. (Hrsg.): Literalität, Bildung und Biographie. Perspektiven erziehungswissenschaftlicher Biographieforschung. Opladen, S. 176-201.
Bundesministerium für Familie, Senioren, Frauen und Jugend (2005) (Hrsg.): Siebter Familienbericht – Familie zwischen Flexibilität und Verlässlichkeit. Berlin.
Domke, H. (1997): Gar nicht erzogen – und doch ausgezeichnet erzogen. Überlegungen zur Gestaltung familialer Bedingungen des Aufwachsens. In: Macha, H./Mauermann, L. (Hrsg.): Brennpunkte der Familienerziehung. Weinheim, S. 74-97.
Ecarius, J. (2002): Familienerziehung im historischen Wandel. Eine qualitative Studie über Erziehung und Erziehungserfahrungen von drei Generationen. Opladen.
Ecarius, J. (2003): Biografie, Lernen und Familienthemen in Generationenbeziehungen. In: Zeitschrift für Pädagogik, 49. Jg., H. 4, S. 534-549.
Fiese, B. H./Spagnola, M. (2005): Narratives In and About Families. An Examination of Coding Schemes and a Guide for Family Researchers. In: Journal of Family Psychology, Vol. 19, Nr. 1, S. 51-61.
Fuhs, B. (2003): Fotografie und qualitative Forschung. Zur Verwendung fotografischer Quellen in den Erziehungswissenschaften. In: Friebertshäuser, B./Prengel, A. (Hrsg.): Handbuch Qualitative Forschungsmethoden in der Erziehungswissenschaft. Weinheim und München, S. 265-285.
Ganzeboom, H. B. G./Treiman, D. J. (1996): Internationally Comparable Measures of Occupational Status for the 1988 International Standard Classification of Occupations. In: Social Science Research, H. 25, S. 201-239.
Gerris, J. R. M./Grundmann, M. (2002): Reziprozität, Qualität von Familienbeziehungen und die intergenerationale Transmission von Beziehungskompetenz. In: Zeitschrift für Soziologie der Erziehung und Sozialisation, 22. Jg., H. 1, S. 3-24.
Giddens, A. (1997): Die Konstitution der Gesellschaft. Grundzüge einer Theorie der Strukturierung. Frankfurt, New York.
Gohlke, H. (2005): Familie Battmann und Familie Berger. Transmission und Transformation der Beziehungs- und Erziehungsformen im familialen Mehrgenerationenkontext. Familienmonographien Band 1; Marburg. Als Manuskript gedruckt.

Hofer, M./Wild, E./Noack, P. (Hrsg.) (2002): Familienbeziehungen. Eltern und Kinder in der Entwicklung (2. vollständig neu bearbeitete und erweiterte Ausgabe). Göttingen.
Huschke-Rhein, R. (1998): Systemische Erziehungswissenschaft. Pädagogik als Beratungswissenschaft. Weinheim.
Jaeggi, E. (2002): Liebe lieber ungewöhnlich. Düsseldorf, Zürich.
Keupp, H. u.a. (2002): Identitätskonstruktionen. Das Patchwork der Identitäten in der Spätmoderne. Reinbek bei Hamburg.
Krais, B./Gebauer, G. (2002): Habitus. Bielefeld.
Kraus, W. (2000): Das erzählte Selbst. Die narrativen Konstruktionen der Identität in der Spätmoderne. Herbolzheim.
Lucius-Höhne, G./Deppermann, A. (2002): Rekonstruktion narrativer Identität. Ein Arbeitsbuch zur Analyse narrativer Interviews. Wiesbaden.
Macha, H. (1997): Familienerziehung – Wandel und Perspektiven. In: Macha, H./Mauermann, L. (Hrsg.): Brennpunkte der Familienerziehung. Weinheim, S. 14-33.
Macha, H. (2004): Auf dem Weg zu einer Theorie der Familienerziehung – empirische und systematische Aspekte. In: Vierteljahrsschrift für wissenschaftliche Pädagogik, 80. Jg., H. 1, S. 41-65.
Macha, H./Witzke, M. (i.V.f. 2008): Familie und Gender. Rollenmuster und segmentierte gesellschaftliche Chancen. In: Zeitschrift für Pädagogik, H. 1 oder 2.
Preißer, R. (2003): Muster der intergenerationalen Statusreproduktion in der Oberschicht. Der Beitrag von emotionalen Ressourcen bei der Transformation des Familienkapitals. In: Hradil, St./Imbusch, P. (Hrsg.): Oberschichten – Eliten – Herrschende Klassen. Opladen, S. 209-235.
Ricœur, P. (1991): Zeit und Erzählung, Bd. 3. München.
Ricœur, P. (1996): Das Selbst als ein Anderer. München.
Schneewind, K. A. (2000a) (Hrsg.): Familienpsychologie im Aufwind. Brückenschläge zwischen Forschung und Praxis. Göttingen u.a.
Schneewind, K. A. (2000): Kinder und elterliche Erziehung. In: Lange, A./Lauterbach, W. (Hrsg.): Kinder in Familie und Gesellschaft zu Beginn des 21sten Jahrhunderts. Stuttgart, S. 187-208.
Schneewind, K. A. (2004): Sechs Thesen zur Sozialisationstheorie aus der Sicht der Persönlichkeitspsychologie oder frei nach Heinrich von Kleist. Über die allmähliche Verfertigung der Persönlichkeit beim Leben. In: Geulen, D./Veith, H. (Hrsg.): Sozialisationstheorie interdisziplinär. Aktuelle Perspektiven. Stuttgart, S. 117-130.
Uhl, S. (1996): Die Mittel der Moralerziehung und ihre Wirksamkeit. Bad Heilbrunn.
Willi, J. (2002): Psychologie der Liebe. Persönliche Entwicklung durch Partnerbeziehungen. Stuttgart.
Wuggenig, U. (1991): Die Photobefragung als projektives Verfahren. In: Kreutz, H. (Hrsg.): Pragmatische Analyse von Texten, Bildern und Ereignissen, Opladen, S. 109-129.
Wuggenig, U./Kockot, V. (1992): Sozialer Raum und Lebensstil. Geschlecht und Klassenlage als Determinanten photographischer Klassifikationen. In: Medien-Journal, H. 4, S. 199-213.

Wuggenig, U. (1988): Die Fotobefragung. Aus: Kreutz, H. (Hrsg.): Pragmatische Soziologie. Beiträge zur wissenschaftlichen Diagnose und praktischen Lösung gesellschaftlicher Gegenwartsprobleme. Opladen, S. 333-354.

Wulf, Ch. (2004): Die innovative Kraft von Ritualen in der Erziehung. Mimesis und Performativität, Gemeinschaft und Reform. In: Innovation und Ritual. Jugend, Geschlecht und Schule. Zeitschrift für Erziehungswissenschaft, Beiheft 2, S. 9-16.

Wulf, Ch./Althans, B./Audehm, K./Bausch, C./Göhlich, M./Sting, St./Tervooren, A./Wagner-Willi, M./Zirfas, J. (Hrsg.) (2001): Das Soziale als Ritual. Zur performativen Bildung von Gemeinschaften. Opladen.

Erinnerungen an den Umbruch – Weihnachten 1989 in Transsilvanien

Reinhold Stipsits

Das Jahr 1989 brachte in Rumänien eine politische Änderung, die sich anders als in anderen ostmitteleuropäischen Staaten auf nicht friedliche Weise vollzog. Ausgehend von Temesvar vollzog sich in dem sehr zentralistisch regierten Land ein Aufruhr, der zum Sturz des Diktators Ceausescu und seiner an politischen Ämtern beteiligten Frau führte. Eine entscheidende Rolle spielte die mediale Präsentation der Ereignisse. Die Bilder der streikenden Bergleute und Hinrichtung des Conducators während der Weihnachtsfeiertage 1989 sind gewichtige Dokumente einer „Live-Fernsehrevolution", die in der Geschichte beispiellos ist.

Die Fernsehbilder haben den lokalen Widerstand entscheidend beeinflusst. Das staatliche rumänische Fernsehen war zwar verwaltungsmäßig zentralisiert, es existierten dennoch drei lokale Zentren: TVR Cluj, TVR Iasi und TVR Timisoara, die eigene Sendungen produzierten, die im Rahmen des TVR1 gesendet wurden.

> „In den 80er Jahren betrug kurz vor der Wende die durchschnittliche Sendezeit an Werktagen lediglich zwei Stunden und lag zwischen 20.00 und 22.00 Uhr am Abend; eine Untersuchung der damaligen Programmstrukturen zeigt, dass mindestens 75% dieser Zeit den propagandistischen Zwecken Ceausescus diente" (Balaban 2003, S. 18).

Aus dieser Arbeit erfährt man,

> „die Rumänen, die an der Grenze lebten, konnten serbisches, ungarisches und bulgarisches Fernsehen empfangen; sogar das sowjetische Fernsehen hatte ein besseres Angebot, so dass die Rumänen, die im östlichen Teil des Landes wohnten, das sowjetische dem rumänischen Fernsehen vorzogen. Ab Mitte der 80er Jahre waren dann private Videorecorder und Satellitenempfänger verfügbar und erfüllten, zumindest für die gut situierten Schichten der Gesellschaft mit Kontakten zum Ausland oder zu Parteispitzen, den hohen Bedarf an Unterhaltung westlicher Art" (Balaban 2003, S. 18).

Einfluss und Wirkung von totalitärer Kontrolle der Programmgestaltung ist (für uns im Westen) kaum nachvollziehbar.

„Ati mintit poporul cu televizorul!“ zählte im Dezember 1989 zu den berühmten Slogans der Revolution. Zu deutsch: „Ihr betrügt die Menschen durch den Fernseher!“ Die staatliche Kontrolle und scharfe Zensur vor der Revolution wurde durch die Revolution über das Fernsehen nicht gleich gesprengt, aber doch eine Weile ausgesetzt. Für viele Bürger aus kleinen Ortschaften, die nicht direkt von den gewalttätigen Auseinandersetzungen betroffen waren, wurde die „Realität“ dieses Umsturzes auf dieselbe Art und Weise wie für das Ausland übermittelt – durch Berichte im Fernsehen. Im Laufe der Ereignisse hatte das rumänische Fernsehen stundenlang live aus dem Studio übertragen. Doch schon

> „wenige Monate nach der Wende hatte sich das TVR 1 in eine Tribüne verwandelt, auf der die einfachen Bürger erstmals unterschiedliche Meinungen über verschiedene Bereiche des Lebens äußern konnten. Die Stimmung in der Bevölkerung wandelte sich mit der Revolution: die totale Indifferenz dem Fernsehen gegenüber, die leider zum damaligen Zeitpunkt nicht in Einschaltquoten gemessen werden durfte, wandelte sich in ein zunehmendes Interesse, die eigenen Probleme öffentlich bekannt zu machen. Damit begann die allmähliche Transformation des rumänischen Fernsehens vom Propagandainstrument zu einem Forum der Meinungsäußerung und der Meinungsbildung“ (Balaban 2003, S. 19).

Auch im westlichen Europa waren die Medien schließlich entscheidend an der Verbreitung der rumänischen Revolution beteiligt.

Vor diesem Hintergrund entstand meine qualitative Studie zur Erinnerungsarbeit[1] von deutschsprachigen Studierenden an der Babes Bolyai Universität Cluj Napoca, in Siebenbürgen (Rumänien). Mein Interesse an der Erinnerungsarbeit verfolgt eine sozialpädagogische Absicht, da sie Generationenbeziehungen und Mediennutzung fokussiert. Wie erfolgt(e) die Kommunikation in Familien in einer Gesellschaft, die sich durch tragfähige Bindungen in dörflichen Strukturen oder durch die Sprache verbundene Wertegemeinschaft auszeichnet(e)?

Die Studierenden, zukünftige Multiplikatoren und Meinungsmacher in einer veränderten Welt, haben gerade aufgrund ihres Studienschwerpunkts (Publizistik- und Kommunikationswissenschaft) eine wichtige Rolle in Bezug auf das

---

[1] Ich war bisher drei Sommersemester 2004, 2005, 2006 in Klausenburg als Gastprofessor tätig (siehe Stipsits 2005). Die Stadt Klausenburg, Cluj Napoca oder Kolozsvar ist der Sitz der historisch ältesten Universität Rumäniens, Gründung 1583, aus einem Jesuitenkolleg hervorgegangen, und geistiges und kulturelles Zentrum in Siebenbürgen. Heute ist die UBB Universität Babes Bolyai die einzige dreisprachige Universität Europas, an der in den drei Sprachen Rumänisch, Ungarisch, Deutsch jeweils ein Vollstudium absolviert werden kann.

historische und gesellschaftliche Bewusstsein der Bevölkerung. Angehörige der unterschiedlichen Volksgruppen nutzen Medien in ihrer/n Sprache/n. Auffallend und bewundernswert ist die ungeheure Sprachkompetenz. In Siebenbürgen leben Volksgruppen wie in einem Patchwork, Dorf an Dorf, mehrsprachig, nach Religion unterscheidbar, in einer multikulturellen Region. Meine gesamte Arbeit in Rumänien mit den Studierenden bezeichne ich als wechselseitige *„Biographiearbeit zur Konstruktion und Vergewisserung der Identität"*. Das Interesse an Einzelbiographien ist erst angesichts der regionalen wie auch familialen Patchworkstruktur erwacht. In meiner theoretischen Rahmung der Biographiearbeit folge ich den Ideen von John M. Shlien, der folgende Prinzipien festhält:

> „Jede Theorie ist autobiographisch. Keine Theorie ist universal. Wenn sie das beansprucht, übertreibt sie, und erhält eine totalitäre Tendenz. Jeder Interviewpartner ist der Hauptfaktor für einen Erfolg und er muss das Recht haben zu irren oder auch erfolgreich zu sein. In der Geschichte von Ideen hat auch jede Wahl persönliche Beweggründe. Das Hauptproblem im Leben eines Menschen ist: Wie kann man ein ehrenwertes Leben führen! Das ist wichtiger als gut angepasst zu sein und erfolgreich". (Shlien 2003, S. 217; Übersetzung R.S.).

Die Fragestellung meiner qualitativen Studie lautet: *Was wissen heute Studierende der Publizistik- und Kommunikationswissenschaft der deutschen Abteilung aus eigener Erinnerung von der Zeit um Weihnachten 1989?*

Aus (sprach-) technischen Gründen wurden deutschsprachige Studierende befragt. Die Studierenden von heute waren damals 1989 mindestens fünf oder sechs Jahre alt. Vorschule oder erste Schuljahre sind andere Markierungen der Erinnerung neben den starken Familienbindungen. Die Befragten waren alle in einem Alter, aus dem sich Kindheitserinnerungen noch abrufen lassen, ohne tiefenpsychologische Verfahren bemühen zu müssen. Die Arbeit an der Erinnerung erfolgte nicht nur, „damit es nicht verloren geht" (vgl. die gleichnamige Reihe von Michael Mitterauer und Peter P. Kloß), sondern auch als Akt der Anerkennung, eigene Geschichte einmal selbst schreiben zu können. Bisher ist derartiges in dieser Region noch nicht geschehen.

Zu den methodischen Eckdaten sei hier festgehalten, dass Interviews mit zwölf Interviewpartnern (elf davon weiblich) durchgeführt wurden, die auf Tonband festgehalten wurden und von denen eine komplette Abschrift vorliegt.[2] Unter den Interviewpartner/-innen befanden sich neun Studierende der Journalistik, jeweils eine Studierende im Fach Deutsch und eine im Fach Anglistik (wobei Mehrfachstudien üblich sind) sowie zwei Mitarbeiterinnen des Deutschen Kulturzentrums in Klausenburg.

[2] Mein besonderer Dank gilt Heidi Laurenzi, die diesen Arbeitsschritt besorgt hat.

Nach eigenen Angaben stammen vier Befragte aus einer *sächsisch-rumänischen* Familie, eine der Befragten aus einer *ungarisch-rumänischen* Familie, zwei Befragte aus einer *ungarisch-deutschen* Familie und fünf Befragte aus einer *rumänischen* Familie. Die Jüngsten waren zu Weihnachten 1989 fünf und sechs Jahre, die Älteste sechzehn Jahre. Die Erinnerungen der Fünf- bis Siebenjährigen sind nicht weniger stark, wenn man die Intensität der Ereignisse in Rechnung stellt. Aber dennoch kann gesagt werden, dass sich die Erinnerung und die Bewertung der erinnerten Ereignisse bei den älteren, also damals Neunjährigen oder der Sechzehnjährigen, als differenzierter herausstellt. Informationen kommen einfach dazu und sie dienen dazu, Erlebtes besser einzuordnen. Die idiomatischen Erinnerungen sind daher doch sehr altersgebunden.

Der Zeitraum der Untersuchung war das Sommersemester 2005. Die im folgenden skizzierten Kernpunkte der Auswertung zentrieren sich auf: 1. Identität und Sprache 2. Das Medium der Erinnerung: Fernsehen und Geschichte 3. Generationenbindungen 4. Geschmacks- und Blickerinnerungen einer Mediengeneration 5. Konsekutive sprachliche Identität 6. Revolution und Werte 7. Auswirkungen von 1989 auf die Schulwahl. 8. Europa, Generation, Transformation.

1 Identität und Sprache

Erinnerung in der Biographiearbeit dient der Vergewisserung der eigenen Identität. In einem multikulturellen Gebiet ist die Identität nicht nur an Sprache gebunden, sondern auch an die Akzeptanz der Sprache in der Umgebung. Die dominanten Kulturen geben die öffentliche Sprache vor. Daneben entwickelt sich eine private Sphäre. In dieser privaten Welt kann eine andere Sprache wichtiger werden. In dieser Familiensprache kann nochmals eine Umkehrung nach weitergegebenen Wertmaßstäben erfolgen. In der untersuchten Region geht es um die Differenz zwischen rumänisch als dominante Verkehrssprache und sächsisch bzw. ungarisch als Sprache der Minderheit.

Für manche Väter ist es wichtig, die sächsische Muttersprache als Familiensprache zu erhalten. Sie verbieten ihren Kindern untereinander rumänisch zu sprechen. Es ist vielfach üblich, dass die Kinder zum Vater in der einen Sprache, etwa sächsisch oder deutsch sprechen und zur Mutter rumänisch. Sächsisch ist ein sehr starker Dialekt, sprachlich einem Mittelhochdeutsch fast näher als dem Deutsch, das Kinder in der Schule lernen, aber dennoch bringt es diesen Kinder einen Startvorteil bezüglich Grammatik und Verstehen der Hochsprache gegenüber denen, der Muttersprache nach rumänisch sprechenden Kindern. Sächsisch wird aber auch als eine Art minderwertige Sprache erlebt, die dann zugunsten der deutschen Hochsprache aufgegeben wird. Wenn die Mutter nicht deutsch spricht, obwohl sie es vielleicht ein bisschen versteht, kommt es vor, dass ihre „Inkompetenz“ als Erklärung bzw. Grund für die Nichtauswanderung genommen wird.

Gerade für die ungarische Volksgruppe ist das Sprechen der Muttersprache von besonderer Bedeutung für die Identität. Allein in Klausenburg leben mindestens noch 20% der Bevölkerung mit ungarischer Muttersprache, und vor ca. 50 Jahren stellte diese Volksgruppe die Mehrheit. Selbst wenn diese Sprache nicht in der Schule gelernt wurde, und daher bei manchen Kinder keine Schreibkompetenz im Ungarischen vorhanden ist, bleibt die Herkunftssprache als Verständigungsmedium im Familien und Freundeskreis äußerst wertvoll. Ungarische Studierende bringen aus ihren Familien z.T. eine sehr rumänisch-skeptische Einstellung mit. Das vor Augen stehende Beispiel der deutschen Minderheit bewegt die Ungarn in ihrer Abwehr gegen „das Rumänische“: Latente Angst besteht nämlich, dass „das Ungarische“ analog zum Sächsischen zum Verschwinden gebracht werden könnte, sei es in einer Art Assimilation oder der direkten Form der Auswanderung. Daher sind auch eigene Treffs, von Kirchen bis zu ungarischen Lokalen, Restaurants, Bars, und nicht zuletzt das Ungarische Theater in Klausenburg sehr wichtig. Sprache geht dann über die Religionsgrenze hinaus, die eine andere Identitätsmarkierung darstellt.

Vielfach war es vor 1989 üblich, Kinder aus rumänischen Familien zu deutschsprachigen „Erziehern“, Leihtanten, oder anderen bezahlten Kräften in Obhut zu geben. Damit wurde einerseits dem Umstand Rechnung getragen, dass im sozialistischen Rumänien die Berufstätigkeit der Eltern eine private Versorgung der Kinder notwendig machte, weil die staatlichen Einrichtungen speziell in ländlichen Regionen nicht in genügender Zahl vorhanden waren; andererseits auch die Wertigkeit der deutschen Sprache hervorgehoben. Diese Kinder (z.T. auch Absolventen der deutschsprachigen renommierten Gymnasien wie „Honterus“ in Kronstadt oder „Brukenthal“ in Hermannstadt, oder wenigstens eines Pädagogischen Lyzeums mit deutscher Oberstufe) sprechen meist hervorragend deutsch. Sie bezeichnen sich selber als rumänisch mit deutscher Muttersprache. Auch wenn die Familie nur rumänisch spricht, akzeptiert sie gewissermaßen den „deutschen“ Sprachvorteil bzw. fördert diesen beim Kind. Mit dem Überlassen der Kinder in „deutsche Obhut“ wurden auch Werte vermittelt, die mit dem Deutschtum in Siebenbürgen verbunden werden: Fleiß, Ordnung, Sauberkeit. Im Übrigen waren genau diese Zuschreibungen mit ein Grund, warum etwa der Diktator Ceausescu geplant hatte, die deutschen Siedlungsgebiete, und später auch die ungarischen Dorfstrukturen zu schleifen und als Ersatz im Stile der Plattenbauten Hochhäuser für die Industrialisierung der Landwirtschaft zu errichten. Dieser Plan ist in einigen Regionen leider aufgegangen. In anderen wurde zwar die Bausubstanz nicht zerstört, sondern durch Absiedlung der Bewohner und Übernahme der Häuser durch Roma-Familien in der „natürlichen“ Nutzung desolat und abgewohnt.[3]

2 Das Medium der Erinnerung: Fernsehen und Geschichte

Für den untersuchten Zeitraum, Weihnachten 1989, spielt die Erinnerung an das Fernsehen eine gewichtige Rolle. In diesen Jahren wurden erstmals einige Minuten pro Tag Comics, Cartoons für Kinder gezeigt. Die Möglichkeit zu Weihnachten diese Cartoons sehen zu können, spielt in der Erinnerung ebenso eine Rolle, wie die politische Berichterstattung von den Ereignissen in Temesvar (Timisoara), dem politisch präsenten Pastor Török, und den Ereignissen in Bukarest. Die aufgehetzte Stimmung in Neumarkt an der Mieresch (Tirgu Mures), der Einsatz der Armee gegen die „Aufständischen“ in Hermannstadt, Schüsse auf offener Strasse in Klausenburg, haben nur lokale Bedeutung, zumal nur die Ereignisse aus Bukarest landesweit via Fernsehen übertragen wurden.

Allerdings ist deutlich, dass die Nachhaltigkeit von Volksgruppenrivalitäten gerade auf diesen Ereignissen ruht, und eingestandenermaßen, wie inzwischen Historiker bestätigen (vgl. Pop 2005), auch auf frühere Auseinandersetzungen zurückgehen. Es ist die Geschichte unentwegter und lange andauernder Verletzungen. Kränkungen zwischen friedlichen Nachbarn, die sich zu gut kennen, um genau deshalb auf kleinste Beleidigungen reagieren. Wenn das noch politisch missbraucht wird, durch nationale Gesinnung aufgestachelt, ist der Ausbruch von Feindseligkeiten unausweichlich. Der Außenfeind kann gar nicht so groß sein, als nicht die Sensibilität für die direkte Benachteiligung wach bliebe. Die allgemeine Armut vereint nicht, sondern lässt höchsten deutlich werden, dass in den Zeiten wechselnder Obrigkeiten, immer die andere Gruppe zu benachteiligen war. Wer getreten wird, sucht nach unten weiter zu treten. In dieser fatalen Hierarchie finden sich immer einige noch Schwächere, auf die sich die Unterdrückung richten kann. In der ca. tausendjährigen Rivalität zwischen den Rumänen und den Ungarn waren die Siebenbürger Sachsen, ebenso wie die Donauschwaben und die Österreichischen Landler, eine Art menschlicher Puffer.

Nach der Wende gab es einen deutschen Reisepass und ungefähr 7500 Euro, damals 15000 DM, einem rumänischen Jahresgehalt entsprechend, für die Auswanderung nach Deutschland. Durch die „Verlockung“ und die Vertreibung aus den Dörfern haben sich die Rivalitäten direkter wieder auf die beiden größten Volksgruppen (Rumänen und Ungarn) zugespitzt. Man schätzt dass bis zu 700.000 deutschsprachige Bewohner Siebenbürgens das Land NACH der Wende

[3] Über das höchst ambivalente Verhältnis der Roma zu den Deutschen siehe auch Franz Remmel 2004.

verlassen haben. Sie sind vorwiegend nach Deutschland, USA, Kanada oder Österreich gezogen. Und nach Aussagen der in Rumänien Verbliebenen fehlen sie nicht nur in der Infrastruktur, sondern auch dem gesamten gesellschaftlichen Leben, denn das stark an einer Volksgruppenkultur orientierte Leben hat sich nachhaltig verändert. Diese Beobachtung kommt in den Passagen über das lokale und besonders weihnachtliche Brauchtum zum Ausdruck.

2.1 Weihnachtsbrauchtum

Mit dem Volkstum sind auch Bräuche verbunden, die sich als „typisch" in der Untersuchung herausstellten. Gerade zur Weihnachtszeit bestehen in allen religiösen Gruppierungen Rumäniens feste Rituale. Es sind christliche Weihnachten, die gefeiert werden. Es ist ein Fest der Familie. Ob orthodox, mit lange dauerndem Ritus, oder schlicht protestantisch, streng am Bibelwort orientiert, ebenso wie katholische Weihnachten – egal, wie die kirchliche Einbindung aussieht – gefeiert wird in der Familie. Verwandte können dazu eingeladen werden, in der Regel feiert man in der Drei-Generationenfamilie. Auch Geschenke, Weihnachtsbaum und der Kirchenbesuch sind traditionell fest verankert.

Von den Weihnachten 1989 blieben besonders folgende Themen in Erinnerung: Verdunkelung, Geschenke, kleinere Weihnachtsbäume oder gar keine, kein Kirchgang, Kerzen in den Fenstern und dann wieder die Angst vor den Schüssen auf der Strasse.

2.2 Das Verhältnis zu den Ausgewanderten

So wie es „keine Familie in Siebenbürgen gibt, die nur aus Angehörigen einer Volksgruppe gibt" (so lautet die Beschreibung einer Interviewpartnerin), gibt es aus allen Interviews ein zweites ersichtliches Ergebnis: Es gibt keine Familie in Siebenbürgen, aus der nicht irgendjemand ausgewandert ist. Das trifft in allen Fällen auf die sächsischen Familien zu, das gilt aber auch für die ungarischstämmigen Studierenden. Das Verhältnis zu den Ausgewanderten reicht von losem Kontakt bis zum jährlichen Besuch im Ausland, oder dem jährlichen Heimatbesuch der Auswanderer.

Das Gefühl der Daheimgebliebenen als „Zurückgebliebene" scheint manifest. Ein durchgängiges Erlebnis ist ein relativ geringer Selbstwert. Obwohl die Studentinnen unglaublich sprachkompetent sind – vier bis fünf Sprachen wenigstens passiv gut zu verstehen ist nahezu landesüblich – kommt eine mangelnde Selbstachtung zum Vorschein. Rumänien wird als problematisch und rückständig erlebt, aber doch blitzt immer wieder Hoffnung durch: Wir werden es auch irgendwann schaffen.

3 Die Untersuchung der spezifischen Erinnerung – Generationenbindung

3.1 Familiäre Generationenbindungen

In der Tat konnte bei fast allen Interviewpartnerinnen bestätigt werden, dass die Großeltern eine enorm wichtige Rolle spielten. Kinder wurden infolge der Berufstätigkeit der Eltern auch von den Großeltern aufgezogen, oder zumindest teilweise betreut; vielfach aber ausdrücklich in der Zeit des Umbruchs zu den Großeltern aufs Land gebracht. Die Städte waren gefährlicher als das geschützte dörfliche Milieu. So haben einige Eltern ihre Kinder getrennt zu den Großeltern gebracht, um selber in der Stadt zu bleiben. Diese Trennung wird von den Studierenden noch erinnert, mit Sorge und zum Teil als eine Art Kränkung. Eine Art kindliche Narrenfreiheit bei den Großeltern konnte das Gefühl des Verlassenseins nicht ganz kompensieren. Mehrfach ist die Rede von besonderen Liebesbezeugungen gegenüber dem Großvater oder der Großmutter als dem zentralen Ansprechpartner in der Familie. Manches klingt auch nach zurechtgerückter Rechtfertigung, eine Art von selbst geschaffener „Rückzahlungsverpflichtung", immer ist der Verweis auf die Großeltern aber Ausdruck einer Familienzusammengehörigkeit. Wenn das Gespräch auf die Großeltern kommt, gelingt meist neben der Erinnerung eine besondere Form der Wertschätzung.

3.2 Auswandern oder Bleiben?

Großeltern spielen dann auch eine Rolle, als es darum geht, sich mit der Ausreisemöglichkeit zu befassen. Meist sind sie das ausschlaggebende Motiv, oder zumindest die jetzt erzählte Begründung für das Verbleiben im Land. Man will sie nicht allein zurücklassen, aus Altersgründen, aus sprachlichen Gründen, etc. Der Beruf des Vaters wird neben den Großeltern als zweiter Grund angegeben für den Verbleib im Land: „Hier ist mein Vater Arzt, in Deutschland wäre er nichts, sagt er" (Erika). Auch ein Universitätsprofessor im Fach Informatik entscheidet sich, mit Verweis auf seine Mutter, für den Verbleib, und die Trennung von der Familie aus beruflichem Vorteil wird zurückgestellt, und schließlich mit einem: „Jetzt ist es ohnedies zu spät" (Heidi) erledigt. Auswandern nach Deutschland, USA, Kanada, Österreich, und Usbekistan sind die Optionen. Mit dem Verweis auf die Großmutter oder den Großvater werden diese Optionen zurückgestellt.

4 Geschmacks- und Blickerinnerungen einer Mediengeneration

4.1 Orangen

Der Bezug von Südfrüchten haftet besonders in der Erinnerung. Ein nachhaltiges Erlebnis ist der Geschmack von Orangen. Wenn es eine „Leitfrucht" geben konnte, für die sich Leute engagiert haben, so war es in Rumänien offenkundig die Orange. Eine zweite Geschmackserinnerung bleibt haften: Im Zuge des Umbruchs sind die Gerüchte ausgestreut worden, das Trinkwasser sei vergiftet. Man müsse sich vorsehen. Und einige Studierende erinnern sich diesbezüglich nicht nur an diese Gerüchte, sondern auch an das daraufhin konsumierte Mineralwasser. Es wird ausdrücklich erwähnt, dass der Geschmack desselben erinnert werden könne.

4.2 Cartoons

Das zweite auffallende Element der Erinnerung sind die Änderungen in den Medien. Zum ersten Mal gab es längere Cartoons für Kinder. Der Fernsehkonsum fungierte offenbar als eine Art Ablenkung. Und sehr weit verbreitet wurde diese Art der Unterhaltung damals von den Eltern gestattet. Mehrere Interviewpartner erinnern sich, dass erstmals an Sonntagen länger Fernsehen für Kinder möglich war. Eine interviewte Person erinnert sich ausdrücklich, dass „Animal Farm" als Zeichentrickfilm gezeigt wurde, und sie sagt, dass sogar sie als damals Neunjährige die Botschaft verstanden habe: „Es waren auch irgendwie schöne Zeiten, weil wir ständig fern geguckt haben" (Agnes).

4.3 Bilder in Köpfen

Die Bilder haften in den Köpfen. Die Interpretation kommt erst stockend und durch die nachfolgenden Informationen Jahre später.

> „Wir haben mal diese politischen Ereignisse verfolgt, mal diese neuen Filme, die man nie schauen konnte. Das war echt ein Erlebnis. (...) Am 22. Dezember haben wir von den Nachbarn gehört. Und sofort den Fernseher eingeschaltet und dann diese Live Übertragung geschaut, als man den Fernsehen (Sender) besetzt hat. (...) und der Mircea Dinescu und ich glaub Iliescu war auch noch dabei. Im Nachhinein habe ich erfahren, dass das ganze inszeniert war. (...) Also die haben vorher abgesprochen, was sie sagen, wie es ablaufen soll, aber es hat, es muss so ausschauen, da ist

der Dinescu aus dem Gefängnis gekommen mit zerrissenem Pullover und so, und ja (...) Das habe ich nur im Nachhinein erfahren“ (Agnes)[4].

4.4 Erinnerungen an die Ermordung Ceausescus am 25. Dezember 1989

Die in den Interviews geäußerte Kritik an den Bildern der Ermordung Ceausescus und seiner Frau ist von heftigen Gefühlen begleitet. Beispielsweise von Mitleid:

> „Die Sächsin, die Frau, die mich erzogen hat, hat immer gesagt, dass uns der Ceausescu das Brot gibt. Dass Gott Ceausescu das Brot gibt, und er gibt uns das Brot. Es waren Securisten, (die ihn erschossen haben)“ (Andreea).
> „Ich weiß nur, als die Revolutionäre im TVR1 beim Nationalsender gingen und ein Interview und so, (...) sie sagten, wir sind frei und alles. Aber das war danach. Ich weiß auch noch als Ceausescu verurteilt wurde und erschossen wurde, und es ist auch jetzt nicht sehr schön. (...) Zu sehen wie zwei Menschen getötet sind und live, also live damals, aber man sieht klar, wie sie erschossen wurden. Also, ich habe Mitleid mit dem Paar Ceausescu, also ich habe auch jetzt Mitleid. Meine Eltern sagen, es war schlimmer nach 1989“ (Lavinia).

Aber auch Spott wird erinnert. Im Kindergarten hat man geradezu Spottgedichte gesungen, nach der Nachricht von der Ermordung: „Haha, wir haben keinen Präsidenten mehr! Ah, Wir, Es gab da immer das blöde Lied: Ole. Ole, Ceausescu nu mai e“ (Cristina).

Auch können klare Wertungen der Eltern zu diesem Ereignis erinnert werden: „Meine Mutter hat gesagt, gut dass Ceausescu ermordet wurde“ (Heidi). Und erhebliche Zweifel stellen sich auch ein, die allerdings erst später formuliert werden: „Ich habe im Fernesehen gesehen, (...) meine Eltern haben mir gesagt, was da skandiert wurde, aber was genau, war kein Thema“ (Johanna).

[4] Mircea Dinescu: Schriftsteller, Journalist, Medienperson in Rumänien unter Hausarrest gestellt und mit Berufsverbot belegt, verkündete an diesem 22. Dezember 1989 im Fernsehen die Entmachtung Ceausescus, seit 1991 akademischer Ehrenbürger der Universität Augsburg, 1999 Herder-Preis-Träger.
Ion Iliescu: Gründer der Front zur nationalen Rettung, und der spätere Staatspräsident Rumäniens, dessen Rolle während der Revolution bis heute politisch umstritten ist.

5 Beispiele von konsekutiver sprachlicher Identität

5.1 Sonia

Sie ist in Mediasch als Kind einer ungarisch- und deutschsprachigen Familie aufgewachsen. Die beiden ‚Underdog'-Sprachen in der Mehrheitsbevölkerung sind in den Jahren des Diktators Ceausescu ein Qualifikationsnachteil. In der Schule erfolgt die Sozialisation in Rumänisch. Sonia belastet das Verbot in der Öffentlichkeit die Muttersprache oder die andere Herkunftssprache zu sprechen sehr stark. Besonders in der Zeit um Weihnachten wird diese Gefahr als bedrohlich erlebt. Verdunklung der Fenster ist eine Schutzmaßnahme gegenüber der Außenwelt. Ungarisch als die Sprache der Peer Group ist in der Öffentlichkeit verpönt, ebenso das Deutsche als Muttersprache, oder in diesem Falle Familiensprache. Inzwischen übernimmt Sonia gerne Dolmetscharbeiten in Rumänisch und Deutsch.

5.2 Erika

Aufgewachsen in Mühlbach mit Sächsisch als Muttersprache erlebt sie die Gefühle der Minderwertigkeit in Bezug auf das Sächsische, (im Rumänischen ist sie nach eigenen Angaben sehr selbstbewusst). Sie wird von der Umgebung nicht verstanden, ja sogar gehänselt, geärgert, und schließlich zum Aufgeben dieser Sprache gezwungen. Sie übernimmt selber die ihr entgegengebrachte, eigentümliche Abwertungshaltung. Eine Art Selbsthass auf die Minderheit entsteht. Und Zeichen der Zugehörigkeit werden nach außen tunlichst vermieden. Eine Erleichterung wird erst deutlich, wenn die Rede auf Weihnachten kommt und dass man jetzt wieder neo-protestantische Kirchenlieder singen darf.

6 Revolution und Werte

Ein erstaunliches Ergebnis zeigt die Untersuchung bezüglich der Frage: Welche Werte spielten ihrer Meinung nach eine besondere Rolle?

Nahezu alle verstanden zumindest im ersten Anlauf die Frage nur schwer oder gar nicht. Als Antworten findet man: „Na ich weiß nicht, Ich weiß nur, dass ich vor der Revolution singen musste, und so, diese kommunistischen Bräuche, oder wie soll ich ihnen sagen, danach war alles viel lockerer" (Andreea). Eine positive Aussage hingegen bezieht sich auf die Sprache:

> „Werte? Hmm, nun ich habe eine neue Sprache dazu gelernt…die deutsche Sprache“ (Alex). „Hm, Werte? (…) als Fünfjährige habe ich nicht gewusst, was Werte sind? (Eugenie). „Werte, hm ja, also Werte, die sich jeder denken könnte, Freiheit“ (Dana). „Werte? Ich glaube, dass ich ihre Frage nicht verstehe?“ (Erika). „Ja, es ging so um Gerechtigkeit, das weiß ich.“ (Johanna). „Werte? Ich weiß nicht“ (Sonia). „Werte, ich weiß nicht, was Sie meinen, ich weiß meine Gefühle“ (Lavinia). „Werte? Also, keine (…)“ (Cristina). „Werte? Schwere Frage, irgendwie war es natürlich Befreiung und es war so ein Zusammengehörigkeitsgefühl, auch mit den Nachbarn mit Leuten, die man überhaupt nicht kannte. Also, es ist so eine Gemeinschaft entstanden. Es war vorher eine Leidensgemeinschaft und ab jetzt war es eine Jubelgemeinschaft“ (Agnes). „Werte? Zum Beispiel, dass ich jetzt darüber frei sprechen kann. Für mich ist das sehr wichtig. Es war immer so, man hatte irgendwie Angst sich zu äußern, also frei zu sprechen.“

Das letzte sagt jene Interviewpartnerin, die aus einer rumänischen Familie kommt, mit nur einer ungarischen Großmutter, denn wie sie sagt: „in Siebenbürgen gibt es praktisch keine Familie, die nur rumänisch wäre!“ (Luminita).

7 Auswirkungen von 1989 auf die Schulwahl

Die Frage nach den Auswirkungen des Umbruchs für die Schulwahl ist eher fragmentarisch beantwortet. Bloß eine einzige Studentin, Lavinia, meint, dass sie, auch angeregt durch die Ereignisse von damals, mit dem Journalismus zu tun haben wollte. Sie, die in Bezug auf 1989 von „schrecklichen Weihnachten“ spricht und eine akute Gefährdung bei einem Lauf an der Hand des Vaters durch den Kugelhagel als Sechsjährige erinnert, „will dort sein, wo Katastrophen passieren (...) Tsunamis und so“.

Für alle anderen jedoch scheinen sich der Studien- bzw. der Berufswunsch weniger durch die Ereignisse bedingt zu erklären. Die Kenntnisse der deutschen Sprache sind zum Zeitpunkt der Untersuchung (während des Studiums) wohl der stärkste Hinweis, dass ein Zusammenhang zwischen der Herkunft aus Siebenbürgen und einer Berufstätigkeit herzustellen ist. Die Wahl der konkreten Schule haben dann wiederum bereits Großeltern oder Eltern vorbereitet. Und selbst die Wahl des Journalistikstudiums in Klausenburg ist von der Überzeugung getragen, wie wertvoll Deutsch sein wird.

8 Europa, Generation, Transformation

Wenn man hier erste vorsichtige Schlüsse ziehen will, so zeigt sich jedenfalls, dass sich die rumänische Transformation samt ihrer rasanten Veränderungen weniger um Freiheit und Grundwerte als um den Anschluss an die westliche Konsumwelt dreht. Aus einem nahezu kollektiven Gefühl der nationalen Minderwertigkeit entspringen Auffassungen wie Verachtung für das Land und der unterdrückte Wunsch, doch ins Ausland zu wollen, sobald man die Möglichkeiten dazu erhält. Sicher ist man stolz auf eine gewachsene Tradition der Toleranz. Aber eben der Westen macht doch alles besser. Man kommt nicht auf die Idee, auch Ideenbringer sein zu können. Minderwertigkeit macht sich breit, auch wenn man darum weiß, dass etwa die von Thomas Jefferson verfasste amerikanische Unabhängigkeitserklärung dem Modell der Siebenbürger Nation nachempfunden ist. Solidarität, Nächstenliebe oder eben pluralistische Vielfalt sind nicht gerade populär, und das in einem Land, dessen Reichtum seit Jahrhunderten seine vielsprachige Bevölkerung ausmacht.

Es liegt nicht nur an den Rumänen, die Vielfalt zu bewahren, sondern auch an den europäischen Nachbarn, diese anzuerkennen. Bildung könnte sich dabei als gesellschaftspolitische Ressource erweisen. Der Aufbruch, den man in den letzten beiden Jahren in Siebenbürgen miterleben und spüren konnte, wird die Rumänen in eine neue Ära bringen. Nirgendwo ist mitteleuropäisches Denken und Leben auf kleinen Raum in einer ähnlich historischen Situation so sehr zu erleben, wie dort in Transsilvanien, Siebenbürgen. Und die neue Generation wird ihre Sache gut machen. Sie verdient Anerkennung in ihrer Geschichte und ihren Geschichten, mit allen Irrtümern und Verbesserungsversuchen, also auf ganz nämliche Weise, wie der Westen, der aus Rumäniens Sicht so golden glänzt – aber wie wir wissen, ist nicht alles Gold, was da im Westen glänzt. Die Studierenden sind als Zeugen aufgerufen für eine neue Welt, oder für ein neues Weltverstehen. Mit einem einfachen Gütertransport von Ost nach West oder von West nach Ost ist da nichts getan, was eine Transformation ausmacht. Das Projekt Europa wird ja ständig neu zu schreiben sein. Erinnerung ist nun einmal trügerisch und ändert sich mit der Zeit (vgl. Porumboiu 2006). Die Studierenden haben ein Recht auf diese Chance, sich ihre eigenen Erinnerungen zu bewahren. Denn auf ihnen wird die Zukunft gebaut. Sie stellen die Weichen in einem Land, das im Transit wiederholt untersucht wird, ehe die freie Weiterfahrt genehmigt wird.

Literatur

Balaban, D. (2003): Informationsvermittlung und öffentliche Meinungsbildung im rumänischen Fernsehen. Klausenburger Universitätsverlag, Klausenburg.

Mitterauer, M./Kloß P.P.: www.boehlau.at/main/series.jsp?seriesID=RT029&categoryID =7

Pop, I.-A. (2005): Die Rumänen und Rumänien. Eine kurze Geschichte. Rumänisches Kulturinstitut, Cluj-Napoca.

Porumboiu, C. (2006): 12:08 East of Bucharest. Rumänien, 89 min.

Remmel, F. (2004): Der Turm zu Babel. Ein Mosaik zur rumänischen Romagesellschaft. InterGraf. Resita / Reschitz.

Shlien, J.M. (2003): Theory as Autobiography. In: Sanders, P. (ed.): To lead an honorable life. Invitations to think about Client-Centered Therapy and the Person-Centered Approach. A collection of the work of John M. Shlien. Ross on Wye. S. 212-223.

Stipsits, R. (2005): Von Wegen. Sozialreportagen in Klausenburg. Reportaje Sociale in Cluj Napoca. Casa cartii de Stiinta Cluj-Napoca.

Autorinnen und Autoren

Bartmann, Sylke, Dr. phil.
Wissenschaftliche Mitarbeiterin am Pädagogischen Institut der Johannes Gutenberg Universität Mainz. *Arbeitsschwerpunkte*: Biographie- und Resilienzforschung, Interkulturelle Pädagogik.

Datler, Margit, Dr. phil.
Erziehungswissenschaftlerin und Psychoanalytikerin (WPV/IPA), lehrt am Institut für Bildungswissenschaft der Universität Wien sowie an der Kirchlichen Pädagogischen Hochschule in Wien. *Arbeitsschwerpunkte*: Psychoanalytische Pädagogik, Schulpädagogik und LehrerInnenbildung.

Datler, Wilfried, Ao Univ.-Prof. Dr. phil.,
Leiter der Forschungseinheit Psychoanalytische Pädagogik am Institut für Bildungswissenschaft der Universität Wien; Lehranalytiker im Österreichischen Verein für Individualpsychologie. *Arbeitsschwerpunkte*: Themen im Grenz- und Überschneidungsbereich von Psychoanalyse, Pädagogik und Psychotherapie.

Dietzel, Kerstin Dr. phil.,
Habilitandin an der Otto-von-Guericke-Universität Magdeburg am Lehrstuhl für Allgemeine Pädagogik. *Arbeitsschwerpunkte*: Biographieforschung, Bildungsforschung, Historische Kindheits- und Jugendforschung, qualitative Markt- und Medienforschung.

Fetting, Friederike, Dr. phil.
Wissenschaftliche Assistentin am FB 2 für Erziehungswissenschaft der Universität Siegen. *Arbeitsschwerpunkte*: Biographieforschung, Ästhetische Bildung, Theaterpädagogik.

Frommer, Jörg, M.A. Prof. Dr. med.
Leiter der Abteilung für Psychosomatische Medizin und Psychotherapie am Universitätsklinikum Magdeburg. *Arbeitsschwerpunkte*: Psychosomatisch-psychotherapeutische Forschung, insbesondere im Bereich qualitativer Forschungsmethodik, Psychotherapeutische Diagnostik- und Verlaufsforschung.

Grell, Petra, Prof. Dr.
Juniorprofessorin für Mediendidaktik am Institut für Erziehungswissenschaft der Universität Potsdam. *Arbeitsschwerpunkte*: Teilnehmer- und Adressatenforschung in der Erwachsenenbildung, Forschungsmethoden, Psychoanalytische Pädagogik, Medienpädagogik/Mediendidaktik.

Haubl, Rolf, Dr. Dr.
Prof. für Soziologie und psychoanalytische Sozialpsychologie des Fachbereichs Gesellschaftswissenschaften der Johann-Wolfgang-Goethe Universität Frankfurt. Stellvertretender Geschäftsführender Direktor des Sigmund Freud Institut Frankfurt und Leiter des Schwerpunktes ‚Psychoanalyse und Gesellschaft'. *Arbeitsschwerpunkte*: Krankheit und Gesellschaft, Emotionssoziologie und Gruppenanalyse.

Jörissen, Benjamin, Dr.
Wissenschaftlicher Mitarbeiter (Habilitand), Institut für Erziehungswissenschaft der Otto-von-Guericke-Universität Magdeburg. *Arbeitsschwerpunkte*: Medienbildung/Internet Studies, Qualitativ-empirische Bildungs- und Ritualforschung, Pädagogische und Historische Anthropologie.

Klein, Regina, Prof. (FH) Dr. phil.
Professorin am Studiengang für Soziale Arbeit an der FH Kärnten, Österreich. *Arbeitsschwerpunkte*: Biographie-, Kultur- und Transformationsforschung; (Sozial)pädagogische Handlungsforschung, Schreibdidaktik und -bildung.

Körner, Jürgen, Dr. disc. pol.
Professor für Sozialpädagogik am Fachbereich Erziehungswissenschaft und Psychologie der FU Berlin. *Arbeitsschwerpunkte*: Theorie und Methode der Psychoanalyse, Psychoanalytische Pädagogik; Jugendliche Delinquenz, Sozialkognitive Methoden in der Arbeit mit delinquenten Jugendlichen, Mensch-Tier-Beziehung.

Kraft, Volker, Dipl.-Päd., Dipl.-Psych., Dr. phil. habil.
Professor für Pädagogik/Sozialpädagogik, Psychologie und Beratung an der FH Neubrandenburg und Privatdozent am Institut für Pädagogik an der Christian-Albrechts-Universität Kiel. *Arbeitsschwerpunkte*: Allgemeine Pädagogik, Sozialpädagogik, Biographie-Forschung, Psychoanalyse, Systemtheorie.

Macha, Hildegard, Dr. phil.
Professorin für Pädagogik und Weiterbildung an der Universität Augsburg. *Arbeitsschwerpunkte*: Biographie-, Gender-, Weiterbildungsforschung.

Marotzki, Winfried, Prof. Dr.
Professor für Allgemeine Pädagogik; Otto-von-Guericke-Universität Magdeburg. *Arbeitsschwerpunkte*: Bildungstheorie, Empirische Bildungsforschung/ Qualitative Sozialforschung, Internet Research.

Schreiber, Birgit, Dr. rer.pol.
Sozialwissenschaftlerin, Journalistin. *Arbeitsschwerpunkte*: Gesellschaftspolitische und sozialwissenschaftliche Reportagen und Essays, Biographieforschung, NS-Zeit, Gender Studies.

Schulze, Theodor, Dr., Prof. em.,
Universität Bielefeld. *Arbeitsschwerpunkte*: Erziehungswissenschaftliche Biographieforschung, Theorie komplexer und längerfristiger Lernprozesse, Lehrkunst-Didaktik, Pädagogische Ikonologie.

Seydel, Fritz, Dr.
Verlagsleitung Friedrich Verlage, Lehrauftrag für Kunstpädagogik an der Hochschule für Bildende Künste Braunschweig.

Stipsits, Reinhold, Ao. Univ.-Prof. Dr. phil.
Professor am Institut für Bildungswissenschaft Universität Wien, Personenzentrierter Psychotherapeut, Lektor an FH, Gastprofessor an der Universität Babes Bolyai in Cluj Napoca. *Arbeitsschwerpunkte*: Sozialpädagogik, Biographie- und Lebenslaufforschung.

Tiefel, Sandra, Dr. phil.
Wissenschaftliche Mitarbeiterin am Institut für Erziehungswissenschaft der Otto-von-Guericke-Universität Magdeburg. *Arbeitsschwerpunkte*: Qualitative Bildungs- und Sozialforschung, pädagogische Beratung und Professionalität.

Welter, Nicole, Dr. phil.
Wissenschaftliche Mitarbeiterin, Institut für Erziehungswissenschaften, Abteilung Historische Erziehungswissenschaft, Humboldt Universität zu Berlin. *Arbeitsschwerpunkte*: Historische Sozialisationsforschung, Erziehungs- und Bildungstheorien, Pädagogische Anthropologie.

Witzke, Monika, Dipl.-Päd.
Wissenschaftliche Mitarbeiterin der Universität Augsburg. *Arbeitsschwerpunkte*: Konstruktivismus, Familien- und Moralforschung

FSC
www.fsc.org
MIX
Papier | Fördert
gute Waldnutzung
FSC® C083411

Kolibri 360 GmbH
Ferdinand-Jühlke-Straße 7
99095 Erfurt, Deutschland
produktsicherheit@kolibri360.de